NBA LOVERS!

NBA LOVERS!

BASKET EN ESTADO PURO

Javier Terrisse

Prólogo de Antoni Daimiel

CÓRNER

© de la idea y del proyecto: Oh! Books, 2016
© de los textos: Javier Terrisse, 2016
© del diseño y de la maquetación Estudio Idee

Primera edición: mayo de 2016

© de esta edición: Roca Editorial de Libros, S. L.
Av. Marquès de l'Argentera 17, pral.
08003 Barcelona
actualidad@rocaeditorial.com
www.editorialcorner.com

Créditos de las fotografías:
© de la foto de cubierta: Rafa Casal / *Marca*
© **Getty Images**: página 14 (Hulton Archive), pág. 23 (New York Daily News Archive), 39 (David E. Scherman), 47 (New York Daily News Archive), 49 (The Stevenson Collection), 56 (Underwood Archives), 69 (Robert Riger), 80 (Underwood Archives), 95 (Jeff Reinking), 100 (George Long), 104 (Walter Iooss Jr.), 114 (Walter Iooss Jr.), 125 (George Long), 135 (John D. Hanlon), 151(Andrew D. Bernstein), 159 (Brian Drake),166 (Andrew D. Bernstein), 172 (Damian Strohmeyer), 183 (Ronald Martinez / Fotógrafo de plantilla), 188 (Lou Capozzola),195 (Nathaniel S. Butler / Colaborador), 205 (Nathaniel S. Butler / Colaborador), 217 (Aaron Harris / Fotógrafo autónomo), 225 (Ronald Martinez / Fotógrafo de plantilla), 233 (David Sherman), 236 (Nathaniel S. Butler / Colaborador), 256 (Focus On Sport), 266 (George Tiedemann), 279 (Allen Einstein), 282 (Tom Hauck / Fotógrafo de plantilla), 301 (Bruce Yeung), 306 (Christian Petersen / Fotógrafo de plantilla), 313 (Joe Murphy), 325 (Jesse D. Garrabrant).
© **Shuttlestock**: 328 (alexsvirid), 332 (plavevski).

Impreso por LIBERDÚPLEX, S.L.U.
Crta. BV-2249, km 7,4, Pol. Ind. Torrentfondo
Sant Llorenç d'Hortons (Barcelona)

ISBN: 978-84-944183-6-5
Depósito legal: B-7.510-2016
Código IBIC: WSJM

RC18365

A Darryl, Moses y Flip

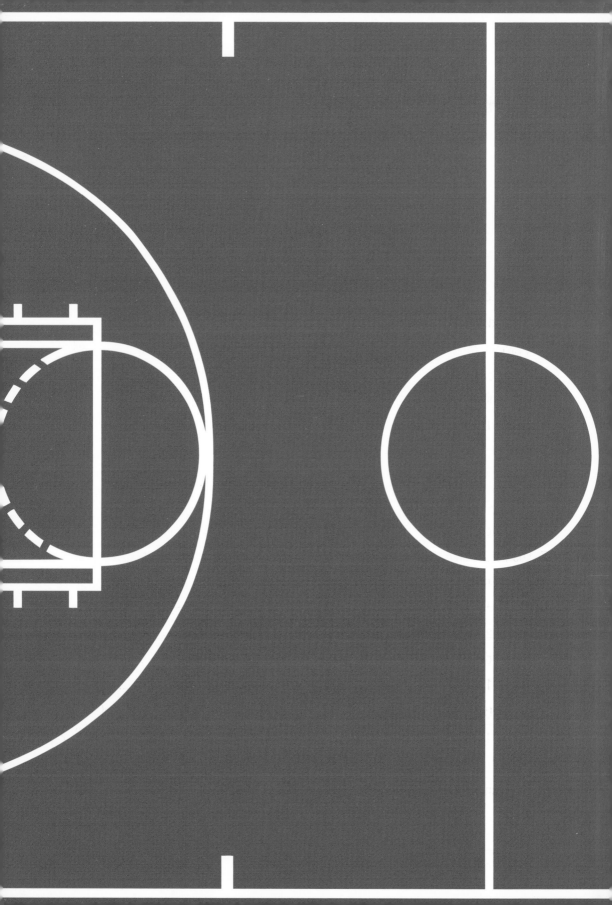

SUMARIO

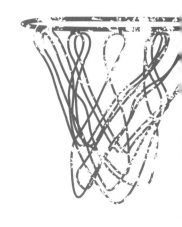

MODERNO Y RESPETUOSO

Prólogo de Antoni Daimiel

Por lo versátil, lo íntegro y lo absoluto este es un libro para la NBA del siglo XXI. Un ejercicio sobre seguro, elaborado y profundo, creado por un profesor de comunicación, poeta y narrador, que gusta de escribir mientras escucha Carrusel Deportivo o ve en *streaming* un partido de sus ídolos. **NBA Lovers!** es un libro moderno y respetuoso, que retoma la adjetivación y el vocabulario clásico que manejamos para hablar de los jugadores de físico descomunal y concepción académica del baloncesto. Una obra que bebe directamente de las fuentes, y que por su carácter pormenorizado y exhaustivo puede ser tanto un libro iniciático, una obra de consulta o un manual indispensable para un examen de la especialidad. Será una lectura de referencia para los más familiarizados con la NBA, y una especie de completísima biblia para los afortunados que descubran en este momento el maravilloso mundo de la NBA. El típico libro que te invita al subrayado y la acotación, el manual que disfrutas prestando y que mucho tiempo después no concibe la arruga a la hora de reclamárselo al prestatario.

Hace unos años me buscó con determinación el cineasta Agustín Díaz Yanes. Quería conocerme, tomar un café conmigo y charlar de la NBA. Cuando nos encontramos le vi cargado con unas bolsas cuyo contenido no me desveló hasta el final de la conversación. Quería regalarme una serie de libros que había comprado en Estados Unidos hacía casi cincuenta años, coincidiendo con su etapa de estudios en Connecticut, tras ganar una beca. Díaz Yanes llegó con 17 años a EE.UU. y le cogió allí la guerra de Vietnam, el asesinato de Luther King y el baloncesto. Fue por lo que su mente postadolescente identificó, entre esas primeras experiencias de la edad adulta, la del descubrimiento de la NBA, con sus ritos, sus mitos y sus símbolos. Entre otros, me obsequió con libros como *Defense, defense*, de Red Holzman y Leonard Lewin; *Clyde*, la historia de Walt Frazier; *Fouls*, sobre Connie Hawkins, y *Go up for Glory*, acerca de la exitosa carrera de Bill Russell. *NBA Lovers!* cumplirá por siempre con esa misma función de testamento atemporal.

La tradición y la fidelidad a la vieja escuela que respira el texto no impide que el aficionado alternativo o el permanente rastreador del detalle o de la revelación *sui generis* pueda rentabilizar y exprimir diversos capítulos, según sus intereses. En mi caso de lector antojadizo, degusté con afán los capítulos dedicados a los Bucks de Oscar Robertson y Jabbar, a la prensa y las televisiones («Un matrimonio indisoluble»), la guía rápida de las franquicias en expansión, los párrafos sobre la implantación del código de vestimenta o las jugadas de Popovich. Y resulta que no, que no lo presto.

¡eNBAmorados!

Nota previa

Este libro es para nosotros, la gente NBA. Los que sin dudarlo enviamos un mensaje a nuestros amigos para decir: «Acabo de ver a un tío con una camiseta de Elton Brand». Los que nos enganchamos a los resúmenes matinales rumbo a la oficina o al colegio. Los que vivimos en el horario de la Costa Oeste sin saber ni cómo. Este libro es un *extra-pass*. Es el ajuste final de jugada para el mejor tiro posible. Nuestro propósito principal durante la elaboración del libro ha sido recoger ideas, historias e información que nos permitan abrazar nuestro deporte favorito desde más allá, desde lo más hondo y llegando más lejos. Algo que nos haga más fuertes. Sea ante la tele o en una cancha en directo, este libro nos va a permitir ser conscientes de las conexiones con aquello que estemos viendo en pista y más allá: historia de las franquicias, las jugadas, los entrenadores, las estrellas, las leyendas, los árbitros, los pabellones, el sistema de elección de jugadores, las normas de juego...

Para hacerlo nos hemos basado en los datos computables y las estadísticas finalizadas, es decir, hemos reflejado todo aquello que ya quedó establecido para la historia al cierre de redacción. Por esa razón los jugadores en activo durante la temporada 2015-2016, con sus carreras todavía en marcha y con opciones de hacer historia con el balón en las manos, no son tratados con la profusión que los ya retirados, con la excepción obligada de Pau Gasol, al que sí dedicamos un capítulo entero. Siguiendo el ejemplo del propio Hall of Fame, a los entrenadores destacados sí los hemos incluido en el libro aunque aún sigan en activo.

En definitiva hemos intentando rastrear la razón detrás de esta inmensa inflamación del corazón, aquello que hasta la fecha ha hecho de la NBA nuestra querida, apasionante, eterna media naranja. El amor es complejo, rico y potente. Disfrutémoslo.

James Naismith (en el centro con traje) y el primer equipo de baloncesto de la historia, en Springfield, Massachusetts (1891).

21 DE DICIEMBRE DE 1891

James Naismith inventa el baloncesto

Almonte es una pequeña ciudad de Ontario, Canadá, situada unos treinta kilómetros al suroeste de Ottawa. Fundada a principios del siglo XIX por colonos escoceses e irlandeses, el primer asentamiento fue conocido como Waterford durante varias décadas, pero la llegada del registro postal en 1855 hizo notar que otra ciudad con ese nombre ya existía en Ontario. En aquella época, y así sería hasta 1867, Canadá era una de las provincias unidas del Imperio británico y no vivían precisamente su mejor momento las relaciones entre el Imperio y los Estados Unidos, a los que acusaban de tener una política expansiva territorial excesivamente agresiva. Así las cosas, y estando el núcleo de población sin nombre, llegó desde los estamentos oficiales en Ottawa una sugerencia: Almonte, derivado directamente del general del ejército mejicano y veterano de El Álamo, Juan Almonte. Sin vínculo alguno con la historia, la orografía o la fonética de la región, el nombre cuajó, y en 1859 quedó finalmente registrado Almonte de forma oficial en la carta gubernamental. La ciudad, de clima continental, está seccionada por el pequeño río Mississippi (no confundir con su homónimo americano de mucho mayor caudal y recorrido) y tradicionalmente su actividad económica principal estuvo basada en el textil. En 1860 Almonte contaba con poco más de dos mil habitantes y vivía un período de inédita vitalidad económica tras la construcción de la estación de la línea ferroviaria que conectaba Ottawa con Brockville, uno de los puertos fluviales principales del río San Lorenzo, frontera natural entre Canadá y Estados Unidos en la región. Las cosas pintaban bien.

Tal vez imbuido de este espíritu de expansión económica de la ciudad, en alas de este clima de lo novedoso, el 6 de noviembre de 1861 vino al mundo el pequeño **James Naismith**, hijo de John y Margaret (nacida Young), ambos inmigrantes escoceses,. Primer hijo de la pareja, un bebé rollizo y muy simpático, tuvo una infancia feliz. Quiso tristemente la

Providencia, presentada en forma de enfermedad, dejar huérfano al joven James a la edad de 9 años. Siendo todavía un zagal, y sin hermanos, fue acogido por sus tíos maternos, también vecinos, con los que pasaría sus años de formación. Alumno del instituto de Almonte, donde jamás destacaría precisamente por sus notas, se había mostrado desde una edad muy temprana como **un joven ciertamente eficaz** en las tareas de tipo físico, especialmente las agrarias. Le encantaba pasar su tiempo libre jugando al pilla-pilla, al escondite y a un juego de tradición medieval muy popular conocido como ***duck-on-a-rock*** (el pato sobre la roca) que fundamentalmente consiste en derribar un balón colocado sobre un montículo lanzando otro balón. En este juego una persona defiende al pato de las trayectorias de derribo que sus oponentes generan. Naismith observó que un **disparo parabólico** sería enormemente más efectivo para el derribo que uno rectilíneo.

En 1883, con 21 años, acabó finalmente el instituto e ingresó en la Universidad McGill, en Montreal, donde pese a su constitución, *a priori* poco apropiada para la práctica deportiva de alto rendimiento (179 cm, 78 kg), destacó como un **atleta fenomenal**. Sobresalió en todos los deportes que eligió practicar: desde el fútbol canadiense al lacrosse, pasando por el fútbol e incluso el rugby, pero fueron sus excelentes resultados en gimnasia los que le granjearon diversos reconocimientos oficiales y algunas becas. Todas ellas, a excepción de la gimnasia, eran disciplinas deportivas de implantación reciente, con no más de cuarenta años de desarrollo social y con reglas y variantes en formación. En 1888 obtuvo su licenciatura en Educación Física por la Universidad McHill y dos años más tarde, en 1890, un diploma de la Escuela Presbiteriana de Montreal (universidad teológica dependiente de la Iglesia Presbiteriana de Canadá, dedicada exclusivamente a los estudios religiosos). En 1891 comenzó el ejercicio docente en McHill donde sería casi de inmediato promocionado a director de atletismo, cargo recién creado y ocupado por primera vez por él, pero que no ostentó por mucho tiempo.

En aquel mismo año de 1891 abandonó Montreal y Canadá para ejercer como profesor de educación física en la **Universidad de Springfield**, Massachusetts. La hoy en día conocida como Universidad de Springfield había sido fundada solo seis años antes, en 1885, y tras la inclusión del programa de educación física en 1887, era todavía conocida por su nombre tradicional: **YMCA International Training School**. Dadas las hórridas condiciones climatológicas de Nueva Inglaterra, el jefe del Departamento de Educación Física, el doctor Luther Gulick, le dio a Naismith un plazo de dos semanas para desarrollar alguna actividad que sus muchachos, al parecer una clase especialmente revoltosa, pudiera **practicar a cubierto** aquel invierno que, casualidades de la vida, acabó siendo uno de los más tibios registrados en la región, con una media de 1,16 ºC y mucha, muchísima lluvia y tormentas.

Así que probablemente con ráfagas de lluvia golpeando sus ventanas y un panorama de lodo alrededor (en lugar de las ventiscas, el aire gélido y los varios metros de nieve blanca habituales), James Naismith se puso a diseñar una nueva actividad. El doctor Gulick había insistido en que debía poder practicarse sin ocupar mucho espacio en el pabellón y debía ser «justa para todos los participantes y no demasiado agresiva». Tres elementos preliminares estableció Naismith para el diseño de la nueva disciplina. En primer lugar, analizó los deportes de equipo existentes con balón o pelota: rugby, lacrosse, fútbol americano, fútbol, hockey y béisbol. Todos ellos llevaban asociado **el uso del balón** como elemento esencial del juego y objeto de anotación. El balón que más seguro y cómodo le pareció fue el de fútbol, el más blando de todos. En un segundo nivel de análisis observó que en la mayoría de casos era precisamente el uso del balón como objeto esencial de anotación lo que más impacto y contacto físico procuraba en la cancha, fuese corriendo con él, driblando con él o golpeándolo. Anotó, por tanto, dadas las premisas iniciales, que sólo sería permitido **el pase** en su nueva actividad. Es decir, sería la interceptación del pase lo que cambiaría la posesión del balón de bando, evitando así, o al menos disminuyendo, las agresiones físicas por esa razón: ni entradas ni derribos, solo interceptación del pase en vuelo. En un tercer nivel de análisis, determinó que la anotación se realizaría de una forma difícil de defender –o no defendible con el mero uso del impacto corporal–, por lo que decidió situar el repositorio del balón, necesario para la conversión del lanzamiento en anotación, en **un lugar elevado sobre las cabezas** de los jugadores. Estos repositorios serían **canastos de melocotones** que pidió expresamente Naismith al bedel de la escuela, el señor Stubbins. Y basándose en ello, bautizó la actividad: «Basket Ball».

Sabiendo que sus chicos iban a necesitar atenerse a cierto reglamento, redactó las que hoy en día se conocen como las **13 reglas** del baloncesto y las colgó en el pabellón de la calle Armory donde había convocado a su clase aquel día. Colocó las dos cestas de melocotones a lado y lado de la pista, a **10 pies** (3,04 metros) del suelo, sobre las puertas de acceso a la pista, y esperó a que sus alumnos llegasen. Era 21 de diciembre de 1891. Es de suponer que haciendo gala de la indolencia propia de la edad, palmadas, risotadas y empujones, los chavales llegaron finalmente al pabellón. Naismith formó dos equipos de nueve jugadores cada uno, nadie al banco, todos en pista. Se jugarían dos partes de 15 minutos cada una, basándose en la estructura de tiempos que en aquella época se utilizaba en el fútbol. A los chavales no les hizo mucha ilusión al principio el juego que les proponía su profesor, pero poco a poco irían introduciéndose en la materia y, según comentaría más tarde el propio profesor Naismith, involucrándose de manera progresiva en el juego. El partido acabó 1-0, gracias a una canasta convertida por el joven **William Chase,** que en aquel momento no fue, como nadie lo era, consciente de haber sido el primer anotador de la historia.

En los primeros días de enero de 1892, Naismith registró oficialmente las 13 normas del baloncesto, de las que emana todo el reglamento posterior, dando así inicio oficial a este deporte. Unas semanas más tarde, el 12 de marzo de 1892, se jugaría el primer partido con público, ante unos doscientos espectadores, en el mismo gimnasio de la YMCA en la calle Armory. Gracias a la cobertura del evento realizada por el *Springfield Republican* podemos hoy en día leer también **la primera crónica baloncestística** de la historia. El partido enfrentó a dos equipos formados por alumnos y profesores respectivamente, en equipos de siete jugadores entre los que destacaban en el lado de los profesores el propio Naismith y el doctor Gulick. El equipo de estudiantes estuvo compuesto por Davis, Mahan, Thompson, Archibald, Ruggles, Libby y MacDonald, todos ellos alumnos de Naismith. El partido acabó 5-1 a favor de los estudiantes, siendo Ruggles, con 4 de las 5 canastas de su equipo, y MacDonald, que anotó la otra y brilló como pasador, los jugadores más destacados.

James Naismith se casó el 20 de junio de 1894 con la bella, bellísima, Maude Evelyn y se trasladaron un año más tarde a Denver, donde compaginaría su carrera de profesor de educación física en la YMCA local con la licenciatura en medicina que conseguiría en 1898. Aquel mismo año sería contratado por la **Universidad de Kansas** para enseñar baloncesto, iniciando así un período que llevaría a la consolidación de su deporte a escala nacional primero, e internacional después.[1]

Aunque durante mucho tiempo Naismith no quiso darle importancia, su deporte fue en expansión meteórica por las universidades y escuelas. En 1898, vería iniciarse la consolidación de la primera liga profesional: la National Basketball League (NBL),[2] en ejercicio hasta 1904, de la que surgiría el primer equipo de leyenda: los **Original Celtics** de **Nueva York**. También vería su deporte adoptado como demostración en los **Juegos Olímpicos de 1904**, en Saint Louis, Missouri, y posteriormente como disciplina olímpica oficial en los **Juegos Olímpicos de 1936**, en Berlín, en los cuales Naismith fue escogido para la entrega de medallas en el podio: el oro a Estados Unidos, la plata a Canadá y el bronce a México. Comentó a su regreso que ver a todas las naciones disputar su deporte había sido la mayor compensación imaginable. Padre de cinco hijos, murió el **28 de noviembre de 1939** en Lawrence, Kansas, donde sería enterrado junto a su primera esposa. Es miembro del Salón de la Fama del Baloncesto (Hall of Fame), al que de hecho da nombre oficial.

---

1. En instalaciones de la YMCA se juega el primer partido en suelo europeo (París, 1893) y asiático (Tianjin, 1894). La FIBA (Federación Internacional de Baloncesto) se funda en Ginebra en 1932.
2. No confundir con la NBL fundada en 1937, de mayor penetración, con la que solo comparte nombre.

1. PRECEDENTES Y NACIMIENTO DE LA NBA

Nueva York, la bella. La central. La pujante. Luz atlántica primaveral, aire nítido en este hermoso jueves **6 de junio de 1946**. Ha pasado un año desde el fin de la Segunda Guerra Mundial, la vida recupera la normalidad y asomando entre los edificios, el reluciente y encantador **Commodore Hotel** de Manhattan se eleva, extrañamente iluminadas sus aristas y ventanas por los brillos de la historia: dieciocho hombres de negocios, propietarios de pabellones, promotores deportivos, socios mayoritarios de franquicias de las ligas de hockey y fútbol americano, acuden a una reunión que, tras diversos intentos y mucha conversación, el célebre periodista deportivo **Max Kase** y el propietario del Boston Garden, **Walter Brown**, han logrado convocar. Ha llegado la hora de hablar con seriedad de baloncesto.

En estos tiempos, el deporte de la canasta está especialmente vinculado en la mentalidad colectiva a las etapas formativas de la vida, la escuela y la universidad; es respetado por todos, pero sin continuidad sólida ni **transición comercial** de relevancia hacia el mundo profesional. Su popularidad a escala nacional se debe fundamentalmente a la creación en 1939 de la rama baloncestística de la NCAA,[1] pero su éxito y seguimiento no puede ni remotamente compararse con los que las ligas profesionales de béisbol, fútbol americano o hockey movilizan por aquellos tiempos. En 1946, el baloncesto no es un negocio verdaderamente profesionalizado.

---

1. Fundada en 1910, la NCAA (National Collegiate Athletic Association) ha sido desde sus orígenes una organización sin ánimo de lucro que coordina y aglutina actualmente a 1.281 instituciones atléticas del ámbito universitario, siendo responsable del diseño y desarrollo de los programas deportivos de la mayoría de universidades de Estados Unidos. En 2014 los beneficios de la NCAA rondaron los 1.000 millones de dólares, debiéndose casi un 90% a la primera división de baloncesto masculino. Como organización sin ánimo de lucro reparte sus beneficios entre la red participante.

Para el gran público, impactado por la información mediática, o para el seguidor de deportes, la única trascendencia del baloncesto más allá de las fronteras amateurs de la NCAA (los jugadores de la NCAA jamás cobran por jugar) se encontraba en los eventos y giras interestatales de los **Harlem Globetrotters**, combinado baloncestístico fundado en 1926 con el único propósito de ofrecer un entremés, atlético y circense, en los espectáculos de varietés del Savoy Ballroom de Chicago.

Jugándose en infraestructuras no mucho mejores que meros gimnasios de instituto, ni ante audiencias destacables, ni desplegando un baloncesto precisamente majestuoso ni de trascendencia sensible ni relevante en las secciones de deportes de los diarios del país, existían en 1946 **dos ligas profesionales de baloncesto organizadas** operando en el país, ambas producto de los primeros esfuerzos importantes de consolidar el baloncesto como deporte profesional.

La **ABL** (American Basketball League) había sido **fundada en abril de 1925** en el Hotel Statler de Cleveland por nueve propietarios y socios con participaciones en franquicias de la NFL (National Football League), al amparo de su entonces presidente **Joseph Carr**. El agente dinamizador principal de la ABL había sido el magnate **Max Rosenblum**, fundador de los Rosenblum Celtics (1919), rebautizados posteriormente como **Cleveland Rosenblums**, accionista de los Cleveland Bulldogs de la NFL, propietario de los grandes almacenes de Cleveland que llevaban su nombre y apasionado del deporte de la canasta. Pionero absoluto, durante los últimos años de la década de 1910, había ya organizado triangulares de baloncesto y competiciones locales. Él había convocado la reunión en el Statler, él impulsó emocionalmente la fundación y él lideró la aportación de capital. En cierto sentido, la existencia de la ABL se explicaba más como un capricho de magnate que como una iniciativa realmente profesional. En cualquier caso, los Cleveland Rosenblums deben ser justamente recordados como otra de las franquicias legendarias de este deporte, como una de las que mejores promedios de audiencia cosecharía en su tiempo, logrando convocar a una media de diez mil asistentes por partido durante las **Finales de la ABL de 1926**, que se llevarían los de Cleveland por 3-0 contra Brooklyn.

Estructurada a doble vuelta, la ABL se extendía fundamentalmente por ciudades industriales del noreste y su existencia fue básica para consolidar la noción del baloncesto profesional por toda aquella franja, llegando a incluir hasta cuarenta equipos en competición, aunque nunca llegó a la plena consolidación, pues sus franquicias, generalmente de corto recorrido y poco impacto, con recursos limitados y patrocinios débiles, equipos y marcas cambiantes, difíciles de seguir, imposibilitaban la identificación del seguidor con su equipo. Los equipos duraban en torno a los dos años y medio de promedio, unos plazos fugaces para llegar a establecer una base de seguidores real.

Lastrada por diversas lagunas en lo organizativo, problemas de financiación y variados conflictos de orden personal, puede decirse que la ABL, pese a todo, funcionó de forma suficientemente eficaz. Franquicias como los Rosenblums o los Original Celtics llegaron en sus mejores eras a atraer promedios de asistencia de diez mil espectadores durante la temporada regular, si bien es cierto que otras franquicias jamás lograron superar la barrera de los dos mil. Con la idea de impulsar la profesionalización de su liga, la ABL promovió una serie de medidas que darían arranque, o esbozo, a lo que hoy en día identificamos claramente como los **fundamentos** de una liga profesionalizada. Para atraer jugadores universitarios de interés, algunas franquicias empezaron a ofrecer salarios mensuales que permitieran a sus contratados tener el baloncesto como actividad económica principal, al menos durante el período de desempeño de su ocupación. Estos salarios se establecerían en torno a los **1.500 dólares mensuales**. Sin embargo, todavía no existía la opción real de desarrollar una carrera en el baloncesto profesional y la práctica del mismo era, por necesidad, más bien considerada una ocupación temporal. En el terreno reglamentario, a la ABL se le deberá de por vida la implantación de los 3 segundos en la zona y el concepto de penalización sin posibilidad de retorno a la cancha por acumulación de faltas, normas no definidas hasta aquel momento.

Al final de la temporada 1930-1931, debido a los estragos causados por el **crack del 29**, con solo cinco equipos inscritos en la competición, la ABL se vio obligada a cerrar sus puertas. Reabrió en 1933 habiendo reducido o concentrado sus fronteras, pasando a operar únicamente en ciudades de los estados de Pensilvania y Nueva York, es decir, solo ciudades de la Costa Este. Sea como sea, resulta innegable el gran esfuerzo que la ABL llevó a cabo y lo indispensable que a la postre resultaría su tarea para la consolidación del baloncesto no solo como deporte profesional, sino, sobre todo, como deporte de alcance e interés público en la Costa Este. La American Basketball League acabaría concluyendo su andadura con el cese total de actividades en 1955.

La **NBL** (National Basketball League), segunda iniciativa con la misma sonoridad tras el intento pionero de la National Basket Ball League,[1] había sido **fundada en 1937** con la intención de ocupar el espacio geográfico desdeñado por la ABL: el cinturón industrial del

---

1. Primera liga de baloncesto profesional de la historia, concentrada entre Filadelfia y Nueva York, en activo entre 1898 y 1904.

Medio Oeste y la región de los Grandes Lagos como marco general. En esta ocasión, los promotores principales de la idea fueron tres importantes corporaciones en expansión, con unos cuarenta años de recorrido empresarial: General Electric, Firestone y Goodyear. Sin personalismos de ningún tipo desde el cuerpo directivo, la liga estaba formada **por 13 equipos**, algunos de los cuales fueron creados a la sazón para formar parte de la nueva iniciativa, en su mayoría patrocinados por las compañías fundacionales o sus filiales, mientras que otros eran franquicias independientes de más recorrido, pero a la deriva en el plano competitivo, sin filiación a ninguna estructura. El equipo de gobierno de la NBL demostró una implicación que muy bien podría definirse como de baja intensidad en los años de apertura. El calendario se acordaba entre las franquicias con la única obligación de jugar diez partidos en total, de los cuales al menos cuatro debían jugarse fuera de casa.

Posiblemente porque ya existía el recuerdo colectivo del baloncesto en aquellas zonas, fue relativamente sencillo reactivar y extender por diversas ciudades de la región de los Grandes Lagos y el Medio Oeste esta iniciativa de profesionalización. Realizando una revisión histórica, a la NBL se le debe la emergencia de un concepto que resultará a la postre indisoluble de la naturaleza misma de la NBA: las estrellas. Jugadores que por su talento y condiciones excepcionales, su personalidad y su aportación al colectivo y al deporte mismo ocuparán una posición especial, destacada, en la memoria común de los seguidores y la propia institución. Es tan intenso su brillo que no deja lugar a dudas entre los aficionados, sin que importe que sean o no seguidores de la franquicia en particular para la que juega o haya jugado la estrella. Tres estrellas nos sirven para segmentar las tres diferentes eras de la NBL: **Leroy Edwards** de los Oshkosh All-Stars, **Bobby McDermott**, jugando en los Fort Wayne Zollner Pistons, y **George Mikan**, estrella rutilante entonces, que pasaría posteriormente a convertirse en leyenda, la primera auténtica **leyenda de la NBA**, jugando para los Minneapolis Lakers. Por sus aportaciones al juego y por las obligaciones de orden táctico a las que forzaron a sus rivales debido a su presencia y su estilo de juego, así como por la popularidad que obtuvieron en su tiempo, estos hombres pueden ser considerados perfectamente estrellas de la NBL.

El arraigo social de la NBL fue más profundo que el de la ABL; su penetración y su nivel de profesionalización acabó siendo mayor, sus franquicias eran más estables y las estructuras que las sostenían se demostraron de mejor y más robusto fuste. Como muestra inapelable, nótese que en la NBL competían originalmente cinco franquicias que hoy en día, si bien ya transformadas, vemos jugar cada noche aún a pleno rendimiento, habiendo sido todas ellas laureadas con anillos en al menos una ocasión: Minneapolis Lakers (inscritos primero

Encuentro en el Madison Square Garden de Nueva York entre los Minneapolis Lakers y los New York Knicks ante una notable asistencia de público (febrero de 1949).

como Detroit Gems, comprada la franquicia después), Fort Wayne Pistons, Rochester Royals, Syracuse Nationals y Tri-Cities Blackhawks.[1]

Nacido en el Lower East-Side de Manhattan en 1897, **Max Kase,** experto en béisbol y boxeo, una de las plumas más vívidas y coloridas de la prensa deportiva de la época, había estable-cido una estrecha amistad con **Walter Brown** durante su época como corresponsal deportivo del *Boston American* a mediados de los años treinta. Personalidad reconocida a escala nacio-nal, editor jefe de deportes del *New York Journal-American,* saluda efusivamente a todos los convocados a la reunión. No tiene dudas. Ante él tiene la flor y nata del negocio deportivo del Noreste, los auténticos motores, la gente a la que realmente debe convencer y entusiasmar. Entre los reunidos en el Hotel Commodore destaca Ned Irish, exitoso promotor del baloncesto universitario y presidente del Madison Square Garden, el presidente de la American Hockey League (AHL), Maurice Podoloff, o el propio Walter Brown, ya completamente de su lado...

¿Por qué, amigos, el baloncesto, tan estimado entre la gente joven, tan divertido de ver y practicar, tan sano, tan veloz, tan interesante, no tiene una estructura verdaderamente seria que lo sostenga? Una liga de baloncesto que sea jugada en pabellones de renombre, en me-jores y más populares canchas, como las atesoradas por los reunidos, sedes con capacidad para albergar mayores audiencias, y adecuadamente reseñada en las secciones de deportes de los diarios, atraerá a nuevos seguidores y ayudará a mantener conectados y mucho mejor informados e involucrados a los ya existentes. La infraestructura está creada, amigos, solo falta la organización. La infraestructura existe, señores, por supuesto que sí: ¡son ustedes! ¿Se dan cuenta? ¿Ven como yo el horizonte de negocio y entretenimiento que se abre ante noso-tros si conectamos adecuadamente los puntos, si trenzamos bien nuestra jugada? Semejante movimiento puede reportar grandes beneficios para todos, tanto en términos de negocio como en aspectos sociales y de entretenimiento deportivo. Qué mejor uso, caballeros, podría darse a estas canchas de hockey que, en lugar de permanecer vacías y sin explotación a expensas del calendario de la NHL, podrían albergar una liga profesional de baloncesto intercalán-dose con las fechas de la NHL... ¿Por qué no llenar varias noches a la semana sus pabellones, con dos deportes tan asombrosos? ¿Por qué no generar una nueva afición local? ¿Por qué no abrirnos todos y promover de una vez por todas el baloncesto profesional en América? Y así es. Así fue. A todos los reunidos les parecerá una argumentación sin fisuras, todos tienen algo que ganar y muy poco que perder. El **6 de junio de 1946** nació la **BAA** (Basketball Association of America), semilla de la gran NBA que hoy todos conocemos.

---

1. Hoy en día, respectivamente, Los Angeles Lakers, Detroit Pistons, Sacramento Kings, Philadelphia 76ers y Atlanta Hawks.

Aquel día, se decidió que la liga se inauguraría ese otoño y quedaron oficializadas las **once franquicias fundacionales** que debutarían dando inicio a la primera temporada de la BAA (1946-1947), considerada hoy en día también como la primera de la NBA a todos los efectos. La división del Este estaría conformada por los Boston Celtics, Philadelphia Warriors, Providence Steamrollers y Washington Capitols, junto con los New York Knicks y los Toronto Huskies. El Oeste lo formaron los Pittsburgh Ironmen, Chicago Stags, Detroit Falcons, Saint Louis Bombers y los Cleveland Rebels. **Maurice Podoloff** será el primer presidente de la BAA, convirtiéndose en el primer hombre que presidía dos ligas profesionales a la vez.[1] Sin tiempo que perder y con Podoloff a la cabeza, se definió un pequeño órgano ejecutivo para ponerse a trabajar y establecer los fundamentos de la organización. Quedó definida la estructura de la competición, inspirándose en el patrón implantado por la liga de béisbol, modelo que hoy en día sigue la NBA. La elección de Podoloff fue lógica en el momento y se demostró excelente en el transcurso de los años. Presidiría la liga hasta 1963 y sería parte importante en el proceso de absorción que en 1949 daría origen a la NBA. Bajo su mandato, la NBA viviría una expansión progresiva y su consolidación, tanto en lo deportivo como en lo social y económico. Fue él quien introdujo en 1947 el sistema del *draft*, sistematizando así la incorporación anual a la liga de jugadores formados en las universidades, y también él fue el responsable de algunas de las cláusulas reglamentarias que mejor definen este deporte, entre las que destacaría el reloj de posesión. Hoy en día el premio al jugador más valioso de la temporada de la NBA (el MVP), galardón individual de mayor prestigio, lleva oficialmente su nombre como reconocimiento a sus esfuerzos: Maurice Podoloff Trophy.

Toronto, Canadá. **1 de noviembre de 1946**. Qué bello homenaje arrancar la liga en la tierra del hombre que inventó este deporte. Las puertas del **Maple Leaf Gardens** han abierto temprano, las sombras del crepúsculo alargándose, el cielo enrojecido, las nubes preñadas de sol. Está siendo un otoño inusualmente cálido, casi de tiento primaveral. El humor general es activo y expectante. Nada menos que 7.090 espectadores se han dado cita en la grada, el partido ya está a punto de empezar. A un lado de la cancha, los **Huskies de Toronto**; al otro, los **New York Knicks**.

En los primeros compases del partido, **Ossie Schectman** (1919-2013), escolta de 1,83 m de los Knicks, penetrando frontalmente en una jugada de contraataque muy plástica, tras hilar el equipo cuatro pases en carrera desde la captura del rebote defensivo, anotó con la

---

1. Joseph Carr había alternado sus funciones en la presidencia de la NFL con las tareas de presidencia de la ABL.

mano derecha la primera canasta de la historia de la NBA y puso el 2-0 en el marcador para los de Nueva York. Fue un encuentro entretenido y de bastante anotación para la época, cayendo finalmente la victoria 68-66 del lado de los Knicks.

Aquella temporada de apertura sería bastante caótica, propia de los inicios: algunos propietarios de pabellones se limitaron a poner canastas sobre el hielo haciendo imposible el juego del baloncesto, los pabellones no se calentaban, la gente iba con mantas a las gradas, hubo cancelaciones, parones, problemas. Sin embargo la audiencia en pista promedió los tres mil asistentes por partido, lo que no era tan mala marca. Se había establecido en los primeros estatutos de la BAA que los partidos durarían 48 minutos y los jugadores podrían permanecer en pista hasta cometer 6 faltas, dos rasgos del reglamento que todavía hoy constituyen una de las distinciones normativas propias de la NBA.

Las **Finales de la BAA de 1947** acabarían proclamando a los **Philadelphia Warriors** del gran Eddie Gottlieb, entonces entrenador, como primeros campeones de la BAA/NBA al acabar por 4-1 con los **Chicago Stags**, que como campeones del Oeste habían accedido a las finales tras derrotar 4-2 a los Washington Capitols, campeones del Este, casualmente dirigidos por el que sería la primera leyenda, y mítica, de los banquillos de la NBA, **Red Auerbach** en su año de debut profesional. Los Warriors fueron liderados por su interior más potente, **Joe Fulks**, sin duda una de las primeras estrellas en anotación de la franquicia con sus 26,2 puntos por noche, y el hombre de perímetro **Howie Dallmar**, líder en asistencias y también el hombre que anotó, ya lesionado, la canasta definitiva en el quinto y último partido que les dio el campeonato, **primer trofeo de la NBA** a todos los efectos.

Como reconocimiento por el título, los jugadores de los Warriors recibieron cada uno un cheque de 2.000 dólares y un pequeño **anillo con un diamante engastado** a modo de coronación. Desde entonces, la práctica de la gratificación al campeón de la NBA con un anillo es una tradición indisoluble e irrefutable, y la expresión «ganar el anillo», y sus variantes, es sinónimo de triunfo en el campeonato. El **Trofeo de las Finales de la NBA**, anillos aparte, era una ensaladera metálica con pedestal de madera sobre el que desde 1947 se irían grabando chapas con el nombre del campeón, y pasaba cada año de manos de los anteriores campeones a los nuevos.

A la muerte de Walter A. Brown en 1964, el trofeo de la NBA pasó a llamarse oficialmente **Trofeo Walter A. Brown** en reconocimiento del importante papel que el propietario de los Celtics había tenido en la fundación de la BAA/NBA. En 1977 se cambia ligeramente el diseño del trofeo y se rompe con la tradición de pasarlo de mano en mano: cada año se fundiría un trofeo nuevo para el nuevo campeón. El trofeo histórico fue enviado al Salón de la Fama donde todavía permanece. En 1984, a la muerte del comisionado Larry O'Brien, y en homenaje a su labor al frente de la NBA desde 1975, el trofeo sería bebautizado como **Trofeo Larry O'Brien**, nombre por el que se conoce hoy en día. También en 1984 se cambió el diseño por el actual: una base sobre la que se sostiene una cesta de baloncesto estilizada, semicónica, con un balón en su aro, bañado en oro. De este trofeo se hace cada año una copia para el campeón. Este nuevo diseño puede considerarse como una de las particularidades del gran *draft* de 1984.

Pese a las dificultades organizativas de la temporada inaugural de la BAA, los primeros fans vieron potencial en la nueva competición y reclamaron la participación de jugadores universitarios, estrellas locales a las que les gustaría ver jugando en la nueva liga profesional. Ni la ABL ni la NBL se mostraron preocupadas en exceso por la aparición de la BAA hasta que algunas de sus estrellas más fulgurantes y algunas de sus franquicias más potentes empezaron a dejar sus organizaciones, ya a partir de la **temporada 1947-1948**, para pasar a inscribirse en la BAA. Pittsburgh Ironmen, Toronto Huskies, Cleveland Rebels y Detroit Falcons cerraron sus puertas antes del inicio de la temporada y dejaron a esas ciudades sin baloncesto profesional durante bastantes años. La BAA gestionó la incorporación a su competición de los **Baltimore Bullets** originales desde la ABL, liga de la que acababan de coronarse campeones. Su incorporación era algo más que un simple golpe de efecto en favor de la BAA, era una total declaración de intenciones.

Con ocho equipos en contienda la temporada 1947-1948, la primera favorecida por un *draft*, discurrió con más serenidad. Los **Baltimore Bullets**, liderados por Connie Simmons, Kleggie Hermsen y Paul Hoffman, un equipo de anotaciones muy repartidas, sin estrellas, se hicieron con el título en las **Finales de la BAA de 1948** por 4-2 en una serie final muy reñida contra los Philadelphia Warriors, defensores del título. Tras solo dos años, con sus 60 partidos en temporada regular y sus reñidas post-temporadas, la liga de la BAA estaba logrando atraer la atención e interés del público.

Los eventos del verano de 1948, previo al arranque de la **temporada 1948-1949**, fueron de gran relevancia para la constitución posterior de la actual NBA. La BAA negoció durante los meses de julio y agosto la incorporación a su liga de cuatro de los equipos más importantes de la NBL: Fort Wayne Pistons, Rochester Royals, Indianapolis Jets y los Minneapolis Lakers, vigentes campeones de la NBL. La incorporación de estas franquicias no solo supuso el debilitamiento de las ligas rivales, o la expansión de las fronteras geográficas de la BAA hacia el oeste, sino que trajo consigo la incorporación de estrellas como **George Mikan** o

Jim Pollard de la mano de los **Minneapolis Lakers** y gracias a ello la implementación de una fórmula de crecimiento de mercado y penetración social nunca vista hasta entonces. Estas incorporaciones supusieron una nueva reestructuración del sistema de competición de la BAA para la liga 1948-1949 que acabaría, con el tiempo, sobre todo en lo relativo a la fase eliminatoria, demostrándose definitiva. Fueron los Minneapolis Lakers (que habían entrado en la BAA como vigentes campeones de la NBL) los que se llevaron en estas **Finales de la BAA de 1949** el campeonato por 4-2 contra los Washington Capitols, en una serie que se alargó hasta los seis partidos. Los Lakers, que jamás perdieron la ventaja de campo en la serie, dominaron en general el juego y su ritmo. En esa serie se da el primer gran hito de unas finales: los Lakers ganan su primer campeonato tras anotar **George Mikan** en el quinto partido 22 puntos con la muñeca rota.

En el verano de 1949, el órgano tecnócrata de gobierno de la NBL admitía su situación redundante y su derrota en términos comerciales frente a la BAA, y se declaraba dispuesta a claudicar. La BAA absorbió en bloque, de un golpe, al resto de equipos contendientes que todavía permanecían en la NBL. Bajo ningún concepto fue una fusión; se trató de una absorción en toda regla. Se mantuvieron intactos los órganos de gobierno de la BAA, con Podoloff como presidente a la cabeza. Tratándose de una absorción íntegra de la NBL, se decidió que en los registros históricos solo se computarían en adelante los obtenidos en la simiente original BAA, y se eliminarían todos los registros anteriores de la NBL. Del mismo modo, los equipos absorbidos pasarían a considerarse como recién llegados a la nueva competición, técnicamente, franquicias de expansión. Nada cambiaba en la estructura pero para evitar problemas de orden legal se decidió cambiar la razón social de la BAA dando origen así, el **3 de agosto de 1949**, al nombre por el que todos la conocemos: **NBA (National Basketball Association)**. NBA. Nuestra NBA.

Con George Mikan como máximo anotador de la **temporada 1949-1950** (promediando 27,4 puntos por partido en temporada regular), y siendo las **Finales de la NBA de 1950** las primeras finales NBA retransmitidas en directo por la radio para las ciudades contendientes (WLOL para Minneapolis y WNDR para Syracuse), los **Minneapolis Lakers** se llevaron el campeonato por segundo año consecutivo, venciendo 4-2 a los Syracuse Nationals en unas finales que se iniciarían con los de Minneapolis revirtiendo el factor cancha favorable a los Nats con una increíble canasta de Bob Harrison sobre la bocina desde más de 12 metros, cuajando posiblemente el primer gran *clutch-moment* de la historia de la NBA. Los Lakers se alzaban como el primer equipo dominador de la liga tras ganar dos campeonatos consecutivos, George Mikan comenzaba a despuntar como estrella para el gran público en general... El gran espectáculo de la NBA empezaba.

2. LA ESTRUCTURA DE LA COMPETICIÓN

A diferencia de NBL o ABL que fundamentalmente habían estructurado sus competiciones bajo el formato clásico universitario de un partido a la semana, la BAA había optado por un calendario que hacía evidente su intención de equipararse desde su origen a las grandes ligas deportivas profesionales del país. En primer lugar, la BAA determinó que la liga se estructuraría en **dos divisiones**: Este y Oeste, la primera composición de lo que hoy son las dos grandes conferencias. Cada equipo inscrito en la competición de la BAA jugaría un mínimo de **60 partidos** durante la **fase regular** (noviembre-marzo), lo que establecía una media de 3-4 partidos a la semana por equipo y suponía una intensidad competitiva más propia de ligas ya consolidadas como el hockey o el béisbol. Aparte de los beneficios directos que un calendario tan intenso supondrá por entradas a los pabellones, hay en esta proyección unos intangibles que resultarán esenciales para la consolidación del proyecto: semejante calendario exigirá a la propia liga y las franquicias participantes una profesionalización muy elevada. Por primera vez en la historia del baloncesto, en consecuencia, existirá una liga en la que *todos* los jugadores serán tratados como profesionales y, dadas las exigencias de la competición, su participación en el equipo será su única fuente de ingresos.

Tras jugarse el último partido de la temporada regular, los tres equipos mejor clasificados en cada división accedían a la fase de playoffs; para los restantes la temporada había acabado. Originalmente, los campeones de división[1] eran gratificados con una exención y accedían directamente por un lado del cuadro a unas grandes semifinales a siete partidos para obtener una plaza en las **Finales de la BAA**. Los cuatro equipos restantes, dos de cada división,

---

1.   El título de Campeón de división no se instaurará como reconocimiento oficial hasta 1951.

jugaban una primera ronda de playoffs entre Este y Oeste según la clasificación obtenida: el segundo del Este jugaba contra el segundo del Oeste, y el tercero contra el tercero. El ganador de cada serie accedía a una semifinal jugada al mejor de tres, para la otra plaza en las finales de la BAA. La final de la BAA también se jugaría al mejor de siete encuentros en formato 2-2-1-1-1. Este sistema para el acceso a las finales solo se aplicaría en aquella post-temporada de debut (1947) y la siguiente (1948).

Las incorporaciones durante el tórrido verano de 1948 de Fort Wayne Pistons, Minneapolis Lakers, Rochester Royals e Indianapolis Jets a la BAA migrando desde la NBL, buques insignia de aquella competición, obligaron naturalmente a una reestructuración de la liga y del calendario que, en último término, dejó la mecánica de clasificación en una situación que podríamos considerar definitiva, al menos hasta el momento presente.

Estas cuatro incorporaciones supusieron un incremento en el número de competidores por el anillo de la BAA, que venía de una temporada (1947-1948) en la que únicamente habían sido ocho los contendientes totales. Las cuatro nuevas pasaron a engrosar directamente la división del Oeste, acompañando a Chicago Stags y Saint Louis Bombers, mientras los vigentes campeones Baltimore Bullets junto con los Washington Capitols pasaban a las filas de la división Este, sumándose a los Philadelphia Warriors, los New York Knicks, Boston Celtics y los Providence Steamrollers. Dos divisiones de seis equipos cada una. Es más que probable que en ese primer momento se asentaran las bases fundamentales o los rasgos característicos de la **identidad diferenciada entre Este y Oeste**, que tantas cosas explica hoy en día. No es difícil imaginar la connotación emocional tanto para los recién llegados, todos incluidos en el lado Oeste del cuadro y con ganas de demostrar su garra y condición (los Lakers eran los vigentes campeones de la NBL), como para aquellos agrupados en el Este, que eran equipos fundadores que iniciaban ya su tercera temporada. Novedad contra esencia.

Sin duda, con esa noción de la rivalidad en mente, Podoloff y su equipo propusieron un nuevo calendario y sobre todo una nueva mecánica de post-temporada que no haría otra cosa más que reforzar el sentimiento de pertenencia a una división u otra, ya que la ruta hasta las finales se dirimía únicamente en el interior de las divisiones, de forma que las finales de la BAA (y de la NBA, para siempre en adelante) enfrentarían siempre al mejor del Oeste contra el mejor del Este.

Descrita y definida a grandes rasgos la mecánica fundamental, emergerían con el tiempo algunos elementos, que en 1948 solo podían ser considerados meros detalles, como aspectos ciertamente **conflictivos**, cuestiones que hoy en día siguen siendo materia de **discusión** en el gran foro NBA. Por ejemplo, de los equipos que en cada división se clasifican para playoffs ¿qué equipo debe enfrentarse a cuál?, ¿cómo estructurar los cruces de playoffs? Es decir, ¿cómo trazar la mecánica del *seed*?[1] Originalmente se optó por la fórmula que se creyó más justa, de aplicación general en otros deportes. De todos aquellos que se clasificaban para playoffs, el equipo con mejor registro de la división obtenía el *seed* 1 y se enfrentaba contra el de peor registro, el que obtenía el peor *seed* (el 4 en aquellos primeros años); el segundo obtenía el *seed* 2 y jugaba contra el penúltimo registro (*seed* 3 entonces). De ese modo el *seed* obtenido tras el trabajo de la temporada regular era convenientemente reconocido. Además, se determinó que para cada emparejamiento (y en cualquier ronda, incluyendo la final) los equipos con *seed* más alto tendrían a su favor el **factor cancha**. Dado que las eliminatorias se resuelven en series (hoy en día, todas son a 7 partidos, pero en la historia hemos visto formatos de series a 3, 5 y 7), la Asociación determinó que el equipo con *seed* más alto en cada ronda jugaría el primer partido en casa, lo que garantizaba que jugaría más partidos en casa que su oponente, con *seed* más bajo. Es decir, en una serie a 7 partidos, el *seed* más alto jugaría 4 en su cancha y 3 en la rival.

El orden de los partidos irá variando a lo largo de la historia, en general procurando que varios de ellos se encadenen en la misma cancha para evitar engorrosos desplazamientos. De forma tradicional, las primeras rondas, semifinales y finales de conferencia se han jugado a series estructuradas en 2-2-1-1-1, de manera que los partidos 1, 2, 5 y 7 se juegan en casa del *seed* más fuerte. Las finales de la NBA, sin embargo, se jugaban en formato 2-3-2. Y he aquí una de las razones de la polémica: unas finales jugadas en formato 2-3-2 implican que el decisivo quinto partido (dada la naturaleza a 7 partidos de la serie, el quinto es un partido de gran trascendencia) se jugaba en casa del equipo de *seed* más bajo. En octubre de 2013, todos los propietarios de franquicias de la NBA votaron por unanimidad el establecimiento de las finales en formato 2-2-1-1-1, y así permanece hasta hoy (2015-2016) y es más que probable que así quede ya por muchos años.

Para la **temporada 1970-1971**, cumpliendo su veinticinco aniversario, la NBA se amplió de los 14 equipos (7 por división) a 17,[2] con la inclusión de los Cleveland Cavaliers, Buffalo Braves

---

1. Literalmente «semilla», se refiere a la posición que un equipo ocupa en un cuadro de eliminatorias. El término equivalente en español sería «cabeza de serie», aunque no se utiliza en la NBA.
2. Si bien en la primera temporada de la NBA había también 17 equipos, la organización estableció, excepcionalmente y solo para aquella temporada, una estructura de tres divisiones (Este, Central y Oeste) que volverían a ser dos en la siguiente al bajar el número de equipos a 11.

y Portland Trail Blazers. Se decidió, a diferencia de lo resuelto en 1949-1950, aumentar un nivel la estructura de la competición creando así las dos **conferencias** que hoy en día conocemos, **NBA Western Conference** y **NBA Eastern Conference**, con dos divisiones por conferencia: División Atlántica y División Central en la Conferencia Este, y División del Medio Oeste y División del Pacífico en la del Oeste. En relación a la clasificación para playoffs, se decidió que a los ganadores de cada división se les garantizaría al menos un *seed* 2 para la post-temporada, con independencia del registro general. Los dos equipos con mejor registro de cada conferencia que no hubieran sido campeones de división recibirían los *seeds* 3 y 4. Se mantuvo el nombre de primera ronda para la primera fase de los playoffs, y se cambió la nomenclatura a **semifinales de conferencia** y **finales de conferencia** para las dos siguientes fases.

Esta estructura duraría hasta el año 2004, momento en que se realizaría un gran ajuste para la **temporada 2004-2005**, manteniendo las dos conferencias pero aumentando a **tres divisiones**[1] cada una, con 5 equipos por división, formato que todavía tiene la NBA. Cada equipo jugará 4 partidos contra los equipos de su propia división, 4 partidos contra 6 equipos de fuera de su división pero de su propia conferencia, 3 partidos contra el resto de franquicias rivales de la conferencia (mediante rotaciones quinquenales se van cambiando los equipos contra los que se juegan estas tandas de 3 partidos), y 2 partidos contra cada equipo de la conferencia rival. El paso a tres divisiones supuso un considerable impacto organizativo y obligó a pensar una nueva fórmula para la clasificación de playoffs, optando originalmente por continuar con la norma de asegurar los *seeds* 1 a 3 para los campeones de cada división. Con vistas a una competición más intensa, se revisó el modelo en el año **2007** y se decidió cambiar el mecanismo: desde entonces a los campeones de cada división se les garantizan *seeds* del 1 al 4. Al mejor equipo no campeón de división de la conferencia respectiva le es asignado el *seed* 2. El resto de *seeds*, del 5 hasta el 8, son determinados en base al registro de victorias-derrotas. Sin embargo, la polémica de los *seeds* no está, ni de lejos, zanjada.

Para cualquier seguidor de la NBA es evidente y estadísticamente innegable que, de un tiempo a esta parte, los equipos de la Conferencia Oeste son bastante **más poderosos** y duros de vencer que los de la Conferencia Este. Llevamos aproximadamente veinte años (más o menos coincidiendo con la retirada de **Michael Jordan**) con unos registros de

---

1. La Conferencia Este fue aumentada por el sur con la creación de la División del Sureste, mientras que la Conferencia Oeste conservando la División del Pacífico, veía desaparecer la División del Medio Oeste para expandirse por el norte y el sur con el nacimiento de la División del Noroeste y la División del Suroeste.

victorias-derrotas Este contra Oeste mucho más favorables para el Oeste. Esto no solo significa que los equipos del Oeste ganan más partidos que los del Este, sino que implica, naturalmente, y dada la estructura de la competición, que es bastante más difícil conseguir una plaza de playoffs para un equipo de la Conferencia Oeste que para uno de la del Este. Tómese como ejemplo la temporada 2014-2015: el *seed* 8 del Oeste (esto es el equipo con peor registro de la conferencia con posibilidad de clasificarse para los playoffs) fueron los **New Orleans Pelicans**, con un registro positivo 45-37. Al otro lado del cuadro, el *seed* 8 de la Conferencia Este fue para los Brooklyn Nets, con un registro negativo de victorias-derrotas de 38-44. Con su registro 45-37, los Pelicans habrían sido **el segundo mejor equipo** en la División Atlántica, y el tercero mejor, tanto en la Central como en la División del Sureste. En definitiva, si los New Orleans Pelicans fuesen un equipo de la Conferencia Este se habrían clasificado posiblemente con un *seed* 5 para los playoffs. Y el caso es que sufrieron para conseguir un *seed* 8 en el Oeste. Este fenómeno viene repitiéndose temporada tras temporada, haciendo evidente que la NBA está competitivamente desequilibrada. Es en el análisis de las causas y en la sugerencia de soluciones donde difieren las diversas voces encontradas.

Cojamos a **Mark Cuban**, propietario de los Dallas Mavericks, como estandarte y cabeza visible más reconocible de este movimiento de presión por una nueva estructuración de la NBA. Lo que Mark Cuban propone (dando voz a un importante número de pensadores NBA, que escriben en *SBNation*, *ESPN* o *CBS Sports*) es una realineación de la NBA que **acabe con la cultura de conferencias**. Así es. Dejarían de existir las conferencias y todas sus variopintas mecánicas. Una medida que acabaría de una vez por todas con las polémicas de los que ven en los *seeds* un generador de desigualdad. ¿Cómo sería? Bien. La NBA se organizaría en **5 regiones**: Pacífica, Gran Oeste, Lagos, Sureste y Atlántica. Cada región tendría 2 secciones de 3 equipos cada una, conformados según criterio de proximidad geográfica. Los equipos jugarían 5 veces contra los 2 equipos compañeros de sección y 4 partidos contra los otros 3 equipos de la región. Se jugarían 3 partidos contra todos los equipos de otras 2 regiones. Y 2 partidos contra todos los equipos de las 2 regiones restantes. De forma rotatoria, de forma similar a la mecánica actual, cada 3 temporadas se alternarían las regiones contra las que se juegan solo 2 partidos. El reparto de *seeds* se haría simple y llanamente **de acuerdo al registro de victorias-derrotas general**, del *seed* 1 al 16, y sin gratificaciones especiales por ser campeón de sección o de región.

Es sin duda una idea interesante que, más que probablemente, tardará mucho tiempo en imponerse. Sí es posible, sin embargo, a medio plazo, ver emerger un modelo intermedio que respetando las conferencias aplique tal vez una adjudicación de *seeds* directamente vinculada al registro general. Por el momento, no parece haber mucho interés por entrar en esas arenas movedizas por parte del órgano de gobierno de la NBA, aunque no por ello deba ni de lejos considerarse que los órganos de gobierno de la NBA, ni el actual ni ninguno en general, sean precisamente de talante conservador. De hecho, una de las grandes enseñanzas de la NBA es que la renovación y la innovación son factores esenciales de éxito. Aunque el valor de sus victorias y derrotas no sea exactamente el mismo según la conferencia en la que se inscriban, los equipos seguirán luchando por su *seed* final a través de una fase regular de 82 partidos.

Y esta es otra de las cuestiones sensibles y bastante **polémicas** en relación a la estructura de la competición: ¿por qué se juegan tantos partidos en la temporada regular? Recordemos que originalmente la BAA de Podoloff había decidido que los equipos jugarían al menos **60 partidos** durante la temporada regular con la idea de dar al público un producto intenso y profesional. Y así, en un rango de 60 partidos, se mantuvo el número de encuentros de la fase regular hasta la **temporada 1949-1950**, en el debut de la NBA tras la absorción de la NBL por parte de la BAA. Con la absorción de los 7 equipos restantes de la NBL, la NBA se encontró con cierto caos organizativo al ver el número de equipos contendientes dispararse hasta los 17. Estableció por primera y última vez 3 divisiones para la temporada: la **División Oeste** quedó integrada únicamente por incorporaciones de la NBL (6 equipos en total), la división oeste original quedó, con total lógica geográfica tras las incorporaciones de la NBL, rebautizada como **División Central**, mientras que la **División Este** seguía intacta, salvo por la inclusión de los Syracuse Nationals, el séptimo equipo absorbido desde la NBL.

La NBA determinó que los equipos originalmente miembros de la BAA jugarían en aquella temporada **68 partidos** (6 partidos contra cada uno de sus rivales BAA y 2 partidos contra los equipos de la división oeste y Syracuse). Los equipos originalmente de la NBL jugarían los mencionados 2 partidos contra los de la BAA y al menos 7 partidos, y como máximo 9, entre sí, jugando un total de, al menos, **62 partidos** en aquella temporada. En la siguiente temporada, se volvería a las dos divisiones conocidas y los equipos participantes jugarían una media de **66 partidos**. Y así seguiría hasta la **temporada 1954-1955**, una de las temporadas más importantes de la historia de la NBA por los ajustes del reglamento y la relación con los medios de comunicación, cuando la comisión decidió que los 8 equipos que componían la NBA jugarían un calendario de **72 partidos**: 12 contra cada uno de los tres compañeros de división y 9 contra los cuatro equipos de la división contraria. ¿Por qué exactamente 72 partidos? Nadie lo sabe, no hay explicación oficial, y no queda muy claro.

Se intuye que la NBA en esta época, con sus 8 equipos inscritos, quiso dar una vuelta de tuerca a su principio fundamental de la intensidad de la competición y con ello reafirmarse en su propósito de expandir y ocupar cada vez más cuota de mercado mediático. Téngase en cuenta que el año anterior, temporada 1953-1954, había sido la primera de la historia de la NBA que contó con un acuerdo de retransmisión televisiva, firmado con **DuMont Television Network**, que compró los derechos de emisión de 13 partidos de toda la temporada por 39.000 dólares en total. Durante el verano de 1954, extinguido el contrato con la compañía DuMont, la NBA había firmado un acuerdo de retransmisión con la gran **NBC** (a escala nacional), siendo más que probable que este acuerdo haya sido una razón de peso para la ampliación del calendario regular, aunque sigue sin aclarar por qué precisamente 72 partidos.

Tampoco queda claro por qué se aumentó hasta los **75 partidos** en la temporada 1959-1960, ni por qué se subió hasta los **80 partidos** en la 1961-1962, y a **81 partidos** en la temporada 1966-1967, para dejar a partir de la temporada 1967-1968 el calendario que hoy en día conocemos de **82 partidos** en la fase regular. Lo cierto es que de un tiempo a esta parte distintas voces[1] de peso en la órbita NBA vienen insistiendo en la conveniencia de reducir la fase regular, dejándola en unos **76 partidos** por temporada. A favor se argumenta que un recorte semejante aliviaría sensiblemente la sobrecarga que los 82 partidos por temporada suponen para el físico de los jugadores y ayudaría a evitar los estragos de lesiones que año tras año plagan la liga. La fase regular dura en torno a **24 semanas**, desde finales de octubre hasta mediado abril.

Los equipos juegan una media de 3,45 partidos por semana, esto es casi un partido cada dos días, y hay varias ocasiones a lo largo de la temporada en que juegan dos noches seguidas (evento del calendario comúnmente conocido como *back-to-back*) en ciudades diferentes. También se argumenta, sobre todo desde el periodismo, que una reducción de la temporada aumentaría el nivel de la competición al volver cada partido **más relevante**, y se insiste en que habiendo menos partidos, también se lograrían mayores concentraciones de seguidores en los estadios. Se critica también el hecho de que la existencia de los 82 partidos responda únicamente a una razón más basada en la tradición, en el mero «siempre se ha hecho así», que en las **métricas económicas**. Es cierto que al establecer la comparación con los contratos televisivos que ostenta la NFL o la Locura de marzo de la NCAA, podría verse aflorar una relación económica directamente proporcional a la **escasez**: ambas organizaciones ofrecen muchos menos partidos y sin embargo firman

---

1. Jeff Van Gundy (entrenador principal de New York Knicks 1996-2003 y Houston Rockets 2003-2007), analista en ESPN; Bill Simmons, columnista de ESPN; y jugadores de la talla de LeBron James y Dirk Nowitzki, o el entrenador Eric Spoelstra, de los Miami Heat, se habrían expresado recientemente (2014) a favor de una reducción del calendario de la fase regular.

contratos sensiblemente más rentables. Pues sí. Pero se olvida en esta asociación, tal vez, que la penetración, significado y peso específico de la NFL o de la NCAA en el contexto cultural deportivo general es muy diferente al de la NBA. Entre otras cosas, el seguidor de la NBA es muy feliz sabiendo que mientras dura la temporada puede literalmente **cualquier noche** (a excepción de Nochebuena y la noche de la Final de la NCAA) poner la tele entre octubre y abril y ver buen baloncesto. De hecho, hay partidos de primer nivel durante **165 días** seguidos de fase regular. Algo que en absoluto sucede con la NFL con una temporada de dieciséis semanas donde los partidos se juegan solo los domingos y los lunes, o la fase final de la NCAA (March Madness) que justamente se juega únicamente durante el mes de marzo. Nada que ver. La oferta de la NBA es completamente diferente, satisface completamente las expectativas y necesidades de sus aficionados.

Propuestas aún más excéntricas que la del mero principio de la escasez (salidas en su mayoría de las columnas de la *ESPN*) abogarían por una temporada de **44 partidos** en la que cada equipo jugaría un partido entre semana y otro el fin de semana. Es algo que, francamente, no parece que vayamos a ver aplicarse en un futuro próximo, y que en cierto modo no tiene realmente en cuenta el espíritu fundacional de la NBA y menos aún a los seguidores y entusiastas que la gravitamos, por no mencionar el impacto económico negativo que semejante reducción de la fase regular tendría en relación a sponsors, promociones y presencia.

El órgano de gobierno de la **NBA** actual sí parece estar en todo caso más inclinado a reducir el tiempo de juego de cada partido, acortándolo de los **48 minutos actuales**, cuatro tiempos de 12 minutos de juego, a quizá los 40 minutos que la FIBA y el resto de ligas de baloncesto emplean, o tal vez a 44, pero no parece que sea algo que vaya a aplicarse tampoco en un futuro cercano. En el mismo suelo americano, los institutos, unificados bajo la **NFHS**, juegan cuatro cuartos de 8 minutos, **32 minutos** de juego real, mientras que la **NCAA** juega sus partidos a **40 minutos**, dos períodos de 20 minutos cada uno. A este respecto la mayoría de jugadores, en general tan conservadores como el propio seguidor, no parecerían estar muy inclinados a jugar menos minutos. Los cuartos de 12 minutos es otro de los emblemas, otro de los trazos que distinguen a la mejor liga de baloncesto del planeta.

3. EL *DRAFT*

Tradicionalmente el ***draft* de la NBA** ha captado especialmente la atención de los seguidores y supone uno de los focos de interés comercial y deportivo más importantes del año para todas las franquicias en activo. Es la bienvenida a los nuevos guerreros, su entrada en la arena, el anuncio de su bautismo de fuego.

Tras una primera temporada única y exclusivamente jugada por *rookies,* el **1 de julio de 1947**, en el Olympia de Detroit, se celebró el **primer *draft* de la BAA** (a todos los efectos computa también como primer *draft* de la NBA). Atento a las demandas de los seguidores que solicitaban la participación en la nueva liga de jugadores universitarios de la NCAA (considerados desde todos los puntos de vista como simples amateurs en lo relativo a la práctica deportiva, ya que en ningún caso los chicos y chicas de la NCAA perciben sueldo alguno por jugar), el comisionado Podoloff había ideado una mecánica de reclutamiento según la cual los equipos de la BAA tendrían opción, una vez concluida la temporada en curso y como refuerzo para la temporada siguiente, a elegir a los **jugadores universitarios** disponibles, en orden inverso al registro de victorias-derrotas cosechado durante la temporada. Es decir, los equipos con peor registro podían elegir primero, dándose a entender que tendrían así la oportunidad de hacerse con los servicios de los mejores jugadores universitarios declarados elegibles para el *draft*. Se posibilitaba de este modo **la mejora de los más débiles** de la temporada recién concluida con la intención de procurar para la siguiente una competición más igualada y con ello por tanto más reñida y emocionante.

Este método de reclutamiento deportivo era muy similar al que ya utilizaba, desde 1936, la NFL por razones similares, y básicamente responde a la misma mecánica que todavía hoy se aplica en todos los *drafts* de la NBA. Esta mecánica de reclutamiento recibió en sus inicios algunas críticas severas, llegando a ser tildada de «comunista» por algunos observadores deportivos, pero su espíritu, la búsqueda de una competición más intensa, un espectáculo más interesante, prevaleció sobre lo demás.

Originalmente la BAA no pensó en establecer ninguna norma en relación a la edad mínima que determinase la **elegibilidad** de un jugador. Al poco tiempo, la recién creada NBA, con vistas a proteger y honrar el vínculo tan estrecho con el mundo educativo que el baloncesto mantiene en la mentalidad americana, determinó que una franquicia de la NBA solo podría hacerse con los servicios de un jugador cuando hubieran pasado cuatro años desde su año de graduación en el instituto. Con ese criterio, se respetaba el período de formación educativa del jugador y se incentivaba que los buenos jugadores siguieran formándose, cursando estudios superiores, ingresando en **programas de la NCAA**, mientras llegaban a la edad mínima de elegibilidad. Esta norma fue cambiada en 1971, tras el **incidente Haywood**.[1] La NBA estableció entonces como requisito fundamental que el jugador debía tener un diploma de instituto que confirmara que había completado todo el programa de educación general, sin que fuese necesaria una edad mínima. Por tanto, ya no se incentivaba su paso por la universidad. Pese a ello, sigue siendo verdaderamente bajo el número de jugadores *drafteados* para la NBA directamente desde su equipo del instituto, aunque en la lista destacan algunos verdaderamente notables: Moses Malone, Kevin Garnett, Kobe Bryant, Tracy McGrady, Dwight Howard o LeBron James.

En 2005, la NBA introdujo una nueva regulación relativa a la edad: para que un jugador pudiera declararse elegible para el *draft* debía cumplir al menos 19 años en el año de celebración del *draft*, y desde su graduación debía haber pasado una temporada completa. Si un aspirante se graduaba (o dejaba el instituto sin graduarse) en junio, no podía presentarse por tanto al *draft* hasta octubre del año siguiente. De este modo nuevamente se incentivaba que los jugadores entrasen a la universidad para seguir jugando al amparo de la NCAA, en vez de quedarse un año en blanco. Esta norma no se aplica igual para los jugadores considerados «internacionales». Será considerado «internacional»[2] un jugador que no haya residido en EE.UU. durante al menos los tres años

---

1. En 1969, Spencer Haywood, tras solo dos años en la universidad, fichó por los Denver Rockets de la ABA (que no tenían norma de edad). Cuando en 1970 fichó por los Seattle SuperSonics, la NBA litigó en contra del fichaje por incumplir la norma de elegibilidad. La Corte Suprema dio la razón a los Sonics en una *cause anti-trust*.
2. Nótese que la definición de «internacional» en relación a la elegibilidad para el *draft* difiere sensiblemente de la definición general de «internacional» como miembro de una plantilla de la NBA, según la cual un internacional es aquel nacido fuera de los Estados Unidos. En términos de *draft*, sin embargo, un «internacional» podría técnicamente ser nacido en suelo estadounidense.

LIFE

BEST BASKETBALLER

JANUARY 15, 1940 **10** CENTS

anteriores al año del *draft*, que jamás haya estudiado en una universidad estadounidense y que no tenga un diploma de estudios superiores expedido por un instituto de Estados Unidos.

Tanto americanos como internacionales deberán **declararse elegibles** para el *draft* siguiendo las vías administrativas que la NBA dispone para ello. Si una vez declarados elegibles no fueran del interés de ninguna franquicia de la NBA y no se cerrase contrato alguno, tendrán todavía una segunda y última oportunidad para declararse elegibles en el plazo siguiente.

La NBA dispuso también un mecanismo de **elegibilidad automática** que básicamente recoge, para los jugadores norteamericanos, los principios previos al incidente Haywood (esto es: cualquier jugador de la NCAA que lleve al menos cuatro años jugando es elegible automáticamente), añadiendo como criterio para la elegibilidad automática haber jugado profesionalmente para cualquier equipo que no sea de la NBA, en cualquier parte del planeta. Los «internacionales» serán elegibles automáticamente siempre y cuando tengan al menos 22 años en el año de celebración del *draft* en cuestión y hayan firmado y jugado en un equipo profesional de baloncesto en los Estados Unidos que no sea de la NBA.

Clifton McNeely fue el primer número 1 de la primera ronda del primer *draft* de la historia de la NBA, elegido por los **Pittsburgh Ironmen** que había sido la franquicia con peor registro (15-45) y peor clasificación en la temporada 1946-1947. McNeely, veterano del Ejército del Aire durante la Segunda Guerra Mundial, procedía de la Texas Wesleyan University, y había sido el líder nacional absoluto en anotación durante la temporada universitaria anterior, por lo que fue distinguido con los honores del galardón All-American en la categoría de baloncesto, premio de mayor relevancia nacional para las competiciones universitarias. Sin embargo, la espantosa administración de los Pittsburgh Ironmen **truncó la carrera** de aquel primer número 1 del *draft* que jamás llegaría a debutar profesionalmente, pues los Ironmen cerraron la franquicia y se disolvieron apenas unas semanas después, antes del inicio de la temporada, cancelando a su vez la posibilidad de un arraigo sólido para el baloncesto profesional en la ciudad, mucho más volcada en el hockey, el béisbol y, desde luego, el fútbol americano desde entonces. De aquel primer *draft*, sin embargo, la BAA/NBA sí vería incorporarse a sus filas futuros miembros del Salón de la Fama: Andy Phillip y Jim Pollard, seleccionados por los Chicago Stags, o Harry Gallatin, seleccionado por los New York Knicks, que en aquel mismo *draft* seleccionaron a **Wataru Misaka**, rompiendo la barrera racial.

Desde aquel primer *draft* de la NBA de 1947 y durante casi veinte años, la NBA concedió a los equipos la posibilidad de renunciar a su selección de primera ronda decretada por posición y elegir al jugador que deseasen entre todas las universidades de su área, determinada en un radio de cincuenta millas (ochenta kilómetros) a la redonda, trazado un círculo desde el pabellón en el que el equipo tenía su sede. Esta opción podían ejercerla por delante de cualquier otro equipo, con independencia de la posición de elección que se le había conferido por registro. Era la llamada **elección territorial**, que estaría en vigencia hasta la temporada 1965-1966.

El propósito de esa regla siempre fue atraer hacia los equipos NBA a aquellos aficionados de poblaciones vecinas que sintiendo una clara y honesta identificación con sus estrellas locales (rasgo nítidamente integrado en la cultura deportiva popular norteamericana) ayudarían a engrosar la base de seguidores de las franquicias, y a expandir así el mercado. No puede decirse que los equipos utilizasen masivamente esta concesión del reglamento. De hecho, tras el *draft* de 1965, último que incluyó la elección territorial, solo veintitrés jugadores habían sido elegidos por esa vía. Sin embargo, y este es el dato significativo, de esos veintitrés jugadores, once acabaron cuajando carreras tan destacadas que culminarían con su inclusión en el Naismith Memorial Hall of Fame, máximo reconocimiento imaginable para cualquier profesional de la NBA. **Wilt Chamberlain** y **Oscar Robertson** serían los más destacados entre todos ellos.

En 1966 la mecánica del *draft* sufrió una primera variación. Desde 1947 y hasta entonces, la posibilidad de elegir a un jugador en primer lugar dependía directamente del registro cosechado durante la temporada regular. En 1966, suspendiendo para siempre la opción de la elección territorial, el órgano de gobierno de la NBA, dirigido entonces por el comisionado **Walter Kennedy**, un auténtico hombre de acción, redefinió el sistema del *draft* determinando que la primera elección no sería ya por clasificación inversa sino a suertes, el llamado sistema de ***coin-flip***. Entre los dos equipos de peor registro total, se lanzaría una moneda al aire para determinar quién obtenía la primera elección por delante de todos los demás. El perdedor del *coin-flip*, y los restantes de peor registro, obtenían su opción de elección como habitualmente se venía haciendo, en base inversa al registro de victorias-derrotas. Con este método al azar se pretendía evitar que aquellos equipos que vieran que ya no iban a llegar a clasificarse para los playoffs dejasen de implicarse al 100% en sus partidos para cosechar el peor registro de todos los contendientes y asegurarse así un número 1 del *draft* para el año siguiente. Esta es una práctica que se conoce como ***tanking*** y sigue siendo motivo de preocupación principal de la NBA. El sistema del azar por moneda se utilizaría hasta 1984.

A partir de 1985, con **David Stern** como nuevo comisionado de la NBA, se daría forma a una **lotería compensada** que acabaría completándose de forma definitiva en **1993**, y permanece en aplicación hasta la fecha, cuyo propósito es asignar, mediante un sorteo compensado, las elecciones **de los números 1, 2 y 3 del *draft*** del año en curso a los equipos con opción a ello: es decir, los catorce equipos que, dado su registro de victorias-derrotas, no tienen *seed* para playoffs y cuya temporada ha concluido al cerrarse la fase regular. Esta lotería suele celebrarse en la última semana de mayo, todavía con las finales en marcha, y aproximadamente un mes antes de la celebración del *draft* en sí. ¿De qué modo se asignan las opciones en esta lotería compensada? Siendo fieles al espíritu del *draft*, la compensación se realiza de forma que el equipo con peor registro tenga más opciones a elegir primero que el resto. Esta compensación irá en orden decreciente; es decir, a mejor registro, menos opciones, y se concreta en forma de asignaciones de combinaciones de cuatro números extraídas de un total de mil posibles.

Sí. Es cierto. Todo esto suena muy oscuro para la mayoría de gente, una mezcla de ocultismo milenario y matemática demente, un ejercicio simplemente inescrutable, cercano a lo gnóstico. De hecho, la **Lotería del *draft*** ha sido a menudo tildada de conspirativa al ser uno de los pocos eventos de la NBA que no se retransmiten en directo por televisión. Es cierto que se realiza frente a testigos y notarios que certificarán su pulcritud. Intentaremos explicarlo lo más claramente posible de acuerdo a toda la información proporcionada por la NBA.

Dado que son catorce los equipos con opciones, la NBA dispone de otras tantas pelotas de pimpón numeradas del 1 al 14 en una máquina de lotería tradicional. Durante veinte segundos, el bombo remueve las pelotas y entonces deja caer la primera. A continuación, remueve durante diez segundos y deja caer la segunda bola. Así hasta completar una secuencia de cuatro números. El orden de la secuencia no importa, solo cuentan los números contenidos en ella: de este modo hay solo 1.001 combinaciones posibles. Se determinó que la secuencia 11-12-13-14 (y todas sus variantes) no computaría, y por tanto las combinaciones posibles son realmente 1.000. El equipo que posea la primera secuencia salida del bombo tendrá la opción de elegir en el número 1 cuando se celebre el *draft* de la NBA. El sorteo sigue hasta que quedan determinados qué equipos eligen en segundo y tercer lugar. Los once equipos restantes elegirán de acuerdo al registro general de victorias-derrotas. Estas 1.000 posibles combinaciones de cuatro números que ruedan en el bombo han sido previamente asignadas por la NBA a los catorce equipos participantes.

De hecho, no fue hasta 2014 cuando los seguidores pudieron por primera vez conocer los números (todas las combinaciones) de la lotería con los que su equipo iba a participar en ella. Tanto el sistema de asignación de combinaciones numéricas como las combinaciones asignadas en cuestión siguen siendo un punto tremendamente oscuro en el mapa organizativo de la NBA y, pensándolo bien, resulta difícil entender que la NBA no sea más clara en este aspecto y haga de ello un **espectáculo televisivo** más con todos los seguidores de los equipos implicados comprobando sus boletos con los números asignados delante de la televisión, esperando que la suerte les beneficie en ese mes de mayo fatídico en el que su equipo no compite en los playoffs. Conociéndonos, no tengo duda que daríamos buenos *shares* de audiencia e incluso moveríamos unas cuantas camisetas repletas de combinaciones numéricas con los logos de nuestros equipos. Y orgullosos, claro.

4. GEORGE MIKAN

Torpe, alto como un pino y de aspecto escuchimizado. Blanco, católico, con grandes gafas de culo de vaso, apenas veía. En 1942, lleno de complejos, el joven George Mikan observaba desde sus 2,08 m el mundo con gran inseguridad. Mientras iba avanzando por el pasillo de acceso al edificio principal de la Universidad DePaul de Chicago, especialmente abierta a recibir muchachos de estratos socioeconómicos desfavorecidos, el joven Mikan se sentía muy agobiado por ser, una vez más, el tipo más alto de todos. Nada en su percepción ni en la realidad circundante, aunque tal vez sí en su corazón, le indicaba a aquel chico de 18 años que tan solo cuatro años más tarde comenzaría una carrera meteórica en el baloncesto profesional, una trayectoria que le granjearía el apodo de *Mr. Basketball* y siete campeonatos (dos en la NBL y cinco en la BAA/NBA), lo que lo convirtió en la primera gran leyenda de la extraordinaria constelación de estrellas eternas y absolutas de este deporte.

En el seno de una familia americana de origen croata, George Mikan nació el **18 de junio de 1924** en Joliet, Illinois, una pequeña ciudad del cinturón industrial del Medio Oeste, situada unos setenta kilómetros al suroeste de Chicago, fundada en torno a 1835 para la explotación minera. Sus padres, Joseph y Minnie, gestionaban el restaurante que había sido originalmente abierto por sus abuelos, el Mikan Restaurant, en el 2.601 de Broadway. Vivían en la planta de arriba sobre el restaurante. La familia Mikan era también propietaria del Mikan Skating Rink, una pista de hielo, con capacidad para unas cuatrocientas personas. A los 11 años, George medía 1,93 m y tenía una espantosa psicomotricidad; incapaz de manejar bien ni su altura ni sus extremidades, resultaba bastante torpe. Quiso jugar a baloncesto pero el entrenador de su instituto, el Joliet Catholic Academy (instituto sobre todo entregado al fútbol), le quitó la idea de la cabeza arguyendo su evidente torpeza y sus enormes gafas de cristal grueso. Poco después, George tuvo un grave accidente al tropezar con un balón de baloncesto y se rompió la rodilla. Fue una lesión de mucha gravedad que le obligó a guardar reposo un año y medio. A los 15 años decidió convertirse en sacerdote, así que ingresó en el Seminario de Preparación Quigley, en Chicago. En esos días, más o menos intentando tirar de los hilos de las conexiones católicas, solicitó ser admitido en el equipo de baloncesto de la Universidad de Notre Dame. El entrenador de Notre Dame aceptó hacerle una prueba para el ingreso y tras ella le aconsejó sin dudarlo que probase su admisión en una escuela de menor trascendencia que el reputado Notre Dame donde podrían darle atención especializada, lejos de las exigencias técnicas y deportivas de la competición de primera línea. Y, como si de plegarias atendidas se tratase, eso es lo que encontraría en la Universidad DePaul, en la figura del entrenador **Ray Meyer**.

Ray Meyer, que también había asistido al Seminario de Preparación Quigley, y había jugado para Notre Dame de forma profesional entre 1935-1938, vio en el joven Mikan un potencial que acabaría resultando crucial para la historia de este deporte. Comprendió que sus atribuciones, altura y envergadura, bien entrenadas y coordinadas con un propósito táctico y adecuadas nociones estratégicas, podían dar un enorme rendimiento a un equipo. De hecho, fue esa visión de Meyer y la excelente respuesta que daría Mikan lo que dio luz a la posición de **pívot**, con todas las atribuciones de dominación del juego interior, a ambos lados de la cancha, que hoy conocemos. Hasta ese momento, los 5 eran generalmente los tipos de menos talento de un equipo, puestos bajo el aro para cazar el rebote defensivo e impedir tiros cortos del rival como máxima expectativa. La combinación Meyer-Mikan lograría que el puesto del 5 se convirtiese en un recurso táctico potencialmente cambiador del juego para cualquier equipo que tenga la suerte de contar con un pívot bien dotado. De hecho, George Mikan fue desde entonces el *go-to guy*, el referente para siempre jamás allá donde jugó.

Quiso la Providencia que aquel 1942 fuese también el primer año de Ray Meyer en DePaul. Ambos hombres, reconociendo sus roles respectivos, conectaron inmediatamente y supieron explotar con naturalidad la sinergia ganadora que les vinculaba, enriqueciéndose juntos personal y profesionalmente. El entrenador Meyer supo que tenía que trabajar a Mikan en dos niveles. No solo se trataba de hacer de él un jugador de baloncesto, enseñándole técnica deportiva, estrategia y trucos de pista; también tenía que recuperarlo y reforzarlo desde el alma, desde el corazón, desde el pensamiento. Le hizo entrenar en torno a tres horas cada día, saltó mucho a la comba para mejorar en velocidad y coordinación, le enseñó a boxear contra su sombra para ganar músculo y agilidad, y le hizo bailar muchísimas veces también con una estudiante de DePaul para que ganase gracilidad y perdiese todos sus complejos.

En términos propiamente baloncestísticos, el entrenador Meyer ideó una rutina que pasará a la historia de este deporte bajo el nombre de «práctica Mikan», ejercicio globalizado hoy en día en todas las canchas de entrenamiento del mundo, específicamente aplicado para el desarrollo de los pívots. El jugador se coloca debajo del aro y lanza utilizando solo la mano derecha a canasta, captura el rebote según cae por la red y se levanta de nuevo para lanzar con la izquierda, captura el rebote y lanza de nuevo con la mano derecha, y de nuevo con la izquierda y así repetidas veces de forma que gana agilidad con ambas manos. Esta práctica consiguió que Mikan se hiciese posteriormente muy popular técnicamente por su extraordinario uso del **gancho**, que ejecutaba de forma excelente con ambas manos, convirtiéndose por primera vez en un jugador reconocible por un trazo distintivo, por una firma de autor. De hecho, la anotación de gancho que de manera tan devastadora acabaría ejecutando George Mikan, anotando prácticamente a placer desde cualquier distancia interior, quedará para siempre asociada a su nombre; expresiones como el «gancho Mikan» o el «lanzamiento Mikan» fueron de uso generalizado por aquel entonces y aunque el paso del tiempo tal vez ha ido difuminándolas, desde estas páginas deseábamos reivindicarlas. La práctica Mikan en general, y el tiro de gancho en particular, ha sido posteriormente utilizada y mundialmente reconocida como una herencia recibida de Mikan por grandes jugadores como **Kareem Abdul-Jabbar**, uno de los mejores pívots de la historia y hasta la fecha todavía máximo anotador de la NBA, entre otras cosas dado su uso magistral del gancho, o **Shaquille O'Neal**, gran pívot dominador del juego interior y gran admirador de George Mikan, cuyos gastos de funeral se ofreció a costear tras el óbito de la leyenda en 2005.

Tan extraordinario fue el trabajo de Meyer, no solo con Mikan, sino con todo el equipo, que en su debut DePaul se clasificó por primera vez en su historia (y por última hasta la fecha) para la **Final Four de la NCAA**, cayendo en semifinales contra Georgetown por 53-49. Tomando las cifras de Mikan de ese primer año (11,3 puntos por partido, 4 canastas por encuentro y 68% en tiros libres) y comparándolas con las de su último año universitario en la temporada 1945-1946 (23,1 puntos, 8,6 canastas por encuentro y 77% en tiros libres), se hace evidente que su curva de aprendizaje fue extraordinariamente veloz. Después, cuanto más lanzó a canasta, más anotó. Mikan, con su mítico dorsal 99, se reveló durante aquellos años como un jugador muy poderoso, prácticamente imbatible a ambos lados de la cancha. De hecho, tan descomunal era su aportación defensiva que la NCAA tuvo que imponer, en 1944, la norma del *goaltending* que establece que se concederán los puntos de un lanzamiento realizado cuando un jugador, en tareas de defensa, rechace, tapone, bloquee o atrape el balón cuando este se encuentre sobre el cilindro que se proyecta verticalmente desde el aro, o esté en trayectoria de descenso hacia él, siempre y cuando no haya hecho contacto con el aro aún. La NBL no dudaría en asimilar la norma, y la NBA, en

su momento, la definiría con más extensión, ampliándola también para las situaciones de ataque, bajo el nombre «interferencia de canasta». Sin duda, nacía una leyenda.

Con una más que reconocible y contrastable capacidad para anotar en juego y desde la línea, le fue sencillo a George Mikan saltar del baloncesto universitario a la carrera profesional. Durante su último año universitario, los **Chicago American Gears** de la NBL le ofrecieron un contrato profesional que, finalmente, tardaron bastante en poder cumplir, por lo que Mikan no se incorporó a las rutinas del equipo hasta bien entrada la temporada 1946-1947, una vez resueltos los flecos en los términos pactados, disputando solo los últimos veinticinco partidos de la temporada regular. Gracias a su participación, no obstante, los Chicago American Gears lograron la tercera plaza y se clasificaron para los playoffs. Mikan mejoraría la media que traía, cuajando 19,7 puntos por partido. Derrotando por 3-1 a los Rochester Royals (futuros Sacramento Kings), los American Gears ganaron las **Finales de la NBL de 1947**, consiguiendo así su primer título profesional y también el primero del equipo. Mikan fue elegido para el All-NBL Team y nombrado MVP de la temporada. Tan espectacular fue la actuación de Mikan durante aquellos primeros meses que el propietario del equipo y presidente de la American Gears Company, Maurice White, perdió la cabeza. Tuvo una epifanía baloncestística como pocas vistas jamás y de la noche a la mañana decidió sacar a sus Gears de la NBL para crear durante el verano de 1947 su propia liga de baloncesto: la **PBLA** (Professional Basketball League of America), formada por veinticuatro franquicias de la cuales él sería único propietario, así como de todos los pabellones. Naturalmente esta PBLA apenas se sostuvo más allá de un mes y cayó en suspensión de pagos, y con ella sus Gears. Destrozó un equipo campeón. Para paliar el tremendo desaguisado, la NBL organizó un *draft* **de dispersión** con la intención de dar a sus once franquicias la posibilidad de absorber a los jugadores profesionales que habían quedado de pronto sin equipo. El futuro de George Mikan estaba en el aire.

5. PIONEROS

Para la generación actual, no hay duda de que la NBA es una liga predominantemente negra. De hecho algunos seguidores muy acérrimos dirán que su corazón es afroamericano, sin importar el color de su piel. La mentalidad colectiva efectivamente ha registrado adecuadamente que la NBA es una liga donde la presencia afroamericana es más numerosa, mayoritaria, y así ha sido sobre todo desde mediados de los años ochenta, yendo al compás de la internacionalización de la liga en aquellos tiempos. Hasta esa época, la liga había ido desarrollándose en unos registros raciales más igualados. Hoy en día, y desde 1990, al menos el 75% de los jugadores de la NBA son de raza negra y el 25% restante está compuesto por jugadores mayoritariamente de raza blanca, y un margen variable de jugadores de etnia oriental e hispana.

En lo que respecta a audiencias televisivas, la demografía étnica de la NBA está más atemperada que en las canchas. En América, según los datos de las **Finales de la NBA 2012**, un 45% de la audiencia televisiva es de raza negra, un 40% de raza blanca y un 15% de raza hispana o latina. Sin embargo, si a ello añadimos que la NBA se retransmite en directo en cuarenta y siete idiomas distintos y a más de doscientos países del planeta, no hay duda que la gráfica de etnias se alterará sensiblemente.

Al mismo tiempo, y esta es una de esas magias tan propias de la NBA, año tras año, la tendencia hacia la internacionalización de la liga es creciente en lo que a plantillas respecta. En el *tip-off* de arranque de la temporada 2014-2015 se rompían una vez más todos los récords de fichas internacionales con 101 jugadores procedentes de treinta y siete países diferentes formando parte de alguna franquicia de la NBA. Este número representa un 22% de la nómina total de jugadores que pueden ser inscritos en la competición.

Earl Lloyd, de los Syracuse Nationals, fue el primer hombre de raza negra en debutar en una cancha de la NBA (1950).

Lo cierto es que esta tradición de apertura étnica, o rotura de la barrera racial, arranca, calendario en mano, muy pronto en la NBA. De hecho tan solo en su primer año de ejercicio, la temporada 1946-1947, puede considerarse a la NBA como una liga «solo-de-blancos». A resultas del primer *draft* de la NBA, el **1 de julio de 1947**, *Wat* Misaka fue seleccionado por los New York Knicks, convirtiéndose en el primer jugador **no caucásico** que era inscrito en una plantilla de la NBA. Base procedente de la Universidad de Utah, Wataru Misaka, nacido en Odgen, Utah, era un *nisei* (nacido de padres japoneses en un país que no sea Japón) americano. Campeón de la NCAA con su universidad en 1944, el día que pisó la cancha con la equipación de los Knicks se convirtió en el segundo[1] jugador que rompía la barrera racial presente en todos los deportes profesionales de la época. Eso ocurría tan solo un año después de iniciar la NBA sus actividades y apenas dos después de haber dado América cierre atómico a la Segunda Guerra Mundial, justo sobre Japón. Wataru Misaka jugaría solo tres partidos, anotando un total de 7 puntos (promedio de 2,3 puntos por encuentro) y sería cortado por la franquicia. Recibió alguna oferta para jugar en los Harlem Globetrotters, pero prefirió continuar su carrera y convertirse en ingeniero de éxito. Jamás se sintió apartado por racismo durante su experiencia en la NBA y siempre consideró que su despido respondió a razones deportivas. «Había demasiados bases aquel año», comentaba. Nacido el mismo día que se inventó este deporte, el 21 de diciembre, en 1923, tiene 92 años (en 2016) y disfruta de su vida familiar. En 1999, su figura fue registrada para la posteridad al ser incluido como miembro del Salón de la Fama del Deporte de Utah.

El asunto con la raza negra era algo más sensible. La existencia de los **Harlem Globetrotters** había mantenido focalizado y condensado el espíritu afroamericano en su manifestación baloncestística de una manera muy particular. Fundados en 1926 por **Abe Saperstein** bajo el nombre de Savoy Big Five como tramo de un espectáculo de variedades para el Savoy de Chicago, su creciente popularidad animó a Saperstein a realizar giras estatales, que irían extendiéndose. Todos ellos, fundador y primera plantilla, eran de Illinois, procedentes en su mayoría de la región sur de Chicago y nada tenían que ver con Nueva York ni Harlem. Fue Saperstein quien en 1929, tras diversas variantes, decidió asignar definitivamente el apelativo por hoy todos conocido de **Harlem Globetrotters** utilizando el nombre del barrio neoyorquino que mejor representaba la cultura urbana afroamericana en la mentalidad colectiva estadounidense. En realidad, pasarían cuarenta años hasta que los Harlem Globetrotters jugasen por primera vez en ese barrio, en 1968.

---

1.   El 15 de abril de aquel 1947 había debutado en la MLB Jackie Robinson con los Dodgers de Brooklyn.

Diversos eventos y voces sitúan a Saperstein bajo una luz bastante controvertida. Parece ser que los sueldos eran bajos y el trato no especialmente bueno. Fue comisionado de la ABL (American Basketball League) durante el único año de existencia de dicha iniciativa, entre octubre de 1961 y diciembre de 1962, como respuesta a la increíble rabieta comercial que le entró cuando la NBA no le facilitó la adquisición de una franquicia para Los Ángeles, fallando en su lugar a favor de **Bob Short** (propietario entonces de los Minneapolis Lakers) que se llevó el equipo a esa ciudad. Como responsable de los Harlem Globetrotters (hasta su muerte en 1966) Saperstein luchó por apropiarse comercialmente del jugador negro como poco más que un ágil saltimbanqui. Al parecer, no dudaría en amenazar con boicots de diversa índole a la NBA cuando esta se interesó por alguno de sus jugadores. Incluido en 1971 en el Salón de la Fama, es sin lugar a dudas su miembro más bajo (1,65 m). En honor a la verdad, Saperstein supo avanzar con los tiempos. Hoy en día, los Harlem Globetrotters ya tienen residencia deportiva en Harlem y ya son verdaderamente Globetrotters, pues han visitado más de ciento veinte países en sus giras, con más de veinte mil actuaciones a sus espaldas.

En la primavera de 1950 rompería por fin la barrera del hombre negro en la NBA. En el *draft* de 1950, celebrado el 25 de abril (el primero bajo el acrónimo NBA), **Chuck Cooper**, elegido en posición 12 en primera ronda, pasaría a la historia como el primer jugador de raza negra en ser *drafteado* por un equipo NBA. En particular por los **Boston Celtics** que, pese a no haber debutado aún como tales, estaban ya pilotados en el banquillo por un joven **Red Auerbach** que tuvo mucho que ver en la estrategia de selección de aquel *draft* para su equipo. Por meros caprichos del calendario de aquella temporada 1950-1951, Cooper fue el segundo jugador negro en debutar en una cancha de la NBA, el 1 de noviembre de 1950. Durante las siguientes cuatro temporadas jugaría para Boston en calidad de jugador exterior, a las órdenes del genial Auerbach, testimoniando la composición y preámbulos de lo que acabaría siendo la dinastía más contundente de la historia de la NBA, al menos hasta la fecha. Entre 1954 y 1956 jugaría para los Hawks (viviendo el desplazamiento de la franquicia desde Milwaukee a Saint Louis) para finalmente retirarse con los Fort Wayne Pistons en la temporada 1956-1957, la última antes de que la franquicia se instalase definitivamente en Detroit.

Earl Lloyd, seleccionado en la posición 100 del *draft* por los **Washington Capitols**, sería el **primer hombre negro** en debutar en una cancha de la NBA. Lo haría en el *tip-off* de aquella temporada, en la noche del **31 de octubre de 1950**, en el Edgerton Park Arena, hogar de los Rochester Royals al que los Capitols acudían de visitantes. Anotaría 6 puntos en su debut. Y también 6 serían los partidos que jugaría tras aquel, ya que los Capitols se vieron obligados a cesar su actividad en enero de 1951. Tras pasar un tiempo en el ejército, se reincorporaría al baloncesto profesional de la NBA para la temporada 1952-1953 vistiendo la camiseta de los Syracuse Nationals. En posición de alero, la suya sería la carrera más exitosa de todos los pioneros, logrando en las **Finales de la NBA de 1955** el título de campeón, al ganar los Nats 4-3 a los Fort Wayne Pistons en la serie final. Pese al racismo que todavía existía alrededor, Earl *Big Cat* Lloyd fue un líder en su equipo. El año de la consecución del título fue sin duda el mejor de su carrera, en términos particulares, promediando 10,2 puntos y 7,7 rebotes por partido. Ficharía por los Detroit Pistons en su primer año en Detroit (1958) y allí se retiraría en 1960. En 1965, el propietario de los Pistons, Don Wattrick, quiso fichar a Lloyd como entrenador jefe de la franquicia, pero la operación (que habría convertido a Earl Lloyd en el primer entrenador de raza negra de la NBA) no llegó a fructificar. Sería **Bill Russell** el que rompería un año más tarde, en 1966, la barrera racial de los banquillos NBA al iniciar su período de jugador-entrenador. En 1971, los Pistons ficharon a Earl Lloyd finalmente como entrenador jefe, cargo en el que se mantuvo una temporada y media. Seguiría vinculado a la franquicia de Detroit como ojeador durante varias temporadas más. En 2003 fue incluido como miembro colaborador del Salón de la Fama. Falleció a los 86 años, el 26 de febrero de 2015.

El primer hombre de raza negra en firmar un contrato con la NBA no fue ni Cooper ni Lloyd (que firmarían los suyos meses más tarde) sino **Harold Hunter**. Elegido en 10.ª ronda de aquel histórico *draft* de 1950 también por los **Washington Capitols**, Hunter firmaría el 26 de abril de 1950, al día siguiente de la celebración del *draft* en cuestión, el primer contrato profesional NBA de su raza. Querría sin embargo el destino y las cuestiones deportivas que aquel muchacho, alero procedente de la Universidad Central de Carolina del Norte, no debutase jamás en la NBA al ser despedido por la franquicia durante las fases de entrenamiento de pre-temporada. Haría Hunter, pese a todo, una carrera destacada en el baloncesto universitario como entrenador de la Tennessee State University entre 1959 y 1968, siendo también el **primer entrenador de raza negra** que dirigiese el **Team EE.UU.**, durante una gira de partidos no oficiales por la Unión Soviética y Europa en 1968.

Alumno de la Universidad Xavier de Louisiana (XULA), donde jugó la **temporada 1942-1943** antes de ser reclutado para la Segunda Guerra Mundial, y con experiencia en los **New York Renaissance** (New York Rens) tras su servicio en el ejército, miembro de los Harlem Globetrotters desde el verano de 1948 hasta la primavera de 1950, **Nathaniel *Sweetwater* Clifton** fue elegido también en el *draft* de 1950, siendo el tercer hombre negro de la historia de la competición y segundo en firmar un contrato profesional al rubricar su firma para jugar con los **New York Knicks** el 26 de mayo de aquel mismo año. Nacido en Little Rock, Arkansas, tenía 27 años en su debut (4 de noviembre de 1950). Con muy buenas condiciones, y experimentado en la cancha, destacó desde el primer momento, ocupando posiciones de interior, liderando a los Knicks hasta las **Finales de la NBA de 1951**, de las que saldrían derrotados en el séptimo partido contra los Rochester Royals. Permanecería en los New York Knicks hasta 1956, año en que, por una temporada, ficharía por los Fort Wayne Pistons y logró ser convocado para el **All-Star de la NBA de 1957**, convirtiéndose así, a sus 34 años, en el jugador más veterano que participaba en ese evento; un récord que en realidad aún sigue vigente, solo igualado hasta la fecha por Anthony Mason en 2001 y Sam Cassell en 2004. Tras ello, se retiraría de la NBA para siempre. Nat *Sweetwater* Clifton, que siempre dijo recibir su mote por la pasión que desde muy niño había mostrado por las bebidas carbonatadas, realizó a lo largo de su carrera profesional, y posteriormente hasta su muerte en agosto de 1990, una notable aportación a la comunidad, más allá del baloncesto, poniendo sus recursos en tareas de ámbito social. En reconocimiento, los New York Knicks rebautizaron en 2005 su premio mensual a las iniciativas ciudadanas como The Sweetwater Clifton City Spirit Award. El 14 de febrero de 2014 fue incluido como miembro del Salón de la Fama.

El quinto jugador de aquel *draft* de 1950 de la ruptura racial, y cronológicamente cuarto en debutar en la NBA, es quizás el menos recordado y de carrera más fugaz: **Hank DeZonie**. Alumno de la Clark Atlanta University, había jugado igual que Sweetwater en los New York Rens en la época en que estos pasaron como único equipo compuesto por jugadores negros a jugar en la NBL, en los últimos estertores de la iniciativa. Los Rens quedaron fuera de la absorción de la BAA-NBA así que DeZonie quedó sin equipo durante un año, siendo pese a ello elegible en el *draft* de 1950. Fichado por los **Tri-Cities Blackhawks**, jugaría solo un año, retirándose en 1951 por razones raciales, harto de la segregación a la que era sometido por sus entrenadores, dado que aquel año los Blackhawks tuvieron en el banquillo a Dave MacMillan, John Logan y Mike Todorovich, todos ellos con registros lamentables (9-14, 2-1 y 14-28). DeZonie jugó únicamente en cinco partidos, y anotó un total de 17 puntos. Recientemente los **New York Knicks** homenajearon a este pionero que corrió peor suerte profesional que sus compañeros.

Pasado el tiempo, y abriendo el marco contextual, no hay duda que la NBA se elevaría con aquel *draft* de 1950 como una pionera en la lucha contra la segregación racial que imperaba aún por todo el país a distintos niveles. Rota la barrera racial, la NBA se convertiría progresivamente en una liga esencialmente negra, durante las décadas de 1960 y 1970, y sobre todo con el gran desembarco afroamericano de los años ochenta. Este aspecto cambiaría para siempre el juego dadas las condiciones atléticas de los nuevos jugadores, mucho más rápidos y espectaculares, y admirados por su rápida inteligencia y ejecución.

En el *draft* de 1978 entraría en la NBA el primer jugador de etnia hispana, **Butch Lee**, seleccionado por los **Atlanta Hawks** en primera ronda. En aquel tiempo el equipo acababa de ser adquirido (1977) por Ted Turner que fundaría la CNN dos años más tarde y acababa de hacerse con los Atlanta Braves (1976) de la MLB. Los Hawks eran el único equipo de la NBA en el llamado Sur Profundo. Campeón con Marquette de la NCAA en 1977, tras una temporada en Atlanta fue enviado a **Cleveland** donde jugaría su mejor baloncesto, y en la franja abierta de mercado de 1980 fue transferido a **Los Angeles Lakers** con los que jugaría once partidos (en el año *rookie* de Magic Johnson) y con los que ganaría, casi nominalmente, aquel mítico anillo que se llevarían los Lakers contra los Sixers del Dr. J en un enfrentamiento a siete partidos en las **Finales de la NBA de 1980**. Incapaz de recuperarse de una lesión sufrida en su período con los Cavaliers, Butch Lee se retiraría de las exigencias físicas de la NBA para seguir su carrera profesional en su Puerto Rico natal.

Considerando lo enraizada que estaba la cuestión racial y la oposición colectiva que presentaba, llama bastante la atención lo mucho, mucho más, que tardó en romperse la barrera sexual en la NBA. El primer flanco que empezó a resquebrajar los fuertes prejuicios sexuales fue por el de la orientación. El **28 de abril de 2013**, la web de *Sports Illustrated* avanzó lo que el 6 de mayo de 2013 aparecería en su portada impresa: el pívot suplente de los Brooklyn Nets **Jason Collins** se declaraba abiertamente gay. Con ello se convertía en el primer jugador en activo,[1] no solo de la NBA, sino de las cuatro grandes ligas de América, que hacía pública su condición homosexual. Salvo cierto incremento en la venta de camisetas con su dorsal 98 en la tienda de los **Brooklyn Nets** para los que entonces jugaba, nada sucedió, el mundo no se hundió. De hecho, Collins recibió el apoyo inmediato de Kobe Bryant, el presidente Obama y la Primera Dama, o el comisionado David Stern. La noticia dio la vuelta al mundo y hasta la fecha no ha inspirado a ningún otro jugador. Collins explicó que su elección del número 98 era en memoria y recuerdo del joven Matthew Sheppard, un joven blanco de Wyoming, asesinado en octubre de 1998 por el mero hecho de ser homosexual.

La siguiente barrera de orden sexual se rompería un año más tarde. El **5 de agosto de 2014**, los San Antonio Spurs anunciaban la contratación de la leyenda del baloncesto femenino mundial, y de la WNBA en particular, **Becky Hammon**, como entrenadora asistente de Gregg Popovich. Hammon, nacida el 11 de marzo de 1977, estrechamente vinculada a las San Antonio Stars como jugadora y con quince años de experiencia profesional en las canchas,

---

1. Con la publicación de *Man in the Middle*, en febrero de 2007, John Amaechi había sido el primer jugador retirado de la NBA en «salir del armario». Con cinco temporadas no consecutivas en la NBA (Cleveland, Orlando, Utah), la carrera de Amaechi totaliza 16,4 minutos y 6,2 puntos por encuentro, en posiciones de interior. Se retiró en 2003.

se convertía así en la primera mujer en firmar un contrato de entrenamiento en la NBA. Aterrizó en un momento excelente de la franquicia y fue partícipe del quinto campeonato que los Spurs lograron aquel año al derrotar por un contundente 4-1 a los Miami Heat en las Finales de la NBA de 2014. La figura de Hammon es especialmente interesante entre los pioneros pues no cede y poco a poco sigue avanzando. El **3 de julio de 2015** fue nombrada entrenadora jefe de los San Antonio Spurs, sustituyendo temporalmente a Greg Popovich, para la competición de la Liga de Verano de la NBA 2015. Dirigió al equipo hacia el título de la Liga de Verano, convirtiéndose el 20 de julio de 2015 en la primera mujer entrenadora jefe en hacerse con semejante título. La presencia de Becky Hammon en los banquillos supone sin duda un hito importante y pavimenta el camino de la competición hacia nuevas cotas de mayor integración. Hoy en día, no solo no hay duda de que todas las grandes barreras están disueltas o muy cerca de la disolución final, sino que la NBA funciona como un engranaje perfecto de valores, integración e igualdad de oportunidades.

Dos clásicos de la NBA: George Mikan de los Minneapolis Lakers ejecutando su clásico lanzamiento de gancho frente a Nat *Sweetwater* Clifton, jugando para los New York Knicks (8 de abril de 1953).

6. MINNEAPOLIS LAKERS

Con un registro de 4 victorias y 40 derrotas y una media de 48,6 puntos por encuentro y poco más de 18 tiros a canasta por partido, habían cerrado su meteórica (*stricto senso*: en sentido descendente hasta la sublimación final) trayectoria los **Detroit Gems** tras su primer año de existencia en la temporada 1946-1947 de la NBL. Últimas de largo en el Oeste, estas gemas de Detroit habían cuajado lo que es sin duda una de las peores temporadas de cualquier franquicia en la historia del baloncesto profesional. ¿Valía realmente la pena seguir en aquel negocio después de semejante, bochornosa, actuación? El fundador y propietario de los Detroit Gems, C. King Boring, y su socio capitalista, Maury Winston, no lo tenían nada claro, así que cuando aparecieron por la puerta de su despacho dos elegantes hombres de negocios de Minneapolis con una oferta para la adquisición de la franquicia por 15.000 dólares, no dudaron ni un segundo: dinero al buche y a seguir la fiesta por otros derroteros. Así en verano de 1947 los Detroit Gems de la NBL pasaron a manos de Ben Berger, empresario del mundo del espectáculo, propietario de salas de cine y cafeterías, y Morris Chalfen, promotor deportivo, yéndose hacia Minneapolis para renacer como **Minneapolis Lakers**, en honor al apelativo por el que se conoce a la región, la tierra de los 10.000 lagos.

Los nuevos propietarios se habían quedado meramente con la plaza de franquicia en la NBL, nada más, unas cuantas pelotas y equipaciones originales de los Gems y ningún jugador. Su primera tarea sería organizar un equipo desde cero. En una maniobra que se demostraría muy eficiente, Chalfen había propuesto el cargo de director general de los Minneapolis Lakers a **Max Winter**, un empresario, aventurero y emprendedor, apasionado total del baloncesto y futuro propietario de los Minnesota Vikings de la NFL (1959). Winter no dudó ni un instante cuando se le ofreció ser copropietario minoritario de los Lakers y ocupar el cargo de director general de la franquicia. Él sería el gran arquitecto deportivo de la franquicia. Max Winter se plantó en las oficinas de la NBL sabiendo que todo estaba a su favor. El órgano de gobierno de la NBL consideró, con justicia, que no siendo Minnesota Lakers un equipo de expansión (sí lo habían sido los Detroit Gems en 1946), sino resultado de la conversión de una franquicia existente, los Lakers debían conservar, y a ellos les sería estadísticamente computable, el registro cosechado en la temporada precedente por los Gems. Con ello, dada la mecánica propia que la NBL había dispuesto para el *draft* de dispersión de 1947 que debía recolocar a los jugadores supervivientes del experimento de la PBLA, los Lakers quedaron automáticamente situados, gracias al espantoso registro de los Gems, en posición para elegir en primera opción de primera ronda. Sin dudar un instante se hicieron con los servicios de **George Mikan**, al que extenderían un contrato de 12.500 dólares anuales.

Conscientes de la oportunidad que tenían entre manos, los Lakers decidieron hacerse con los servicios del entrenador **John Kundla**, considerando que su estilo, presencia y experiencia serían de gran utilidad para los intereses de una plantilla profesional emergente que iba a nutrirse de los gimnasios de la Universidad de Minneapolis y su equipo de baloncesto NCAA, los Golden Gophers. John Kundla (nacido en 1916), recto e intachable, veterano de guerra, respiraba baloncesto por los cuatro costados, deporte en el que ya había destacado como jugador durante sus años de instituto, convertido en estrella local a finales de la década de 1930 con los Golden Gophers. Tras graduarse, había mantenido su relación deportiva con la Universidad en calidad de técnico asistente a las órdenes de Dave MacMillan, entrenador histórico de la NCAA, con treinta años de ejercicio profesional durante la primera mitad del siglo XX. Tras otra experiencia como técnico jefe en un instituto de Minnesota, Kundla fue enrolado en tareas militares durante la Segunda Guerra Mundial, con obligaciones tanto en Europa como en el Pacífico, para, a su retorno, firmar un contrato con la Universidad Católica de Saint Thomas, en Minnesota, compitiendo en la tercera división de la NCAA. Y este era el entorno y el contrato que los Lakers debían superar. La primera vez que lo tantearon, Kundla no vio buenas expectativas en la NBL ni en la organización de los Lakers y rechazó la oferta. En la segunda oportunidad, unas semanas más tarde, acabó firmando un contrato de 6.000 dólares anuales (que doblaba el sueldo de Saint Thomas) como técnico jefe de los Minneapolis Lakers. Con ellos lograría seis campeonatos en siete años, siendo miembro indiscutible de la primera dinastía de la NBA.

La dirección de los Lakers tuvo también el buen tino de hacerse aquel año 1947 con los servicios del californiano **Jim Pollard**. Nacido en Oakland en 1922, su carrera empezó en el instituto, donde despuntó como líder de su equipo llevando al Oakland Technical High School a ganar los títulos de conferencia de 1937 a 1940. Posteriormente, jugando como alumno de la Universidad de Stanford, ayudó a su equipo a conseguir el título nacional de la NCAA de 1941. Alero de 1,93 m, ágil y ligero, tenía una elegancia, rapidez y habilidad natural que jamás encontró equivalente en las canchas. Su apodo familiar, Kangaroo Kid, viene con justicia derivado de su asombrosa capacidad para el salto, fuese vertical o de despegue. Pese a no existir una filmación que lo recoja, son muchos los testimonios que declararon haberlo visto, en múltiples ocasiones, matar el aro lanzándose en vuelo desde la línea de tiros libres, algo que solía hacer durante los entrenamientos. No hay duda de que este es el gran mate, el icónico mate de **Michael Jordan** del All-Star de la NBA de 1988 (nunca sabremos si Pollard tenía la capacidad para suspenderse en el aire con tanta plasticidad como Air Majesty), con la salvedad de haber sido ejecutado nada menos que cuarenta años antes, o *solo* treinta años antes de que lo hiciese el gran **Julius Erving** durante el concurso de mates de la ABA de 1976. Y es que ese fue Jim Pollard: una especie de Julius Erving blanco emergido al juego treinta años antes de que su estilo empezase a brotar en las canchas. Comentó en cierta ocasión su compañero de habitación en las giras **Vern Mikkelsen** (otra gran figura de los Lakers, y miembro del Salón de la Fama, que se incorporaría al equipo en 1949) que al preguntarle a Pollard cómo se había hecho el gran moretón que tenía en el codo, pensando que habría sido una caída, este le explicó que se debía a un golpe con el aro en vuelo intentando hacer un mate... Bajo la batuta de John Kundla, y acompañados por un combinado de profesionales de primer año recién salidos de la Universidad de Minnesota, Mikan y Pollard lideraron en su primer año como Lakers la temporada regular (43-17), ganando por 3-1 las **Finales de la NBL de 1948** contra los Rochester Royals. Un absolutamente estelar Mikan promedió 24,4 puntos por noche, con solo 8,8 intentos, completando el resto de la anotación gracias a su dominio de los tiros libres. En aquellas finales, Mr. Basketball marcó un hito anotador y de acierto jamás visto anteriormente en esa competición. Los Minneapolis Lakers se coronaban campeones en su primer año de existencia y todos sus jugadores y técnicos lograban su primer campeonato profesional. Salvo Mikan, que conseguía su segundo.

El loco y tórrido verano de 1948 llevó a los Minneapolis Lakers a incorporarse a la BAA, junto con los Pistons, Indianapolis Jets y Rochester Royals, razón por la cual, dicho sea de paso, los Lakers (y los demás) son naturalmente considerados una franquicia de expansión de la NBA. Mikan siguió creciendo durante aquella temporada 1948-1949 hasta colocarse en un promedio de 28,3 puntos por partido, rompiendo todas las marcas de anotación de la BAA, seguido en el equipo por Jim Pollard, que promedió 14,8 puntos por partido (lo que sería más o menos su promedio de carrera). Una vez más, en la post-temporada, George Mikan apretó aún más el acelerador poniéndose aquel año en los 30,3 puntos por partido. Por tomar modelos recientes y poner de relieve las cifras en cuestión, debe considerarse que el mejor promedio anotador de **LeBron James** en post-temporada hasta la fecha se produjo durante las **Finales de la NBA de 2015**, anotando 35,3 puntos por noche. El segundo mejor registro de LBJ en ese tramo de la temporada se dio en 2012 liderando a los Miami Heat hacia el anillo, y solamente logró igualar el registro de Mikan, con 30,3 puntos por partido. A ello debemos añadir que en los tiempos de Mikan no existía la línea de triple y que LeBron es un jugador, al menos nominalmente, de perímetro y no un interior. Pero en realidad LeBron James es un jugador total.

Con todo ello, los recién aterrizados Minneapolis Lakers se coronaban campeones al derrotar en las **Finales de la BAA de 1949** a los Washington Capitols de Red Auerbach por 4-2. En la siguiente temporada 1949-1950, la primera bajo el acrónimo NBA, los Lakers, reforzados con **Slater Martin**, que devendría uno de los mejores jugadores defensivos de los años cincuenta, lograrían un contundente registro 51-17 en temporada regular, y se llevarían también el campeonato de aquel año, batiendo en las **Finales de la NBA de 1950** a los Syracuse Nationals por 4-2, convirtiéndose en el primer equipo que ganaba dos campeonatos seguidos. Una vez más, George Mikan había dado un punto más en la post-temporada, logrando la cúspide en su carrera al promediar nada menos que 31,3 puntos por partido en aquellas noches de gloria.

Con la intención de contrarrestar un poco la hegemonía de Mikan en la pintura y el juego interior a ambos lados de la cancha, la NBA decidió que ampliaría la anchura de la botella de los 6 a los 12 pies, ampliando la zona afectada por la norma de los 3 segundos defensivos. Suele decirse que George Mikan era un jugador tremendamente físico en la cancha. Absolutamente encantador fuera de la pista, muy buen compañero dentro de ella, su ficha médica dará fe de su intensidad física durante el juego: se rompió huesos en diez ocasiones, incluyendo las dos piernas, varios dedos y la nariz. Mikan utilizaba el cuerpo para defender y para atacar con una supremacía e intimidación que sin duda asentaría las bases para todos los pívots que siguiendo su estela llegarían a semejantes cotas de dominio del juego interior. Tras el anillo de 1950, los Lakers no solo se consagraban como la primera franquicia que ganaba **dos campeonatos seguidos en la NBA** sino que comenzaban a dar los primeros pasos en la forja de una dinastía y una identidad de equipo, desde entonces basada en los pívots contundentes. A su vez, Mikan y sus proezas estaban ayudando a sumar cada vez más gente y aficionados, cada vez más personas eran atraídas por la NBA.

El 22 de noviembre de 1950 los Lakers recibían en el Minneapolis Armory a los Fort Wayne Pistons. Nada indicaba, nada presagiaba lo que iba a verse sobre el parquet. Para sorpresa de todo el mundo y bochorno de la grada, los Pistons, sin contravenir ningún reglamento, desplegaron una estrategia nunca vista todavía. Para evitar la exposición de sus ataques y que estos fueran bloqueados y atrapados una y otra vez por George Mikan, alargaron tanto como les fue posible todas las posesiones que tuvieron. En lugar de jugar el balón, lo movían y lo movían y lo movían sin lanzar a canasta, forzando en todo caso a sus rivales a arrebatárselo con faltas o con eventuales cortes de pase. Evitaban así la entrega del balón, y la entrega del rebote, y reducían radicalmente la exposición apenas lanzando a canasta. Evitaron pasearse por la botella. A resultas de esa estrategia, aquel fue el partido de más baja anotación de la historia de la NBA, con un verdaderamente exótico 19-18 a favor de los Pistons. Mikan anotaría 15 puntos de los 18 de su equipo. Tras aquella velada de tremenda sorpresa, el órgano de gobierno de la NBA decidió que las posesiones debían ser controladas en tiempo. De otro modo, la NBA y el baloncesto en su conjunto podía acabar convirtiéndose en un juego tan extremadamente táctico que aniquilaría su esencia misma. La NBA probaría diversos ajustes de la normativa para acelerar el juego e intentar reducir el número de faltas hasta que finalmente, en 1955, nació el reloj de posesión, limitando los ataques a un máximo de 24 segundos. De nuevo, la NBA hacía gala de un espíritu que en términos de reglamentación tradicionalmente ha aplicado: la norma siempre estará al servicio del deporte. Las reglas siempre se modificarán con la intención de dinamizar el juego, sea para volverlo más competitivo o más emocionante. El reloj de posesión forma parte, aunque sea en modo diferido, del enorme legado que George Mikan dejó para este deporte. Aquella temporada 1950-1951 los Lakers, con Mikan gravemente lesionado cojeando por la pista con la pierna entablillada, caerían en las finales del Oeste por 3-1 contra los Rochester Royals, viendo así momentáneamente interrumpida su racha ganadora. Liderados por su propio *Big-Three* (Bob Davies, Bobby Wanzer y Arnie Risen), los Royals accederían a las **Finales de la NBA de 1951**, para ganárselas 4-2 a los New York Knicks, consiguiendo el que hasta la fecha es el único anillo de la franquicia.

El concepto de «dinastía» no ha llegado nunca a definirse por vía reglamentaria y es otro de esos eternos debates inconclusos de la NBA que, entre otras cosas, hacen de esta liga una organización tan vital y activa. Todo el mundo coincide en que el factor primordial y más determinante para hablar de una «dinastía de la NBA» es la consecución de títulos. Aunque como todo, es discutible. De hecho, durante mucho tiempo los tres requisitos para que un equipo fuera considerado una dinastía eran haber conseguido al menos dos títulos consecutivos, estar liderado por una leyenda y haber sido entrenado por otra leyenda. Los Lakers de Minneapolis no solo ganarían en la NBA los títulos de 1949 y 1950 de forma consecutiva. Tras la interrupción de 1951, los Lakers lograrían los títulos de 1952 (4-3 contra los Knicks), 1953 (4-1 contra los Knicks) y 1954 (4-3 contra los Nats), superando su propia marca y la histórica de la joven NBA. Fueron sin duda alguna el primer equipo que dominó la liga sin cuestión ni paliativo. Todo el mundo admiraba a los Lakers entonces y su vistoso juego anotador. Y a su estrella. Sin duda, los Lakers tenían a una estrella. Una leyenda. Tanta fue la fama de George Mikan en su época que la NBA alentaba a los Lakers a viajar a cualquier ciudad un día antes del partido para organizar en la víspera algún evento público con el pívot. Su atractivo era tal que, quede como muestra en la retina de la posteridad, en los plafones exteriores del Madison Square Garden se había visto escrita la frase «miércoles baloncesto: Geo. Mikan vs los New York Knicks». Tal cual. Colosal.

Aunque si una cosa tenían aquellos Lakers, era espíritu de equipo. En sus ataques el balón no tocaba apenas el suelo. Todo eran pases hasta encontrar el mejor tiro. Aunque la memoria colectiva no lo recuerda tanto como a otros entrenadores, John Kundla fue un entrenador de prestigio en su época, tal y como prueba su presencia como entrenador en cuatro All-Star consecutivos, 1951-1954, y su inclusión en el Salón de la Fama en 1995. Hoy en día, cuando uno va al Staples Center de Los Ángeles y mira hacia los techos para contemplar los dorsales retirados, repara en uno que no tiene forma de jersey, sino de estandarte clásico. En su interior lucen los nombres de George Mikan, Jim Pollard, Slater Martin, Vern Mikkelsen, Clyde Lovellette y John Kundla. Las estrellas de aquellos Minneapolis Lakers que tantos éxitos cosecharon. Todos ellos miembros del Salón de la Fama.

Incapaz de reencontrarse físicamente, tras haberse roto varias veces las piernas, los pies, una muñeca, varios dedos y la nariz múltiples veces en su carrera, a la conclusión de la **temporada 1953-1954** y tras ganar el quinto anillo para los Lakers, George Mikan sorprendió a todo el mundo anunciando su retirada. Tenía solo 30 años, pero vivía aquejado de una cojera permanente por una de las fracturas mal curada, había perdido una rótula y no podía estirar los brazos al 100%. Además deseaba pasar más tiempo con su familia: su hijo pequeño no le reconocía cuando llegaba a casa. Su carrera había llegado a su fin. Inclinado a la bondad católica, le convencerían para regresar a las canchas para la **temporada 1955-1956**; sin embargo, desconectado ya del rigor competitivo, sus números nunca llegaron ni a acercarse a lo que fueron y acabó anunciando su retirada definitiva de las canchas al final de aquella temporada. Una vez más volvería a los Lakers, en esta ocasión como entrenador jefe para sustituir a Kundla que había decidido subir a los despachos para ocuparse de la dirección deportiva de la franquicia. Con él en el banquillo, los Lakers obtuvieron un registro deplorable de 9-30. A mitad de la **temporada 1957-1958**, George Mikan dejaría el puesto para desaparecer durante diez años del negocio deportivo. De los ocho mil espectadores por noche, habían pasado a llenar apenas gimnasios de instituto. No había duda. Los Lakers iban completamente a la deriva.

7. LOS CELTICS
DE AUERBACH Y BILL RUSSELL

Con 17 anillos, los **Boston Celtics** es el equipo más laureado de la NBA. De las 68 temporadas disputadas, han comparecido hasta 21 veces en unas **Finales de la NBA**, con un extraordinario registro de 17 victorias y 4 derrotas. Eso podría valernos perfectamente como un baremo no científico para establecer el espíritu, o la genética, de un campeón. Porque ganar un anillo en la NBA no es solo una tarea ingente, increíblemente exigente en lo deportivo, es todo un mecanismo táctico, estratégico y psicológico que coordinará cuerpos y mentes por un bien superior. ¿Es una cuestión de azar? Sí, sin duda en el baloncesto existe un margen de azar, la cuestión residirá siempre en qué capacidad tendrá cada equipo para compensar o reconocer las corrientes que el azar, igual que las diferencias de presión en la atmósfera, genere en la pista. Del mismo modo que las aves eligen corrientes para ascender, todos los campeones de la NBA han sabido comprender esas mecánicas más allá de lo visible.

Entre 1957 y 1966 los Boston Celtics comparecieron en todas las finales de la NBA y, a excepción de la de 1958 que se llevaron los Hawks, salieron victoriosos de todas ellas. Es decir, los Boston Celtics lograron ganar nueve campeonatos en diez ocasiones consecutivas a las que (y eso es un hito en sí mismo) se presentaron, ocho de ellos (1959-1966) ganados de manera continuada. Es una proeza que posiblemente ninguna franquicia logrará igualar jamás. Los propios Celtics necesitaron, desde entonces, cuarenta años (1968-2008) para conseguir los ocho siguientes campeonatos que les colocan en la cumbre de la NBA.

Los Boston Celtics se fundaron el mismo día, 6 de junio de 1946, en que se constituía la NBA, por aquel entonces aún conocida como BAA, y son por tanto, junto con los New York Knicks y los Warriors, una de las franquicias fundadoras de la liga que ha permanecido desde el origen en competición. Y, de ese grupo primigenio, una de las dos (con los Knicks) que no ha vivido jamás, ni posiblemente jamás vivirá, un desplazamiento. Su fundador y primer presidente, Walter Brown, apasionado del baloncesto, tuvo un papel fundamental en la fundación de la NBA. Fallecido en septiembre de 1964 a los 59 años, tuvo tiempo de ver cómo su equipo salía disparado hacia los cielos. Durante los primeros años de existencia, sin embargo, los Boston Celtics no tuvieron apenas relevancia, ni fueron gestionados muy profesionalmente, clasificándose para los playoffs únicamente en 1948, donde cayeron en primera ronda contra los Chicago Stags. No sería hasta la llegada al equipo de **Red Auerbach** en la temporada 1950-1951 cuando las cosas empezarían a cambiar.

Arnold Jacob *Red* Auerbach, sin duda el gran arquitecto de la franquicia céltica, había nacido en Brooklyn en 1917, totalmente vinculado al deporte de la canasta desde el instituto, por lo que logró una beca para la George Washington University (GWU). Era buen jugador y sobre todo un intenso observador del juego y sus tácticas. De hecho, se identifica a Auerbach como uno de los primeros en comprender la importancia del contrataque en baloncesto, herramienta que, con el tiempo, se ha vuelto indispensable en términos estratégicos. Inició su carrera como entrenador en 1941, en Washington, en Saint Alban's primero y en el instituto Roosevelt después, para a continuación, reclutado durante la guerra y enviado a la estación naval de Norfolk, hacerse con el equipo de baloncesto de la US Navy, la Armada americana, al que entrenó durante tres años. Esa experiencia le granjeó la confianza de **Mike Uline**, millonario, propietario de la **Uline Arena** donde jugarían, desde su fundación a la sazón como franquicia de la BAA, los **Washington Capitols** (técnicamente un equipo «de alquiler» de la BAA), y responsable deportivo en la época. Fichado por los Capitols, Red Auerbach inició su carrera en la BAA/NBA en el mismo año de su creación, en la temporada 1946-1947. Aunque no logró ningún título, lo que desde luego consiguió el joven Auerbach en aquellos años fue imponer un baloncesto muy rápido y atractivo, eminentemente basado en el contraataque. Fue capaz, temporada tras temporada, de clasificar a su equipo para los playoffs. Para la temporada 1949-1950, fichó por los Hawks (entonces **Tri-Cities Blackhawks**, con sede en Moline, Rock Island Co., Illinois), recién llegados a la NBA tras la absorción final de la NBL en la BAA. Auerbach llevó también a los Hawks a los playoffs aquel año, pero al acabar, disconforme con la dirección (que originalmente le había dado carta blanca sobre la gestión deportiva), decidió dejar la franquicia. En la **temporada 1950-1951**, Red Auerbach debutaba como entrenador jefe de los Boston Celtics.

Él básicamente lo hacía todo. Quería hacerlo todo. Ojeaba a los demás equipos, elegía a los jugadores, tenía total control sobre el *draft* y las negociaciones, desarrollaba todas las tácticas, incluso planificaba él mismo los calendarios del equipo y los viajes a las canchas rivales. Empezando aquel año, y por veinte consecutivos, los Celtics (que hasta entonces solo habían caído por post-temporada fugazmente en 1948) se clasificarían año tras año para los playoffs, incluso más allá de su retirada de los banquillos. Aquella primera temporada 1950-1951, un poco contra su voluntad, Red Auerbach asumió en su plantilla a **Bob Cousy**. Originalmente seleccionado por los Hawks, Cousy había sido enviado a los Stags en ese mismo año 1950, y tras la bancarrota de Stags y su cierre definitivo, pasó a Boston tras unas negociaciones que se cerraron con un sueldo de 9.000 dólares por temporada.

La incorporación de este base legendario se demostraría indispensable para los triunfos futuros. En las trece temporadas que jugaría para los Celtics, **Bob Cousy** promediaría 18,5 puntos, 7,6 asistencias y 5,2 rebotes por noche, aportando sobre todo un estilo, un reparto de juego y una capacidad de anotación que sentaría un modelo para los mejores bases del futuro de la NBA. Pese a no encajar originalmente por su estatura (1,86 m), su físico ni su manejo zigzagueante del balón en los parámetros de Auerbach, pronto el entrenador reconocería el potencial del muchacho que, sin duda, tenía condiciones excelentes, como prueba su elección como *Rookie* **del Año** en aquella temporada inicial. En realidad, el juego de Cousy y su excelente visión para el pase y el control del ritmo, encajaban a la perfección en su equipo. Cousy combinó muy bien con uno de los favoritos de Auerbach, el pívot **Ed Macauley**, anotador regular y buen reboteador, que tan útil le resultaba en la cepa del contraataque, y los Celtics se clasificaron para los playoffs para gran alegría de los aficionados que veían por fin a su equipo con posibilidades. Para su segunda temporada, Auerbach personalmente decidió la incorporación vía *draft* de **Bill Sharman**. Sharman había debutado oficialmente en la temporada precedente (1950-1951) con los Washington Capitols, que tras su clausura cedieron, como era habitual en esos casos, sus jugadores para el llamado *draft* de dispersión, en el que fue seleccionado por los Pistons y enviado a Boston después. La carrera de Bill Sharman merece un punto y aparte.

Nacido en Abilene, Texas, en 1926, muy joven se trasladó con su familia a California. Alumno de la Universidad del Sur de California, se le daba tan bien el béisbol como el baloncesto. De hecho, entre 1950 y 1955 Sharman jugó profesionalmente como tercera base y *outfielder* en las diversas filiales que los **Dodgers** tenían en las ligas menores, por lo que, efectivamente, durante sus cinco primeras temporadas en la NBA también fue jugador profesional de béisbol, algo difícil de imaginar hoy en día. Excelente escolta, gran anotador, Sherman jugaría diez temporadas con los Boston Celtics antes de retirarse de la cancha a la conclusión de la **temporada 1960-1961** con **cuatro anillos** de campeón de la NBA con los Celtics y ocho convocatorias para el **All-Star de la NBA** consecutivas (1953-1960), para volver tras el verano de 1961 reconvertido en entrenador (1961-1962) de los **Cleveland Pipers**, equipo de la fugaz ABL. Tras un hiato de cuatro años, Sharman volvería a la NBA para entrenar a los San Francisco Warriors en 1966, a los Utah Stars de 1968 a 1971 (año en que ganó el anillo con dicha franquicia), y a Los Angeles Lakers a partir de la temporada 1971-1972, donde coincidiría con Wilt Chamberlain.

Con Chamberlain, West y Baylor lograría Bill Sharman el **primer anillo** de los Lakers en 1972; él fue el artífice, entre otras cosas, desde el banco de la **racha de 33 victorias** que lograrían aquel año. Posteriormente, ya retirado de los banquillos, Bill Sharman sería uno de los directores generales más importantes que los Lakers jamás hayan tenido, arquitecto desde los despachos de los **cinco anillos** (1980, 1982, 1985, 1987, 1988) que la franquicia angelina lograría durante los años ochenta poniéndolos definitivamente en la órbita del baloncesto mundial. Murió en Redondo Beach, California, el 25 de octubre de 2013, con **diez anillos NBA** (cuatro como jugador, uno como entrenador, cinco como director general), doblemente incluido en el Salón de la Fama, como jugador y entrenador, presente en los equipos conmemorativos del veinticinco y del cincuenta aniversario de la NBA, y siendo el único protagonista de la historia de la NBA con un peso relevante en las dos franquicias que mantienen mayor y más profunda rivalidad en la liga.

En 1956, bajo la estela de George Mikan, y con un Chamberlain sacudiendo todavía los parqués de la NCAA, la posición de pívot estaba eminentemente asociada a las capacidades ofensivas, anotación y dominio de la pintura. De su altura se esperaban en defensa buenos tapones, robos y rebotes. Los Celtics funcionaban a la perfección, el equipo corría muy bien, el estilo era vistoso, los jugadores eran tácticamente disciplinados, pero los títulos no llegaban. De hecho, ni siquiera las finales llegaban. Asomándose al balcón de la NCAA, Red Auerbach no pudo por menos que reconocer a un jugador que venía pisando muy fuerte en las canchas: **Bill Russell**. Pívot de la Universidad de San Francisco, había liderado a su equipo para conseguir los campeonatos de la NCAA de 1955 y 1956, promediando 20 puntos y 20 rebotes por noche. Auerbach captó a la perfección las prestaciones especiales, distintivas, que ofrecía aquel muchacho de Louisiana. A diferencia de Chamberlain o de Mikan en su día, cuya facilidad para la anotación los convirtieron en leyendas absolutas, Russell, 2,08 m, no solo anotaba con contundencia, también era un excelente defensor posicional y al hombre, utilizando muy bien su cuerpo, y tremendamente ágil para los tapones, habiendo llegado en cierta ocasión a bloquear trece lanzamientos en un partido. Era también, como sus números de promedio indican, un descomunal reboteador a ambos lados de la cancha. Y... atlético. En la USF, Bill Russell no solo jugaba al baloncesto, era también el hombre que representaba a su universidad en las competiciones de atletismo. Excelente corredor, explosivo y resistente, cubría los 400 metros en 49"6 segundos, y era el séptimo entre los mejores saltadores de altura del mundo en 1956, con un registro de 2,06 metros. Auerbach vio en él al hombre que necesitaba, la pieza perfecta que faltaba en su engranaje.

Y acertó. Sin duda alguna acertó. Naturalmente los Celtics tenían pésimas opciones en el *draft* de 1956 para hacerse con Bill Russell. En la temporada precedente habían quedado segundos del Este y caído 1-2 en las semifinales de conferencia contra, una vez más, los Nats. Auerbach, zorro pantanero, estratega de alto nivel, tenía clarísimo aquel año qué equipos iban a elegir a quienes. Como una partida de ajedrez, jugando a predecir movimientos, Auerbach entendió qué debía hacer para lograr que Russell acabase fichando por Boston. En la negociación envió a su pilar central de la pintura **Ed Macauley** y **Cliff Hagan** hacia los Hawks de Saint Louis y los Hawks ejecutaron su elección por Russell para enviarlo vía Boston. Cuando dos temporadas después, en 1958 los **Saint Louis Hawks** ganaron el **único anillo** que hasta ahora la franquicia tiene, fue por 4-2 contra los Boston Celtics para desesperación (hoy simpática) de Red Auerbach que vio cómo aquellos dos traspasos eran extraordinariamente relevantes en la consecución del anillo, arrasando en rebotes y realizando grandes anotaciones, combinando a la perfección con **Bob Pettit**, la leyenda Hawk.

La llegada de Bill Russell a Boston bien valía, sin embargo, un anillo rival. La historia no tiene dudas al respecto: una entera dinastía se cuajó para Boston gracias a la llegada de aquel hombre de 2,08 m. Debido a su participación en los **Juegos Olímpicos de Melbourne de 1956**, evento en el que lideró la selección estadounidense hasta ganar el oro (tumbando contundentemente a la URSS, 89-55, en la final), Russell no se incorporó a los Celtics hasta el 22 de diciembre de aquel año, precisamente contra los Hawks. Con Bill Russell en plantilla, Auerbach había decidido reformular la estrategia del equipo, intensificando la defensa para provocar un aumento en las pérdidas de balón de los rivales y dar salida veloz al contraataque, marca de la casa de Auerbach. Esta apuesta estratégica se demostró excelente pues Boston acabó la temporada regular 1956-1957 con el segundo mejor registro (44-28) de su historia. La plantilla se sentía mucho más segura con Russell bajo los aros y cortando múltiples líneas de pase. En términos defensivos Bill Russell siempre destacaría por su gran solidaridad en las ayudas. Muy bien dotado físicamente, no tenía problema en ir desplazándose por toda la zona apoyando la defensa donde fuese más necesario. Al parecer, entre los jugadores de los Celtics se bautizaría aquel estilo como defensa «Hey, Bill!». La idea de la NBA como una liga excepcionalmente exigente en lo físico y dotada, sobre todo en el Este y el Norte, de defensas muy férreas, comenzaba a cuajar en aquellos días. Bill Russell, de personalidad dialogante y asertiva, destacó también como un excelente taponador. Se dice que durante un tiempo sus tapones fueron conocidos como *Wilsonburgers* (tomando el nombre de los balones Wilson que en aquella época se utilizaban en algunas canchas) dados los pelotazos que los jugadores rivales recibían en sus atónitas caras tras cada tapón. El quinteto titular de los Celtics durante aquella campaña 1956-1957 es hoy legendario:

Bob Cousy (1950-1963, 6 anillos)
Bill Sharman (1951-1961, 4 anillos)
Jim Loscutoff (1955-1964, 7 anillos)
Tom Heinsohn (1956-1965, 8 anillos)
Bill Russell (1956-1969, 11 anillos)

Bob Cousy y Bill Sharman eran piezas clave en conceptos de ataque desde el perímetro; combinados aportaban octanos especialmente válidos en distribución de balón, movimientos exteriores, pases, cortes interiores y anotación, dando de media (entre ambos) 41,7 puntos por noche y 11 asistencias en aquella temporada. El otro hombre fuerte especialista del ataque acababa de llegar: Tom Heinsohn, elegido por Auerbach en persona usando la vía de la elección territorial en el *draft* de aquel 1956. Con condiciones excelentes para la anotación y el juego interior con sus 2,01 m, uno de los primeros 4 modernos de la historia, sería nombrado *Rookie* del Año (por encima de su compañero Bill Russell, que también competía en esa categoría, recién llegado a la liga) e invitado a participar en el All-Star de 1957. Apodado Tommy Gun, cerró la temporada con 16,2 puntos por noche, tercero del equipo detrás de Bill Sharman (21,1) y Cousy (20,6), y 9,8 rebotes. Un hombre excepcionalmente completo en ambas facetas, pero particularmente útil en ataque, y duro, incluso atropellado, en defensa,con una media de 4,2 faltas personales por noche. El grueso de la carga defensiva caía en manos de Jim Loscutoff y Bill Russell. Loscutoff, alero por condiciones, 1,96 m, era el jugador más regular y equilibrado de la plantilla, el engranaje entre ambos conceptos. Sus 10,6 puntos por noche combinaban a la perfección en el esquema de Auerbach, al que además aportaba 10,4 capturas de rebote por partido. Su fortaleza física y velocidad, la intensidad con la que se aplicaba defensivamente, le granjearon con justicia la categoría de leñero. Como colofón de toda esta talentosa tropa, se erigía Bill Russell, uno de los mejores jugadores de la historia. Una leyenda sin discusión. Completó aquel año promediando 14,7 puntos por noche y capturando nada menos que 19,6 rebotes por partido, aportando gran seguridad bajo los aros y continuas ayudas defensivas. Además, atleta excepcional, veloz como pocos, podía correr la pista sin problema, atribución esencial cuando uno pretende dañar a su rival en contrataque.

Hasta 1956, el juego de los Celtics había sido enormemente vistoso, muy veloz y eficaz en anotación, pero no habían conseguido ningún título y de hecho era uno de los equipos con

Bob Cousy, Red Auerbach y Bill Russell
deliberando en la banda durante un partido
en la temporada 1960-1961.

Wilt Chamberlain capturando un rebote en el All-Star de la NBA de 1962 ante la mirada (de izquierda a derecha) de Bob Cousy (Boston, 14), Jerry West (Lakers, 11), Tom Heinsohn (Boston, 15), Bob Pettit (Hawks, 9), Walt Bellamy (Chicago, 8) y Elgin Baylor (Lakers, 22).

8. LOS 100 DE CHAMBERLAIN

Verano en Filadelfia, 21 de agosto de 1936, Olivia Chamberlain da a luz a un pequeño bebé que acabará resultando una de las figuras más descomunales que jamás se vieron campar por la NBA y que cambiaría el juego para siempre: **Wilton Norman Chamberlain**. Con unos padres amantes y preocupados, y ciertamente productivos, parece que los nueve hermanos Chamberlain siempre tuvieron cubiertas sus necesidades y reinó la alegría en la casa, en un barrio de clase media donde en general se imponía la convivencia racial. Tras un episodio de neumonía, Wilt Chamberlain decidió que el baloncesto «era para moñas». Literal. Que lo suyo era el salto de altura y de longitud, y se le daba requetebién. El caso es que cuando en 1952 llegó al Overbrook High School el chaval medía 2,08 y dado que el «baloncesto era el deporte rey en Filadelfia», decidió con su perspectiva adolescente que en la cancha podía haber tema para él. Gracias a Dios. Con su altura destacó desde edades muy tempranas. Pronto se granjeó su muy estelar mote favorito, Big Dipper, que es el nombre en inglés para la Osa Mayor, pero que en su caso incluye un juego de palabras con su significado literal «gran hundidor», dada su reconocida capacidad para el mate. En seguida alcanzó números impresionantes de rebote y anotación. De él se dice que en aquella época sencillamente daba miedo, que nunca las pistas escolares habían visto a un jugador tan alto y dominante. En tres temporadas de instituto, anotó más de 2.200 puntos, siendo su mejor año la temporada 1952-1953, con promedios de anotación de 31 puntos por encuentro.

En el verano de 1953, Divina Providencia, trabajando como botones del Hotel Kutsher, un hotelito con resort en la zona sur del estado de Nueva York al que acudía el famoseo de la época, se cruza en la trayectoria de Big Dipper nada más y nada menos que **Red Auerbach**, ya como entrenador de los Boston Celtics. Big Dipper, que andaba por ahí pavoneándose tras sus éxitos totales en el colegio, accedió al encuentro que Auerbach le propuso: un 1 contra 1 contra el MVP de las finales de la NCAA de aquel año, 1953, el joven pívot B. H. Horn, de la Universidad de Kansas. Wilt le dio una buena tunda, dejándolo 25-10. Apocado, venido a menos, el joven Horn decidiría posteriormente no firmar el contrato que tras el *draft* de la NBA de 1954 le ofrecieron los Pistons; «si los chavales de instituto eran tan buenos, tuve claro que la NBA no iba a ser lo mío», dijo. Con ironía, es de esperar, o no, pero el caso es que el tío truncó su carrera NBA en pos de la ingeniería de tractores. A **Wilt Chamberlain**, sin embargo, le llovían las ofertas.

Más de doscientas universidades de todo el país deseaban reclutarle. El propio Red Auerbach insistió tras la paliza a Horn que se fuera a la Universidad de Nueva Inglaterra de forma que pudiese ficharlo en base a la «elección territorial» en el *draft* correspondiente, pero Chamberlain, sencillamente, nunca llegó a responderle y siguió a lo suyo sin condiciones. Finalmente, en 1955, fichó (cómo debió sufrir aquellas temporadas B. H. Horn) por la Universidad de Kansas. Aunque sus actuaciones fueron memorables, jamás ganó un campeonato de la NCAA. Fue, eso sí, incluido en el All-American en los años 1957 y 1958, compartiendo mención con otras dos futuras descomunales leyendas que por aquel entonces también corrían por las canchas universitarias: **Elgin Baylor** y **Oscar Robertson**. Dejó el hombre en sus dos temporadas universitarias un promedio de 18,3 rebotes por noche y 29,9 puntos, una marca salvaje. Tenía 21 años y ya había aparecido en las revistas más importantes del país. Y aún no era profesional. Y medía 2,16 m. Enérgico, vivo y ligón.

Decidió largarse de KU, nunca quedó muy claro por qué, pero es que así era Big Dipper, libre y punto. Siempre con su dorsal 13 a la espalda. Como la NBA no le dejaba ser profesional todavía (al señorito Chamberlain le quedaba un año de universidad por cumplir), ni corto ni perezoso se fue a los Harlem Globetrotters. Claro, allá estaba Abe Saperstein cuyos ojos probablemente se tornaron símbolo del dólar al instante, ya que el chaval había salido en *Life, Time, Newsweek...*, y era sin duda la más grande promesa de aquel momento, conocido por todo el país. En aquel despacho, la vida pintaba de fábula. Wilt Chamberlain firmó un contrato de 50.000 dólares (una cantidad desorbitada en la época) por jugar la temporada 1958-1959 con los Globetrotters. Para hacernos una idea del dineral que se llevó Chamberlain consideremos que en 1952 Eddie Gottlieb había comprado la franquicia entera de los Warriors por 25.000 dólares, o **Bob Cousy**, de los Celtics, el jugador mejor pagado de la NBA, cobraba 25.000 dólares al año en 1958. Big Dipper le doblaba. Tal cual. Una vez más. Y se lo pasó en grande; en cierta ocasión, ya retirado, llegó a declarar que el año que mejor se lo había pasado jugando a baloncesto había sido aquel año con los Globetrotters, entreteniendo a críos y padres por igual. Es evidente que contrajo algún tipo de vínculo emocional, subjetivo, con aquellos años de su vida. Iría volviendo a lo largo del tiempo en las *off-seasons* a jugar con ellos porque simplemente se lo pasaba bien allí.

El baloncesto dejó de ser aquel ji-ji ja-ja para Wilt en 1959. Los **Philadelphia Warriors** utilizaron el *pick* territorial en aquel *draft* de 1959 para hacerse con los servicios de nuestro campeón. De los once equipos que iniciasen en 1946 la primera temporada de la BAA solo tres se han mantenido vinculados a la liga: Boston Celtics, New York Knicks y (entonces) Philadelphia Warriors. Recordemos que los Philadelphia Warriors habían ganado el primero de todos los campeonatos (1947) contra los Chicago Stags, y habían revalidado el título una década más tarde, ganando de nuevo el anillo para Filadelfia en 1956 con un contundente 4-1 contra los Pistons, así que cuando Wilt ficha por ellos, son una franquicia con justas expectativas ganadoras. El equipo había sido comprado en 1952 por 25.000 dólares por **Eddie Gottlieb**, hombre que podía considerarse, en justicia, el alma de los Warriors. No solo porque había estado ahí literalmente desde el principio, sino por el compromiso profundo que siempre sintió por la franquicia y el baloncesto en general. En la fundación misma de los Warriors en 1946 con el propósito de ser parte de la NBA, el fundador y único propietario Peter Tyrell había contratado a Gottlieb como entrenador y director general. Gottlieb había ganado el primer campeonato y había seguido ejerciendo su trabajo hasta 1952, año en que había comprado la mayoría de las acciones de la franquicia, convirtiéndose en propietario. Ya como propietario jamás tuvo problema en promocionar a los Warriors repartiendo pasquines en las esquinas de Filadelfia, animando a la gente a ir a los partidos. Gottlieb será siempre recordado como un hombre afable y de carácter y metido en todas las salsas. Él fue uno de los que propiciaron la absorción de la NBL a la BAA dando nacimiento a la NBA en 1949. Fueron él y Danny Biasone, propietario de los Nats (Syracuse Nationals), los que promovieron la imposición de la norma de los 24 segundos en 1955, fue él el que promovió intensamente la posibilidad de la «elección territorial» en el *draft*, en práctica desde 1949. Y fue él quien se valió de esa norma para fichar a la gran promesa Chamberlain en aquel 1959.

Gottlieb ofreció a Chamberlain un contrato por 30.000 dólares anuales que lo convertía inmediatamente en el jugador mejor pagado de la NBA en su año de *rookie*... Chamberlain se estrenó no solo superando las expectativas, sino rompiendo directamente los moldes. En su primera temporada en la NBA promediaría un tremendo 37,9 puntos y 27 (sí, veintisiete) rebotes por partido, rompiendo de largo todos los registros anteriores. De hecho, tras 52 partidos (de una temporada que se jugó a 75) ya estaba superando la marca histórica de anotación en una temporada de **Bob Pettit**,[1] leyenda de los Hawks, pulverizándola consecuentemente en la conclusión del torneo, con 2.707 puntos. Los Warriors cayeron 4-2 en las finales de División del Este de 1960 en una serie durísima contra los Boston Celtics, dando fin a la primera ronda de una de las rivalidades deportivas más largas e intensas que ha visto la NBA: los encuentros entre Wilt Chamberlain y Bill Russell, a la altura y dimensión de los Magic-Bird de los 80. Acabada la temporada para los Warriors, Wilt Chamberlain anunció su retirada. Tal cual. Me voy. Soy *rookie*, sin duda el mejor de todos los tiempos. Pero estoy harto y me voy, dejando a todo el mundo fuera de sí, fuera de sitio, fuera de control. Fuera de todo. El baloncesto llevaba años perfilándose como un juego muy duro, y una combinación muy excitante de velocidad, precisión y dureza. Eso no era problema, eso era parte de la naturaleza sustancial del baloncesto. Sin embargo, a criterio de Chamberlain, en general todos los equipos, y en particular los Boston Celtics de Red Auerbach, habían utilizado unas defensas exageradamente duras contra él, cruzando tal vez la barrera de lo deportivo y entrando ya en lo insidioso. Una aseveración que sería empáticamente corroborada por alguno de los jugadores rivales que tampoco se sintieron cómodos con aquel recurso. Todo sea dicho, en el tercer partido de aquella final de conferencia, Chamberlain, harto de tanta dureza, le había dado un puñetazo tan salvaje a su defensor que se lesionó con el golpe, perdiéndose los dos siguientes encuentros y perdiéndolos Philadelphia también. A su vuelta, en el sexto partido, anotó 50 puntos, pero de nada sirvió y los Celtics pasaron a las finales de la NBA, que ganarían contra los Saint Louis Hawks, obteniendo así su tercer título, y el segundo de una racha que les llevaría a ganar **ocho anillos consecutivos**, de un cómputo total nunca visto de once anillos en trece temporadas. Los Boston Celtics dominaron no solo la década de los sesenta, sino que establecieron el marco mental para la historia del término «dinastía». Escapando de las sombras y brillos que proyectaba esa supernave estelar de Boston, brilló claramente la carrera y mejores años de nuestro enorme Big Dipper.

Explicó Chamberlain que aquella no era su forma de entender ni de ser, y que por ello se retiraba. Rápidamente Gottlieb, el propietario de los Warriors, logró hacerle cambiar de idea, subiéndole (doblándole) el sueldo a 65.000 dólares por temporada. Afortunadamente, el pívot aceptó y volvió a las canchas. Rompió sus propias marcas en la **temporada 1960-1961**, elevando el techo de anotación anual por encima de la barrera de los 3.000 puntos, con 3.033, y básicamente resultó ser, estadística en mano, el proveedor del 32% de la anotación total de su equipo y el capturador del 30% de los rebotes totales del año. Pero los

---

1. Pettit había anotado en la temporada precedente, 1958-1959, 2.101 puntos, con un promedio de 29,2 puntos por noche.

Warriors cayeron en las semifinales del Este contra los Syracuse Nationals, lo cual suponía un claro fracaso del cuerpo técnico. Gottlieb reaccionaría contratando a **Frank McGuire** para la **temporada 1961-1962**, un hombre NCAA que lograría cohesionar al fin al equipo y sus grandes talentos, realizando sobre todo un trabajo de psicología colectiva, ya que en lo táctico y desde fuera todo parecía muy sencillito, resumido en su: «De cada tres ataques, dos son del señor Chamberlain».

Cuando los Warriors se trasladaron para la sigüiente **temporada 1962-1963** a **San Francisco**, McGuire decidiría que un traslado al Oeste no le venía nada bien y rescindiría su contrato para volver a la NCAA. Sin embargo, aquella estancia de un año al frente de los Philadelphia Warriors logró dejar en el equipo unos principios competitivos y unas nociones de equipo que la escuadra ciertamente necesitaba y aprovecharía. Con McGuire en el banco, los Warriors bordan la temporada. Todo el mundo funciona a la perfección, la convivencia es respetuosa y las cosas en general marchan de fábula para todo el mundo. Son famosos, ganan dinero y juegan bien. No se puede pedir más.

Viernes 2 de marzo de 1962. A falta de cinco partidos para el final de la temporada regular, los New York Knicks visitan a los Warriors de Filadelfia en el Hershey Sports Arena. Hershey, a ciento cincuenta kilómetros de Filadelfia. Hershey, famosa en el mundo entero por su producción de chocolates. Hershey, una de las ciudades de Pensilvania elegidas por la dirección de los Warriors para jugar ciertas fechas del calendario como partidos en casa con la idea de expandir la marca por la región. Los New York Knicks van últimos en la división del Este sin opciones para absolutamente nada aquel año, los Warriors van segundos, y a nada menos que once victorias de Boston que va en cabeza, es decir, sin opciones para atraparlos. No hay nada en juego, nada matemática o métricamente alterable con aquel partido en relación a la clasificación general. Además el juego de los Knicks es especialmente denso esta temporada, tan espantoso que acabarán clasificados como el segundo de los peores registros de la liga entera, solo un escalón por encima de los debutantes **Chicago Packers**, primer equipo oficial de expansión de la NBA (hoy Washington Wizards) llegados a la liga para aquella temporada 1961-1962. Total, que a nadie le interesaba el partido lo más mínimo. Ni al público ni prácticamente a los jugadores que andaban pensando más en reservarse para la post-temporada o irse de vacaciones.

Además, por si fuera poco, la NBA tampoco pasaba precisamente por su mejor momento. El interés nacional que despertaba la NBA era todavía notablemente inferior al de la NCAA, de hecho su despliegue nacional era incluso cuestionable al ser Los Angeles Lakers el único equipo de la liga al oeste de Saint Louis (Missouri). La NBC, que desde la **temporada 1954-1955** operaba los derechos televisivos nacionales de la NBA, estaba a punto de rescindir el contrato a partir del siguiente año. Lo que la NBC de aquellos tiempos no supo tal vez calibrar es que aquello no era más que la oscuridad antes del amanecer. Sea como sea, las audiencias no iban bien: por ejemplo, la asistencia a los partidos de los Warriors había descendido en promedio desde que llegara Chamberlain, de los siete mil espectadores por noche a los cinco mil, y eso considerando el gran tirón que tenía. Naturalmente aquel partido no iba a ser televisado en directo ni en diferido, y apenas había medios de comunicación en la pista más allá de los fotógrafos habituales y, por supuesto, y afortunadamente, las radios.

Haciendo gala de su empedernido y estelar estilo de vida[1], **Wilt Chamberlain** había pasado la noche del jueves en NYC agasajando románticamente a una muchacha a la que galantemente acompañó hasta la puerta de su hotel a las 6 de la mañana, justo para irse directo a coger el tren a Filadelfia. Dormiría la resaca en el trayecto y, hambriento como estaba al llegar a Filadelfia, decidió ir a comer a lo grande con unos amigotes, retrasando la salida del autobús del equipo que los llevaba a todos al partido en Hershey. Con estos precedentes, y en este ambiente, al salir a la cancha se casca 13 puntos en sus primeros cinco tiros y acaba el primer cuarto con 23 puntos, habiendo anotado los nueve tiros libres que había lanzado. Ese acierto desde la línea resultará crucial para la gesta en ciernes, dada su tradicionalmente horrenda gestión de esa clase de lanzamientos. Un tema, por cierto, del que podríamos llenar páginas: los perros grandes y sus tradicionalmente fatales porcentajes en tiros libres. El caso es que los Knicks no están dispuestos a ir a rebufo y plantarán cara todo el partido, con una anotación también especialmente inspirada. Al irse al vestuario en la media parte, el partido va 68-79 para los Philadelphia Warriors.

Big Dippper lleva 41 puntos. Es una marca descomunal, pero los Warriors estaban acostumbrados porque al menos en **quince ocasiones** hasta la fecha había anotado más de 60 puntos en un partido. De hecho venía de romper su, y a la sazón, marca histórica de anotación en un partido con 71 puntos en diciembre. Me encuentro bien, tíos. Me encuentro de fábula. En el vestuario, a sugerencia del base Guy Rodgers, oye, total, ¿por qué no te damos balones y a ver a dónde llegas? Todo el mundo convino que el equipo trabajaría para facilitar balones a Chamberlain y ver hasta dónde podía llegar. En ese instante, la gesta de Chamberlain acababa de convertirse, como todo éxito en este

---

1. En su libro *A View From Above* (1991), Wilt Chamberlain declara haberse acostado con unas 20.000 mujeres durante su carrera.

deporte, en un trabajo colectivo. Aunque nadie tenía en mente una marca tan redonda y perfecta en ese momento.

En el tercer cuarto los Knicks clavan 38 puntos, los Warriors 46. Empezamos a manejar unas cifras desorbitadas... Cuando al iniciar el último cuarto Wilt Chamberlain salió a la pista con 69 puntos todo el mundo en el pabellón empezó a comprender hacia dónde podían ir las cosas. Se generó una atmósfera común, un clima de gesta, los jugadores habían dejado de ceñirse al plan y no podían evitar desatender la táctica para simplemente quedarse mirando a Wilt anotar. Todo empezaba a vibrar. A 7:90 del cumplimiento del tiempo reglamentario Big Dipper batió sus marcas precedentes, anotando el punto 79. Batidos los 80, la grada empezó a pedir los 100. Los jugadores y McGuire también. Todo el mundo comprendió que esa era la ruta estelar a seguir. A cinco minutos del final, Wilt llevaba 89 puntos y los Knicks decidieron que no serían ellos el equipo de los 100 puntos anotados en contra por un solo rival. Comenzó una tormenta de faltas y extensión de las posesiones que contrarrestó convenientemente McGuire tirando de banquillo. De un tiro en retirada, anotó su punto 96, de mate el 98 a poco más de un minuto: podía realizarlo. Erró la primera oportunidad, falló en la segunda, y a la tercera, a asistencia de Rucklik, anotó su punto 100. La grada explotó en gritos de alegría y hubo una invasión de pista. Más de doscientas personas saltaron a la cancha para abrazar al campeón, con 46 segundos todavía por jugar. Una marabunta, un tumulto de alegría que se llevó a Chamberlain por delante, con todos los Warriors celebrando y los Knicks mirando como pasmarotes su pequeño apocalipsis.

El propio Chamberlain pensaba que esos 46 segundos restantes jamás se habían jugado, hasta que cuando en 1988 salió una copia de la retransmisión de radio original de la WCAU (Philadelphia) pudo oírse perfectamente a Bill Campbell narrar todas las jugadas y el partido hasta su conclusión, y posteriormente a aquella emergió una copia grabada directamente desde la radio que acabó certificando que la invasión de campo había supuesto la suspensión del encuentro durante 9 minutos hasta que pudieron jugarse los segundos restantes. El encuentro acabó 147-169 para los Warriors, 316 puntos combinados, y se mantuvo durante veinticinco años más como el partido de mayor anotación de la NBA. El ajetreo fue descomunal. Alguien arrancó de algún lado un folio blanco para anotar a trazo grueso un enorme 100 en una de las caras. Sentado en uno de los bancos del vestuario del Hershey Stadium Arena, los periodistas de AP inmortalizaron el momento, con gran sentido de la narrativa: un sonriente Chamberlain, captado con un gesto algo apocado para lo que a su auténtica naturaleza correspondería, aún con la camiseta de juego sosteniendo el cartelito de los 100 contra un fondo de cinturas, chaquetas y piernas de hombres con traje gris. Lo primero que hizo Chamberlain en sus declaraciones post-partido fue alabar a sus compañeros, agradeciendo de corazón su ayuda y reconociendo que sin ellos semejante hazaña jamás podría haberse logrado.

Es un momento para la reflexión. Se impone un momento para la reflexión. Cierto, la tenemos todos en metrajes en blanco y negro, nos parece un baloncesto antiguo y desconocido. Pero todos, todos aquí, venimos de aquellos tiempos y en particular de esta temporada 1961-1962... Por múltiples y variopintas razones, a cual más extraordinaria. Los **100 puntos de Chamberlain** son una marca histórica legendaria que por supuesto todavía hoy se recuerda y conmemora. En su día, el impacto mediático de aquella proeza fue tan grande que logró sacudir el panorama informativo general de forma suficientemente intensa como para acercar al baloncesto profesional a nuevos interesados. Gravitando en torno a la proeza de los 100 puntos, Chamberlain dejará otros registros individuales de difícil, por no decir imposible, equiparación durante aquella legendaria **temporada 1961-1962**, destacando en particular los siguientes:

> 1) Más partidos en una temporada anotando 40 puntos o más: 63 partidos.
> 2) Más partidos en una temporada anotando 50 puntos o más: 45 partidos.
> 3) Más puntos promediados por partido en una temporada: 50,36 puntos.
> 4) Más minutos promediados por partido en una temporada: 48,5 minutos.
> 5) Más puntos anotados en una temporada: 4.029 puntos.

Solo para dar la auténtica dimensión de lo logrado por Wilt Chamberlain aquella temporada, basta con revisar los números de otras leyendas que desde entonces han logrado acercarse a las marcas de Big Dipper. A lo largo de sus catorce años de gloria en la cancha, **Michael Jordan** logró anotar muchas noches 50 puntos o más, sin duda. ¿Cuántas veces? 39 veces, 39 partidos de 50 puntos o más en 14 temporadas. Chamberlain logró 45 partidos de más de 50 puntos en la temporada 1961-1962, aunque es justo mencionar que Michael Jordan lidera por 5 décimas de punto la categoría de más puntos anotados por noche en una carrera entera con 30,12 puntos sobre los 30,07 con los que se retiraría Wilt Chamberlain.

En el ránking del total de puntos anotados en una temporada, las posiciones primera a quinta son todas de Wilt Chamberlain. El sexto puesto es nuevamente para Michael Jordan gracias a sus 2.868 puntos anotados durante la extraordinaria temporada 1985-1986, y el séptimo puesto es de **Kobe Bryant**, tras anotar 2.832 puntos en la temporada 2005-2006. Wilt Chamberlain domina también las posiciones de primera a cuarta en la clasificación de más puntos promediados por partido en una temporada, siendo naturalmente sus 50,36 puntos de la temporada 1961-1962 la primera. En la quinta posición de esa lista aparece **Michael Jordan** con los 37,09 puntos promediados por encuentro durante la tremenda temporada 1985-1986.

El registro tal vez más difícil de batir de todos los logrados en esta temporada 1961-1962 serán los 48,5 minutos promediados por partido en una temporada. Considerando que el tiempo reglamentario de un partido de la NBA se prolonga durante 48 minutos es virtualmente imposible que nadie supere esa marca jamás. La capacidad física de Wilt Chamberlain le permitió, especialmente aquel año, jugarlo absolutamente todo. Al incluir, como debe hacerse, varios partidos que tuvieron prórroga durante aquella temporada, se obtiene esa marca tremenda. El primer jugador de la era moderna que se acerca, aunque sea remotamente, es **Allen Iverson**, al que sus 43,70 minutos por partido en la 2001-2002, le otorgan el puesto 40 de la lista.

Los Philadelphia Warriors acabaron la temporada regular en segunda plaza de la División Este según lo previsto. Tuvieron que deshacerse 3-2 en semifinales de los Syracuse Nationals para encontrarse en las finales del Este con los **Boston Celtics** de Auerbach y Bill Russell contra los que caerían 4-3, en una serie disputada hasta literalmente la última canasta del séptimo y último encuentro. Los 33,5 puntos que promedió Chamberlain en la serie no fueron suficientes para acabar con aquel buque tan bien armado que había compuesto el genio de Auerbach. Por el otro lado del cuadro, en la División Oeste, los **Cincinnati Royals**, que habían dejado Rochester en 1957, tenían en sus filas a un hombre que estaba destinado a hacer historia como un auténtico trolebús en la NBA: **Oscar Robertson**. Era una lástima, todos coincidimos, que estuviese jugando para un equipo de menor fuste y sobre todo, dado que aquel era solo su segundo año como profesional, que esa situación fuera a prolongarse todavía por tantos años. Sea como sea, en aquella temporada 1961-1962 había promediado, atención, 30,8 puntos, 12,5 rebotes y 11,4 asistencias por partido. Esto es, efectivamente, un promedio de un **triple-doble** por partido. Así es. El joven Oscar Robertson venía de coronarse como el único jugador capaz en toda la historia de la NBA de promediar un triple-doble por noche en una temporada. Nadie, nunca, jamás, había logrado hasta entonces ni ha repetido nunca semejante hazaña. Una marca más, insuperable y nunca superada, que nos dejó la temporada 1961-1962. Los Royals caerían 3-1 contra los Pistons en las semifinales del Oeste por una plaza en las finales

Decididos a hacer historia, los Celtics se habían plantado en las **Finales de la NBA de 1962** con la posibilidad de superar la marca histórica que establecieran en 1954 los Minneapolis Lakers al ganar su tercer título consecutivo. Esperaban rival. Al otro lado de la cancha, en una nueva muestra de la magia maravillosa de la NBA, las finales del Oeste les servirían, precisamente, a los titulares nominales de aquel récord: **Los Angeles Lakers**. Renovados tras su traslado en 1960 a la capital californiana, los Lakers habían tumbado 4-2 a los Detroit Pistons, saliendo de la larga noche que se extendía sobre ellos desde la consecución de aquellos hitos que ahora sus rivales deseaban superar. Todo eran razones para vivir una final épica. En el quinto partido de la serie, 14 de abril de 1962, cuando las finales vuelven igualadas 2-2 al Boston Garden, el hoy mítico alero **Elgin Baylor**, en torno al que los Lakers habían iniciado su reconstrucción en 1957, realiza una actuación colosal anotando **61 puntos**, logrando la victoria y adelantando a los Lakers en el cómputo hacia el anillo. Esta marca de los 62 puntos de Baylor fue y sigue siendo hoy la máxima anotación jamás lograda en un partido de las finales de la NBA: otro registro que en aquella temporada se establecía para siempre. Pese a tener su primer anillo a mano, los Lakers caerían en Los Ángeles y pelearían hasta la última canasta del séptimo partido en el Boston Garden sin éxito. Los **Celtics** se llevaban su **cuarto anillo consecutivo**, rompiendo así otra marca más en aquella temporada 1961-1962, tampoco igualada nunca más desde entonces. Entre los Packers, Big Dipper, Oscar Roberston, Elgin Baylor y los Boston Celtics, no cabe duda que aquella de los 100 puntos de Chamberlain es el equivalente baloncestístico a un descomunal arco de protones, rosado y majestuoso, cruzando para siempre el firmamento de la historia de la NBA.

9. GUÍA RÁPIDA DE EXPANSIONES

Un equipo puede ser de la NBA por tres vías:

1) Ser una franquicia de constitución.
2) Ser una franquicia de absorción.
3) Ser una franquicia de expansión.

Una **franquicia de constitución** es aquella que se formó ex profeso en el verano de 1946 para formar parte de la BAA, futura NBA. Las franquicias de **absorción** son aquellas que entraron en la competición en el marco de las absorciones o fusiones empresariales llevadas a cabo por la NBA (en 1948-1949 sobre la NBL o en 1976 sobre la ABA), y no fundadas expresamente para ser parte de la liga. Por último, las franquicias puramente de **expansión** son aquellas que, creadas para la ocasión, fueron licenciadas expresamente por la NBA para participar en su liga con el propósito de abrir mercado a otras ciudades o regiones. Todas las franquicias de la NBA son de propiedad privada, sean sustentadas con capital privado o inversiones de grupos empresariales. Las transferencias de propiedad y titularidad están naturalmente permitidas, pero los desplazamientos deben ser, en tanto que franquicias, convenidos con el órgano de gobierno de la NBA.

En la temporada 2015-2016, la NBA está compuesta por treinta franquicias de las cuales solo tres pueden ser consideradas *charter*, o de constitución:

1946 | Boston Celtics (1946), 17 anillos.
1946 | New York Knicks (1946), 2 anillos.
1946 | Golden State Warriors (1946), 4 anillos.

De estas tres, las dos primeras jamás se han desplazado de la ciudad que los vio nacer. Los Warriors, originalmente fundados en Filadelfia, campeones del primer anillo de la BAA, y de nuevo campeones en 1956, se trasladaron a San Francisco en 1962 cuando **Eddie Gottlieb**, entonces propietario de la franquicia y otrora su primer entrenador, decidió vender el equipo de su vida por 850.000 dólares a un consorcio empresarial californiano. Pese a contar unos años con Wilt Chamberlain en sus filas, tampoco lograrían muchos éxitos en San Francisco y en 1971 cruzaron al otro lado de la bahía para instalarse en Oakland donde adaptarían el nombre por el que hoy todos los conocemos. Entrenados por **Al Attles** y liderados por **Rick Barry** y **Jamaal Wilkes** lograron, bastante contra pronóstico, el anillo de 1975 contra los Washington Bullets, dejando claro la que sería su marca de la casa: el juego exterior, cuya cúspide tocarían en lo que a agresividad de juego respecta al conformar su famoso Run TMC (Tim Hardaway, Mitch Richmond y Chris Mullin) que, pese a iluminar al mundo, no lograría títulos. En 2015, pilotados por **Steve Kerr** en el banco y **Stephen Curry** en la cancha, dos consumados especialistas del tiro exterior, los Golden State Warriors lograrían su cuarto y hasta la fecha último anillo, contra los Cleveland Cavaliers tras la vuelta de LeBron James a su ciudad.

A resultas de las distintas imbricaciones empresariales que ha ejecutado la NBA, sea en forma de absorción o fusión, de las treinta franquicias en competencia nueve son franquicias de absorción:

> 1948 | Detroit Pistons (1941), 3 anillos.
> 1948 | Los Angeles Lakers (1947), 16 anillos.
> 1948 | Sacramento Kings (1923), 1 anillo.
> 1949 | Philadelphia 76ers (1946), 3 anillos.
> 1949 | Atlanta Hawks (1946), 1 anillo.
> 1976 | Indiana Pacers (1967), 0 anillos.
> 1976 | Brooklyn Nets (1967), 0 anillos.
> 1976 | San Antonio Spurs (1967), 5 anillos.
> 1976 | Denver Nuggets (1967), 0 anillos.

Los Sacramento Kings son el equipo de baloncesto profesional más antiguo de la liga. Fundados en la ciudad de Rochester, Nueva York, en 1923 como Rochester Seagrams entraron en la NBL en 1945 ya renombrados **Rochester Royals**. Miembro de la primera oleada de absorciones de la BAA de 1948, los Rochester Royals ganaron el único anillo de la franquicia contra los Knicks en 1951. En aquella plantilla ganadora, vistiendo la camiseta de los Royals, se encontraban auténticas leyendas futuras de la NBA como **Red**

Holzman, futuro entrenador de los dos anillos de los New York Knicks (1971, 1973); **Arnie Risen**, miembro de la primera plantilla ganadora de los Boston Celtics de Red Auerbach (1957); o **Alex Hannum**, entrenador-jugador del único anillo de los Hawks (1958), y entrenador del segundo anillo de los Philadelphia 76ers (1967), primero tras transmutar desde su denominación original Syracuse Nationals al instalarse en Filadelfia en 1963. En 1957 los Rochester Royals se trasladaron a Cincinnati para convertirse en **Cincinnati Royals** en lo que a todas luces fue un movimiento poco interesante. No lograrían grandes hitos en lo deportivo ni conseguirían cuajar verdaderamente entre el público local. En el *draft* de 1960, utilizando la cláusula territorial, se harían con los servicios de **Oscar Robertson** que si bien aglutinaría bastante energía a su alrededor, no sería suficiente para levantar la tristeza que parecía haberse apoderado de la franquicia. Tras diez años, Oscar Robertson ficharía por los Milwaukee Bucks con los que ganaría su anillo en 1971. Quién sabe si abochornados, y desde luego sin otra alternativa, en 1972 los Royals dejarían Cincinnati para bajar a Kansas City, Missouri, donde cambiarían su apelativo por el de **Kansas City Kings** para no pisarse con los Kansas Royals de la MLB. En aquellos años los Kings se apoyarían en otra futura estrella, el base **Nate Archibald**, con el que tampoco lograrían éxitos. En 1985 se trasladarían a Sacramento donde nada realmente bueno les sucedería hasta la llegada vía *draft* de 1998 de **Jason Williams** y los fichajes de un **Vlade Divac** crepuscular, pero muy efectivo, el **Chris Webber** de sus mejores años, y un especialista del lanzamiento abierto como **Peja Stojakovic**. Con esa plantilla, y comandados por el siempre vistoso **Rick Adelman** en los banquillos, por fin los Kings encaraban un futuro prometedor que el traspaso de Jason Williams por **Mike Bibby** haría aún más estable, dado el estilo de juego más sobrio del recién llegado. Caerían 4-3 contra Los Angeles Lakers en las finales de la Conferencia Oeste de 2002, siendo aquella final su máximo y mejor hito hasta la fecha. Para la temporada 2015-2016 con **Rajon Rondo**, **Marco Bellineli**, y **DeMarcus Cousins**, y un contundente y experimentado banquillo, dirigidos por el veloz y atractivo **George Karl**, los Sacramento Kings podrían estar nuevamente ante una esperanza real.

Las expansiones puras en la NBA se iniciaron en la temporada 1961-1962, repitiéndose en varias ocasiones a lo largo de aquella década y procurando en última instancia el nacimiento de la estructura de Conferencias Este y Oeste con las divisiones asociadas que hoy en día conocemos. De las treinta franquicias en competición, dieciocho son franquicias de expansión.

> 1961 | Washington Wizards (1961), 1 anillo.
> 1966 | Chicago Bulls (1966), 6 anillos.
> 1967 | Houston Rockets (1967), 2 anillos.

1967 | Oklahoma City Thunder (1967), 1 anillo.
1968 | Milwaukee Bucks (1968), 1 anillo.
1968 | Phoenix Suns (1968), 0 anillos.
1970 | Cleveland Cavaliers (1970), 0 anillos.
1970 | Los Angeles Clippers (1970), 0 anillos.
1970 | Portland Trail Blazers (1970), 1 anillo.
1974 | Utah Jazz (1974), 0 anillos.
1980 | Dallas Mavericks (1980), 1 anillo.
1988 | Miami Heat (1988), 3 anillos.
1988 | Charlotte Hornets (1988), 0 anillos.
1989 | Minnesota Timberwolves (1989), 0 anillos.
1989 | Orlando Magic (1989), 0 anillos.
1995 | Memphis Grizzlies (1995), 0 anillos.
1995 | Toronto Raptors (1995), 0 anillos.
2002 | New Orleans Pelicans (2002), 0 anillos.

Al arranque de la temporada 1961-1962, los aficionados desayunaban con una interesante noticia. La NBA realizaba su **primera expansión**, a resultas de la cual nacerían los **Chicago Packers** con los que tras la disolución de los Stags en 1950, la NBA volvía a Chicago. La cosa sin embargo no cuajaría en la cancha ni en la audiencia, y tras rebautizarse como Chicago Zaphyres para la segunda temporada en la ciudad, la franquicia se trasladaría a Baltimore reapareciendo como **Baltimore Bullets** para la temporada 1963-1964, en recuerdo de la franquicia del mismo nombre (disuelta en 1955) que había conseguido el título en 1948. Los nuevos Bullets cambiarían de propietario a la conclusión de la temporada (1964), pasando a manos del contratista y filántropo capitalino **Abe Pollin**, que devendría el tenedor histórico de los derechos de la franquicia hasta su muerte en 2009. Los Bullets encajaron a la perfección en la ciudad y progresivamente ascendieron en popularidad, tanto local como nacional, gracias a la gestión en los despachos y sobre todo al juego en la cancha del gran **Wes Unseld**, *drafteado* en 1968 desde la ABA. Pívot conocido por su capacidad reboteadora y precisión en el pase largo que procuraría rapidísimos contraataques, al estilo Bill Russell. Con la llegada en 1972 desde los Houston Rockets de **Elvin Hayes**, un ala-pívot que estaba igualando las marcas reboteadoras de Wilt Chamberlain, los Bullets conformarán uno de los juegos interiores más dominantes de la década, del que disfrutarán ya sus seguidores en Washington: pese a ser muy queridos en Baltimore, en 1973, Abe Pollin ejecuta el traslado de los Bullets al distrito capital, dando origen así a los **Washington Bullets**, cartel bajo el que la franquicia vivirá sus mejores años. Liderados por su pareja interior, los Bullets se plantan en las finales de 1975, para caer contra los Golden

Ray Allen, uno de los mejores triplistas de la historia, lanzando uno contra los Golden State Warriors jugando con los extintos SuperSonics en el Key Arena de Seattle (16 de febrero de 2005).

State Warriors. Repetirán hazaña entrando en las **Finales de la NBA de 1978**, logrando esta vez el anillo tras derrotar con gran épica y dureza 4-3 a los Seattle Supersonics. En un nuevo gesto de la magia propia de la NBA, los Bullets volverán a entrar en las Finales de la NBA de 1979, cayendo esta vez contundentemente por 4-1, ante los Sonics. En 1997, Abe Pollin, dadas las cotas de violencia que se vivían en la ciudad, decidió que el nombre de la franquicia debía mutar a algo con menor contenido balístico, surgiendo así el apelativo actual de **Washington Wizards**. Para la temporada 2001-2002, el entonces presidente de operaciones de los Wizards, **Michael Jordan**, la leyenda central de la NBA, decidió que extendía su actividad desde los despachos donde había empezado su retiro de las canchas, hacia el parquet de nuevo. Vendió su parte accionarial, pero conservó el puesto ejecutivo. Para gran regocijo de la comunidad NBA, en su segundo retorno Michael Jordan jugaría con buen rendimiento, considerando las circunstancias, y extendería su contrato una temporada más, cumpliendo los 40 años en activo. Promediaría los 21,9 puntos por partido en esta etapa de madurez. Con jugadores muy fiables y veloces de perímetro como **John Wall** y un prometedor **Bradley Beal**, e interiores contundentes como **Nené** y **Marcin Gortat** (intentando rememorar el estilo de juego interior contundente de los años setenta), los Washington Wizards hoy en día son una franquicia en clara trayectoria ascendente en la Conferencia del Este.

Un total de doce franquicias de las treinta en competición han vivido traslados por el interior del territorio de la NBA desde su ciudad fundacional a otra, u otras. Ahora que la NBA camina hacia su sesenta cumpleaños, parece bastante claro que la mayoría de franquicias se encuentran hoy en día en sus ciudades y mercados más apropiados y definitivos, plenamente consolidadas. El traslado de franquicia suele responder a un cálculo que en último término se probará beneficioso tanto para el equipo como para la NBA en su conjunto, dado que suele venir originado por ciertas dificultades de consolidación entre los seguidores que quedan atrás, que de manera general olvidarán al equipo con cierta rapidez, siendo reabsorbidos por las ofertas que el mercado deportivo ofrezca en su ciudad en otras disciplinas. Casos paradigmáticos de relocalizaciones positivas son, sin lugar a dudas, **Los Angeles Lakers**, que dejaron Minneapolis en clara caída comercial, **Los Angeles Clippers**, o los **Memphis Grizzlies**. Sin embargo, no hay duda que en ocasiones una relocalización de franquicia ha causado un inmenso dolor entre los seguidores que quedan atrás, siendo especialmente notables los casos de **Saint Louis Hawks** (ya reestablecidos y muy consolidados en Atlanta), los **Baltimore Bullets** (finalmente consolidados en Washington) y los **Seattle SuperSonics**, trasladados a Oklahoma en 2008 y deshechos desde los fundamentos, siendo este el caso más sangrante en este capítulo, una auténtica herida abierta todavía hoy en día en la NBA.

1949 | Tri-Cities Blackhawks (1949-1951), Milwaukee Hawks (1951-1955), Saint Louis Hawks (1955-1968), Atlanta Hawks (1968-2016).

1948 | Fort Wayne Pistons (1942-1957), Detroit Pistons (1957-2016).

1948 | Rochester Royals (1948-1957), Cincinnati Royals (1957-1972), Kansas City Kings (1972-1985), Sacramento Kings (1985-2016).

1948 | Minneapolis Lakers (1948-1960), Los Angeles Lakers (1960-2016).

1946 | Philadelphia Warriors (1946-1962), San Francisco Warriors (1962-1971), Golden State Warriors (1971-2016).

1961 | Chicago Zephyr (1961-1963), Baltimore Bullets (1963-1973), Washington Bullets/Washington Wizards (1973-2016).

1949 | Syracuse Nationals (1949-1963), Philadelphia 76ers (1963-2016).

1967 | San Diego Rockets (1967-1971), Houston Rockets (1971-2016).

1970 | Buffalo Braves (1970-1978), San Diego Clippers (1978-1984), Los Angeles Clippers (1984-2016).

1974 | New Orleans Jazz (1974-1979), Utah Jazz (1979-2016).

1995 | Vancouver Grizzlies (1995-2001), Memphis Grizzlies (2001-2016).

1967 | Seattle SuperSonics (1967-2008), Oklahoma City Thunder (2008-2016).

Para la **temporada 1970-1971**, la NBA preparó la mayor oleada de expansiones de su historia concluyendo así la década más prolija, a resultas de la cual emergieron en la NBA los Portland Trail Blazers, Cleveland Cavaliers y los **Buffalo Braves**. Esta expansión triple supondría la reorganización definitiva de la estructura de la competición al formato de conferencias actual: los equipos quedaban alineados en Conferencia Este y Conferencia Oeste, agrupados por el momento en dos divisiones territoriales por cada conferencia. **Paul Snyder** fue el empresario local que capitaneó el proyecto de los Braves. Buffalo, téngase claro, es una bonita ciudad a quinientos kilómetros al noroeste de NYC, situada justo en la frontera con Canadá y gélida de narices durante una buena parte del año; segunda capital del estado en lo que a actividad económica se refiere. Poco poblada, tranquila y de hermosos atardeceres. No funcionó. Para nada. Nada funcionó baloncestísticamente en Buffalo para los Braves.

Durante mucho tiempo la gente en Buffalo había querido tener hockey sobre hielo, mucho más propio de la zona y el clima, y aquel 1970 justo arrancaban los Sabres, acaparando toda la atención. Aprovechando su localización, los Braves decidieron llevarse algunos partidos de casa al Maple Leaf Garden de Toronto, pabellón de alumbramiento de la NBA, con la intención de atraer y reactivar la base de seguidores. Sin éxito. En 1972, llegaría **Jack Ramsey**, director general deportivo de los Sixers que ganaron el anillo de 1967. Un tío de muchísimo baloncesto que tras su etapa en los Braves ganaría como entrenador jefe el único anillo que tienen los Portland Trail Blazers en las **Finales de la NBA de 1977**. Con Ramsey como entrenador y el fichaje vía *draft* de **Bob McAdoo**, un ala-pívot de North Carolina del que tenemos actualmente en Kevin Durant su exacto sucesor (en físico y estilo de juego), las cosas pintaban bien. Sin duda McAdoo lo pasó de maravilla, pero el equipo que le rodeaba no daba garantías, y aunque se clasificaron para los playoffs tres veces seguidas entre 1974 y 1976, no lograron nada destacable ni sobre todo cuajar en la ciudad. Paul Snyder vendió la franquicia a **John Y. Brown**, el genio de las finanzas que en poco más de una década había logrado que aquellos restaurantes de pollo frito de su Kentucky natal se convirtiesen en una cadena mundial (KFC) hoy por todos conocida. Con fondos suficientes tras la venta de KFC, Brown compró los Buffalo Braves. **McAdoo** fue enviado a los **New York Knicks**, las ventas de entradas y el seguimiento fue a la baja, demostrando que su techo máximo, nunca excelso, ya había logrado su cénit en la ciudad. Había que irse.

Siempre creativo, Brown negoció con **Irv Levin**, entonces propietario de los **Boston Celtics**, un cambio de cromos. Tal cual. Intercambiar la propiedad de las franquicias. Irv Levin, que pese a ser propietario de los Celtics vivía confortablemente instalado en el sur de California ocupado con sus múltiples negocios en el mundo del espectáculo y el cine, aceptó el acuerdo y haciéndose con los derechos de la franquicia de Buffalo decidió llevarse el equipo a San Diego, dando así origen a los **San Diego Clippers**. El nombre de Braves no acababa de sonarle bien, pero «clippers», esas grandes embarcaciones de vela de tres mástiles, propias del siglo XIX, desarrolladas para la navegación naval de alta velocidad, le pareció a Levin un nombre excepcional por la memoria que de tales bellezas navales existe por toda la bahía de San Diego. Sin embargo, San Diego tampoco sería el lugar más indicado para aquella franquicia. Ni el fichaje del base titular de los Sixers **World B. Free** (entonces todavía Lloyd Bernard Free) en 1978, ni la incorporación un año después de **Bill Walton**, pívot titular del anillo (1977) de los Portland Trail Blazers, darían al equipo éxitos ni épica suficiente. Los Clippers por aquel entonces fundamentalmente conjugaban de forma constante lesiones de sus hombres titulares con un aura de ineficacia general.

Así las cosas, en 1981, con los San Diego Clippers reuniendo unas audiencias medias de cuatro mil quinientos espectadores por partido, y más bien convertidos en una especie de hazmerreír de la NBA, aparece en escena el siempre controvertido **Donald Sterling** que pone sobre la mesa 12,5 millones de dólares y compra de un plumazo la franquicia. Abogado de profesión y extraordinario hombre de negocios en el sector inmobiliario de Los Ángeles, decidió en 1984 que se llevaba a los Clippers a LA. Y sin el apoyo de la NBA, lo hizo. Empezaba mal su relación con el órgano de gobierno de la liga que inmediatamente le multó con

25 millones de dólares, multa que Sterling no solo no reconoció, sino que demandó a la NBA por 100 millones de dólares. Finalmente todo quedó en una multa para Sterling de 6 millones de dólares y los Clippers constituidos y reconocidos como **Los Angeles Clippers**. El mal fario que perseguía a la franquicia desde su origen se prolongó e incluso intensificó durante los primeros años en Los Ángeles. Las lesiones siguieron lastrando a las plantillas, llegando a un bajo histórico al fin de la **temporada 1986-1987** con un registro de 12-70 en temporada regular.

En 1999, entrando en su fase de consolidación, **Los Angeles Clippers** acabaron eligiendo el Staples Center, en Los Ángeles, cancha ya entonces de Lakers y de LA Kings, como pabellón casero. Con la llegada de **Lamar Odom** primero, alero letal, con **Olowkandi**, pívot muy duro que haría buenas migas en la pintura con un contundente **Elton Brand** y escoltados por **Corey Maggette**, los Clippers del 2002 golpearon por fin con seriedad el tablero de la NBA, entregando al mundo un baloncesto callejero y criminal. Por fin la franquicia encontraba su identidad. Comandados por **Mike Dunleavy** en el banquillo, conocido por su baloncesto rápido y de contraataque curtido en el Oeste, reforzados con hombres experimentados como **Vin Baker** y **Sam Casell**, con **Chris Kaman** por dentro, los Clippers logran igualar por fin en los playoffs de 2006 los registros obtenidos en los tiempos de McAdoo en Buffalo, cayendo en las semifinales de la Conferencia Oeste contra los Phoenix Suns del *run and gun* de Mike D'Antoni, Steve Nash, Raja Bell, Shawn Marion. Desde entonces, e iniciándose en torno al 2009 un nuevo proceso de reconstrucción, los Clippers están viviendo por fin su mejor época. Habiendo maquillado su *street-ball* hacia el *lob-city* con **Vinny Del Negro**, y rebajado el nivel circense a una seriedad de aspecto más contendiente tras las llegada de **Doc Rivers**, con **Chris Paul** al manejo de balón, la gran prestancia de **Blake Griffin** en el juego interior y abierto, y la eficacia anotadora estricta y únicamente bajo (o sobre) el aro de **DeAndre Jordan**, los Clippers han estado clasificándose para los playoffs de manera consecutiva desde 2011, sin acceder nunca más allá de su marca histórica de las semifinales. En 2014, tras una polémica de corte racista, la NBA obligó a **Donald Sterling** a vender la franquicia, acabando así con el propietario de más largo recorrido hasta entonces en la NBA. La transacción se cerró en 2.000 millones de dólares. El nuevo propietario, **Steve Ballmer**, puede ser visto habitualmente en las gradas, como cualquier otro asistente, enrojecido y chillando, muy al estilo Mark Cuban.

Jerry West manejando el balón en el Forum de Inglewood durante las Finales de la NBA de 1969 contra los Boston Celtics (23 de abril de 1969).

10. EL LOGO DE LA NBA

Corría el año 1969. La NBA entraba en fase de consolidación y se acercaba a su veinticinco aniversario. En los años precedentes la liga había intensificado sus movimientos de expansión, aumentando solo en los últimos dos años de nueve a catorce equipos con la llegada de Chicago Bulls, Seattle SuperSonics, Buffalo Braves, Milwaukee Bucks y Phoenix Suns.

Durante la década de los sesenta, enteramente dominada por los Boston Celtics en lo deportivo, importantes acontecimientos habían ayudado al fortalecimiento de la competición: los Minneapolis Lakers se habían instalado en Los Ángeles (1960), los Syracuse Nationals habían volado en 1963 a Philadelphia para aterrizar convertidos en 76ers (y ganar en las **Finales de la NBA de 1967** el único título no-céltico de la década, liderados por Wilt Chamberlain). En aquel mismo año, los Lakers que habían jugado sus siete primeras temporadas en Los Ángeles en el Memorial Center trasladaban su hogar al Forum de Inglewood, un distrito del suroeste donde encajarían a la perfección. Tras haber respetado el azul y blanco que lucieran en Minneapolis, cambiarían en aquel año los colores de la franquicia por los hoy tradicionales, indeslegables y por todos reconocibles, colores insignia, púrpura y oro, renovando también el logotipo del equipo al formato actual. Los Hawks que, tras no llegar a cuajar en el Norte (Tri-Cities Blackhawks, Milwaukee Hawks) habían logrado excelente recepción en Saint Louis, se trasladaban en 1968 a Atlanta tras ser vendida la franquicia a un grupo empresarial local. Todos ellos movimientos de franquicia y expansiones que el paso del tiempo demostraría, números en mano, sólidos y definitivos. También, en lo relativo a difusión, la NBA había firmado en 1963 su primer contrato con la ABC (American Broadcast Corporation) que le garantizaba cobertura nacional en televisión de los partidos más destacados y establecía el inicio de una relación contractual que todavía hoy en día existe. Todo parecía sonreír a la liga, el trabajo bien hecho comenzaba a dar sus rendimientos.

Sin embargo, e inherente al espíritu propio de este deporte, un serio competidor había aparecido en el horizonte. La fundación de la ABA (American Basketball Association) en 1967 –con nada más y nada menos que **George Mikan** como presidente y todas las vistosas novedades que sugería para mejorar la competición– amenazaba los intereses de la NBA. Visto desde el ángulo presente, la ABA, tierna, caótica y simplemente simpática para cualquier aficionado, jamás contó con las armas suficientes ni la intención, según se ha sabido posteriormente, de derrocar a la NBA, pero, sea como sea, el fichaje de **Rick Barry**, máximo anotador de la liga en la época, escolta de los San Francisco Warriors, por los Oakland Oaks (equipo ABA), y otros elementos de impacto, dispararon las alarmas en los despachos de la NBA. El entonces comisionado de la NBA Walter Kennedy no tardó en dar con la solución.

La NBA contactó con **Alan Siegel**, de Siegel+Gale, una agencia neoyorquina de diseño recién constituida, especializada en el desarrollo de identidades visuales. Por sugerencia expresa del comisionado Kennedy –que quería exactamente reproducir la fuerza de su mensaje icónico, con la inclusión de los colores rojo, blanco y azul de la bandera– Alan Siegel se inspiró en el logo de la MLB (Major League Baseball), creado en 1968 por Jerry Dior y que había sido justamente estrenado en aquella primavera de 1969 conmemorando los primeros cien años de existencia de la liga de béisbol. La estrategia de Walter Kennedy era excelente. Establecer una relación de familiaridad tan icónica con «el pasatiempo favorito de América» (sin duda el deporte de mayor tradición en el país) permitía posicionar, y defender, el baloncesto como deporte propio de la esencia americana y a la NBA como su representante oficial.

En busca de inspiración para completar el encargo de la NBA, su amigo de la infancia, y también graduado de Cornell, el célebre periodista deportivo Dick Schaap, le dio acceso a todas las imágenes de archivo de la revista *Sport*. Y entre estas encontró la famosa instantánea del base de Los Angeles Lakers, Jerry West, tomada por **Wen Roberts** en algún momento del año. En 1969, **Jerry West** llevaba ya nueve años de competición en la NBA, siempre con su 44 a la espalda, vistiendo la camiseta de Los Angeles Lakers. *Drafteado* en 1960 desde West Virginia por los Minneapolis Lakers no había llegado jamás a jugar en Minnesota ya que para el arranque de la temporada 1960-1961 la franquicia de los Lakers había cambiado de manos y pasado a instalarse en Los Ángeles, siendo él el primer jugador *drafteado* de la nueva etapa. Un hombre con acento muy montañés, apalache, pronto impresionó a sus compañeros con su capacidad para el salto vertical y su tesón defensivo. Era además, y así había sido desde la infancia, un incansable trabajador. Su ética de trabajo era absolutamente ejemplar. Los Lakers, que ya contaban con Elgin Baylor en la pintura, tenían de pronto a un hombre en torno al que verdaderamente conjuntar una reconstrucción. Dadas sus especiales aportaciones anotadoras y de reparto de juego, la NBA apodó a Jerry West *Mr. Outside*, valiéndose del juego de palabras provocado en comunión con Elgin Baylor, ya apodado *Mr. Inside* por sus compañeros. La pareja logró liderar a los Lakers hasta las finales de la NBA de 1962, cayendo a siete partidos contra los Celtics de Auerbach, iniciando así la gran rivalidad que ambos equipos tradicionalmente se tendrán y arrancando a su vez un estilo lakeriano de juego y espíritu de competición que la franquicia no ha abandonado. Desde aquella presencia en las finales en 1962, los Lakers de Jerry West se habían plantado en las finales de la NBA hasta en cinco ocasiones, sin ganar ni una, convirtiéndose en el ideario colectivo en un equipo luchador, por todos admirado, y campeón sin trofeos en las vitrinas. Jerry West era un símbolo del tesón y el trabajo.

Explica el propio Siegel en una entrevista en *Los Angeles Times* (abril, 2010) que como fan del baloncesto y con un padre fan del baloncesto había visto muchas veces jugar a Jerry West en las visitas de los Lakers al Madison Square Garden. Había sido testigo de su estilo particular, su refinamiento, su efectividad, su coraje... Una elegancia en la cancha que transmitía más allá de lo meramente deportivo. La fotografía de Wen Roberts muestra al 44 de los Lakers botando el balón, el ángulo de enfoque tomado desde abajo, una de esas fotografías del periodismo que se sienta en la línea de fondo, el cuerpo algo inclinado en la conducción. Alan Siegel preparó en torno a cincuenta propuestas, todas ellas basadas, según explica el propio diseñador, en imágenes de Jerry West, y al presentarlas al comisionado Kennedy, este no dudó un instante. Eligió aquella basada en la fotografía de Wen Roberts y que finalmente ha permanecido. «Sí, vamos a por ello», comentó. Entendió al instante que aquella serenidad en el bote, aquel perfil, definía a la perfección valores que la NBA deseaba representar. Además, encajaba completamente con la célebre imagen corporativa del bateador de la MLB.

Oficialmente la NBA siempre ha dicho no tener constancia ni documentación de ningún tipo que certifique el vínculo entre su logotipo y el jugador de los Lakers, y el propio Jerry West ha pasado su vida entre la negación y la broma al respecto («Hola, soy el logo», dijo en cierta ocasión). Nadie en la geografía NBA ha cuestionado jamás la veracidad, la realidad de dicha relación y puede considerarse que la entrevista a Siegel en 2010 dio elegante cierre final a la cuestión. Solo en licencias y derechos de utilización, hoy en día la imagen corporativa de la NBA genera 3.000 millones de dólares anuales en ingresos y es, sin duda alguna, una imagen reconocida mundialmente e integrada en el imaginario colectivo al estilo de las más importantes marcas comerciales.

Willis Reed (19), con la rodilla lesionada, pugna por un rebote contra Chamberlain en las Finales de la NBA de 1970 en el Madison Square Garden.

11. KNICKS 1970

Tras la salida terriblemente abrupta de Bill Russell de la franquicia céltica en mayo de 1969, los movimientos del verano no parecían indicar que los de Boston fueran precisamente a encontrarse en situación de extender su legendaria racha un año más. Mas bien iban abocados a la reconstrucción. Parecía claro que aquella **temporada 1969-1970** iba a marcar el fin de la dinastía y el inicio de una nueva era.

Metido en su despacho en el **Madison Square Garden**, todavía luciendo un buen bronceado puertorriqueño que ya le quedaría para siempre después de haber pasado cuatro años como entrenador de los Leones de Ponce de la BSN (Baloncesto Superior Nacional), la liga de Puerto Rico, y haber conseguido los campeonatos de 1964, 1965 y 1966 de forma consecutiva, **Red Holzman** se sentía como en casa. De hecho, *estaba* en casa.

Nacido en Brooklyn el **10 de agosto de 1920**, había mamado baloncesto desde la infancia, jugando toda su vida, desde el instituto a la universidad, y también en la base de Norkolf durante la Segunda Guerra Mundial. Base talentoso, había sido *drafteado* por los Rochester Royals de la NBL, en 1945, desde el City College of New York (CCNY) a los mandos de los cuales ganaría su primer trofeo en su temporada de debut (1946) y de nuevo en 1951 con los Royals ya en la NBA. En 1953 había fichado por los Hawks (por entonces en Milwaukee) y con ellos se fue a Saint Louis en 1955, habiendo sido designado como entrenador-jugador en 1954 y, retirándose progresivamente de la cancha para centrarse en su papel de entrenador, había acabado abandonando definitivamente la franquicia en las primeras semanas de 1957, por malos resultados. Holzman dejaría el sur y volvería a la Costa Este, contratado aquel mismo año como ojeador de los New York Knicks, puesto que, combinado desde 1963 con su carrera al frente de los Leones de Ponce, desempeñaría hasta 1967, fecha en que la franquicia de Nueva York le ofrecería el puesto de entrenador jefe de los **New York Knicks**, cargo soñado para un loco del baloncesto nacido en Brooklyn como él. Había aterrizado en el banquillo con la temporada 1966-1967 empezada, llamado para sustituir a **Dick McGuire**, que, tras unos años en general difíciles para cualquiera en la División Este, fue invitado a abandonar los banquillos (aunque seguiría por muchos años vinculado a la organización desempeñando diversos cargos de relevancia) tras 37 partidos. Holzman había tomado el equipo y sin muchos problemas lo metió en los playoffs para caer 4-2 en las semifinales contra Filadelfia. Al año siguiente había barrido 4-0 a los Baltimore Bullets en semifinales para caer en seis partidos contra Boston, que se coronarían campeones por última vez antes de la implosión final. Y aquí estaba ahora, revisando las fichas de sus jugadores en su despacho y considerando sus opciones para la temporada en ciernes. Holzman era un hombre directo en el trato y su juego parecía conformado a su imagen y semejanza, basado en los fundamentos más clásicos del baloncesto: encontrar al hombre abierto, no perder nunca el balón de vista, buscar el pase extra.

Analizando las estadísticas de equipo de la temporada anterior, una cosa parecía clara: había sido un buen movimiento enviar a **Walt Bellamy** y Howie Komives a Detroit en diciembre de 1968 porque si bien sus 24,2 puntos combinados por partido podrían haberse echado a faltar, la incorporación a cambio de **Dave DeBusschere** desde los Detroit Pistons (donde había jugado desde que fuera *drafteado* vía territorial en 1962) aportaba en intangibles más de lo que los transferidos se llevaban. En anotación y rebotes DeBusschere se había probado más o menos similar a Walt Bellamy, promediando 16,4 puntos y 11,4 rebotes por noche, pero su incorporación a la plantilla de los Knicks le permitía a Holzman colocar a **Willis Reed** en su posición natural de **pívot**, donde sin duda aportaba más al equipo, y mantener a **DeBusschere** como **ala-pívot** o alero, posiciones en las que rendía de forma excepcional. El equipo, por tanto, se encontraba a punto de iniciar su primera temporada cerca de un **equilibrio** no visto antes.

Con Reed y DeBusschere elegidos para el interior, tocaba definir el perímetro. Sin duda como **base** en la dirección iba a contar un año más con **Walt Frazier**. Estiloso como pocos, bastante en la línea de la cultura *zoot*, Walt Frazier había sido *drafteado* por los Knicks en 1967 desde la Southern Illinois y rápidamente apodado Clyde por aquel sombrero que lucía tan al estilo de Warren Beatty en *Bonnie & Clyde*, estrenada aquel mismo año. Con su 1,93 m, Clyde era un *play-maker* moderno. Base de mucho reparto de balón, era un jugador excepcionalmente atrevido en la defensa de las líneas de pase rivales, sabiéndose protegido por el resto del equipo a su espalda, y en particular por Willis Reed en la pintura, arriesgaba bastante la posición y valiéndose de su envergadura y agilidad promediaba

2,7 robos de balón por noche. Era un excelente asistente, con muy buena visión de pase extra, promediando 8,2 asistencias por encuentro, y buen anotador, dando a su equipo 20,9 puntos por partido. Un jugador muy completo que encajaba perfectamente en los principios tácticos de Holzman. Para el puesto de escolta, Holzman decidió que apostaría por **Dick Barnett**. Era el veterano, el jugador más experimentado de la plantilla; con nueve años de carrera en la NBA era el hombre que más tiempo llevaba sobre los parquets. Había jugado primero dos temporadas para los Nats y tras un hiato de un año en la única temporada de existencia (1961-1962) de la ABL, donde llevó a los Cleveland Pipers a ganar el título de aquella liga, aterrizó en 1962 en los Lakers, con los que jugaría tres temporadas, para finalmente llegar a los Knicks en 1965. Anotador muy fiable, de más de 15 puntos por noche y físico afroamericano algo desgarbado, su altura y velocidad le permitían encontrar con bastante facilidad a sus compañeros, yéndose de promedio a las 3 asistencias por partido. Era particularmente conocido por el modo en que retiraba y elevaba los pies hacia atrás, doblando mucho las rodillas, en sus tiros de suspensión.

Faltaba el alero. La verdad es que el *draft* de 1969 no había sido precisamente el mejor para los Knicks…, en realidad se demostraría como uno de los más flojos *drafts* de la franquicia, ya tradicionalmente no muy buenos. No podía haber duda. En el puesto de alero colocaría a **Bill Bradley**. El apuesto y presidenciable Bill Bradley había llegado a los Knicks en 1967 tras ganar la Euroliga de 1966 jugando para el Olimpia Milano. *Drafteado* haciendo uso del último año de elección territorial por los Knicks en el *draft* de 1965, Bill Bradley, original de Crystal City, Missouri, llevaba escrito el éxito en su rostro. Alumno de Princeton, había sido ya considerado el mejor jugador de instituto del país durante los años cincuenta, y posteriormente ya en la universidad, donde cursaría estudios para el departamento de Asuntos Exteriores de los Estados Unidos, fue nombrado «el mejor jugador universitario de América» y el «Oscar Robertson blanco». Sus estudios y su enorme facilidad de palabra, así como su corte político (demócrata), le granjearon rápidamente el apodo de *Dollar Bill* (por las efigies presidenciales habituales de los billetes), seguido del de *Mr. President*. Anotador muy regular (14,5 puntos por noche), su aportación al equipo se manifestaba en diversos frentes, equilibrado en defensa y ataque y con unas 4 asistencias por partido.

Así las cosas, todo podía empezar. Con confianza y narices. Eso era todo lo que se iba a necesitar. Baloncesto de bajar el culo y correr. De meter palos cuando tocaba. De sudarlo todo y hacerlo fácil. Baloncesto sin tonterías. El camino era largo, pero la dulzura de las mieles que esperaban al final bien valía el esfuerzo. Con convencimiento y arrojo, todo, todo, era posible. Mirando a sus hombres en la cancha, Red Holzman no tenía duda.

El **espíritu de estos Knicks**, el espíritu en el vestuario y en la pista, lo corporizaba sin duda **Willis Reed**. Musculoso, poderoso, potente afroamericano, robusto y decidido, jamás se inclinaba ante nadie ni jamás pedía permiso para nada. Había sido nombrado capitán y además tenía en su historial, entre otras batallas, una condecoración de combate por haberse pegado con todos Los Angeles Lakers en la noche del 18 de octubre de 1966, recién iniciada la temporada. Tras la disputa durísima de un rebote y una jugada bajo el aro neoyorquino que acabó en canasta para Los Angeles, empezaron los puñetazos, reaccionando Reed a alguna provocación, y con gran violencia, y rodeado por todos los jugadores de los Lakers en pista, repartiendo a izquierda y derecha, avanzó Reed hacia el banquillo angelino para pegarse con todos los suplentes ante el griterío salvaje del Madison Square Garden. Sin duda uno de los hitos que los fans de los Knicks aún guardan en sus retinas y que mantienen a Reed entre los mitos más absolutos de la franquicia. A su lado, y siendo claros, para algunos fans, Pat Ewin y sobre todo Carmelo serían, en términos de masculinidad y narices, sencillamente nenazas.

Así que cuando el 14 de octubre de 1969 empieza la **temporada 1969-1970**, en el Madison, los Knicks se cenan a los Sonics 101-126 y engarzan, tras esa, una racha de cinco victorias (en la que entre otros tumban a los Lakers) que solo será frenada por los Warriors por un ajustado margen de 3 puntos. Tras esa primera derrota, vuelan a Detroit el 28 de octubre y tumban a los Pistons 116-92; los Knicks ganarán todos los partidos durante un mes entero. Suman dieciocho victorias seguidas, conformando así la **racha ganadora** más larga jamás vista hasta entonces en la BAA/NBA en una misma temporada. Serían los propios Pistons los que la romperían devolviendo la visita a los Knicks en el MSG el 29 de noviembre.

Tras el parón del NBA All-Star de 1970, al que los Knicks aportarían tres jugadores (Reed, DeBusschere y Frazier), celebrado el 20 de enero en el Spectrum de Filadelfia, saldado con victoria del Este, los New York Knicks se lanzaron a otra contundente racha ganadora de nueve partidos seguidos. Reed, que había sido nombrado MVP (Most Valous Player) del All-Star (primero de los varios MVP que acabaría llevándose aquella temporada), estaba cuajando su mejor temporada en anotación hasta la fecha, retirándose de la cancha cada noche con medias de 21,7 puntos y 13,9 rebotes.

Aquellos Knicks jugaban un baloncesto duro y simple, usando a menudo la presión en toda la cancha para la defensa y siempre encontrando, sin egoísmos, el pase extra. Por pase extra se entiende el que hace un jugador que estando en una posición buena de tiro decide pasar el balón a un compañero que esté en una posición mejor.

Clasificados holgadamente para los playoffs, acabaron la temporada bajando el ritmo, dándose aire, en los últimos partidos. Cuajaron la mejor temporada regular de su historia con un registro 60-22 que solo igualaron en la 1992-1993. Los Knicks habían quedado, naturalmente, primeros del Este y posicionados como mejor registro de la liga, pero estadística en mano, todavía no habían rebasado ninguna línea que no hubieran logrado ya.

En primera ronda (semifinales) les tocaba, de acuerdo a las normas de *seed* de aquella época, emparejarse con los terceros clasificados de la Conferencia Este: los **Baltimore Bullets**, capitaneados por **Wes Unseld**, el mítico pívot de los Bullets, que fue, como no podía ser de otra manera, contundentemente tratado por Reed, que no logró sin embargo mantenerlo por debajo de sus promedios. Sería el futuro mito de los Knicks, el base **Earl Monroe**, el jugador de Baltimore que más daño haría durante aquella serie (promediando 28 puntos por noche). Durante la temporada 1971-1972, **Earl *Black Jesus* Monroe** sería transferido a los Knicks donde permanecería por nueve temporadas, cuajando una excelente carrera y conformando el famoso *Rolls Royce back-court* (perímetro Rolls Royce) con Walt Frazier, aún hoy una de las parejas más productivas de la NBA. Los Knicks tuvieron que pelear la serie hasta los siete partidos, gestando un séptimo bastante más seguro y contundente de lo esperado en el Madison Square Garden, y dejando en la memoria colectiva una rivalidad con los Baltimore Bullets que se extenderá hasta los tiempos presentes, con ellos ya ubicados en Washington. Superados los Bullets, a los Knicks les esperaban en las finales del Este los **Milwaukee Bucks**.

Vale la pena poner a los Bucks en contexto. Aquella **temporada 1969-1970** era la segunda de la franquicia. Sí. La segunda temporada de la franquicia. Esto es: los Bucks no eran un equipo que se hubiera trasladado de una ciudad hasta Milwaukee para cubrir el espacio dejado en su día por los Hawks desde el sur, el oeste, el este, el norte. No. Los **Bucks** se habían fundado el 22 de enero de 1968, en la expansión que concedió aquel año la NBA dando entrada también a los **Phoenix Suns**. Como es habitual, en su primer año de existencia, los resultados de ambas franquicias recién incorporadas habían sido muy pobres: Bucks quedó séptimo del Este (última posición) con un registro 27-55 y los Suns últimos del Oeste con un registro de 16-66, peor equipo de la NBA detrás precisamente de Milwaukee. Es lo habitual. Así es como sucede con los equipos de expansión. Pero ¿cómo pudieron pasar los Bucks de ser el peor equipo de una temporada a disputar las finales de la siguiente, después de haber completado una temporada regular descomunal, con un registro 56-26? ¿Qué fuerza excepcional habían enviado los dioses del baloncesto a estos chavales de Wisconsin?

Un despacho de la NBA en Nueva York, abril, 1969. Una moneda dando vueltas en el aire, queda por un momento en suspensión al llegar al cénit y comienza el descenso, todavía rotando sobre sí, y cae, cae, cae, atrapada por fin de un golpe contra la mesa. El oficial de la NBA retira la mano de la moneda y muestra la faz: es para Bucks. Así es. Bucks y Suns hubieron de dirimir por la vía entonces prevista para ello (el *coin-flip*) quién ocuparía la primera posición de elección en el *draft* de aquel año. Básicamente, quién elegiría al que resultaba evidente que era el mejor jugador de todos los declarados elegibles, Lew Alcindor, de UCLA. Conocido desde 1971 por su nombre musulmán: **Kareem Abdul-Jabbar**. Según Pat Riley, Isiah Thomas y Julius Erving, el mejor jugador de baloncesto de la historia.

Nacido el **16 de abril de 1947**, en la ciudad de Nueva York, **Lew Alcindor** había destrozado todas las expectativas ya en el instituto, gobernando a su equipo para ganar tres campeonatos consecutivos y culminar una racha impensable de 71 victorias seguidas. Registro que, ya becado en UCLA, repetiría con 88 victorias y solo 2 derrotas en tres años de competición, haciendo a UCLA campeón de la NCAA en 1967, 1968 y 1969, esto es todos los años que jugó allí. Debido a él, en 1967 la NCAA prohibiría los mates en su competición, norma que, por si acaso, permanecería hasta 1976. Su conversión al islam suní se produjo durante el verano de 1968, aunque no haría su cambio de nombre oficial hasta el verano de 1971. Siempre con su 33 a la espalda, vía *draft* de 1969, aterrizó en los **Milwaukee Bucks**, con sus 2,18 m de altura, su simpatía natural y sus increíbles prestaciones. Todo el mundo estaba seguro de que Alcindor aportaría mucho a la franquicia de reciente creación, pero nadie podía prever lo que acabó sucediendo.

Los Bucks han cerrado la fase regular de la **temporada 1969-1970** con el segundo mejor registro de la NBA, segundos del Este justo por detrás de los New York Knicks. Kareem ha destrozado todas las expectativas, promediando 28,8 puntos por encuentro, con 14,5 rebotes y 4,1 asistencias, colocándose como uno de los mejores *rookies* de la historia, justo por detrás de su futuro compañero de equipo **Oscar Robertson** (el mejor *rookie* de todos los tiempos) y **Wilt Chamberlain**. Y, como es propio de las leyendas, en los playoffs subirá unos cuantos octanos en su ejecución. Los 36,2 puntos que en promedio endosa cada noche a los Philadelphia 76ers durante la serie de semifinales del Este son esenciales para ventilarse 4-1 a los de Filadelfia, sin dudas ni fisuras. ¿Qué pasará en las finales? Se pregunta la prensa y el público mientras los Knicks combaten su serie contra Baltimore. ¿Qué sucederá? En Milwaukee la locura por Kareem alcanza cotas de gran vistosidad. Haciendo gala de una clase y finura pocas veces vista antes en la NBA, Alcindor le clava a los de Nueva York 34,2 puntos por partido en las finales del Este de 1970, pero los **New York Knicks** en su conjunto no tendrán en general mucho problema en tumbar a los Bucks por 4-1, aplicando lo que han demostrado saber hacer tan bien: juego en equipo y reparto no egoísta del balón, encontrando bien a Reed bajo los aros (máximo anotador del equipo durante la serie) y siendo efectivos desde el perímetro. Los New York Knicks acceden a las **Finales de la NBA de 1970**. Tras barrer a Atlanta Hawks por 4-0, **Los Angeles Lakers** esperan en la cancha del Oeste.

Era el noveno año consecutivo que un equipo de California se plantaba en las finales de la NBA, asegurando la cultura baloncestística de ese estado americano para siempre; y la séptima vez que los Lakers lo hacían en aquella década, sin haber ganado ni una. **Wilt Chamberlain** se había perdido prácticamente toda la temporada, lesionado en el arranque de la misma y sin retornar a la cancha hasta tres partidos antes de la conclusión. Las otras dos estrellas esenciales del equipo, veteranos, **Elgin Baylor** y **Jerry West**, también habían tenido importantes problemas físicos, que habían lastrado un poco su juego durante las semifinales del Oeste, en las que habían tenido que levantar un 3-1 en contra frente a los **Phoenix Suns** que, también bastante contra pronóstico, se habían colado en la post-temporada del Oeste gracias a un veloz baloncesto de contraataque, mucho tiro y poco pase que acabaría siendo marca de la casa. Los Knicks llegaban bien y en forma, y además a Reed le encantaba jugar *contra* Los Angeles Lakers. Los Knicks volvían a unas finales después de aquellas que habían perdido 4-1 contra los Lakers de Minneapolis en 1953, así que tenían delante una oportunidad histórica de revancha. En el primer cuarto, los Knicks ya tienen una ventaja de 10 puntos sobre los angelinos que, pese a reaccionar en el segundo y tercer cuartos, no lograrán mantener la pelea y acabarán cayendo holgadamente en el último por 112-124. Willis Reed destroza la defensa de los Lakers anotando 37 puntos y prácticamente humillando a su pareja de baile Wilt Chamberlain, dejándole en una escasa cuenta de 17 puntos, muy por debajo de su media. Los 33 puntos de Jerry West y los 21 de Elgin Baylor no serán suficientes. A la noche siguiente, los Lakers salen con una mentalidad de orgullo muy combativa, Wilt Chamberlain reaccionará manteniendo a Reed en los 29 puntos, siendo él capaz de anotar 19. Con un Jerry West muy inspirado en reparto y selección que se eleva hasta los 34 puntos, y pese a la contundencia con la que los Knicks defienden su piel, finalmente el partido cae del lado californiano por la mínima, 105-103, gracias a la conversión de West en el último instante de los dos tiros libres con los que había sido agraciado tras falta de tiro.

Las Finales de la NBA de 1970 comenzarían el 24 de abril de 1969 en el Madison Square Garden y en virtud del contrato con la ABC serían las **primeras finales retransmitidas íntegramente en directo a escala nacional**.

El 29 de abril las finales vuelan al Forum de Inglewood para desplegar uno de los **partidos más emocionantes** de la historia de las Finales de la NBA, con Reed anotando 38 puntos para los Knicks y Jerry West rompiendo todos los moldes del suspense al anotar una canasta muy arriesgada desde 7 metros que iguala el encuentro a 15 segundos del final, para a continuación ver a DeBusschere encestar desde los tiros libres los dos lanzamientos, poniendo a los Knicks por delante a falta de apenas 6 segundos. Wilt Chamberlain, sacando de fondo, lanzará un balón de larga distancia para encontrar a West que tras deshacerse con bote de dos defensas, sin dudarlo, ejecuta un tiro desde 20 metros... Que golpea en el soporte del aro, el balón sale rebotado hacia lo alto... para caer en la cesta sobre la bocina, llevando el partido a la prórroga y al Forum al éxtasis. Pero los Lakers fallarán en la prórroga, no serán capaces de fluir a favor de corriente y emoción, y permitirán a los Knicks crecer a contracorriente y llevarse el encuentro con sobriedad en el juego, 111-108, gracias a una actuación especialmente inspirada de Dick Barnett.

Todavía hoy en día, más de cuarenta y cinco años después, cuando se le pregunta, Jerry West sigue diciendo no haber entendido todavía cómo dejaron los Lakers escapar aquel partido. Sea como sea, cuando a la noche siguiente el partido vuelve a ir a la prórroga, con los Lakers a remolque de los Knicks todo el encuentro, lecciones aprendidas, los de Los Ángeles se llevan el encuentro 115-121 con mucha seguridad. El 4 de mayo, con las finales de vuelta al Madison, los seguidores neoyorquinos pasarían un mal trago muy considerable al ver a **Willis Reed** abandonar la cancha cojeando tras lesionarse él solo ejecutando un lanzamiento. Los Knicks demostrarían aquella noche lo que es un equipo bien cosido y pese a no contar con su hombre central, Frazier y el resto titular, junto con los hombres de banquillo (Cazzie Russell, Dave Stallworth), lograrían una victoria fundamental, 100-107, dejando las series 3-2 para los Knicks. Sin Reed en la cancha y de vuelta al Forum, Chamberlain, que venía realizando unas actuaciones muy por debajo de sus promedios tanto en anotación como en general en participación, por la tremenda capacidad defensiva de Reed, sin él alrededor se casca 45 puntos, Jerry West suma 33, y los Lakers ganan en el tiempo reglamentario el sexto de la serie por 113-135. Todo para el séptimo.

Noche del **8 de mayo de 1970**. Madison Square Garden. Todo son razones para la épica, todo está envuelto en historia: una de las dos franquicias más legendarias de la NBA saldrá de la cancha esa noche con su primer anillo de campeón. Prensa y franquicia habían hecho correr la idea de que Willis Reed no iba a jugar. Parecía evidente dado el alcance de la lesión y lo severo de su cojera. Sin embargo, durante la rueda de calentamiento, el mítico pívot entró en la cancha, vestido de pista. Cojeando. Los seguidores de los Knicks prorrumpieron en un griterío de ánimo y alegría feroz. Al arranque del encuentro, Reed anotó las dos primeras canastas, poniendo la primera ventaja favorable para su equipo. No volvería a anotar, estaba realmente lesionado, pero se esforzó cuanto pudo en defensa para apocar y reducir a Chamberlain al que verdaderamente lograría dejar en solo 21 puntos al final del encuentro. La anotación esa noche pasaría por las manos del resto de titulares. A la conclusión del primer cuarto, los Knicks iban 24-38. Los Angeles Lakers habían encajado casi 40 puntos en el primer cuarto de un partido que valía un campeonato. Incapaces de remontar. Los Knicks contemporizaron, con un Frazier estelar anotando 36 puntos y dando 19 asistencias aquella noche, dominando los de Nueva York completamente la cancha, y aunque en el último cuarto Los Angeles Lakers aún lanzaron los últimos estertores, en eso quedaron, en simples estertores. Al final del tiempo reglamentario, los Knicks cerraban el encuentro 99-113, consiguiendo con gran merecimiento su primer anillo. La señal de la ABC se difundió por todo el país. El mundo del baloncesto se enamoraba para siempre de los New York Knicks.

Lew Alcindor (a pocos meses de cambiar su nombre a Kareem Abdul-Jabbar) en acción contra los Baltimore Bullets en las Finales de la NBA de 1971, en ruta hacia el anillo.

12. BUCKS 1971

Verano de 1970. Los entrenadores salen de vacaciones, los jugadores montan sus múltiples jaleos y estancias allá por donde van, bailan *Mama Told Me Not to Come,* agitando a sus novias y yendo a fiestas en mansiones y baretos. La temporada 1970-1971 iba a ser, en primer lugar, temporada de celebración. La NBA cumplía su veinticinco aniversario y en primera instancia celebraba la fecha con tres nuevas expansiones: nacían los **Buffalo Braves** (se moverían a la Costa Oeste, San Diego, en la temporada 1978-1979 para renombrarse **San Diego Clippers** y subir definitivamente a Los Ángeles como **Los Angeles Clippers** en la temporada 1984-1985), nacían también los **Cleveland Cavaliers** y los **Portland Trail Blazers**. Con estas incorporaciones, la estructura de la NBA daría un salto en su formato, estableciendo el modelo hoy por todos conocido con dos conferencias: Conferencia Este y Conferencia Oeste, y cuatro divisiones: División Atlántica y División Central estructurando la Conferencia Este, y División del Medio Oeste y División del Pacífico en la Conferencia Oeste. **Larry Costello** no podía creerlo.

Entrenador de los Bucks desde la creación misma de la franquicia, de pie junto al ventanal en su residencia en la dulce Minoa, Nueva York, una pequeña villa clásica del noreste, donde el verano es largo y templado y el agua del pequeño lago ni se mueve, no daba crédito a sus oídos. Marvin Fishman, el director de operaciones de los Bucks al otro lado de la línea le estaba dejando, sencillamente, petrificado. Costello, que había jugado profesionalmente en los Warriors y en los Nats y había ganado el anillo de la NBA con Wilt Chamberlain en 1967 para los Sixers, él que había sido seleccionado seis veces para participar en el All-Star de la NBA, él que como entrenador venía de maravillar al mundo con la extraordinaria temporada de sus Bucks, no podía creerlo. Su equipo acababa de fichar a **Oscar Robertson**. Las cosas sencillamente no podían ir mejor. ¡Oscar Robertson! Oscar Robertson..., The Big O venía a los Bucks.

Al colgar, dio un salto de alegría, abrazó a su mujer y salió hacia la orilla del lago a procesar la noticia y meditar.

Número 1 del *draft* de 1960, Oscar Robertson había sido escogido por elección territorial por los **Cincinnati Royals**. Base de 1,96 m, había jugado diez temporadas para aquella franquicia y cosechado, con total justicia, fama de ser letal. Imparable, dada su enorme capacidad para anotar por dentro, por fuera y asistir: un *playmaker* excepcional. Oro olímpico en Roma 1960 con Jerry West, su entrada en la NBA en la temporada 1960-1961 había sido colosal, promediando 30,5 puntos, 10,1 rebotes y 9,7 asistencias por noche, casi un **triple-doble** en su temporada *rookie*, hito nunca visto hasta entonces y que él mismo lograría al año siguiente: al concluir la temporada 1961-1962, Oscar Robertson había sorprendido al mundo promediando, por primera (y hasta la fecha última) vez en la historia, un triple-doble en una temporada: 30,8 puntos, 12,5 rebotes, 11,4 asistencias. Habiendo sido nombrado *Rookie* del Año la temporada anterior, sería desde 1961 convocado durante doce temporadas seguidas para el All-Star de la NBA. Nadie se explicaba muy bien a qué se debía el súbito traspaso de semejante jugador por parte de los Royals. Se dice que **Bob Cousy** (el histórico base de Boston), recién aterrizado el año anterior (1969) en Cincinnati para dirigir el banquillo de los Royals, no se sentía a gusto con la sombra mediática que The Big O proyectaba sobre él. Lo cierto es que algo se había enturbiado entre Robertson y la dirección de la franquicia, pues parecen probados los movimientos de esta por colocar al mítico base en los Knicks o los Lakers durante la post-temporada de 1970.

Con Robertson en el control y Kareem de pívot, jugándolo prácticamente todo, los Bucks superarán la marca de **rachas ganadoras** establecida la temporada anterior por los New York Knicks, con veinte victorias seguidas entre el 6 de febrero y hasta el 9 de marzo de 1971, a pocas jornadas de acabar la temporada regular. Los Bucks llegaban desbocados. Con este ímpetu, acabarán los de Milwaukee primeros de la División del Medio Oeste con el que será su mejor registro de todos los tiempos, 66-16, y siendo el mejor equipo de la NBA. Prácticamente humillando a los San Francisco Warriors en semifinales de conferencia por 4-1 y a Los Angeles Lakers en las finales del Oeste por otro contundente 4-1 (más notable que el precedente, dada la plantilla que tenían delante, a la que por cierto había llegado transferido desde los San Diego Rockets, Pat Riley, el futuro entrenador legendario, a cubrir la posición de escolta), los **Milwaukee Bucks** llegan a las **Finales de la NBA de 1971** sin miedo y con ganas de todo. Delante, llegando desde el Este, los Bucks tienen a los **Baltimore Bullets**, con Earl Monroe y Wes Unseld, que venían de deshacerse de los Knicks en las finales por un reñido, agotador, 4-3. Una vez más, para ambas franquicias aquella era su primera concurrencia en unas finales. Entre las novedades del veinticinco aniversario, la

NBA estableció que las **Finales de la NBA de 1971** se jugasen en formato 1-1-1-1-1-1-1 (a diferencia de los clásicos 2-2-1-1-1 o 2-3-2). Sería la última vez que semejante formato alternado se aplicaría hasta la fecha, y de hecho era la segunda vez que se empleaba; se había usado en las **Finales de la NBA de 1956** que se habían llevado por 4-1 los Warriors (aún en Filadelfia) contra los Pistons (aún en Fort Wayne).

Las **Finales de la NBA de 1971** se iniciaron el miércoles 21 de abril. Lew Alcindor abriría las series con un triple-doble descomunal, anotando 49 puntos, con 13 rebotes y 12 asistencias; y desde aquel partido prácticamente los Bullets no plantarían cara ni una sola noche, yendo solo a remolque. Cubiertas por la ABC a escala nacional, todo el mundo pudo ver la maravilla que los Bucks habían compuesto, y aunque su juego no era tal vez el más precioso juego de equipo, sí mostró la importancia que los grandes talentos podían suponer. Los Bucks barrerían 4-0 a los Baltimore Bullets en la que sería la única participación de esa franquicia en unas finales de la NBA siendo residentes en Baltimore. El viernes 30 de abril, los Bucks ganaban su primer (y hasta la fecha único) anillo, marcando a su vez la única vez que unas finales de la NBA acaban antes del mes de mayo... Sería el primer anillo de Kareem y el único de Oscar Robertson, que se retiraría dos años más tarde, dejando el baloncesto profesional para dedicarse a causas altruistas. Tras el triunfo, Lew Alcindor registraría oficialmente su cambio de nombre al de Kareem Abdul-Jabbar. Los Bucks mantendrían un muy buen nivel competitivo las siguientes temporadas, y cuando cayeron 4-3 contra los **Boston Celtics** en las **Finales de la NBA de 1974**, nada parecía indicar que aquella sería, definitivamente, su última presencia en unas finales de la NBA. Al menos hasta la fecha. Tras seis temporadas en Milwaukee, **Kareem Abdul-Jabbar**, siempre con su 33 a la espalda, ficharía para la **temporada 1975-1976** por **Los Angeles Lakers** con los que jugaría catorce temporadas hasta su retirada en 1989, con 42 años cumplidos, convirtiéndose en la estrella eterna por todos conocida, y habiendo ganado cinco anillos más.

13. LAKERS 1972

Con esa calma que transmiten los hombres inteligentes, **Bill Sharman** contempla por la ventanilla la orografía de Utah mientras el avión surca los cielos rumbo a California. Viene de ganar el título de la ABA con los **Utah Stars** y pese al griterío y polémica que se ha montado en la organización, cuando Los Angeles Lakers te llaman, con una de las plantillas más interesantes de la NBA, la mejor liga de baloncesto del planeta, solo puedes decir que sí. Aterrizando en el LAX, con el intenso sol de California sobre él, inmediatamente entiende que ha elegido la opción correcta… La opción del éxito. Ante la duda, elige siempre lo que te haga más feliz. Eso dicen, eso hizo. Es cierto que su fichaje por los Lakers traería cierta cola judicial y discusiones en tribunales entre las franquicias y la propia NBA. Pero por encima de la ley administrativa, siempre existe la ley del corazón: qué orgullo pisar el Forum de Inglewood como miembro de la organización. Este sonido del balón botando contra la madera, el crujir de la red, aquí a solas, rodeado de gradas vacías en la sombra. Cuánto se ha peleado en esa cancha, cuánto ha luchado esa franquicia. Los Lakers en 1972 son sin duda la franquicia más persistente de la NBA. Y Sharman, que como entrenador no solo viene de ganar el título de la ABA, sino que ganó también el único título de la ABL (1961) al frente de los **Cleveland Pipers**, lo tiene claro: conformará una plantilla veterana. Finos estilistas curtidos en múltiples batallas. Sharman sabe qué se necesita para hacer un equipo campeón. Lo sabe tanto desde el banquillo como desde la cancha, pues no deben olvidarse los cuatro anillos (1957, 1959-1961) que ganó como jugador titular en los Celtics de Auerbach.

Revisa mentalmente su preselección titular. El jugador con menos años de experiencia es **Gail Goodrich**, con nada menos que seis años de campaña en la NBA. Zurdo de oro, conoce perfectamente bien la casa y sus vicisitudes. *Drafteado* en 1965 desde UCLA (compañero de

Kareem Abdul-Jabbar y campeón de la NCAA 1964 y 1965) por los Lakers usando la elección territorial, sus condiciones físicas (1,85 m y delgado) nunca le habían acompañado exactamente para el baloncesto profesional, pero su perseverancia y disciplina habían logrado hacer de él un hombre de gran precisión anotadora e inteligencia táctica. Chupó mucho banquillo reserva durante las tres temporadas que pasó en los Lakers y aprendió mucho observando y jugando con honestidad los minutos de confianza que se le concedieron, promediando 26 minutos por partido en su tercera temporada. En la expansión de la NBA de 1968, Goodrich fue *drafteado* en el correspondiente *draft* de expansión hacia los **Phoenix Suns** donde se convertiría en la estrella absoluta de la franquicia, siendo titular indiscutible y logrando colocar a los Suns en playoffs en su segunda temporada de existencia. Sus promedios rondaban los 20 puntos por noche y las 8 asistencias. Un base-escolta indiscutible. Los seguidores de los Suns le adoraban. Para la **temporada 1971-1972** Gail Goodrich había vuelto a los Lakers en un traspaso a dos bandas que llevó a **Mel Counts** (suplente de Bill Russell en Boston en 1964-1966 y suplente de Wilt Chamberlain en Lakers desde que Big Dipper llegase a la franquicia en 1968) desde Los Ángeles a la franquicia de Arizona. Goodrich iba a ser el complemento perfecto en pista para **Jerry West**.

Para la tercera posición del *back-court* no se podían tener dudas: **Elgin Baylor** era el hombre. Uno de los aleros más excepcionales de la NBA, ya entonces y sin duda históricamente. Nacido en 1934 en Washington D.C., Elgin Baylor había empezado a jugar a una edad muy temprana a baloncesto, inspirado fundamentalmente por sus hermanos mayores que eran unos fanáticos de la cancha y el aro. Pronto destacó por encima de ellos, definiéndose como un excelente anotador y llegando a romper, en 1954, tras su época de instituto, todos los registros históricos del baloncesto amateur de Washington DC al anotar 63 puntos en un partido contra su antiguo equipo escolar, los Phelps. Dadas sus espantosas, sencillamente espeluznantes notas, no había podido acceder a la universidad, así que tuvo que ser un amigo suyo el que organizase, llegado el momento, cierto acuerdo para darle a Baylor una beca para la Universidad de Idaho, de la que al año siguiente saltaría para integrarse en la Universidad de Seattle y jugar con los Redhawks, equipo al que llevaría a las finales de la NCAA en 1958, cayendo contra Kentucky. Seattle no ha vuelto por unas finales de la NCAA aún, pero Baylor dejaría registros de estrella en su paso por allí. Promediaría 30 puntos por noche en los años que jugó en la competición universitaria, y fue líder absoluto de rebotes de la NCAA en la temporada 1956-1957. Debe tenerse en cuenta que Elgin Baylor, con su 1,96 m, había sido educado para jugar de ala-pívot, con todas las atribuciones y obligaciones de anotación bajo tabla y rebote que ello conlleva. Téngase en cuenta que, hoy en día, la suya sería una altura simplemente impensable para la posición que ocupaba. Gracias a esa formación de interior, movido por sus entrenadores profesionales a la posición de alero, presentaba unas prestaciones asombrosas,equivalentes para ambas marcas, que le llevaron a consagrarse como una estrella absoluta de la NBA. En términos de leyenda NBA, puede con total justicia ser considerado como el último alero clásico, el último cortado al estilo de los pioneros. A lo largo de los años, Baylor desarrollaría un tiro en suspensión casi malabarístico, resultando muy efectivo frente a las defensas generalmente de más altura que él. También destacaría como excelente pasador, y un sorprendente, admirable, reboteador. Apodado Mr. Inside por su tremenda capacidad para el juego interior y penetrar defensas rivales mucho más altas que él, calaría por personalidad y entrega profundamente en los corazones de los seguidores de Los Angeles Lakers.

En 1958, los Minneapolis Lakers que andaban, por decirlo finamente, reajustándose competitivamente a la NBA tras la retirada de George Mikan (en realidad en total recesión, sin talento y jugando cada vez peor), ejecutan su opción de elección de número 1 del *draft* de 1958 para fichar a Elgin Baylor. Parecía la clase de fichaje que podía remontar una franquicia… Y sí. Así fue, Baylor cerró su temporada de *rookie* como máximo anotador del equipo, promediando 24,9 puntos por noche, 15 rebotes y 4 asistencias, situándose como el mejor jugador de los Lakers en todos los conceptos. Con su participación, los Minneapolis Lakers pasaron de la última plaza en la temporada 1957-1958 a entrar en las **Finales de la NBA de 1959**, que ganarían los Celtics por 4-0 precisamente con Bill Sharman jugando para Boston como escolta.

Muchas veces se habían encontrado en la cancha ambos hombres, forjando la rivalidad eterna entre ambas franquicias. Elgin Baylor había permanecido en los Lakers todos aquellos años (viviendo en 1960 el traslado de la franquicia a Los Ángeles y la llegada de **Jerry West,** con el que se entendería muy bien tanto dentro como fuera de la cancha), creciendo año tras año hasta la talla de estrella, muy querida y respetada por la afición. Con trece años de veteranía a su espalda, Elgin Baylor era una opción irrenunciable. Sharman tenía de todas formas que ir con cuidado porque Baylor había podido jugar solo dos partidos en la temporada precedente debido a una muy seria lesión de rodilla. Cerca de los 37 años, no podía forzar al jugador por mucho que siguiera en activo y con el alta médica. Se encontraba, fuera como fuera, innegablemente, ante cierta encrucijada porque ninguna de las otras opciones que podía barajar para sustituir a Baylor de la unidad titular tenía su calidad; si bien servían como excelentes suplentes, a ojos de Sharman nada en ellos justificaba su titularidad por delante de Mr. Inside. Pero, y esa es la clave de todo, cuando la vida te manda limones, hay que hacer zumo. La ambivalencia de Baylor sí le permitía dar un giro al planteamiento entero y considerar una unidad titular flotante de seis hombres. Es decir, generar un sexto hombre variable.

La presencia de **Jim McMillian** en la plantilla era una excelente noticia para Sharman. *Drafteado* desde Columbia el año anterior, con solo un año de experiencia en la NBA, McMillian venía a ser el reverso perfecto de Baylor. Un alero con cualidades para jugar de ala-pívot. Muy al estilo Baylor, de altura similar y cualidades parecidas, sin la magia atlética malabar y naturalmente sin las horas y horas de cancha de aquel, pero aportaba mente y músculo fresco y había sido además el primer jugador de la historia en ganar cada año en el que fue elegible el **Premio Haggerty** (al mejor jugador de la primera división de baloncesto del área metropolitana de Nueva York) durante sus tres años de universidad. Podía Sharman por tanto alternar a Baylor y McMillian en posiciones de 3 y 4. Es decir, tanto podía devolver a Baylor a su posición natural de interior como permutarlo con McMillian. Anotó a ambos como jugadores para cubrir la plaza de ala o ala-pívot indistintamente.

Para la elección del interior, del interior propiamente dicho, considerando las aportaciones que sumaría Baylor o McMillian en esa franja, y valorando el potencial desmedido que **Wilt Chamberlain** en la posición de pívot iba a dar sí o sí al equipo, el puesto de 4 podía quedar perfecta y serenamente asignado a **Happy Hairston**. Buena altura, 2,01 m, y buena constitución, Harold *Happy* Hairston era la más fiable opción para el puesto de 4 y el único 4 natural de la plantilla. Bien pertrechado en capacidades ofensivas por Big Dipper y Baylor, era un jugador de aportación muy regular, experimentado y trabajador. Había aterrizado en la NBA en 1964, jugando primero para los Royals de Cincinnati y para los Detroit Pistons después, siempre en posición de interior. Había llegado a los Lakers en 1969. Era un jugador de muy buen talante, promediando dobles-dobles por temporada con gran facilidad: anotador regular en segundo esfuerzo solía salir de la cancha con unos 14 puntos y 11 rebotes por noche.

Por supuesto, para la posición de pívot, nadie entendería que no se valiese de **Wilt Chamberlain**. A estas alturas, tras doce temporadas en la NBA, Chamberlain era mucho más que un jugador de baloncesto. Aquel aura especial que siempre le había rodeado, su mundialmente famosa fogosidad sexual, su forma de vida opulenta, vistosa, estilosa, sus escarceos amorosos, siempre en el ojo público, siempre en las revistas, llegando tarde, tal vez sin dormir... Era, sencillamente, una **estrella del rock** de 2,16 m, y 35 años largos. Lo que en términos NBA empieza a ser una edad provecta y respetable, cercana al retiro. Y por eso Bill Sharman tenía un plan específico para él.

Una cosa impondría Bill Sharman por primera vez a Los Angeles Lakers, nunca vista antes en la NBA: sesiones de **tiro matinal** en días de partido. Reunir a los jugadores y tenerlos en la mañana del partido haciendo tiro suave ayudaba a romper los nervios e irse poniendo en situación. También le permitía a él trabajar aisladamente con algún jugador más allá de los entrenamientos rutinarios.

Su dedicación particular y más reservada en aquellas sesiones se centraría esencialmente en su pívot, logrando transformar el juego de Big Dipper para hacerlo encajar en las necesidades que intuía en su equipo recién recibido. En primer lugar conseguiría que Chamberlain llegase puntual a aquellas sesiones, logró aumentar su compromiso con la norma establecida. A ello es posible que sumase también la conciencia de Chamberlain en relación a su propia carrera que veía ya, como es normal, atravesando su otoño. Mediante charla, experiencia, movimientos y entreno, Sharman consiguió que Chamberlain se convirtiera en un jugador muy firme de poste bajo, mucho más inclinado a la mentalidad defensiva, y preparado para la captura del rebote como herramienta esencial para salir al contrataque en pase largo. Es decir, moldeó a Chamberlain como el tipo de jugador que su antiguo compañero **Bill Russell** había sido. Y por extensión, concibió unos Lakers de contraataque *a la Auerbach*.

La **temporada 1971-1972** arrancó el 15 de octubre. Los Lakers destrozan a sus rivales en los cuatro primeros partidos sin discusión. Tras quince días de competición, los Lakers han ganado seis partidos de forma muy contundente y vistosa y perdido solo dos. La máquina parece funcionar. A todo el mundo le apetece seguir viendo a los Lakers jugar. Es **31 de octubre de 1971**. Al Forum han llegado los **Golden State Warriors**, rivales de División del Pacífico que se encuentran iniciando su primera temporada en Oakland, habiendo cedido su nombre anterior (San Francisco Warriors) al moverse al otro lado de la bahía. Desde el banquillo, a los mandos del equipo, está **Al Attles**, el *Destructor*, uno de los mitos legendarios de la franquicia, vinculado a ella como jugador desde los tiempos de Filadelfia, y cumpliendo su segundo año como entrenador jefe, tras haber ejercido como entrenador asistente desde su retirada de las canchas en 1968. Será el entrenador que dirija a los Warriors a su segundo campeonato en las **Finales de la NBA de 1975**, tras aquel mítico anillo en la temporada inaugural 1946-1947 que les coronase como primer campeón de la BAA/NBA. Con **Jerry West** de baja desde el cuarto partido de la temporada por molestias físicas, y optando por reservarlo en la medida de lo posible para una temporada que preveía larga, Sharman había empezado a rotar más allá de su quinteto titular de seis hombres, haciendo valer sus dotes de entrenador y dando confianza a todo su banquillo. Sin Jerry West en la cancha, ha decidido apostar por **Goodrich** en la dirección y **Pat Riley** como escolta. Se le ilumina la cara al muchacho, en su quinto año como profesional en la NBA, hombre de banquillo, cumplidor y eficiente, nunca especialmente dado a transmitir emociones en público y de gustos exquisitos, muy celoso de su vida privada, y en general un hombre frío, reconoce la oportunidad y lo celebra por dentro con orgullo, devolviendo lo que se le da: cuajará un insólito registro de 17 puntos esa noche. **McMillian** irá en el puesto de ala y **Baylor** y **Chamberlain** por dentro. A ganar, a ganar... ¡Vamos Lakers! Pero... cerca de cumplirse el final del primer cuarto, la rodilla izquierda de Elgin Baylor revienta. Se rompe en plena cancha tras un salto. Uno de los mejores pasadores que jamás tuvieron Los Angeles Lakers, uno de los jugadores que más agotaba, que más exhaustos dejaba a sus rivales por sus múltiples recursos en cambio de velocidad, en tiro, en velocidad de ejecución, en acierto. Tenía un pequeño tic en el cuello, que le hacía girar la cabeza de vez en cuando, poniendo a todo el mundo aún más nervioso. Es el fin. Será su fin. Se retirará de la pista y jamás volverá a vestirse de corto. Así fue. El gran 22 de los Lakers cayó en combate, literalmente con las botas puestas. Pocas semanas más tarde, anunciaría su retirada definitiva del baloncesto, a los 37 años.

Este, que podría haber sido un jarro de agua fría para otros, fue absorbido una vez más como zumo de limón con mucho azúcar por Bill Sharman. No quedaba más que apostar por una unidad titular en la que Jim McMillian jugara de 3. Recuperando a **Jerry West** para el siguiente encuentro el **5 de noviembre de 1971** en el Forum, con **Goodrich** en posición de escolta (líder de anotación del equipo), **McMillian** de alero, y **Hairston** y **Chamberlain** por dentro encadenarán lo que hasta ahora es la **racha ganadora más larga** de la NBA y de cualquier otro deporte profesional: **33 victorias consecutivas** en la misma temporada. Con esa base titular, y buenas entradas desde el banquillo, Los Angeles Lakers derrotarán a todos los rivales de la liga al menos en una ocasión, y dos o hasta tres veces seguidas a otros, sin perder un solo encuentro. La racha se cortará el domingo **9 de enero de 1972** en la visita de los Lakers a los Milwaukee de Kareem Abdul-Jabbar, a la sazón vigentes campeones de la NBA. Y desde entonces, ninguna franquicia ha sido capaz de superarla o igualarla, siendo la siguiente marca la de las 27 victorias seguidas de los **Miami Heat** de LeBron James de la 2012-2013, y los Golden State Warriors de la 2015-2016. Los Lakers acabarían la temporada con un registro sin precedentes de 69-13 que se mantendría como inalcanzable durante veinticinco años, hasta que fue superad por los Chicago Bulls de Phil Jackson y Michael Jordan con sus 72-10 en la **temporada 1995-1996**.

Naturalmente los Lakers finalizan en la primera posición de la División del Pacífico y como mejor equipo de la NBA. Barrerán por 4-0 en las semifinales de conferencia a unos **Chicago Bulls** pilotados por **Jerry Sloan** y sufrirán, sudarán de verdad para tumbar a los **Milwaukee Bucks** en seis encuentros en las finales de la Conferencia Oeste, para acceder por octava vez en diez años a las finales de la NBA. Delante, llegando desde el Este, esperan los **New York Knicks** que vienen de zumbarse a los **Celtics** por un tremendo 4-1. Con el astuto Red Holzman en los banquillos, y una de las mejores, sino la mejor y más compensada plantilla de la NBA, los New York Knicks son un equipo realmente temible.

Las **Finales de la NBA de 1972** se inician en Inglewood el miércoles 26 de abril, ante 17.500 espectadores. Los Knicks se plantan en la cancha con **Willis Reed** lesionado, y eso podía ser motivo de alegría para los angelinos, pero no, nunca en baloncesto pueden lanzarse las campanas al vuelo antes de saltar a la cancha. El genio de Ohio State, **Jerry Lucas**, pívot blanco con excelente capacidad para el tiro abierto, destroza a **Wilt Chamberlain** abriéndose al extremo y encestando desde fuera, mientras el futuro congresista **Bill Bradley** encesta 11 de 12 tiros intentados, yéndose con 29 puntos; **Walt Frazier**, con su estiloso don, consigue un triple-doble como quien no quiere la cosa (14 puntos, 11 asistencias, 12 rebotes) y **DeBusschere** aporta 19 puntos y se desorbita con 18 rebotes. **Phil Jackson** aportará 13 puntos en sus minutos de refresco. Los Knicks se anotan el primer encuentro por un contundente 114-92, rompiendo el factor cancha nada más empezar. Si bien esta victoria fue en general inesperada, dada la inigualable temporada regular que venían de cuajar los Lakers, más inesperada fue la increíble ineficacia de los Lakers en general y la pobre imagen desplegada. El combo West-Goodrich no anotarán más de 11 tiros, de 37 intentos, combinando entre ambos 32 puntos. **Chamberlain** se irá con 12 puntos, igual que **Hairston**. **McMillian** anotará 14 puntos. Nada de nada. Todo caras largas. Lloverán, como nunca, críticas desde todos los flancos. Es incomprensible que los mejores Lakers nunca vistos hayan realizado un encuentro tan lamentable.

Afortunadamente, la NBA siempre te da oportunidades para la mejora en espacios muy breves de tiempo. Intentando aislarse de la presión mediática, los Lakers utilizan los días de entreno hasta el domingo 30 de abril para concitar fuerzas y seguridad en sí mismos. Ha sido un precioso día de primavera angelina. Los Lakers saldrán con total decisión a la cancha de Inglewood y, pese al vendaval de juego que crean, en la media parte solo van 1 punto por delante de los Knicks, 50-51. Sin embargo, el juego durísimo al que ha sometido Chamberlain a su pareja DeBusschere acaba rompiendo al neoyorquino que, con solo 7 puntos anotados, no podrá volver a la cancha en la segunda mitad. El tesón defensivo de los Lakers logra mantener a anotadores maquinales como Frazier en los 21 puntos mientras su par lakeriano trepará hasta los 31 puntos. Aquel segundo encuentro se ganará en el tercer cuarto, con los Lakers anotando 28 puntos mientras los Knicks solo son capaces de endosarles 11, con Lucas yéndose al banco con 6 faltas. Earl Monroe, pieza clave del *backcourt* de los Knicks también cae lesionado al arranque de la segunda mitad. Los Lakers se llevarán el segundo encuentro 92-105, igualando la serie. La imagen de Los Angeles, sin ser perfecta,

con sus Hawks NBA, etapa en la que, atención, reunirán en el mismo equipo a: **Moses Malone** (fichado desde los Stars de Utah en 1975), **Maurice Lucas** (futura estrella de Portland Trail Blazers, interior titular de la plantilla campeona de 1977) y **Rod Thorn** (futura mano derecha de David Stern). Cuando al fin la ABA se fusione con la NBA en 1976, los entonces Utah Rockies, meramente propuestos como franquicia, quedarán fuera y se disolverán. Sus jugadores entrarán en el *draft* de dispersión.

1967 | Indiana Pacers (1967-1976), 3 anillos ABA. Única franquicia que pasará sin turbulencias ni desplazamientos de ciudad llegando incólume a la fusión. Con presencia en cinco finales de nueve posibles, y tres torneos ganados, será la única dinastía ABA que existió. Entrenados durante toda su trayectoria ABA por el héroe local **Bobby Leonard** (un Hoosier, antiguo jugador de Minneapolis Lakers y Chicago Packers), su juego resultó indestructible, convirtiendo en una auténtica apisonadora a un grupo de jugadores que posteriormente tendrán poca o ninguna relevancia en la NBA, con algunas excepciones. Por su excepcional carrera en la ABA, el alero **Roger Brown** sería incluido en el Salón de la Fama en 2013, su dorsal 35 está retirado por la franquicia. Otros jugadores especialmente notables de ese período ABA de los Indiana Pacers serán el pívot **Mel Daniels** y el ala-pívot **George McGinnis**, que en 1975, antes de la fusión ABA-NBA, fichará por los Sixers para acabar su carrera de vuelta a los Pacers, ya en la NBA.

1967 | Kansas City (1967), Denver Larks (1967), Denver Rockets (1967-1974), Denver Nuggets (1974-1976), 0 anillos ABA. Los Nuggets de Denver que conocemos. La ABA concede la franquicia originalmente a **Vince Boryla** para la ciudad de Kansas, pero este no encuentra pabellón en el que jugar, así que a toda prisa se busca otra ciudad, y así surgen los Denver Larks, pero tampoco acaba Boryla de cuadrar números en Denver, así que vende la franquicia antes del arranque de la liga al empresario del transporte de camiones **William Ringsby**, que decide nombrar a la franquicia **Denver Rockets** en honor a su compañía de camiones: la Rocket Truck Lines. Y le funciona. Habiendo destacado seriamente en la NCAA, **Spencer Haywood** decidirá al concluir su segundo año en la Universidad de Detroit (1968-1969) hacerse profesional y dado que las normas de *draft* de la NBA no le permiten todavía declararse elegible para su competición, ofrecerá sus servicios a los Rockets, que lo contratarán encantados. Interior muy potente, logrará el muy poco corriente hito de ser nombrado *Rookie* ABA del año y MVP

ABA del año (1970) tras su primera y única temporada. Fichará entonces como profesional para la temporada 1970-1971 por los **Seattle SuperSonics**, lo que dio lugar al conflicto judicial que lleva su nombre y que le acabará enviando por razones técnicas al *draft* de la NBA 1971. A partir de 1972, con **Larry Brown** (futuro entrenador de los **Detroit Pistons** campeones del 2004) recién retirado de las canchas, iniciándose como entrenador en el banquillo, y en previsión del salto a la NBA, los Denver Rockets proponen a sus seguidores un concurso para la elección de un nuevo nombre ya que *rockets* está cogido por Houston (aunque con referencia a la industria aeroespacial y no a los camiones del señor Ringsby). La gente elige **Nuggets**, rememorando aquella mítica franquicia que en su día operó en Denver por dos temporadas, con espantosos registros, fundada en 1948 para entrar en la NBL (18-44) y que pasó a la NBA en la gran absorción de la siguiente temporada (11-51) para acabar disolviéndose. *Nuggets*, aparte del suculento snack de pollo frito, son, y de ahí venía originalmente el nombre, las pepitas de oro que se encuentran en los cedazos de los buscadores. En 1976, los **Denver Nuggets** harán su única aparición en una fase final (sea tanto de ABA como de NBA), clausurando en todo lo alto la última temporada oficial de la ABA antes de la fusión.

1967 | Kentucky Colonels (1967-1976), 1 anillo ABA. Los rebeldes, la resistencia, los Lakers de la ABA. Unos hombres con gran capacidad de baloncesto y gran formación, serios como pocos, bien administrados, con un genio con nombre de músico de jazz entre sus filas desde 1971 hasta el fin: **Artis Gilmore**. Un pívot tan dominante que sería nombrado, como lo fuera Haywood en 1970, Rookie ABA del año y MVP de la ABA en su primera temporada. En 1974 llegará, como no podía ser de otra manera, el gran **John Y. Brown** por la franquicia. Siempre atento a todo lo que se cocía en su Kentucky natal, llegaría a comprar los Colonels. Lucharán durante todos sus años de existencia, clasificándose para tres finales de la ABA y ganando el título por 4-1 contra los Pacers en 1975, para ser finalmente dejados fuera del convenio de fusión del año siguiente. John Y. Brown acabará siendo gobernador de Kentucky. Y los jugadores de los Colonels gratificados con la posibilidad de entrar en el *draft* de dispersión.

1967 | Minnesota Muskies (1967-1968), Miami Floridians (1968-1970), Floridians (1970-1972), 0 anillos ABA. Entrenados por **Jim Pollard**, el mítico alero de los Minnesota Lakers en los años de George Mikan, rindieron extraordinariamente en lo deportivo en su primer año de existencia, pero fueron un desastre absoluto en lo financiero, con pérdidas millonarias. Volaron a Miami en 1968 y como Miami Floridians tienen en su haber el mérito de haber sido los primeros en utilizar chicas en bikini blanco con botas de go-go en la cancha para atraer a la audiencia y empujar el ánimo. Con pocos éxitos deportivos destacables, y pésimamente gestionados, fueron la primera franquicia ABA en cerrar, disolviéndose en 1972. En recuerdo a esta mítica franquicia, los **Miami Heat** vistieron uniformes de los Floridians en algunos partidos en la carretera en la 2005-2006, trayéndoles suerte para el primer anillo NBA, y de nuevo uniformes de Floridians para sus partidos en casa en la 2011-2012, con suerte de nuevo para su segundo anillo NBA.

1967 | New Orleans Buccaneers (1967-1970), Louisina Bucaneers (1970), Memphis Pros (1970-1972), Memphis Tams (1972-1974), Memphis Sounds (1974-1975), Baltimore Hustlers (1975), Baltimore Claws (1975), 0 anillos ABA. Nadie sabe por qué, cuando aún andaba ocupado en su carrera musical de creciente popularidad, la ABA le vendió una franquicia al gran **Morton Downey Jr.** (futura estrella televisiva de los años ochenta) y seis inversores más, por solo 1.000 dólares. La historia de esta franquicia estará siempre trufada por los problemas financieros. En su último año, quinto en Memphis, cuajarán su mejor temporada dirigidos en el banquillo por **Joe Mullaney**, que venía de entrenar a Los Angeles Lakers (1969-1971), a los Kentucky Colonels y los Utah Stars (1971-1974), y entrarán en post-temporada cayendo en primera ronda.

1967 | New York Americans (1967), New Jersey Americans (1967-1968), New York Nets (1968-1976), 2 anillos ABA. Si se quiere reducir la ABA a un nombre, aquí lo tenemos: **Julius Erving**. La franquicia es concedida con la premisa, o el reto, mejor dicho, de cuajar en NYC donde por supuesto los reyes titulares son los **New York Knicks**. Con todo apalabrado para jugar en la Armería del 69 Regimiento, pabellón deportivo y edificio histórico situado en el 68 de Lexington Av., Manhattan, el órgano de gobierno de los New York Knicks presionó seriamente a los gerentes del establecimiento, logrando así expulsar directamente a la franquicia ABA de la ciudad, al otro lado del túnel Lincoln, hacia Nueva Jersey. Con problemas para encontrar pabellón, acabarán instalándose finalmente en 1968 en Long Island, renombrándose **New York Nets**, buscando un juego de palabras con los **New York Mets** (MLB) y los **New York Jets** (NFL) y por el sabor baloncestístico de la palabra. Lograrían en un *draft* privado de la ABA los derechos para el fichaje de Lew Alcindor (futuro

Kareem Abdul-Jabbar), pero este, tanteado, acabaría optando por los Bucks y una más consolidada NBA. Con el fichaje de **Rick Barry** en 1970, los Nets tendrían su primer base decisivo, logrando acceder a las finales de la ABA de 1972, cayendo contra Indiana. En 1973, con el fichaje de **Julius Erving**, los Nets ganarán el título de 1974 a los Pacers y se coronarán de nuevo contra los Denver Nuggets como campeones del último trofeo ABA jugado, en 1976.

1967 | Oakland Americans (1967), Oakland Oaks (1967-1969), Washington Capitals (1969-1970), Virginia Squires (1970-1976), 1 anillo ABA. De nuevo. Si se quiere reducir toda la ABA a un nombre: **Julius Erving**. Originalmente propiedad del cantante **Pat Boone**, mientras los **Oaks** jueguen en Oakland, con su simpático logo de la bellota corriendo botando un balón, lo harán en el **Oracle Arena** y le darán a la historia del deporte profesional el mayor estrago nunca visto, de acuerdo al sistema Elo:[1] en su primera temporada obtienen el segundo de los peores registros de la historia y en su segunda temporada ganan el campeonato. Esa era la ABA. Los **Oaks** son el primer equipo de baloncesto que trae un campeonato nacional a la ciudad y a la bahía, años antes que los **Warriors**. Los problemas financieros y la disputa legal por **Rick Barry** con los Warriors de la NBA se llevarán la franquicia a la Costa Este, renaciendo unos meses como **Washington Capitals** (no Capitols), alineados todavía en la División del Oeste para no desencajar las cosas, asunto que les tendrá eternamente en la carretera. En 1970 se renombrarán definitivamente **Virginia Squires** y se trasladarán a Norfolk porque, dado que ya se vislumbraba en el horizonte una fusión con la NBA, primaban los intereses de Abe Pollin, que tenía en mente llevarse a los Bullets al DC. En Virginia empieza el Sur, y los Virginia Squires asumen un sentimiento regional más que ciudadano y juegan sus partidos de casa en distintos pabellones del estado, más allá de Norfolk, en Richmond, Hampton y Ronanoke, calando bastante. Tras hacerse con **Julius Erving** en el *draft* de 1971, los Squires lograrán su mejor baloncesto, complementado con el fichaje del año siguiente: **George Gervin**, que se convertirá en uno de los mejores escoltas/aleros de la NBA, originalmente *drafteado* por los Suns de la NBA y vendido a los Squires. El dúo durará solo un año. Gervin será vendido a los **Spurs** al año siguiente, donde hará realmente una carrera de leyenda, y Erving a los **Nets**. Ambas ventas darán viabilidad económica a la

---

1. Desarrollado por Arpad Elo, es un método matemático basado en la estadística que calcula la habilidad relativa entre competidores. Generalmente aplicado al ajedrez, se ha hecho extensible a los videojuegos o la MLB. Su aplicación es más que discutible en equipos de baloncesto.

franquicia, pero la llevarán a hacer las peores temporadas históricas de cualquier equipo ABA, perder seguidores y diluirse en la nada, por lo que fue cancelada por la ABA.

1967 | Pittsburgh Pipers (1967-1968), Minnesota Pipers (1968-1969), Pittsburgh Pipers (1969-1970), Pittsburgh Pioneers (1970), Pittsburgh Condors (1970-1972), 1 anillo ABA. Liderados por su estrella **Connie Hawkins**, futuro líder de los Phoenix Suns y cuatro veces All-Star de la NBA, fueron los primeros campeones de la ABA en 1968, logrando para la formalísima Pittsburgh el único título deportivo profesional con que la ciudad cuenta. En Minnesota serían entrenados por **Vern Mikkelsen**, antiguo alero de los Lakers de Mikan, en la que sería su única temporada como entrenador profesional. De vuelta en Pittsburgh y ya como Condors, su momento más memorable llegaría el 6 de noviembre de 1970 jugando contra los Carolina Cougars en Raleigh, cuando **Charlie _Helicopter_ Hentz** destrozaría el tablero de cristal atacante haciendo un mate en la primera parte y el otro tablero con otro mate en la segunda, quedándose con el aro en las manos en ambas ocasiones. Como no había más tableros en el pabellón, los árbitros, basándose en el marcador, dieron el partido como victoria de los Condors. En su último año de existencia, los Condors apenas podían reunir a mil personas por partido. A final de temporada, la ABA solicitó la disolución de la franquicia y organizó un _draft_ de dispersión para los jugadores. De entre éstos, el único que iría a la NBA es **John Brisker**, alero que jugaría para los Seattle SuperSonics. En abril de 1978, ya retirado, Brisker viajó a Uganda con propósitos no muy claros, tal vez para alistarse en alguna milicia política, perdiéndose aquel mes su pista para siempre. Fue declarado muerto en ausencia en diciembre de 1985, el único jugador de la NBA muerto de ese modo. **Bison Dele**, pívot de Orlando, Denver, Bulls, Clippers y Detroit durante los años noventa, campeón con los Bulls en 1997, se encuentra en paradero desconocido desde julio de 2002, con bastantes números de convertirse en el segundo jugador de la NBA desaparecido.

1972 | San Diego Conquistadors (1972-1975), San Diego Sails (1975), 0 anillos ABA. La primera y única franquicia de expansión de la ABA, concedida a **Leonard Bloom**, dentista californiano millonario y propietario de la Marquee Entertainment Corporation. Arregló un acuerdo con Peter Graham, propietario del San Diego Sports Arena, con capacidad para catorce mil espectadores. Tras una buena primera temporada, en 1973 fichará como entrenador-jugador a **Wilt Chamberlain**, que ya andaba mucho más ocupado en sus actividades extra baloncestísticas que en sus funciones en el banquillo. Los Lakers interpondrán una demanda evitando que Big Dipper juegue pues consideran, con razón, que aún debe un año de juego a los Lakers. Chamberlain ejercerá entonces nominalmente como entrenador, pero su interés por esas tareas es mínimo y lo relega todo sobre su segundo **Stan Albeck**, que más adelante entrará en la NBA con una carrera profesional bastante interesante al frente de Cavaliers, Spurs y Bulls, llegando con estos dos últimos equipos cada año a post-temporada. Wilt Chamberlain ocupa el año en promocionar su primer libro, publicado en octubre, *Wilt: igual que cualquier otro millonario negro de 2,16 que vive en la puerta de al lado*, y anuncia su retirada del baloncesto profesional al acabar 1973.

La ABA siempre pretendió (y logró) ser una alternativa desenfadada a una NBA mucho más formal y ensimismada; la atmósfera en los pabellones era, y hablamos de final de los años sesenta y buena parte de los setenta, mucho más suelta y juerguista. Podían hacerse cosas en aquellos pabellones que la NBA jamás permitiría. En junio de 1970 los propietarios de la NBA reunidos en comité votaron 13-4 a favor de iniciar conversaciones con la ABA para una fusión. En general el clima, tanto de aficionados como de propietarios de la NBA, era favorable a la fusión aunque esta no sería posible legalmente hasta 1976: poco después del anuncio del comité de fusión de la ABA-NBA, la **NBPA**, la asociación de jugadores, tras ser reconocida en 1969 como sindicato representante de los derechos e intereses de todos los jugadores inscritos, interpuso una demanda contra la NBA por vía de **Oscar Robertson**. Es el llamado «Caso Robertson» contra la NBA. Su intención era bloquear cualquier fusión con la ABA mientras no se aclarase de forma definitiva la situación con-tractual de los jugadores: defendía el fin de las cláusulas a perpetuidad tan restrictivas para la carrera de un jugador y dar origen fundamentalmente a la figura de los agentes libres. Hasta el momento, un jugador que por vía del *draft* firmaba con una franquicia de la NBA cedía enteramente sus derechos a la franquicia que lo contrataba y sería siempre la fran-quicia la que decidiría cuándo y a quién podrían ser traspasados los derechos de su jugador. Aduciendo que aquellas eran normas contra el derecho de competencia (y que atentaban directamente contra el espíritu de las *anti-trust laws*), durante seis años este caso detuvo la fusión con la ABA. Finalmente, en 1976, la Corte aceptó el acuerdo al que ambas partes llegaron: se reconocía la figura del **agente libre** siempre y cuando la franquicia original pudiera retener un derecho de tanteo e igualar cualquier oferta que otra franquicia pudiera ofrecerle. La NBPA, capitaneada por un jugador de mejor o peor tacto e inteligencia en cada período histórico, irá reapareciendo en diversos episodios de gran trascendencia para la competición, llegando a forzar varios cierres patronales, siempre velando por los

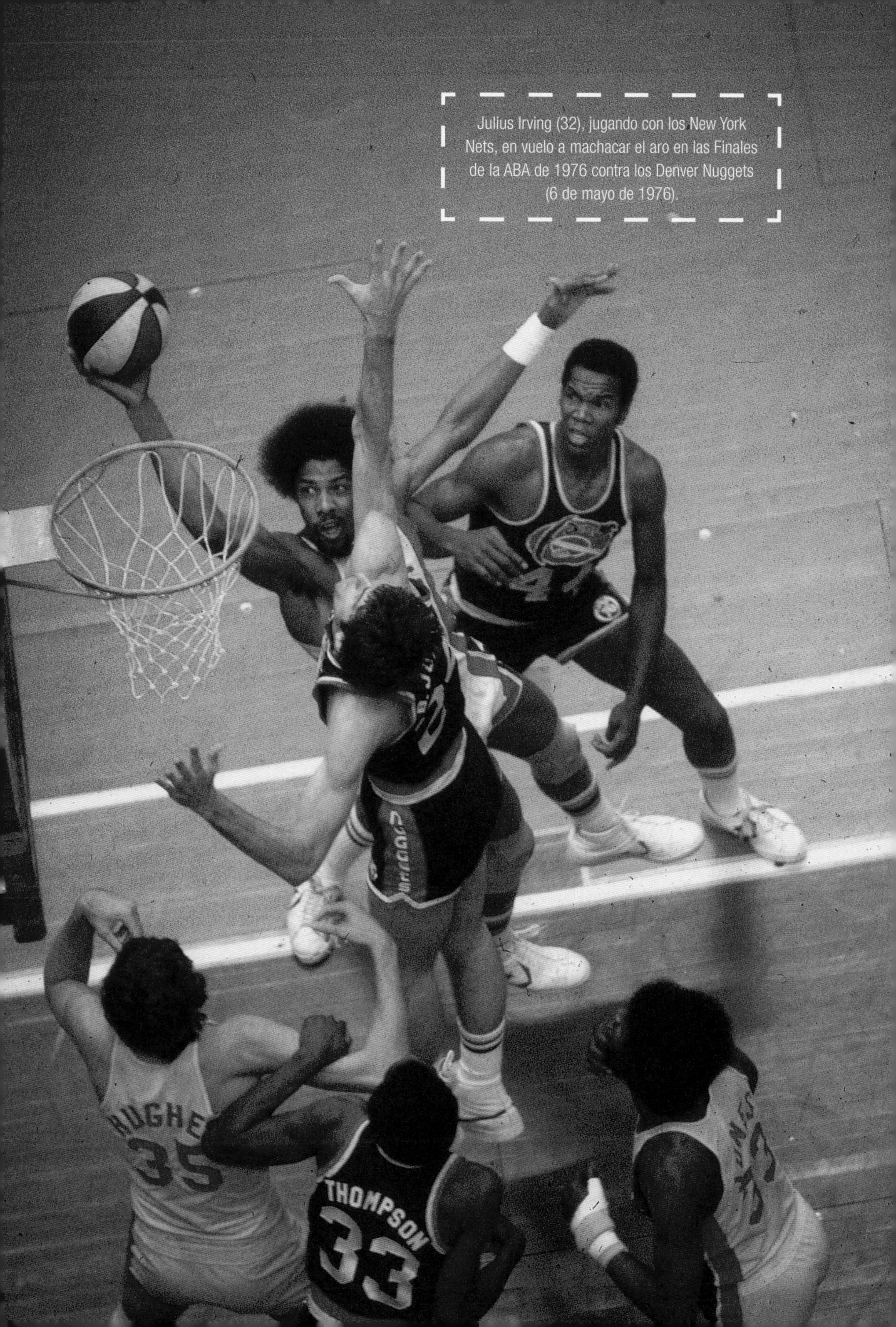

Julius Irving (32), jugando con los New York Nets, en vuelo a machacar el aro en las Finales de la ABA de 1976 contra los Denver Nuggets (6 de mayo de 1976).

intereses exclusivos de unos jugadores que son parte esencial del enorme espectáculo del que todos disfrutamos.

Como todo el mundo tenía en general ganas de la fusión, los órganos de ABA y NBA empezaron a organizar encuentros inter-ligas. La cosa empezó con un ABA-NBA All-Star en el verano de 1971, que se llevó la NBA por 125-120. Desde entonces, se dieron numerosos encuentros no-oficiales entre equipos de ambas ligas con un registro final de 31-17 para la ABA. Cada vez que se enfrentaron los campeones vigentes de cada liga, la victoria fue para el campeón ABA. Despertándose increíblemente tarde porque la fusión ya estaba a punto de firma, la CBS propuso un playoff de post-temporada que mezclase ambas ligas, y se hizo con los derechos de retransmisión, aunque aquello no llegó a materializarse jamás. Una vez se resolvió el caso Robertson contra la NBA, se pudo firmar el acuerdo de fusión. No realmente preocupada por su integridad ni supervivencia, la NBA estableció sus términos para la fusión de un modo sencillo y directo: no era una fusión. Del mismo modo que se había hecho en su día con los equipos de la NLB, los equipos seleccionados para entrar en la NBA recibirían la consideración técnica de equipos de expansión: Denver Nuggets, New York Nets, Indiana Pacers, San Antonio Spurs. Cada uno debía por tanto pagar 3,2 millones antes del 15 de septiembre de 1976 para poder inscribirse formalmente. Ninguno de los cuatro equipos recibiría dinero por derechos televisivos durante las primeras tres temporadas, esto es, hasta el arranque de la 1979-1980, y una vez cobrasen beneficios televisivos deberían destinar una séptima parte de los mismos íntegramente a los propietarios del Spirits of Saint Louis. Tampoco ninguna de las cuatro franquicias recién absorbidas tendría voto durante los siguientes dos años en lo relativo a la distribución de emolumentos por taquilla en las arenas de la liga ni voto en relación a las discusiones sobre alineaciones de liga (estructura de las divisiones). Tampoco se conservarían en el cómputo NBA los registros obtenidos por las franquicias o sus jugadores. Los jugadores de los Colonels y los jugadores de los Spirits of Saint Louis podían entrar a la NBA vía *draft* de dispersión, en el cual no tendrían derecho de elección ninguno de los equipos originales de la ABA. Los New York Nets además, adicionalmente, debían pagar 4,8 millones de dólares a los New York Knicks por invadir su territorio. Los Nets, decididos a saldar esa deuda, ofrecieron a su jugador **Julius Erving** por 3 millones de dólares a los New York Knicks, pero los Knicks no vieron clara la operación…, en lo que sin duda puede calificarse como movimiento más absurdo de la historia de la franquicia. Julius Erving acabaría en los **Philadelphia 76ers** convirtiéndose en su estrella más absoluta y logrando el anillo en 1983. El *draft* de dispersión de la ABA, celebrado el 5 de agosto de 1976, únicamente formado por jugadores de los Colonels y de Saint Louis, traería figuras de relevancia a la NBA, como **Artis Gilmore** (Colonels) que ficharía por los Bulls o **Maurice Lucas** (Colonels) y **Moses Malone** (Saint Louis) que irían a Portland Trail Blazers.

Las diez elecciones de primera ronda se realizarían, pero no habría elecciones en segunda ni en tercera. Todos aquellos jugadores no seleccionados pasaron a ser agentes libres y debían buscar su suerte en el libre mercado como el resto de jugadores pertenecientes a las franquicias ABA, que en ningún caso entraron ni en la absorción ni en el *draft* de dispersión. De los ochenta y cuatro jugadores que habían jugado aquella última temporada de la ABA, sesenta y cuatro lograrían firmar contratos con equipos NBA para la temporada 1976-1977. Dos entrenadores, aparte de los cuatro de la fusión que conservarían sus puestos, ficharían por franquicias NBA para aquella temporada: Tom Nissalke (de Utah Stars a Houston Rockets) y Hubie Brown (de Colonels a Atlanta Hawks). Si bien la ABA no fue un ejemplo en lo relativo a gestión profesional, no hay duda de que en su seno aparecieron algunos jugadores que, una vez desembarcados en la NBA, mejorarían indudablemente la liga y supondrían un salto de calidad en la década de los ochenta. Los resultados deportivos de la fusión y el relieve de los ABA una vez articulados en una liga seria se hacen evidentes analizando los datos de la temporada 1976-1977. De entrada en el All-Star de 1977, diez de los veinticuatro jugadores convocados habían sido jugadores ABA. Concluida la temporada regular, tres de los diez máximos anotadores de la liga lo habían sido en equipos ABA:

Denver | David Thompson (tercero, 2.125 puntos).
Indiana | Billy Knight (cuarto, 2.075 puntos).
San Antonio | George Gervin (sexto, 1.895 puntos).

En los Indiana Pacers jugaba también el líder absoluto de asistencias (685) y robos (281) de la temporada, el escolta **Don Buse**. Y en la ABA habían jugado también los líderes absolutos en el rebote ofensivo de aquel año: **Moses Malone**, de Buffalo Braves (primero, 437 rebotes ofensivos), **George McGinnis**, en Sixers (segundo, 324 rebotes ofensivos), **Artis Gilmore**, en Chicago (tercero, 313 rebotes ofensivos). Las **Finales de la NBA de 1977** se disputarían entre Portland Trail Blazers y Philadelphia 76ers, y observamos que de los diez jugadores que componían las dos unidades titulares, cinco jugadores lo habían sido de la ABA:

Philadelphia | Julius Erving (Nets)
Philadelphia | Caldwell Jones (Colonels, Spirits)
Philadelphia | George McGinnis (Pacers)
Portland | Dave Twardzik (Squires)
Portland | Maurice Lucas (Colonels)

Las finales se las llevarán los Trail Blazers por 4-2, logrando así su primer y hasta la fecha único anillo contra los Sixers. Fueron unos campeones muy poco esperados dada su temporada regular, aunque aún había sido más sorprendente el barrido 4-0 que les dieron a los Lakers en las finales de la Conferencia Oeste. Las finales las habían encaminado cómodamente los Sixers en sus partidos en casa poniéndose 2-0, pero Portland, liderado por sus hombres ABA y un descomunal **Bill Walton** (promediando desde su posición de pívot 18,5 puntos, 19 rebotes y 5,2 asistencias en aquellas finales), logró un giro del marcador muy pocas veces visto en la historia del deporte profesional. Las series se decidieron el 5 de junio de 1977 en los últimos segundos del sexto partido al fallar McGinnis su último tiro con el 107-109 en el marcador para Portland. Julius Erving declaró sobre Walton: «Es una inspiración». Su compañero **Maurice Lucas** fue más específico: «Si me hubiera caído a mí su camiseta (lanzada al público que entró en la cancha tras la bocina), me la habría comido entera. Bill es mi héroe».

De los dos entrenadores ABA que habían fichado por equipos NBA, **Tom Nissake** sería nombrado entrenador del año de la NBA aquel 1977 al frente de los Rockets y **Hubie Brown** lo sería al año siguiente (1978) al frente de los Atlanta Hawks. Brown repetiría galardón en 2004 ya en el banquillo de los Memphis Grizzlies.

Datos sobre la mesa, no queda duda que la absorción de la ABA supuso un beneficio generalizado para la NBA. Los buenos jugadores ABA salieron reforzados al poder trabajar en unas estructuras mucho más profesionales y de mucha mayor proyección, los equipos receptores de calidad ABA salieron reforzados también, incluidos aquellos que ficharon entrenadores ABA, y la misma competición mejoró al tener savia nueva de calidad tan competitiva. Los ingresos aumentaron y los emolumentos televisivos también mejoraron para toda la liga y sus participantes. La NBA habría seguido una línea ascendente evidente, pero no hay razón para desechar la aportación que la ABA supuso. Como recuerdo de aquellos años, son muchas las franquicias NBA que de vez en cuando visten camisetas de aquellas franquicias ABA con las que comercialmente, en su gran mayoría, nada tienen que ver. La cosa del reloj de 30 segundos no convenció a nadie, aunque sí la línea de triple que acabaría implantándose en 1979 en las canchas de la NBA. El **balón tricolor**, que tampoco convenció a nadie, sí quedaría almacenado como recuerdo permanente en la NBA en forma de *money-ball* (multiplicador de puntos) al final de cada carro de cinco balones en el concurso de triples de los NBA All-Star como doble guiño a la ABA.

15. EL REGLAMENTO DE LA NBA

Hay algo casi poético en el trato que la NBA ha ido dando al reglamento de juego, convirtiéndolo en uno de sus trazos distintivos. Desde el origen del juego en manos de James Naismith y su establecimiento de las «13 reglas», muchas normas se han modificado, depurando el juego, cambiándolo, y siempre con la intención de mejorarlo. No cabe duda de que, en esencia, el espíritu de las reglas originales prevalece. Las primeras homogeneizaciones de la normativa se realizaron a mediados de la década de los treinta, y también en esa década se inició la práctica de la normativización *ad-hoc*, esto es, aquella aplicada para compensar específicamente a algún jugador cuyas capacidades descomunales descompensaban el juego entero. Se han demostrado todas verdaderamente efectivas, transversales, según el juego se ha ido desarrollando y la NBA se ha ido poblando por promociones de jugadores con increíbles capacidades atléticas. Revisemos cronológicamente el desarrollo de la norma del baloncesto desde su origen.

1891 | **Las 13 reglas.** Las ofrecemos tal cual fueron colgadas por James Naismith en la puerta del pabellón aquella tarde del 21 de diciembre. Todas ellas han sido depuradas a lo largo del tiempo, en algunas ocasiones ampliadas, algunas revertidas, pero ninguna verdaderamente alterada en su esencia.

1) *El balón puede lanzarse en cualquier dirección con una o dos manos.*
2) *El balón puede golpearse en cualquier dirección con una o las dos manos, pero nunca utilizando el puño.*
3) *Un jugador no puede correr con el balón, el jugador debe pasar el balón desde el lugar en que lo atrapa.*

4) *El balón debe mantenerse entre las manos; el cuerpo o los brazos no pueden servir para aguantarlo.*

5) *Golpear, retener, empujar, poner la zancadilla o agredir en cualquier forma a un oponente no será permitido en ningún caso, resultando la primera infracción de esa norma en falta, siendo la segunda falta motivo de descalificación hasta la siguiente conversión de canasta, o si hubiera evidente intención de lesión, descalificación por el partido entero.*

6) *Una falta se pitará cuando haya golpeo del balón con el puño, o por la violación de las normas 3 y 4 y según queda descrito en la norma 5.*

7) *Cuando un equipo cualquiera haga tres faltas consecutivas, contará como un punto anotado para el rival (consecutivas significa sin que el equipo rival cometa falta).*

8) *Una anotación será realizada cuando el balón sea lanzado o golpeado desde el suelo hacia el cesto y permanezca dentro. Si el balón queda reposando en los márgenes y el oponente mueve el cesto, el lanzamiento computará como anotación.*

9) *Cuando la bola sale de la cancha será devuelta al campo por el primer jugador que la toque. Si hay duda sobre quién la toca primero, será el árbitro asistente quien la devuelva frontalmente de forma neutral. Si el jugador demora más de cinco segundos en devolverla, contará como falta.*

10) *El árbitro asistente juzgará a los hombres en juego y anotará las faltas notificando al árbitro principal la consecución de tres faltas seguidas. Tendrá autoridad para descalificar jugadores de acuerdo a la norma 5.*

11) *El árbitro será el juez del balón y decidirá cuándo la bola está en juego, controlará los límites del terreno y a quién pertenece la posesión en saque de banda. Llevará el control del tiempo de juego y del marcador.*

12) *El tiempo de juego consistirá en dos partes de 15 minutos, con 5 minutos de descanso entre ambas partes.*

13) *El equipo que más puntos convierta será declarado ganador del encuentro. En caso de empate, si están los capitanes de los equipos de acuerdo, el partido proseguirá hasta anotar la siguiente canasta.*

Conviene en este punto recordar cuál fue la primera visión de la cancha de baloncesto que tuvo James Naismith. Él concibió una cancha rectangular, con una cesta puesta en alto en cada extremo. El campo, conceptualmente, se dividía en tres grandes franjas, determinando tres zonas con funciones diferenciadas.

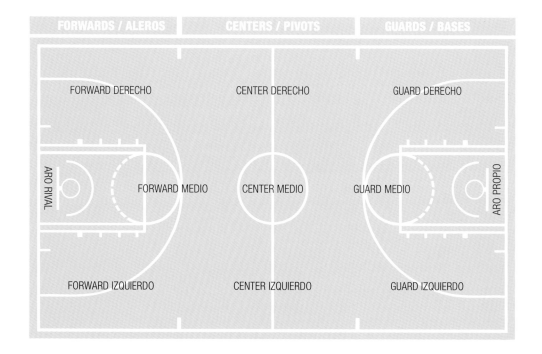

A Naismith le pareció natural que cada franja estuviera cubierta por tres jugadores, aunque no lo dejó escrito en su reglamento. Las posiciones enclavadas en la franja cercana al aro propio recibirían el nombre de *Forwards*, los jugadores en la franja central recibían naturalmente el nombre de *Centers* y los jugadores colocados en la franja que defendía el aro propio eran llamados *Guards*. De esa distribución original, y sin alteración terminológica, derivan los nombres que hoy empleamos en la cancha. Pronto se concentrarían las posiciones hasta las cinco existentes hoy en día, recolocándose de tres a dos espacios conceptuales en pista. Veamos la evolución de las reglas del baloncesto, según fueron siendo acordadas y aplicadas:

1894 | **Tiros libres.** Con la intención de reescribir la norma 7 de las faltas consecutivas, se introdujo el lanzamiento desde la línea de tiros libres. El lanzamiento se realizaría frontalmente desde una distancia de 15 pies (4,6 metros) desde la canasta y sin mediar defensa. La conversión de este lanzamiento anotaría 1 punto al equipo del lanzador. En 1924 se establecería que solo el jugador receptor de la falta podía lanzar los tiros libres. En 1956, haciendo caso a los informes que llegaban desde el instituto, la NCAA estableció una norma que prohibía cruzar el plano imaginario establecido por la línea de tiros libres en su ejecución. Se decía que un joven llamado Wilt Chamberlain en el instituto era capaz de dar un par de pasos hacia atrás y tomando impulso era capaz de machacar, reventando el espíritu mismo de la regla. La NBA adoptó la misma medida.

1895 | **Tableros.** Para evitar que los espectadores situados en los balcones sobre los que originalmente se colgaban las cestas interfirieran en el juego se introdujo el tablero. Los tableros de cristal fueron aprobados en 1904. En 1916, para evitar que los jugadores treparan por los muros hacia la canasta, se decretó que el conjunto de aro y canasta estaría dos pies dentro del terreno de juego. En 1939 esta distancia se aumentó a los 4 pies (1,21 metros) actuales, convirtiendo esa región en una zona de juego más.

1896 | **Anotaciones de dos puntos.** Para premiar las anotaciones en juego y distinguirlas de las anotaciones de tiros libres, se decidió que las canastas convertidas en juego reportarían dos puntos a favor del equipo anotador.

1897 | **Cinco jugadores por equipo**. No había quedado establecido ningún número de jugadores por equipo, aunque siempre hubo una tendencia natural a los nueve que originalmente habían disputado el primer encuentro. Tras probar distintas fórmulas, incluyendo los cincuenta jugadores por bando, se estableció la norma de los cinco jugadores por equipo que hoy en día conocemos.

1901 | **Botar el balón.** Se introdujo la posibilidad de dar un único bote con el balón tras la recepción, pero una vez hecho debían pasar y no se les permitía lanzar a canasta. Sin embargo, como la norma no indicaba nada sobre botar de nuevo, los jugadores empezaron a utilizar el bote de forma táctica. En 1909 se instituyó el avance con bote y la posibilidad de lanzar a canasta tras bote. Esta modificación convirtió el bote en un recurso eminentemente ofensivo, frente al uso meramente defensivo que se le había dado hasta el momento. Nacía con ello una de las esencias absolutas de este deporte.

1904 | **Fuera de banda.** No habiendo dejado definidos los límites exactos de la cancha, la interpretación de la norma original resultaba compleja y llevó durante los primeros años a muchas peleas y pugnas dado que el último en tocar el balón era el que recuperaba la posesión. Se llegó de hecho a tramar una red en torno a las canchas para evitar que las peleas se trasladasen fuera del parquet mismo al no poder volar la bola más allá. En 1904 se establecieron los límites imaginarios del campo de acuerdo a un marco de terreno de juego, pero aun así la interpretación de la norma, que otorga la posesión al primero que toca el balón desde que este ha salido, no evitó en absoluto las contiendas. En 1913, se determinó que la posesión iría para el equipo rival del último jugador que hubiese tocado el balón.

1912 | **Aro con red.** Tras sustituir los cestos y cajas de melocotones por capazos, se aprobó finalmente el uso de redes de nylon abiertas en el fondo, elemento que de pronto, naturalmente, aceleró muchísimo el ritmo de juego y la anotación por partido al no tener que trepar a recuperar el balón a cada anotación. Se mantuvo la altura original de 10 pies (3,048 metros) de la canasta desde el suelo.

1920 | **Sustituciones.** Originalmente una vez un jugador abandonaba la pista no podía regresar. En 1920 se permitió que volviese una vez. En 1934 se amplió a dos veces por encuentro y, finalmente, en 1945 se cambió la norma para permitir la vuelta ilimitada del jugador a la cancha, siempre y cuando no contraviniese la norma de faltas y expulsiones.

1929 | **El balón.** Aunque en 1894 se habían empezado a producir balones específicos para baloncesto (el primer partido se jugó con uno de fútbol), y hacia finales de aquella última década del siglo XIX la compañía Spalding ya despuntaba como la manufactura principal de esos balones, no fue hasta 1929 cuando se rediseñaría el balón, retirándole los lazos que originalmente presentaba y tanto dificultaban el bote. En 1942 se llegó a un consenso para un balón unificado para la práctica universal del baloncesto, definitivamente sin lazos y con una presión permanente que generase el mismo tipo de bote allá donde se jugase. Hoy en día un balón de la NBA tiene 29,5 pulgadas (74,93 cm) de circunferencia, y su presión se mantendrá entre las 7,5 y las 8,5 libras por pulgada cuadrada (entre 0,5 y 0,6 kg por centímetro cuadrado). Spalding los sigue produciendo.

1932 | **Campo atrás.** Para evitar la congelación del juego y el uso de todo el campo para retener resultados favorables, se introdujo esta norma ayudando a los equipos en sus tareas de defensa. En 1933, antes de haber introducido el reloj de posesión, se introdujo la norma de los 10 segundos para cruzar el campo propio al de ataque. En el año 2000, NBA y FIBA redujeron a los 8 segundos que hoy en día rigen.

1936 | **Tres segundos.** Debido a la increíble predominancia de Leroy Edwards, el mítico pívot blanco de los Oshkosh All-Star de la NBL, se instauró la pista longitudinal llamada zona de 3 segundos en el interior de la cual ningún jugador en ataque puede permanecer más de este tiempo. Con la línea de tiros libres conformaba una forma similar a la de una cerradura y con ese nombre es conocida desde entonces la pintura en inglés: *key* (contracción por *key-hole*). En 1951, dada la tremenda dominación de George Mikan en los alrededores de esa zona, su anchura fue ampliada de los 6 a los 12 pies (3,65 metros), vigente en la mayoría de canchas del mundo todavía. En 1964, debido a Wilt Chamberlain, la NBA expandió la pintura a los 16 pies (4,87 metros) definitivos.

1944 | **Goaltending.** Interposición. Se decretó ilegal tocar el balón de manera defensiva cuando este se encontrase en trayectoria descendente hacia la canasta. Esta norma se implementó debido a la potencia taponeadora de George Mikan y Bob Kurland, un pívot NCAA de 2,13 que no llegó a jugar en ninguna liga profesional.

1949 | **Entrenador en la cancha.** Hasta 1949 los entrenadores solo podían dar instrucciones en la media parte. No podían decir nada en los tiempos muertos ni podían estar presentes en pista durante el partido. Desde 1949 se dio permiso al entrenador para estar en el banquillo, aspecto que introdujo una mayor dinamización del juego.

1954 | **Reloj de posesión.** Con la intención de acabar de una vez por todas con los recursos de congelación de balón, tras diversas pruebas, la NBA introduce el reloj de posesión en 24 segundos. La FIBA se sumaría en 1956, inicialmente con el reloj de 30 segundos, y a partir del 2000 con el de 24 segundos. La NCAA solo introduciría el reloj de posesión en 1985 con uno de 45 segundos que reducirá al actual de 35 segundos en 1993.

1958 | **Basket interference.** Interferencia de canasta. Similar a la norma de interposición, pero en aro atacante. Prominentemente debido a Bill Russell, que solía acompañar los lanzamientos erráticos de sus compañeros mediante un gesto embudo de las manos, la NBA establece que ningún jugador podrá tocar un balón lanzado con intención de anotar cuando se encuentre en el cilindro imaginario que se proyecta en vertical desde el aro, con la salvedad del jugador que esté ejecutando un mate. En la FIBA, una vez el balón ofensivo ha tocado el aro, entrando o no en ese cilindro, la norma no se aplica.

1961 | **Línea de triple.** Introducida oficialmente por la ABL en su única temporada de existencia, establece una semicircunferencia de 25 pies (7,62 metros) de radio; será la ABA la que, a partir de 1967, establecerá esta norma de forma definitiva, convirtiéndose en uno de sus mayores atractivos. La NBA acabará adoptando la distancia oficialmente para la temporada 1979-1980 y la FIBA, rebajándola a los 6,25 metros, la instaurará oficialmente para todas sus competiciones en 1984.

Naturalmente otras reglamentaciones derivadas de esta columna central se han ido aplicando y desarrollando hasta lograr el compendio que regula el juego dentro y fuera de la cancha. Hoy en día las posibles nuevas reglamentaciones o cambios sobre lo estipulado, que la NBA está considerando, afectan sobre todo a la estructura de competición (la administración de *seeds* a final de temporada regular) o los plazos de mercado para los agentes libres.

Específicamente en relación a reglas aplicables en la cancha, la única que parece estar sobre la mesa es la regulación de la célebre técnica defensiva, estrategia en sí misma, conocida generalmente como *Hack-a-Shaq*, dado el abuso que se hizo de ella sobre la figura de Shaquille O'Neal. Consiste en cometer falta intencionada repetidamente sobre un jugador con espantosos registros desde la línea de tiro libre, obligándole a lanzar desde esa distancia y contrarrestando así sus capacidades, generalmente extraordinarias, para la anotación en juego, y las del resto del equipo que solo podrá ver a su compañero yendo una vez tras otra a sufrir desde la línea. En principio, pese a las voces que consideran que semejante recurso va contra el espíritu del juego, la NBA por el momento no parece decidida a reglamentar directamente sobre la cuestión, considerando que dejará de utilizarse al ser bastante evidente, números en mano, que dicho recurso no da ventaja al equipo que lo practica. En sí, no es más que un recurso táctico, poco decoroso, que la norma permite, y se entiende la encrucijada en la que la NBA se encontraría si desease reglamentar específicamente en su contra. Para evitar esos *hacks*, la NBA debería alterar el corpus entero de normas relativas a las faltas sin balón (ya reformado en los tiempos de Wilt Chamberlain: en la NBA una falta cometida sobre un jugador sin balón a menos de dos minutos del final confiere automáticamente dos lanzamientos de tiros libres) o entrar directamente en normas relacionadas con los tiros libres.

Son tal vez cambios y manejos demasiado estructurales para atajar una práctica que, siendo sinceros, resulta bastante humillante, en modo general, para todo el mundo y en particular para el equipo que la practica... ¿Realmente no son capaces estos tíos de defender limpiamente? Es lo que se pregunta cualquiera que lo ve. Es lo que probablemente bastantes jugadores obligados por sus entrenadores a practicar esa estrategia piensan también...

Sea como sea, tras más de ciento veinticinco años de baloncesto, y avanzando a por los setenta de la NBA, tenemos un deporte que ha ido adaptándose al juego desde el origen y sin duda seguirá haciéndolo, siempre sin perder de vista la diversión, el talento, la velocidad y la táctica. Algunas normas como la garantía de dos lanzamientos de tiros libres, la falta de campo abierto o una mejor definición de qué cuenta cómo falta flagrante, o el número de pasos que puede dar un jugador antes de botar el balón, es posible que se vean modificadas en el futuro. En cualquier caso, y es lo bonito de todo esto, jamás se alterará el espíritu esencial que a todos nos vincula.

16. LOS LUMINOSOS AÑOS OCHENTA

Lo primero que vemos es un encuadre panorámico de campo tomado desde lo alto, enmarcando todo el pabellón... Las gradas repletas, las luces encendidas sobre la cancha, mucha agitación, los techos en la oscuridad y en seguida un potente, colorido y alegre chorro de voz: «¡Bienvenidos a San Diego! ¡Bienvenidos a la vuelta de la NBA en la CBS!». Y colores, montones de colores y sonidos de evento deportivo. Es viernes, 12 de octubre de 1979, yo soy un bebé de un año y medio, mi madre es una rubia de treinta y pocos, todas nuestras fotos son granuladas, y esta es la noche del arranque de la **temporada 1979-1980** con la que iniciamos la ruta hacia la que será una de las mejores décadas de todos los tiempos de la NBA...

La década de los setenta ha renovado la NBA, configurando una liga muy atractiva y apasionante. La absorción de la ABA en 1976 ha introducido un tono más colorido y *funky*, y un juego cada vez más vistoso y veloz. Pero su máxima aportación no será visible hasta esta noche de *tip-off* de temporada, un cambio en forma de línea semicircular ha amanecido en todos los parquets de la NBA: la **línea de triple**. Una distancia desde la cual la conversión de canasta reporta 3 puntos generará toda una oleada de emoción y escenarios nuevos, así como un número de tiradores especializados en esa distancia, que podrán, como todo en la NBA, subcatalogarse: mejor triplista tras bloqueo, mejor triplista sin bote, mejor triplista en carrera, aunque básicamente se medirán los triplistas por conversión y número de puntos. Es un recurso sin el que no entenderíamos el baloncesto hoy. Esta noche, los de la NBA no tenemos realmente presente lo que el triple supondrá para nuestra liga. Entre otras cosas, hará emerger nuevas estrellas, leyendas del perímetro, hasta el momento inconcebibles. Sin línea de triple, las grandes estrellas de la liga han sido hasta ahora, en su mayoría, jugadores interiores. Los años setenta son especialmente distintivos a este respecto. Durante la década, hemos visto a varios equipos ganar sus primeros anillos, incluso ha dado tiempo para que algunos de ellos repitan título y otros renueven sus glorias. Hemos visto a **Jerry West** anotar una canasta desde 20 metros sobre la bocina para igualar el encuentro en el tercer partido de las finales de 1970. Hemos visto a los Lakers dejar un rastro de 33 derrotados a lo largo de la racha más contundente de victorias de la historia. Hemos visto un crítico quinto partido en unas finales con tres prórrogas entre Boston y Phoenix, por muchos considerado el mejor partido de todos los tiempos. Y hemos visto una de las batallas más épicas jamás vividas en un último partido de temporada regular, el 9 de abril de 1978, al combatir dos hombres de equipos rivales (**George Gervin**, de San Antonio Spurs, y **David Thompson**, de Denver Nuggets) por el título de máximo anotador de la temporada. Gervin se verá obligado a anotar 63 puntos esa noche, perseguido en ruta al título por David Thompson que llegará a los 73. Una batalla celestial. Gervin se llevó aquel título de máximo anotador de la NBA. Perfecto trasunto de lo increíblemente equilibrada e igualada que la década de los setenta ha corrido... Echemos un vistazo a los campeones que dejamos atrás y sus plantillas:

1970 | **New York Knicks** | Willis Reed (5), Dave DeBusschere (4), Dick Barnett (1), Walt Frazier (2), Bill Bradley (3). Entrenador: Red Holzman | *4-3 Los Angeles Lakers*. Con Boston entrando en barrena, la década se inicia con viento propulsor de cola para los equipos de la NBA Este. La inteligencia de **Red Holzman** en la administración de sus hombres, con sus nociones de baloncesto fundamental, bonito y sin florituras, baloncesto directo que tan bien entendían sus jugadores, lleva a la franquicia neoyorquina a conseguir su primer anillo de la NBA. Cinco futuros miembros del Salón de la Fama figuran en la plantilla de Knicks, entre ellos un joven Phil Jackson al inicio de su carrera profesional.

1971 | **Milwaukee Bucks** | Lew Alcindor (5), Greg Smith (4), Oscar Robertson (1), Bob Dandridge (2), Jon McGlocklin (3). Entrenador: Larry Costello | *4-0 Baltimore Bullets*. La incorporación de Oscar Robertson en aquella temporada incendiará en combinación con sus nuevos compañeros los parquets de la NBA en un tiempo récord: de la fundación al anillo en tres temporadas. El estilo era de los Bucks, diseñado por el tradicionalista **Larry Costello**, no era otra cosa que el triángulo ofensivo que más tarde veríamos a pleno rendimiento, con la intención (gran diferencia respecto a los otros triángulos) de que todos los balones acabaran en Lew Alcindor (más tarde, Kareem Abdul-Jabbar).

1972 | **Los Angeles Lakers** | Wilt Chamberlain (5), Happy Hairston (4), Jerry West (1), Gail Goodrich (2), Jim McMillian (3). Entrenador: **Bill Sharman** | *4-1 New York Knicks*. La veteranía de una plantilla tremendamente experimentada, un compendio de hombres que en muchas ocasiones habían estado bajo los focos y griterío de unas finales de la NBA, se convirtió en éxito incontestable cuando aprendieron a optimizar la visión preclara de su entrenador: el uso del contraataque. Indestructibles como grupo, no le quedaba sin embargo a su condición física recorrido suficiente para cuajar aquel esfuerzo en la forma de una dinastía inolvidable.

1973 | **New York Knicks** | Willis Reed (5), Dave DeBusschere (4), Walt Frazier (1), Earl Monroe (2), Bill Bradley (3). Entrenador: **Red Holzman** | *4-1 Los Angeles Lakers*. Reforzados por Monroe para conformar el *Rolls Royce back-court* estableciendo lo que entonces se pensó que sería una de las dinastías de la década. Siempre en base al baloncesto de fundamentos, pase y busca al hombre abierto, jamás se habían visto dos jugadores tan extraordinarios jugando en la zona exterior.

1974 | **Boston Celtics** | Dave Cowens (5), Paul Silas (4), Jo Jo White (1), Don Chaney (2), John Havlicek (3). Entrenador: **Tom Heinsohn** | *4-3 Milwaukee Bucks*. Hay una especie de «injusticia» histórica pendiendo sobre estos Celtics y en particular su entrenador, la auténtica estrella de esta era. Tom Heinsohn es el segundo de los mejores entrenadores en la historia de los Boston Celtics, justo por detrás de Auerbach; sea como jugador, entrenador o ejecutivo, tiene conexión directa con los diecisiete campeonatos que la franquicia ha obtenido. Sus Boston Celtics fueron los primeros en introducir claramente el *small ball* en las canchas de la NBA, combinando con una noción de baloncesto rápido y posesiones cortas que progresivamente se ha ido perdiendo en el Este.

1975 | **Golden State Warriors** | Clifford Ray (5), Jamaal Wilkes (4), Butch Beard (1), Phil Smith (2), Rick Barry (3). Entrenador: **Al Attles** | *4-0 Washington Bullets*. Con un registro 48-34 en temporada regular frente al ostentoso 60-22 de unos poderosos Bullets dirigidos por K.C. Jones, los Warriors eran claramente el equipo con menos posibilidades en aquellas finales de la NBA, las primeras con entrenadores de raza negra a ambos lados de la cancha. Attles, apodado *El Destructor* en sus años de jugador, había tomado el equipo en 1970 siendo todavía jugador de cancha y así se mantuvo una temporada más, fundamentalmente para poder salir a la pista y repartir faltas a diestro y siniestro cuando era necesario, sin cargar a sus jugadores. Fue el primero en desatender la norma no escrita que aún operaba en la NBA en relación a una cuota mínima de jugadores de raza blanca en cancha. Le dio completamente igual. Pocas características de las que Attles tuvo como jugador (9 puntos por noche, 3,5 rebotes, 3,5 asistencias, 3,4 faltas) se encuentran en su equipo. El entrenador campeón más intuitivo de la década, apostó todo al talento individual de sus hombres y la motivación psicológica. Poca pizarra y poca atención a la defensa (promedian 106 puntos en contra por noche), se coronaron como el equipo de mayor anotación por partido en la NBA (108 puntos por noche), primero en rebotes y primero en robos de balón, quinto en asistencias y decimoséptimo en faltas. Fluían.

1976 | **Boston Celtics** | Dave Cowens (5), Paul Silas (4), Jo Jo White (1), Charlie Scott (2), John Havlicek (3). Entrenador: **Tom Heinsohn** | *4-2 Phoenix Suns*. Tras haber perdido contra los Washington Bullets en las finales del Este de 1975, los Celtics buscaban revancha, buscaban dejar marca dinástica. Heinsohn había enviado a Westphal a Phoenix a cambio de Charlie Scott, para encontrarse ambos hombres cara a cara ahora. Aplicando los mismos recursos que les dieron el anillo de 1974, Boston logra este campeonato. Será sin embargo el fin de la era. El equipo irá hacia el apagón y el retiro de las estrellas más destacadas. No habrá dinastía céltica en la década de los setenta.

1977 | **Portland Trail Blazers** | Bill Walton (5), Maurice Lucas (4), Lionel Hollins (1), Johnny Davis (2), Bob Gross (3). Entrenador: **Jack Ramsay** | *4-2 Philadelphia 76ers*. Era la temporada debut de Jack Ramsey y el primer año que la franquicia hacía la post-temporada. Reforzado por sus dos jugadores franquicia (Walton, Lucas), el juego de los Blazers estaba plenamente basado en el criterio colectivo y la condición física, elemento central de la filosofía de juego de Ramsay. Militar de carrera y veterano de la Segunda Guerra Mundial, instruyó a sus hombres para saber distinguir siempre el corazón, el elemento más importante en cada momento. Entrenador de gran penetración mental, reforzador de personalidades, siempre fue visto, en palabras de Bill Walton, como un referente moral y una inspiración espiritual para todos sus hombres.

1978 | **Washington Bullets** | Wes Unseld (5), Elvin Hayes (4), Kevin Grevey (1), Tom Henderson (2), Bob Dandridge (3). Entrenador: **Dick Motta** | *4-3 Seattle Super-Sonics*. Tal vez el único entrenador que jamás tuvo contacto con el baloncesto en cancha antes de ponerse a entrenar. Conocido en su época por su increíble mal humor, sus gritos, sus discusiones permanentes con los árbitros, su extraordinaria capacidad para enfurecer a todo el mundo, militar de carrera, su

Larry Bird ejecuta un tiro rodeado del núcleo
duro de Los Angeles Lakers en el Boston Garden
durante la temporada regular 1983-1984.

gran talento estuvo en la gestión de grupo. Convirtió a Kevin Grevey de alero a base, cargó a Mitch Kupchak de minutos de interior desde el banquillo para mantener a su pintura fresca a lo largo de todos los encuentros. Gran estratega, sus jugadores fueron los primeros en reconocer que fue su inteligencia en la variación de piezas y su capacidad para leer las necesidades del equipo en cada momento y rotar en consecuencia, lo que facilitó el éxito.

1979 | **Seattle SuperSonics** | Jack Sikma (5), Lonnie Shelton (4), Gus Williams (1), Dennis Johnson (2), John Johnson (3). Entrenador: **Lenny Wilkens** | *4-1 Washington Bullets*. Lo primero que uno hace al echar un vistazo a la plantilla de Seattle que ganó este único anillo es mirar directamente a los ojos de su entrenador. Es sin duda uno de los equipos con menos estrellas que jamás ha ganado un campeonato de la NBA. Lenny Wilkens llevó al extremo su absoluta confianza en el grupo y en el trabajo de la conciencia de equipo. Nadie pesaba más que nadie. Sus posesiones eran cortas, ataques rápidos, mucho contraataque con lanzamientos a través de la cancha desde el tablero defensivo. Sikma se sentía mucho más cómodo jugando en ataque desde el poste alto, con tremenda calidad para encontrar a sus compañeros en el pase, y siempre atento a las responsabilidades del rebote, la mayoría de combinaciones ofensivas pasan por sus manos. Gus Williams era el gran anotador, Freddie Brown manejaba el lanzamiento de media y larga distancia. Dennis Johnson era capaz de anotar en todas las opciones con mucha fiabilidad. Un equipo muy compacto que ganó el anillo contra los defensores del título en cinco partidos.

Salvo los **Phoenix Suns** (que llegaron por primera vez a unas finales de la NBA, pilotados desde el banquillo por **John McLeod** y con cuatro futuros entrenadores NBA en el equipo,[1] cayendo 2-4 contra Boston en 1976) y los **Philadelphia 76ers** (liderados por **Julius Erving** en las finales de 1977 que se llevan los Portland Trail Blazers), el resto de contendientes de finales de la NBA de la década ganan al menos un título en sus apariciones. Por primera vez se cierra una década con **ocho campeones** diferentes. El triunfo se reparte, hay reediciones de series finales con el anillo cayendo del otro lado, todo ello señal de una fantástica igualdad competitiva y signo de que las cosas se han estado haciendo especialmente bien. Es la primera década (y lo será, como mínimo, hasta la de 2020-2030) que no tiene ningún cam-

---

1. Pat Riley (Lakers, Knicks, Heat), Gar Heard (Mavs, Wizards), Dick Van Arsdale (Suns) y John Wetzel (Suns).

peón con títulos consecutivos, no hay *back-to-backs*, no hay *three-peats.* Es el primer decenio en el que no cuaja **ninguna dinastía** NBA en plenitud. Es obviamente el paradigma de la igualdad competitiva. Nadie domina sobre nadie. Esta igualdad y emoción atraen cada vez a más seguidores, la NBA está en cotas de gran popularidad en este cambio hacia los años ochenta. Los acuerdos televisivos se multiplican. La NBA desembarca en las cocinas y salones de cada vez más hogares, volviéndose un icono de fondo en nuestra cultura. Los partidos de la NBA corren por la tele de fondo, aportando emoción al ambiente hogareño de final del día en cada vez mayor número de casas.

En pantalla aparecen en este momento las impresiones con los jugadores titulares: primero el equipo local, **San Diego Clippers**, con **Lloyd B. Free** de escolta (que acabará anotando 46 puntos esta noche), Weatherspoon en el ala, el holandés Nater por dentro con Wicks, y Taylor de base. Desde el banquillo de los San Diego Clippers contempla con parsimonia las evoluciones previas al inicio del encuentro, vistiendo el chandal oficial del equipo, un tal **Joe *Jellybean* Bryant**, padre primerizo de un bebé nacido el 23 de agosto de 1978 en Philadelphia, al que, junto con su esposa **Pam Bryant**, decidieron llamar Kobe, por ese tipo de carne japonesa, considerada una *delicatessen* mundial. Pues sí. No podían bautizar a aquel niño con mejor nombre. **Kobe Bryant**. Tenemos todas las claves delante de nosotros la mayor parte del tiempo, basta con unir los puntos. La impresión en pantalla cambia al equipo visitante: **Los Angeles Lakers**.

El primer comentario va dedicado al entrenador debutante del banquillo púrpura y oro, **Jack McKinney**, que tras haber sido asistente de Jack Ramsay en Portland, releva en el cargo a **Jerry West** al frente del banquillo de los Lakers. El comentarista de la CBS lo califica como «una mente baloncestística extremadamente talentosa». La desgracia, todavía imposible de predecir en esta noche luminosa, se cernirá sobre él un mes más tarde cuando, en una salida en bicicleta, sufre un terrible accidente que lo mantendrá hospitalizado toda la temporada y hace temer no solo por su vida, sino también por la plena recuperación de sus capacidades intelectuales. Dejará los Lakers con un excelente registro 10-4 y será sustituido por **Paul Westhead**, que permanecerá como entrenador titular hasta 1981. Junto a la foto de McKinney en pantalla como solía hacerse entonces, aparece la lista de jugadores que conforman la unidad titular, el locutor los lee en este orden: **Spencer Haywood** (4), **Jamaal Wilkes** (3), **Norman Nixon** (1), **Kareem Abdul-Jabbar** (5) y… «¡El hombre mágico…!», dice el locutor, con voz aterciopelada y potente, envolvente, alargando la a de *man*, con su nítido acento del Oeste, pequeña pausa suspendida…, «¡**Earvin *Magic* Johnson**!» Sí, esta noche vamos a ver debutar a **Magic Johnson**, aunque la mayoría de nosotros no tiene ni idea de quién es. El locutor nos pone al corriente: «Magic Johnson ha llevado el número 33 toda su vida en la universidad, pero ahora, recién llegado a los Lakers no puede porque ya saben que ese número es el de **Kareem Abdul-Jabbar**, así que tendrá que jugar con el 32, ¡no es mal número tampoco! No lo es en la historia de la franquicia pues hombres como Bill Bridges, Cazzie Russell o Jim Krebs lo han llevado anteriormente». Así es la vida: esos hombres que llevaron ese dorsal en Los Angeles Lakers quedarán engullidos para siempre en la luz de Magic que logrará que el 32 se retire no solo en los Lakers sino también de la conciencia NBA para cualquier otro jugador, en cualquier otra franquicia, por mucho que algunos hayan insistido en llevarlo, para siempre. Hará Magic con el 32 lo que Jordan posteriormente con el 23: volverlo un concepto, irrepetible e intransferible.

Cuando la cámara enfoca al círculo central para el salto inicial, el locutor sigue: «¡Muchas novedades esta noche para los Lakers...!», hilando en relación a Magic y al fichaje de Spencer Haywood que jugará como 4 junto a Kareem Abdul-Jabbar... «Además ¡este año Kareem jugará sin gafas!» Efectivamente, Kareem Abdul-Jabbar ha aparecido en pista sin sus distintivas gafas, recordando a aquel joven que entró en tromba con los Milwaukee Bucks cuando el baloncesto aún no se veía tan a menudo en este granuloso, histriónico, tecnicolor. Aunque la mayor novedad, o aquella que resultará de más largo recorrido e impacto, no ha sido comentada por el locutor: previo al inicio de la temporada, en verano de 1979, la franquicia de Los Angeles Lakers ha sido oficialmente adquirida por **Jerry Buss**. A lo largo de treinta y cuatro años, hasta su muerte el 18 de febrero de 2013, Jerry Buss será el gran arquitecto y constructor de Los Angeles Lakers que hoy en día todos conocemos. Responsable último en lo deportivo, excelente gestor en la administración financiera, visionario en la expansión de mercado del equipo, el mayor mérito de Jerry Buss reside en aquello que no se puede comprar ni contratar, aquello que solo se crea a partir de la acción: el aura. El aura de Los Angeles Lakers es la gran obra del añorado Jerry Buss.

Este Kareem sin gafas gana el salto inicial y Lakers organiza sin prisas su primer ataque. Lo primero que hace Magic en estos instantes, lo primero que hace **Magic Johnson** en sus primeros segundos como profesional NBA, debutando en posición de escolta, es agacharse y retirar del parquet una tirita, o una etiqueta, algo que había pegado al parquet, lanzándolo a la banda para incorporarse al ataque por la franja izquierda con su trote suave que se volverá tan característico en nuestras retinas. Aunque tardará en anotar su primera canasta, esta noche, su noche de debut, el 32 de Los Angeles Lakers macará 26 puntos. Le veremos apuntar unos modos muy convincentes, sorprendentes, tanto en el poste bajo, como en la penetración y la media distancia. Juega con mucha seguridad y atención. Juega pasándoselo en grande.

Ni Clippers ni Lakers juegan con conciencia de **línea de triple** todavía, de hecho ni siquiera se intentará un lanzamiento desde esa distancia en este encuentro de debut de Magic Johnson. Será **Kevin Grevey** el que, en esta noche de *tip-off* de temporada, anote el primer triple de la historia de la NBA para los **Washington Bullets** que, con el legendario **Dick Motta** en el banquillo iniciando la que será su última temporada en el equipo, caen 93-92 en casa contra Philadelphia. En cierto momento de la retransmisión, el locutor tiene unas palabras para otro muchacho que ha debutado esta noche en otro pabellón de la NBA: **Larry Bird**, que ha anotado 14 puntos en su estreno con los **Boston Celtics** y que no solo resultará pieza esencial de su equipo en los años venideros sino que será, junto con **Magic Johnson**, el símbolo de la nueva era de la NBA.

Domingo, 11 de mayo de 1980. Cuarto partido de las **Finales de la NBA de 1980**, Los Angeles Lakers pugnan contra Philadelphia 76ers y van en cabeza en la serie 2-1. El ojo de la NBA está en el **Spectrum**. Los colores predominantes son el rojo del vinilo que rodea el parquet, el dorado de la madera de la cancha y el azul turquesa de la botella; las luces de los focos se difractan como en los túneles en los viajes de noche. Sobre la mesa a lo largo de la banda una larga tela blanca con la inscripción: «1980 NBA WORLD CHAMPIONSHIPS». El marcador está 84-89 para los locales. Lakers defiende en zona. El Spectrum es una olla. Empieza **Maurice Cheeks** jugada por la izquierda, dando pase a **Bobby Jones**, el 4 abierto (una jugada que llevan haciendo toda la noche, encontrando bien a **Darryl Dawkins**, el pívot, para jugar al poste bajo). Bobby corta para espaciar la zona. **Julius Erving** se ha ido a contemporizar por el lado débil, hacia la cepa del poste, finta hacia fuera y queda limpio a la altura del tiro libre. Bobby Jones da dos botes y viendo libre de marca a Erving, le pasa un balón alto. Recibe el Dr. J dinámicamente, aprovechando la inercia del pase para abrirse hacia su derecha, desplazando el cuerpo, alejándose así de la ayuda a la que llega **Jamaal Wilkes** desde su sitio en la zona, una finta antes de bote. Con dos pasos y un bote hacia canasta deja clavado en su sitio a **Mark Landensberg** y ya salta, se eleva en el aire sobre la línea de fondo, cogiendo el balón con una mano, y en su trayectoria, todos lo vemos, está elevándose por detrás del tablero… Iniciando el vuelo mantiene el balón bien cogido en la mano derecha, hacia abajo, el brazo completamente estirado hacia el suelo, el balón apartado del cuerpo y lo más lejos posible del defensor que aún le queda por batir, **Kareem Abdul-Jabbar**, que con sus 2,19 m de altura, su tremenda envergadura, su experiencia y su talento, es uno de los mejores jugadores de todos los tiempos y acaba de ser nombrado MVP de la temporada. En este punto empieza el desafío a la gravedad. Todavía elevándose, **Julius Erving** utilizará el brazo derecho con el balón para ganar impulso, un movimiento similar al del remo, o batir de alas, y lo eleva por detrás del vidrio del tablero, con la cabeza por encima del marco, el balón protegido detrás del tablero, agarrado a su mano, el brazo levemente curvado. En el suelo, plantado, ha quedado Kareem… Julius Erving vuela más allá y una vez lo ha superado baja el balón, el brazo en forma de gancho ahora para acceder más allá de la vertical del tablero con la cancha, y orienta el codo a la perfección para, con un gesto de muñeca magistral, lanzar la bola contra la tabla y encestar. En vuelo, desde detrás del cristal. Desafiando a la gravedad. Un aro pasado desde detrás del tablero, en unas finales de la NBA. Una de las mejores canastas de la historia. El legendario *Baseline Move* de Julius Erving. La grada, los locutores, todo el mundo se pone en pie, brillando… La adrenalina de una canasta así computa en miles de litros de felicidad desparramada por los corazones de los aficionados. Es una canasta que reviso en vídeo una y otra vez, y que siempre, sin remisión, me ilumina el alma, me aclara el corazón.

Viernes, 16 de mayo de 1980. Cuando Los Angeles Lakers aterrizan en Philadelphia para el sexto encuentro de las series finales, Kareem Abdul-Jabbar no sale escalerilla abajo. Lesionado severamente en el quinto partido en el Forum, tras poner con su actuación individual la serie 3-2 para los Lakers, es baja segura para este encuentro. Y es duda en caso de que deba jugarse un séptimo. El entrenador laker **Paul Westhead** toma una medida determinante, atrevida. Magic, base del equipo (y no lo olvidemos, *rookie* de 20 años), jugará de pívot en el primer partido de anillo que juegan los Lakers desde 1973. Saliendo en sustitución de un Kareem al que ha alimentado de balones durante toda la temporada, **Magic Johnson** realiza la que es posiblemente la mejor y más relevante actuación individual de su carrera (y siendo él quién es, esto es mucho decir). Iniciándose en el poste, ocupará todas las posiciones en cancha a lo largo del encuentro, anotará 42 puntos, capturará 15 rebotes, dará 7 asistencias, con 3 robos y un tapón. Sus 9 últimos puntos llegan en los últimos 5 minutos del encuentro, providenciales para la victoria porque los Sixers habían logrado recortar la diferencia de la que disfrutaba desde una racha 14-0 capitaneada por **Jamaal Wilkes** en el arranque del tercer cuarto, hasta el 103-101. Es buena ocasión para reivindicar (tal y como hizo el propio Magic en su día) la actuación de Jamaal Wilkes aquella noche, colocándose en un máximo histórico de anotación en su carrera con 37 puntos. El encuentro acaba 123-107 para los Lakers, y supone el **séptimo campeonato** de la NBA de la franquicia, **segundo** desde que llegasen a **Los Ángeles** en 1960. Los Lakers eran obviamente un equipo en reconstrucción y el *rookie* Magic Johnson había acelerado el proceso más allá de lo imaginable. Sobre la actuación individual de este hombre mágico, que se llevó como no podía ser de otra manera el MVP de las finales, Julius Erving declaró: «Es sencillamente alucinante».

Aquellos **Philadelphia 76ers** eran, por su parte, sin embargo, uno de los equipos con más prospecto dinástico de la NBA por aquel entonces. Con **Julius Erving** en el ala, doble campeón en la ABA con los **New York Nets** (1974, 1976); **Maurice Cheeks** en la posición de base, veloz y eficaz, muy inteligente en el reparto de juego, y un contundente **Darryl Dawkins** en funciones de pívot, tras varios años jugando juntos a las órdenes de **Billy Cunningham**, eran un equipo en clara progresión triunfal. Billy Cunningham, alumno de North Carolina y estrella local de los Sixers (miembro de la plantilla que ganase el último anillo de la franquicia entonces, en 1967), había logrado conformar, desde que se hiciera con las riendas al arranque de la temporada 1978-1979, un equipo perfectamente equilibrado. Consciente de sus herramientas y habiendo sido un excelente interior en sus años de jugador, tenía una talentosa intuición para ganar partidos: es el entrenador que más rápido ha alcanzado jamás en la historia de la NBA las cotas de las 200, 300 y 400 victorias. Su plantilla estaba completada por **Bobby Jones**, fenomenal sexto hombre en funciones de interior, especialista defensivo y muy eficiente anotador (uno de los jugadores más queridos por los seguidores de los Sixers); **Lionel Hollins**, base zurdo, al que Billy Cunningham empleaba en funciones de escolta, encajando en los Sixers como un guante. Único jugador con un anillo NBA (1977), su experiencia y estilo pausado de juego, seguro, aportaba un equilibrio perfecto a la plantilla. Por dentro, combinando con Dawkins, jugaba **Caldwell Jones**, el complemento especialista defensivo en la pintura, peleando cada rebote y pendiente de evitar en cada defensa el éxito de su rival. Aquellos Philadelphia 76ers conformaban un cuadro de perfecto equilibrio y potencia, primera unidad firme contendiente al anillo desde los tiempos de Wilt Chamberlain. Pero el éxito se resistirá. En la t**emporada 1980-1981**, la que parecía que iba a ser una temporada triunfal, los **Philadelphia 76ers** se ven apeados de las finales del Este por los **Boston Celtics** tras una serie a siete partidos que llevaban los Sixers dominada por 3-1 y que acabó decidiéndose por una diferencia de 1 punto (90-91) en el Boston Garden. Los Boston Celtics se meten en las **Finales de la NBA de 1981** dispuestos a derrotar a ese equipo de tíos con pinta de trabajadores de fundición que les esperan al otro lado de la cancha mirándoles desafiantes: los **Houston Rockets**. Cruce de miradas. En los Celtics juegan:

1. Tiny Archibald
2. Chris Ford
3. Cedric Maxwell
4. Larry Bird
5. Robert Parish

El hombre que había sido *Rookie* del Año (1980) por delante de Magic Johnson, **Larry Bird**, se ha consagrado en su año *sophomore* como líder indiscutible de su equipo, máximo productor en anotación por noche (21,2) y en captura de rebotes (10,9), promediando 5,5 asistencias. Debido a una lesión que lo ha tenido de baja una buena parte de la temporada, su rival, Magic Johnson, no ha podido hacer acto de presencia en las finales de la NBA en esta ocasión, derrotados 2-1 por los Rockets en primera ronda de playoffs. El enfrentamiento entre ambos hombres tendrá que esperar. Como refresco de Bird, el entrenador **Bill Fitch** cuenta con **Kevin McHale**, en su año de debut en la NBA, que acabará coronándose como uno de los 4 más importantes de la década. Como refresco de Tiny Archibald, tiene a **Gerald Henderson**, que con la llegada de **K.C. Jones** al banquillo en 1983 ya estará en perfectas condiciones para ser el base titular de la franquicia. Los Boston Celtics vienen de hacer una extraordinaria temporada regular con un registro de 62-20; los Rockets, entrenados por **Del Harris**, han entrado en post-temporada con un registro negativo de 40-42 que pese a todo les ha llevado a disputar la segunda plaza en la División del Medio Oeste con los Kansas City Kings. En los **Houston Rockets** juegan Calvin Murphy (1), Mike Dunleavy (2), Robert Reid (3), Billy Paultz (4) y el gran Moses Malone (5), que es el artífice absoluto, pieza central, de todos los éxitos de su equipo. Es el tío que se ha cargado el equipo a la espalda y lo ha llevado a las finales, promediando 27,8 puntos por noche, con 14,8 rebotes, y 1,8 asistencias. Un fenómeno de la naturaleza. Pero poca gente, al final del día, apuesta por los debutantes de Texas en estas finales porque delante tienen una franquicia que lleva inscrito el triunfo en su genética.

Aunque tal vez no sea el mejor promedio de actuación individual de Larry Bird en unas finales, dejará una de las canastas para la historia. En el primer partido, y con Houston plantando mucha más cara de lo que se esperaba, Larry Bird, con el marcador 87-84 para Houston, ejecuta un lanzamiento ladeado desde la cabeza de la botella en suspensión. Viendo que no va dentro, corre hacia su propio rebote y lo captura en vuelo hacia la línea de fondo. Estando en el aire, se cambia el balón de la mano derecha a la izquierda y sin apoyos lanza a canasta y encesta. Es una de sus míticas canastas. Supuso en directo un cambio en la orientación e ímpetu victorioso del partido. Los Celtics se llevarán el título de la NBA por 4-2 en la serie, obteniendo así su decimotercer anillo. Cedric Maxwell fue nombrado MVP de las finales. Los vectores que componen la NBA están cambiando.

Desde Philadelphia, las cosas encajan de pronto. **Moses Malone**. Era el hombre. Cuando Houston al final de la **temporada 1981-1982** es barrido 3-0 en primera ronda por unos pujantes Seattle Supersonics, aprovechando el cambio de propietario en Houston y la nueva apuesta a la que van los tejanos, los Sixers deciden hacer su movimiento: asumirán íntegro el salario de 2 millones de dólares de Malone (oficialmente un agente libre restringido tras la finalización de la temporada), y añaden a **Caldwell Jones** y su primera selección del *draft* de 1983 para el fichaje. A Houston le viene muy bien, porque

Moses Malone realiza un lanzamiento en el Coliseum de Portland contra los Trail Blazers, con Julius Erving y Clyde Drexler al fondo (1986).

han decidido replegarse e ir a reconstrucción. Para liberarse de masa salarial, los Sixers se quitan también a la contraparte de Caldwell Jones, **Darryl Dawkins**, al que envían a los New Jersey Nets. Así hacen sitio en la pintura para el más grande y sudoroso: **Moses Malone**, tres veces MVP, que llega con su maleta y su imagen de tío honesto a Philadelphia para la **temporada 1982-1983**. Su contrapeso defensivo titular en la pintura será el gran **Bobby Jones**.

Mientras estos movimientos de despacho acontecían, en la cancha discurrían las **Finales de la NBA de 1982** con los jugadores de los **Philadelphia 76ers** disputándose el título contra unos recalcitrantes **Los Angeles Lakers** a los que vuelven a tener delante, reeditando la serie de 1980. Desde el banquillo, los Lakers están en esta ocasión gobernados por un hombre conocido por la afición al que se le ha dado, tras tres años destacando como entrenador asistente número uno de la franquicia, la oportunidad de ser entrenador jefe en sustitución de Paul Westhead desde principio de temporada: **Pat Riley**. Dejando muestras de lo que será finalmente conocido como el *Lake-Show* o el *Showtime*, los Lakers bajo la batuta de Pat Riley han registrado un espectacular 50-21 en temporada regular. Es un hombre enérgico en la banda y muy elegante, y frío y algo distante con el público en general, con un cortante aire de respetabilidad y exquisitez a su alrededor. Esta era la primera formación del *Lake-Show*:

1. Norm Nixon
2. Magic Johnson
3. Jamaal Wilkes
4. Mark Landsberger
5. Kareem Abdul-Jabbar

Desde el banquillo para refresco de Lakers salían nada menos que Michael Cooper (2), Kurt Rambis (4) y Bob McAdoo (5). Un auténtico equipazo. Hombre por hombre, posición por posición, una de las formaciones más potentes y de banquillo más profundo que han tenido los Lakers jamás, similar en concepto a la de 2004 que no tan buenos resultados dio. Con marcadores abultados y partidos muy vibrantes (ambos equipos promedian una media de 112 puntos por noche en la serie) las finales se resuelven nuevamente por 4-2 para Los Angeles Lakers. Con un promedio de 16,2 puntos, 10,8 rebotes, 8 asistencias y 2,5 robos por noche, **Magic Johnson** vuelve a ser nombrado MVP de las finales. El primer jugador total de la era moderna. Pese a la eliminación, y la desolación total que siente Julius Erving («La derrota del 82 fue espantosa. Cuando perdimos contra Portland en el 77 pensamos que aún teníamos balas en la recámara. Cuando caímos en el 82, yo pensaba que lo teníamos todo para ganar, simplemente no pudimos lograrlo. No sabía dónde, qué podía producir un cambio de signo»), los órganos de gobierno de Philadelphia 76ers se sentían seguros. Las cosas no iban a acabar allí. Ellos tenían al MVP de la temporada en camino. El plan hacia el éxito no había concluido.

En las perspectivas y expectativas que precedieron al arranque de la **temporada 1982-1983**, algo llamaba la atención a todo el mundo: desde el giro de la década, la anotación estaba subiendo. De hecho estaba yéndose a las nubes. Los vigentes campeones, Los Angeles Lakers, habían promediado **114,6 puntos** por partido en la temporada precedente, y con ello no habían sido, ni de lejos, el equipo que mayor anotación en promedio había cuajado. Por encima de ellos, **Denver Nuggets** lideraba esa categoría con unos impresionantes **126,5 puntos** de promedio. Sirva como modelo de comparación los 110 puntos por noche que promediaron los **Golden State Warriors** que se coronan campeones en las **Finales de la NBA de 2015**, admirados a través de todo el planeta precisamente por su capacidad anotadora. En aquella década de los ochenta, los promedios de anotación por encuentro iban a alcanzar cotas nunca vistas, llegando en sus años centrales a promedios generales (esto es, el promedio medio de todos los promedios medios de los equipos de la NBA) de **110,1 puntos** (1983-1984), **110,8** (1984-1985) y **110,2** (1985-1986).

En esta geografía de anotaciones, con Malone, el hombre que había vuelto a ser nombrado MVP de la temporada regular (y lo sería posteriormente de las finales de la NBA) y su predicción del «Fo-Fo-Fo»,[1] los **Philadelphia 76ers** pasarían como un tren de mercancías a través de la NBA, destrozando a todos sus rivales en la post-temporada de 1983, llevándose el campeonato en las **Finales de la NBA de 1983** por un incontestable 4-0 contra **Los Angeles Lakers**. Con registro favorable, las finales se iniciaron en el **Spectrum** y no fue necesario cumplimentar la serie de tres encuentros en el **Forum** pues el título fue conseguido en el segundo. La mentalidad colectiva recuerda la imagen de impotencia de los Lakers de Pat Riley. Los hombres de los Sixers deberían haber conformado una dinastía, cumplían todos los parámetros en cancha, pero, y eso es otra señal de la grandeza de la década, existieron en mitad de unas mareas y corrientes que acabaron siendo más potentes que ellos:

---

1. Un día antes del inicio de la post-temporada, Malone declara: «Fo-Fo-Fo» (cuatro, cuatro, cuatro) en respuesta a la pregunta: ¿cómo ve usted a su equipo para esta post-temporada? Estas declaraciones se convierten en su firma para la posteridad. Resultó ser cuatro, cinco, cuatro al perder los Sixers, el 15 de mayo de 1983, justamente el cuarto encuentro de las finales del Este contra los Bucks por 94-100.

1. Maurice Cheeks (12,5 puntos, 2,6 rebotes, 6,9 asistencias)
2. Andrew Toney (19,7 puntos, 2,8 rebotes, 4,5 asistencias)
3. Julius Erving (21,4 puntos, 6,8 rebotes, 3,7 asistencias)
4. Bobby Jones (9 puntos, 4,6 rebotes, 1,9 asistencias)
5. Moses Malone (24,5 puntos, 15,3 rebotes, 1,3 asistencias)

Aquel 27 de mayo de 1983, se servían por fin la revancha que tanto merecían. Quedará para siempre en nuestra memoria colectiva ese mate que anota Maurice Cheeks, penetrando desde el lado izquierdo de la cancha, con el marcador 108-113. Según corre, salta y machaca, también celebra el título. Tras anotar, Pat Riley y Billy Cunningham abandonarán juntos el pabellón, a través de la pista, rodeados de una nube de cámaras, y aún queda 1 segundo por jugar. Los Lakers desfilan hacia el vestuario. En el Forum las emociones están encontradas, pero la NBA sonríe complacida ante un nuevo anillo campeón.

Estamos viviendo un cambio de paradigma. Temporada tras temporada, final tras final, en esta década de los ochenta se está viendo el mejor baloncesto de la historia. Las expectativas precedentes se cuartean y hacen pedazos como tableros en las manos de **Darryl Dawkins**.[1] Si tuviéramos que señalar un año en el que lo que hasta el momento habían sido intuiciones, sensaciones y tendencias al vuelo se solidificaron formalmente en la realidad, ese año es **1984**. Algo que podríamos llamar el «*draft* ulterior» de la NBA de 1984. Compilamos sus hitos fundamentales:

1 de febrero de 1984 | Es nombrado **David Stern** como comisionado de la NBA [30]. Bajo su mandato y conforme a su visión, la liga se convertirá en una institución definitivamente planetaria, multiplicando sus beneficios económicos hasta cotas que jamás soñaron sus predecesores; hará de caja de resonancia de todo lo bueno y lidiará con todo lo malo siguiendo un principio corrector que, a cada ocasión, dejará una liga mejor.

5 de abril de 1984 | Encestando desde la línea de fondo con su tradicional gancho *sky-hook*, **Kareem Abdul-Jabbar** anota su punto 31.420 y supera el registro de

---

1. El 13 de noviembre de 1979 Darryl Dawkins destrozó un tablero en mil pedazos al machacar el aro en el Municipal Auditorium de Kansas City jugando contra los Kings. Unas semanas más tarde destrozó otro en el Spectrum. El comisionado Larry O'Brien le llamó a su despacho y le avisó que tendría 5.000 dólares de multa si seguía haciendo eso. Sin embargo, aquellos mates tan espectaculares de Dawkins estaban atrayendo más y más gente a la NBA, así que la NBA decidió imponer aros basculantes obligatorios en todas las canchas.

puntos anotados en una carrera que sostenía hasta entonces Wilt Chamberlain. Al finalizar su carrera en 1989, dejará la marca en 38.387 puntos en temporada regular, 5.762 puntos en post-temporada y 251 puntos en NBA All Star Games. Todos ellos récords imbatidos.

Finales de la NBA de 1984 | Entre el 27 de mayo y 12 de junio de 1984, los **Boston Celtics** ganarán por 4-3 un anillo contra **Los Angeles Lakers**. Es la reedición de una de las grandes rivalidades clásicas de la NBA que vuelve a saldarse, por octava vez, con un triunfo céltico. Larry Bird es nombrado MVP de las finales, promediando 27 puntos y 14 rebotes por noche. Son las primeras finales en las que los medios de comunicación tienen una implicación que va más allá del comentario y la retransmisión, estableciendo conjuntamente con la NBA el calendario de la finales de acuerdo a las audiencias. Serán las últimas finales jugadas en formato 2-2-1-1-1, pues David Stern impone a partir de las siguientes el formato 2-3-2 que se mantendrá vigente hasta su retiro como comisionado en 2014. En estas finales, apodadas Showdown 84 por ser la primera ocasión en que se encontraban cara a cara Larry Bird y Magic Johnson en unas finales de la NBA, Boston practica uno de los baloncestos combinativos más bonitos que se han visto, maestros absolutos del pase sin bote en carrera, y dejan a los Lakers sin argumentos. Son las finales que traspasaron claramente, por primera vez, las fronteras geográficas nacionales. Los Lakers toman una lección que les hará más fuertes. Es la revitalización de una rivalidad histórica que durante esta década se volverá legendaria.

110,1 puntos | Es la primera de las tres temporadas consecutivas de la década en la que el conjunto de equipos que compiten en la NBA promedian más de 110 puntos por noche. El líder en promedio de anotación son los **Denver Nuggets** de **Alex English** con 123,7 puntos por noche, seguidos de los **San Antonio Spurs** de George Gervin con 120,3 puntos.

El *draft* de 1984 | El 19 de junio de 1984, la NBA celebra en el Felt Forum de Nueva York el *draft* anual que resultará la puerta de entrada a **Hakeem Olajuwon** (Rockets), **Charles Barkley** (Sixers), **John Stockton** (Jazz) y **Michael Jordan** (Bulls) y sin duda uno de los mejores *drafts* de la historia de la NBA. La NBA de los años ochenta ya era pujante y extraordinaria sin ellos; la llegada de estos hombres la convertirá en meteórica.

NBA en la TBS | Para la temporada 1984-1985 se ejecuta el primer gran contrato televisivo que firma David Stern. Son 20 millones de dólares por dos años. Sobre esa línea de renovaciones bianuales, en la renovación firmada tan solo cinco años más tarde, para la temporada 1990-1991, la rúbrica fija un acuerdo de 275 millones de dólares por cuatro años. En el 2001, el contrato con la TBS será de 840 millones por cuatro años.

No hay duda que se trata de un año plagado de eventos fundamentales y definitorios de la NBA venidera. Para la **temporada 1984-1985**, los Clippers se trasladan de San Diego a Los Ángeles, teniendo por primera vez dos equipos en la NBA que llevan el nombre de la misma ciudad. Los Kings jugarán su última temporada en Kansas antes de instalarse definitivamente en Sacramento. Con 32,9 puntos por partido de promedio, **Bernard King** de los New York Knicks, el Rey de Nueva York, se corona como máximo anotador de la temporada regular, mientras los *rookies* del *draft* de 1984 demuestran allá donde van la madera de la que están hechos, en particular **Michael Jordan** que se convierte en el único debutante de la historia de la NBA que lidera a su equipo en puntos, rebotes, asistencias y robos.

Las **Finales de la NBA de 1985** reeditaban las vistas el año anterior, con los **Boston Celtics** (63-19) completamente resueltos a hacerse nuevamente con el título logrando así el primer *back-to-back* de la NBA desde que ellos mismos lo lograsen con los campeonatos de 1968 y 1969. Por su parte **Los Angeles Lakers** (62-20) se sienten con la obligación histórica de romper por fin y de una vez por todas con esa corriente permanente de derrotas que les vincula a su máximo rival. Ambas franquicias practican un baloncesto extraordinario en este momento, con muchas diferencias estilísticas, pero siendo la velocidad y la circulación rápida de balón los puntos en común, por lo que los encuentros entre ambos equipos aseguran un espectáculo baloncestístico de primera magnitud, posiblemente el mejor baloncesto visto, de manera combinada, sobre una cancha en toda la historia de este deporte.

Una cosa diferencia, fuera de la cancha y la estadística deportiva, a Los Angeles Lakers de esta época en relación a Boston y a cualquier otra franquicia... Un estado de excepción, un marco mental, un brillo que recorre el mundo: ¡el *Showtime*! Desde la llegada de **Jerry Buss**, son definitivamente el equipo más glamuroso de la NBA. Gran aficionado del baloncesto universitario, tan pronto como se hizo con el equipo en 1979, Jerry Buss había decidido implementar tradiciones propias de las canchas universitarias a pleno rendimiento en el Forum de Inglewood: el órgano tradicional que solía acompañar con su sonido el tempo emocional de los partidos es sustituido por una sección de diez músicos de la banda colegial de la Universidad del Sur de California. A esta medida añadió otra que siempre ha sido tradicional en los institutos y universidades y no era habitual por aquel entonces en las canchas de la NBA: las bailarinas. El Dr. Buss propulsa la creación de las **Laker Girls**, conformando el que será el primer cuadro profesionalizado de **bailarinas** de la NBA, que actuarán tanto en funciones de entretenimiento con coreografías de baile en previas, intermedios y tiempos muertos, como de animación del equipo local desde los márgenes de la pista. Añadió además una figura, el animador profesional, que circulaba por los pasillos y escaleras en la grada, animando al público y al espectáculo: **Dancing Barry**. Es decir, Buss ofrecía un espectáculo completo. Más allá del baloncesto, que ya era tremendamente espectacular, el asistente a un partido de los Lakers concurría a todo un *show*. Ese modelo sería, como vemos hoy en día, exportado al resto de canchas de la NBA. Por último, otro elemento que hacía de Los Angeles Lakers de aquella temporada un equipo distinguido del resto, era su conexión con las estrellas de Hollywood, que frecuentaban, y frecuentan, los partidos de los Lakers. Solían ser vistas por la grada como un seguidor más. Por encima de todas las estrellas que jamás han pisado una cancha de los Lakers, el fan más persistente, posiblemente el ser humano que más partidos de los Lakers ha visto en directo en toda la historia, es sin duda **Jack Nicholson**, con asiento en cancha de los Lakers desde 1970, tiempos de Wilt Chamberlain y Jerry West, e historia viva de la franquicia. Y por supuesto parte también del *Showtime* Lakers, que en 1985 ya tenía en cancha su estructura definitiva:

1. Magic Johnson
2. Byron Scott
3. James Worthy
4. Kurt Rambis
5. Kareem Abdul-Jabbar

El juego de los Lakers del *Showtime*, perfeccionado hasta su nivel más excelso por el entrenador **Pat Riley**, estaba fundamentalmente basado en el **contraataque**. El contraataque era la opción primera para construir todos los movimientos ofensivos. Los hombres interiores (Kareem Abdul-Jabbar, Kurt Rambis, A.C. Green) eran indispensables en la captura del rebote defensivo para abrir rápidamente pase a Magic Johnson que conduciría el balón para repartir a los hombres que habían salido en carrera (Jamaal Wilkes, James Worthy, Byron Scott, Michael Cooper) buscando una canasta rápida, en bandeja o mate. De esos momentos de reparto, Magic nos dejó múltiples pases mirando en una dirección y lanzando el balón en otra. Naturalmente en ocasiones Magic también completaría él solo el contraataque, anotando. Si la ruptura al contraataque no podía darse, los Lakers del *Showtime* estructuraban rápidamente

Pat Riley en acción
en el Forum de Inglewood (1987).

un ataque posicional con un objeto primario: el balón debía acabar en manos de Kareem para resolver por las inmediaciones del aro con sus recursos habituales, el gancho *sky-hook*. Aplicando esta fórmula, los Lakers rompen con la historia y se coronan campeones de la NBA en las **Finales de la NBA de 1985** ganando a Boston por 4-2 en las primeras series jugadas 2-3-2, con un sexto partido muy contundente que se llevan 111-100 en el Boston Garden: por primera y última vez en la historia, un rival celebraba un campeonato en el **Boston Garden**. Jerry Buss declaró: «Este título borra para siempre la que es sin duda la frase más odiosa del lenguaje inglés: "Los Lakers nunca han ganado a Boston" no podrá decirse nunca más». Kareem, nacido el 16 de abril de 1947, con 38 años cumplidos, fue nombrado MVP de las finales, el de mayor edad hasta la fecha. Los Lakers, de algún modo el equipo de América, fueron invitados a la **Casa Blanca** por el entonces presidente **Ronald Reagan**. Kareem le llevó una camiseta al presidente, abriendo así una tradición que desde entonces se ha practicado en cada campeonato, conectando ante la opinión pública a la NBA con Washington DC una vez al año.

Cuando uno escribe profesionalmente, o asesora a otros para escribir, siempre mantiene conciencia del argumento. Cómo crear tensión, qué circunstancias inventar que enfrenten, alejen o acerquen a los personajes, qué provocará un giro que el lector no espera, etc. La década de los ochenta es probablemente la década más narrativa de todas las vividas en la NBA. El reparto de tensiones, las oportunidades, las partes y secuencias en las que la década acabará dividiéndose, los múltiples personajes secundarios y terciarios, las corrientes y el subtexto, verdaderamente conforman una obra a la altura de los grandes maestros de la narración, Ovidio, Flaubert, Chejov.

En las finales del Oeste de 1986, los Lakers del *Showtime*, que se han deshecho de unos vespertinos **Bob MacAdoo** (Philadelphia 76ers) y **Jamaal Wilkes** (Los Angeles Clippers) con la idea de fortificar la pintura un punto más, *drafteando* a **A.C. Green** desde la Oregon State y sumando la veteranía de **Maurice Lucas** (ala-pívot campeón con Portland en 1977), procedente de Phoenix Suns, se encuentran, cara a cara con la pesadilla viva que recorría entonces la NBA de norte a sur, de este a oeste: los **Houston Rockets**.

1. John Lucas
2. Lewis Lloyd
3. Rodney McCray
4. Ralph Sampson
5. Hakeem Olajuwon

Son los Houston Rockets de las **Torres Gemelas**: con sus 2,13 m **Hakeem Olajuwon** iba plenamente superado en altura por los 2,24 m de **Ralph Sampson** y, juntos desde la temporada 1984-1985, habían hecho a toda la NBA entrar en pánico y buscarse alternativas interiores que pudieran, dentro de sus posibilidades, emparejarse con ellos. Más allá de esas maniobras «defensivas», las Torres Gemelas de Houston marcarán un estilo que dejará huella fundamentalmente en su franquicia y, también, como inspiración estilística en otras,[1] tanto en la época como posteriormente.

En aquellos años los equipos se lanzaron a *draftear* más pívots que nunca: ocho elecciones de las primeras diecisiete del *draft* de 1985 son pívots, cuatro de las siete primeras elecciones del *draft* de 1986 volvieron a ser pívots. ¿Es posible que en el corazón de la década, estuviésemos a punto de ver nacer una nueva era basada fuertemente en el juego interior? Lo cierto es que había material para ello, considerando también la increíble potencia que los Boston Celtics tenían en la pintura. Pero no sucedió. Y en gran medida fue por los problemas fuera de la cancha.

Sea como sea, en aquel mes de mayo de 1986, los Rockets pasaron por encima de los campeones vigentes de la NBA. Tras perder el primer encuentro en Inglewood, los de Houston reaccionaron para arrasar a los Lakers con cuatro victorias seguidas, siendo especialmente sangrante la del quinto partido, que se saldó con una canasta de Ralph Sampson en el último instante, enviando a casa a unos Lakers que habían parecido, en última instancia, bastante condescendientes. Houston cerraba cinco años de representación Laker del Oeste en las finales de la NBA y tenía un bonito giro del destino, de los habituales que nos brinda la NBA, pues procuraba con aquella clasificación una reedición de las finales que se habían vivido cinco años atrás.

Las **Finales de la NBA de 1986** enfrentaban a la que para muchísima gente es la mejor versión nunca vista de los **Boston Celtics**. Han cerrado la temporada con un impresionante 67-15, literalmente se han paseado por la temporada regular, sin contendientes. El registro en el Boston Garden ha sido de 40-1, un auténtico fortín. Con una media de 114,1 puntos por noche, son el octavo equipo en anotación de la liga, y el tercero que menos puntos recibe en contra, con 104,7 puntos por partido. **K.C. Jones** ha sabido jugar sus piezas:

---

1. Los San Antonio Spurs tuvieron una era de buena producción (1997-2003) con Tim Duncan y David Robinson, basándose en este mismo modelo de Houston. Los New York Knicks (1986-1988) empezarán a poner juntos en la unidad titular a Pat Ewing y Bill Cartwright. Los Angeles Lakers vienen de reforzar tremendamente su pintura para la temporada 1985-1986 con los fichajes de A.C Green y Maurice Lucas.

1. Dennis Johnson
2. Danny Ainge
3. Larry Bird
4. Kevin McHale
5. Robert Parish

Con **Larry Bird** abierto al puesto de ala desde la temporada precedente, la producción del jugador de Indiana no solo se mantiene sino que aumenta, generando así una ecuación virtuosa que permite a K.C. Jones dar entrada en la unidad titular a **Kevin McHale**. Con el Gran Jefe doble cero **Robert Parish** forman los tres el gran *Big Three* de los Boston Celtics. Desde el banquillo cuentan con **Bill Walton** para refrescar al Gran Jefe. Serán las primera finales oficialmente llamadas NBA Finals sustituyendo al beisbolístico nombre anterior (NBA World Championships), mucho más largo y aburrido de pronunciar. Boston se llevará las finales por 4-2 contra aquellos temibles Rockets, teniendo sobre todo problemas en el quinto partido en el Summit de Houston, con **Ralph Sampson** liándose a puñetazos contra **Jerry Sichting**, base suplente de Boston, de 1,85 m, es decir, 39 centímetros más bajito. Los Celtics ganarán el sexto encuentro en el Boston Garden con Larry Bird consiguiendo un espectacular triple-doble de 29 puntos, 11 rebotes y 12 asistencias, liderando a su equipo en todos esos apartados. McHale encestó 29 puntos y capturó 10 rebotes. El Boston Garden al completo aportó un increíble abucheo permanente a la defensa de Ralph Sampson, manteniéndolo en 8 puntos. Olajuwon trepó a los 21 puntos, con 10 rebotes. Boston gana el encuentro 97-114 y con ello su **decimosexto anillo**, en el año que la NBA cumplía su cuarenta aniversario. La mayoría de analistas pensaron que aquella victoria y sobre todo aquella unidad de los Celtics certificaba el inicio de una nueva era dinástica y que por delante esperaban muchos títulos. Todos se equivocaban. Boston no volvería a ganar un anillo hasta 2008. Otras fuerzas empezaban a emerger desde las profundidades de la NBA.

Y la primera en emerger no fue un equipo. Fue un alcaloide: la **cocaína** se llevó a la tumba por sobredosis a **Len Bias**, el jugador *drafteado* por los recientes campeones **Boston Celtics** el 19 de junio de 1986, solo dos días después de la celebración del *draft* de 1986, y de hecho solo once días después de haber conseguido el título. Fue un golpe de tremenda contundencia para toda la NBA que iniciaría, de la mano de David Stern, una política de mucha severidad para combatir y sancionar el uso de drogas de forma ejemplarizante. A ello responde la sanción de por vida de la que fue objeto **Michael *Sugar* Ray Richardson**, base de la Universidad de Montana, *drafteado* en 1978 por los New York Knicks, tres veces líder de robos de la NBA (1980, 1983, 1985), una vez líder en asistencias (1980) y cuatro veces All-Star (1980-1982, 1985). En 1986 será suspendido de por vida para jugar en la NBA, por un positivo en consumo de drogas. La medida, que sería revertida en 1988, desvió su carrera hacia ligas europeas y fue, a todas luces, excesiva. Sea como sea, la cocaína estaba resuelta a jugar un papel fundamental aquella **temporada 1986-1987**. Será pieza clave en el desmantelamiento de aquellos **Houston Rockets** cuando sus jugadores Lewis Lloyd y Mitchell Wiggins recibieron severas suspensiones por actividades probadas contra la política antidrogas de la NBA. Similar suerte corrieron cinco jugadores de los Phoenix Suns[1] al verse imputados e involucrados en un caso de tráfico de cocaína en una discoteca de Phoenix. El caso es que, cocaína aparte, la NBA en la **temporada 1986-1987** alcanza sencillamente su cúspide, es la llamada *Golden Era* de la NBA. Su cima máxima en lo que a potencial se refiere. Es la temporada en la que más jugadores futuros miembros del Salón de la Fama se concentran en las plantillas de la NBA:

> Detroit Pistons | Isiah Thomas, Joe Dummars, Adrian Dantley, Dennis Rodman.
> Boston Celtics | Larry Bird, Kevin McHale, Robert Parish.
> Los Angeles Lakers | Magic Johnson, Kareem Abdul-Jabbar, James Worthy.
> Philadelphia 76ers | Julius Erving, Moses Malone, Charles Barkley.
> Utah Jazz | John Stockton, Karl Malone.
> Atlanta Hawks | Dominique Wilkins.
> Chicago Bulls | Michael Jordan.
> Denver Nuggets | Alex English.
> Houston Rockets | Hakeem Olajuwon.
> Portland Trail Blazers | Clyde Drexler.

Veinte. Y emergiendo de esta marea de fuerzas de la naturaleza, en este año total de la NBA, solo un equipo se alzará victorioso: Los Angeles Lakers.

El *Showtime* acaba la temporada regular con un registro 65-17 y avanza por la post-temporada sin obstáculos (3-0 a Denver, 4-1 a Golden State Warriors y 4-0 a Seattle Supersonics) para plantarse en las **Finales de la NBA de 1987**, dispuesto a hacer historia una vez más. Y la hará. Son las terceras finales de la década que enfrentan a los máximos rivales: Lakers-Boston. Es la constatación de su supremacía. Es la primera temporada de la NBA en la que el logo está bordado en las camisetas de los jugadores.[2] Derrotando 4-2

---

1. James Edwards, Jay Humphries, Grant Gondrezick, Gar Heard y Mike Bratz.
2. La NBA fue pionera en hacer visible su logo en las equipaciones de sus equipos. Seguirían la NFL, MLB, NHL y demás ligas profesionales.

a los **Boston Celtics**, que vienen de unas finales del Este durísimas a siete partidos contra los Detroit Pistons de los *Bad Boys* en la que ha sido su primera puesta oficial en escena, y con todos los jugadores titulares promediando anotaciones de dos dígitos, **Los Angeles Lakers** tocan la cima del mundo ganando el sexto encuentro en el Forum. **Magic Johnson** es nombrado MVP de las finales, promediando 26,2 puntos por noche, con 8 rebotes y 13 asistencias. Los Lakers se coronan como los mejores, en el mejor año de la mejor liga del mundo. Llevado por la pasión, desaforado en la celebración del anillo, **Pat Riley** promete a la afición otro anillo al año siguiente. Una promesa inaudita, muy valiente, solo superada por LeBron James en 2011. Promesa que Pat Riley y sus hombres cumplirán. Y con ello romperán la historia una vez más. El mundo tendrá oportunidad de ver el rostro duro, competitivo, con gran capacidad para la épica de los *Bad Boys* bajo los focos más altos a lo largo de las **Finales de la NBA de 1988**. Los Lakers se llevarán las finales a siete partidos, logrando el primer *back-to-back* desde los dos anillos de Bill Russell como entrenador de Boston Celtics (1968, 1969). Los Lakers consiguen su **undécimo campeonato**, cuarto de la década… **James Worthy** es el líder del equipo en esta ocasión; en el que había sido su mejor año de carrera y su mejor actuación individual en unas finales de la NBA, con sus 22 puntos por noche, 7,4 rebotes y 4,4 asistencias, y su eléctrico juego, es nombrado MVP de las finales.

A partir de aquí, como en las grandes y suculentas novelas, un nuevo grupo de hombres, que venían haciendo ruido de fondo, que venían brillando, tomarán el testigo de la liga para exprimirla más allá de lo que nadie esperaba, cerrándola en la cota más alta posible, inapelablemente, como la mejor década baloncestística de la historia de la NBA. Es 1989, en el patio del colegio nos agachamos e hinchamos nuestras Reebok Pump. Otros saltan con sus Air Jordan. En las libretas de clase se hacen retratos de Dominique Wilkins, del emblema de los Atlanta Hawks, de los Lakers, de Boston, de Jordan en vuelo, del toro de los Bulls. Botamos arriba y abajo, saltamos a tocar los marcos de las puertas. Yo quiero jugar como James Worthy. Todo brilla. Nos repartimos las estrellas.

El abrazo entre Magic Johnson jugando para el Oeste
e Isiah Thomas jugando para el Este en el All-Star de 1992.
Especialmente significativo por la enfermedad que Magic padecía.

17. EL NBA ALL-STAR WEEKEND

Pajarita, bebidas, móvil, y no moverse del sofá: el **NBA All-Star Weekend** es un evento ineludible, máximo, aunque como suele celebrarse a mediados de febrero, es probable que coincida con alguna salida o compromiso de San Valentín, así que no siempre puede verse en su máxima expansión..., lo cual en el fondo no es tan dramático porque rara vez el NBA All-Star cubre las expectativas que, año tras año y de forma natural, despierta sin remisión en la mentalidad colectiva. Por decepcionante que sea, y suele serlo en términos competitivos, nada logrará despojar jamás al NBA All-Star Weekend de la increíble mítica que lo rodea. A fin de cuentas, no deja de ser ese gran evento anual en el que vemos en la cancha jugar a los mejores del Oeste y los mejores del Este, los mejores del momento, unidos por el honor de su conferencia, dispuestos a celebrar un partido amistoso. Tomando como referencia el NBA All-Star de 2015 en NYC, el evento sigue la siguiente estructura:

Viernes | 1pm. NBA All-Star Media Day.
Viernes | 7pm. NBA All-Star Celebrity Game.
Viernes | 9pm. NBA Rising Stars Challenge.
Sábado | 9pm. NBA All-Star Saturday Night.
Domingo | 3pm. NBA D-League All-Star Game.
Domingo | 9pm. NBA All-Star Game.

La **rueda de prensa** que da inicio a todo es un acto más distendido que cualquier rueda de prensa propia de la temporada regular. Toda la atención reside principalmente en el modo en que los jugadores llegan a la sede elegida del All-Star, la indumentaria que han elegido, sus comentarios al llegar, las diversas interactuaciones con sus compañeros o con las celebridades que caen por el evento o con los propios periodistas. El tono general es jocoso y distendido. Es una fiesta, el All-Star Weekend es realmente una fiesta del baloncesto. El primer NBA All-Star se celebró el **2 de marzo de 1951** en el Boston Garden por iniciativa del entonces responsable de publicidad de la NBA, Haskell Cohen, y Walter Brown, propietario de los Celtics, que creía tanto en la idea que propuso pagar todos los gastos y cubrir las pérdidas si las hubiese. Maurice Podoloff, el comisionado, no lo veía con gran entusiasmo, pero finalmente el encuentro acabó siendo un gran éxito y desde entonces se ha celebrado cada año (a excepción de la edición de 1999, debido al cierre patronal). Originalmente, el evento del **NBA All-Star** solo consistía en un partido, del Este contra el Oeste. El primer MVP de un NBA All-Star fue el pívot de los Celtics **Ed Macauley**. La NBA observó cómo la asistencia se triplicaba en aquel partido. Ese año el promedio de asistencia a los pabellones rondaba los tres mil espectadores, pero para aquel partido **NBA All-Star de 1951** en Boston se vendieron 10.094 entradas. El Este ganó al Oeste por 111-94. La idea de reunir a los mejores jugadores de la liga y alinearlos de acuerdo a las conferencias en las que participan para celebrar un encuentro es una idea inspirada en el partido de similares características celebrado por la MLB desde 1933, y hoy en día el de la NBA es el evento deportivo de América que más beneficios reporta, superando los **105 millones de dólares** en un fin de semana. Un impacto muy favorable para la NBA, para las arcas de la ciudad anfitriona y para los impuestos recaudados por el Estado organizador a la sazón. La entrada más barata del **NBA All-Star de 2015**, celebrado en NYC, rondaba los 850 dólares, las más caras superaban los 5.000; y el partido hasta la fecha con mayor asistencia de público al pabellón fue el **NBA All-Star de 2010**, celebrado en Dallas, Texas, en el estadio de los Cowboys, con **108.713 asistentes**.

El **All-Star Celebrity Game** empezó a jugarse en el **NBA All-Star de 2003**, en Atlanta. Se trata de un partido de lo más distendido, una auténtica pachanga que de año en año toma diversas formas y condiciones. Los equipos solían ser nombrados de acuerdo a algún motivo variopinto, en ocasiones recordando viejas franquicias, a veces con nombres chistosos relacionados con la ciudad que albergase la sede aquel año, a veces con juegos de palabras. Desde el 2010, sin embargo, los equipos están entonados en el mismo espíritu que el partido central del acontecimiento y llevan camisetas acordes con aquel, representando unos al Este y otros al Oeste. Este Partido de las Celebridades viene a sustituir un formato que tradicionalmente había practicado la NBA desde 1957 con su partido de los *Old-Timers* (partido de veteranos), en vigencia hasta 1964, y el más popular y recordado *Legends Classic* que enfrentaba exclusivamente a jugadores retirados de la NBA, jugado en todos los All-Star entre 1984 y 1993. Debido a las lesiones, la NBA decidió cancelar el formato de Partido de las Leyendas tal y como se conocía y dio entrada a partir de 1994 al **Partido de los Rookies**, rediseñando pasados los años el partido de los clásicos al formato de celebridades que hoy conocemos. Los **equipos de las celebridades** efectivamente incluyen desde sus inicios una mezcla de lo más interesante: leyendas retiradas de la NBA y jugadoras de la WNBA se combinan en la cancha con personalidades de toda índole, en su mayoría cantantes, actores, periodistas, presentadores de la tele, y en ocasiones jugadores de la NFL, o incluso, hasta en cuatro ocasiones (2010-2014), el secretario de Educación de Estados Unidos, Arne Duncan. Por el Partido de las Celebridades han pasado Paris Hilton, Ice Cube, Usain Bolt, Justin Bieber, Floyd Mayweather, Jamie Foxx, Justin Timberlake, Michael Rapaport o David Arquette, por mencionar a algunos. El héroe absoluto de este partido es **Kevin Hart**, el comediante de 1,63 m, estrella habitual desde 2012, cuatro veces nombrado MVP de este encuentro.

El **Rising Stars Challenge** ha conocido diversos formatos, pero fundamentalmente, desde 1999, se trata de un encuentro amistoso entre *rookies* y *sophomores*. Desde 2012 luce el nombre actual, mucho más vistoso que el clásico Partido de Novatos, y los jugadores son *«drafteados»* por capitanes honoríficos, figuras de gran relumbrón en la NBA como Charles Barkley, Shaquille O'Neal, Chris Webber o Grant Hill, que eligen indistintamente *rookies* o *sophomores*, mezclados en sus equipos. En la edición de 2015 se introdujo un criterio de procedencia para la formación de los equipos: equipo Mundo y equipo EE.UU. Ganó el equipo Mundo por 121 a 112. Resulta un encuentro bastante interesante para el seguidor NBA que tiene ocasión de ver en la pista a las incorporaciones que en mejor estado de forma se encuentran. Nada concluyente suele extraerse de un partido del Rising Star Challenge. En lugar de vestir equipación propia del All-Star, los jugadores de la conferencia anfitriona juegan con las camisetas *Home* de sus equipos, es decir, todos de blanco con los nombres de sus equipos y logos en la pechera, mientras que los de la conferencia invitada salen a la cancha con sus camisetas *Road* y sus colores de franquicia significativos; los chavales suelen competir con mucha formalidad y es un partido que vale la pena ver.

La noche del sábado está dedicada mayoritariamente a los talentos individuales, sin olvidar el espíritu de la combinación y el equipo. Se miden habilidades baloncestísticas de todo orden: el tiro, el pase, el recorte, el acierto, el mate... Es la noche más festiva de todo el fin de semana y suele ser también la que más controversia despierta en términos organizativos y de espectáculo. El menú se sirve actualmente en tres platos y postre:

Shooting Stars Competition
Skills Challenge
Three-Point Contest
Slam Dunk Contest

La **competición de tiro** reúne en dos equipos (Este y Oeste) a un jugador en activo de la NBA, una jugadora de la WNBA y un jugador retirado de la NBA. Se instauró en 2004 y hasta 2012 la competición no era por conferencia sino por ciudades: en pista veíamos combinados formados por representantes de la ciudad anfitriona y de otras, siguiendo el esquema de selección mencionado. Desde 2013, los equipos son Este y Oeste y los puntos obtenidos no solo en esta sino en cada una de las competiciones de esta noche del sábado se suman al cómputo global de forma que habrá siempre una conferencia victoriosa en la noche de habilidades del sábado. La competición de tiro es contrarreloj y consiste en encestar desde cuatro posiciones diferentes, con creciente dificultad. Un lanzamiento ladeado desde el poste seguido de uno frontal desde la bombilla, uno ladeado desde el triple y finalmente uno desde la línea de medio-campo. Este último suele ser el más costoso de convertir y aquel en el que los equipos se encallan y por ello el más divertido según vamos viendo a los participantes desplegar sus diferentes técnicas de tiro desde esa línea tan distante. Para mi gusto, **Chris Bosh** (2013, 2014, 2015) nos ha dado los mejores momentos desde esta distancia ejecutando tiros como si de un simple tiro en suspensión se tratase. De hecho, su equipo para este evento, el Team Bosh (Chris Bosh, Swin Cash y Dominique Wilkins), fue el primero en ganar este concurso por dos veces, y ahora tres, consecutivas. El **concurso de habilidades** mide la pericia de los participantes en pase, bote y tiro. Para ello se dispone en la cancha un circuito de obstáculos que el contendiente debe superar en el mínimo tiempo posible para ser coronado campeón. Es un espectáculo simpático de ver por el que, desde su inauguración en el **NBA All-Star de 2003** en Atlanta, han pasado los más grandes bases y directores de juego de la NBA: Jason Kidd, Steve Nash, Dwayne Wade, Derrick Rose, Tony Parker, Stephen Curry o Damien Lillard se han coronado campeones de este concurso en al menos una ocasión.

El **concurso de triples** consiste en encestar tanto como sea posible desde cinco posiciones a lo largo de la línea de triple, con un minuto de tiempo para la ronda entera. Desde 2002 participan en este concurso seis jugadores, jugando todos una ronda de calificación y los tres que mejor registro obtienen acceden a la ronda final. Cada carro de balones marca la posición: dos esquinas, dos ángulos y una central. Tradicionalmente, en cada carro hay cinco balones, cuatro habituales y un quinto y último tricolor, en recuerdo a la ABA, que computa como dos puntos frente a los demás que cuentan uno. Es el llamado *money-ball*. Desde 2014, sin embargo, se introdujo un carro entero lleno de *money-balls* rompiendo la tradición en un aspecto crucial: el número máximo de puntos a anotar (jamás logrado) pasó de 30 a 34, alterando la estadística desde entonces. **Larry Bird** (Boston Celtics), como no podía ser de otra manera, ganó el primer **concurso de triples** en el **NBA All-Star de 1986**, celebrado en Dallas, encestando 22 de 30 lanzamientos, y ganó de nuevo el concurso de

1987 y otra vez el de 1988. Desde entonces solo **Craig Hodges** (Chicago Bulls) ganó tres veces consecutivas este concurso (1990-1992), encestando 19 de 30 en sus mejores participaciones. Jeff Hornacek (Utah Jazz), Peja Stojakovic (Sacramento Kings) o Jason Kapono (Miami Heat, Toronto Raptors) ganaron en su día por dos años consecutivos, siendo el segundo de Hornacek en el 2000 el peor registro ganador nunca visto en este concurso con 13 de 30 encestados. En 2008, Jason Kapono rompió todos los récords al romper su propia marca del año anterior encestando 25 de 30, más que el propio Larry Bird en el año inaugural, y sigue siendo el mejor registro jamás obtenido. Dirk Nowitzki, Paul Pierce, Marco Bellineli o Stephen Curry lo han ganado en al menos una ocasión, logrando Curry un registro de 27 puntos de 34 posibles en el año 2015. Tal vez el ganador más atípico fue **Kevin Love**, campeón del Concurso de Triples de 2012 en Orlando, dada su posición habitual en la pista, con un 17 de 30. Michael Jordan (1988) y Detlef Schrempf (1990) comparten el peor registro histórico nunca visto en este concurso con 5 aciertos de 30 tiros en sus años respectivos. Michael Jordan, sin embargo, en aquel año 1988, tras aquella actuación, congeló el tiempo para toda la eternidad en el concurso de mates siguiente.

La existencia de un **concurso de mates** se remonta a los tiempos de la ABA; de hecho es otro más de sus grandes legados en pos de la NBA. En la media parte del **ABA All-Star Game de 1976** (el último celebrado como ABA) que tuvo lugar en Denver el 27 de enero de 1976, un puñado de jugadores fueron seleccionados para disputar un concurso de mates, a modo de entretenimiento especial para las audiencias en pista. Se notaba, muy propio de la ABA, que la organización dejaba mucho que desear. Los jugadores en pista no tenían muy claro lo que tenían que hacer. «Machaquen, machaquen.» Las normas (que más o menos sobrevivirán en la NBA actual) eran las siguientes: cada jugador tiene 2 minutos para hacer cinco mates diferentes: 1) desde el suelo sin carrerilla, 2) arrancando desde el semicírculo de la botella, 3) atacando desde la izquierda del aro, 4) atacando desde la derecha del aro, 5) partiendo de una esquina u otra del campo, siguiendo la linea de fondo. Parece bastante claro viéndolos campar por la cancha que los participantes no se han enterado del todo de qué hay que hacer. Los elegidos son jugadores de una talla mayúscula, participando por este orden: **Artis Gilmore** (Kentucky Colonels), **George Gervin** y **Larry Kenon** (San Antonio Spurs) **David Thompson** (Denver Nuggets) y **Julius Erving** (New York Nets). La cosa va bien, David Thompson cuaja un 360 muy espectacular. Finalmente es el turno de Julius Erving. Cosas de la tradicional desorganización de la ABA, nadie sabe muy bien cómo va el marcador, solo los jueces, sentados allí en la mesa lateral, lo saben. El Dr. J pregunta desde dónde le toca salir. Hace un primer mate muy normal, casi apático. Le toca el mate de la bombilla. Le vemos retroceder hasta el campo contrario y se pone a correr, con el balón tricolor asido en una mano, sin botar, quizá como si no hubiese entendido bien la norma o simplemente por probar, entra en la región de la bombilla, salta, vuela desde detrás de la línea de tiros libres... ¡y machaca! A una mano. Una auténtica barbaridad. El pabellón en pie, el Dr. J recoge el balón y flemáticamente, muy *cool*, se acerca a sus compañeros sabiéndose el vencedor.

Tras una interrupción, la NBA introdujo el Concurso de Mates en el **NBA All-Star de 1984**, en Denver, su lugar de nacimiento. Los años ochenta vivieron tremendos concursos de mates con **Larry Nance** (Phoenix Suns) en 1984, **Dominique Wilkins** (Atlanta Hawks) en 1985 y 1990, un épico **Spud Webb** (Atlanta Hawks) de 1,70 m en 1986, o **Michael Jordan** (Chicago Bulls) en 1987 y 1988 coronándose campeones, algunos en dos ocasiones. La década nos dejó, sin duda alguna, el mejor mate de todos los tiempos, en las manos de Michael Jordan en el **NBA All-Star de 1988**, celebrado en Chicago. Con 50 puntos, ganó el concurso 2 puntos por delante de Dominique Wilkins; pese al debate sobre si los jueces habían favorecido a Jordan puntuando especialmente bajo (45/50 puntos) el mate precedente de Wilkins, lo cierto es que el mate de Michael Jordan desde la línea de tiros libres no solo pasó a la historia por su dificultad técnica sino que logró inscribirse en la retina de cualquier amante de este deporte por su increíble plasticidad y hechuras épicas. Es una imagen que revive en el fondo de nuestra conciencia a cada concurso de mates, año tras año: creo que de algún modo todos estamos esperando volver a ver el mate desde la línea de tiro libre de **Michael Jordan**. Año tras año, deseando volver a ver el mate más icónico de todos los tiempos. Nadie, jamás, sabrá paralizarse en el aire del modo en que lo hizo él en vuelo hacia la canasta, las piernas en suspensión absoluta, elevando el balón, encarando el aro frontalmente y a su altura. Un icono absoluto que podría resumir en sí mismo la NBA en su totalidad. Lo concentra todo. Y la grandeza de la NBA es que, pese a todo, incluso algo así puede ser superado.

Durante los años noventa, el concurso de mates no pasó por sus mejores momentos y en su mayoría los jugadores más relevantes prefirieron no participar, dando lugar a concursos trufados de segundas y terceras filas. Retrospectivamente, el mate más destacado de la década fue ejecutado por un joven *rookie* que respondía al nombre de **Kobe Bryant** (Los Angeles Lakers) y empezaba a llamar seriamente la atención en las canchas de la NBA, en el **NBA All-Star de 1997**, celebrado en Cleveland. No es infrecuente que algunos concursantes saquen mejores mates en las rondas clasificatorias que en la ronda final. Kobe más o menos mantuvo el mismo nivel, siendo su *tomahawk* en el primer intento el mejor de los mates posibles. Intentó en la segunda opción de la final el mate pasando balón bajo las piernas, sin éxito. Pese a ello, fue coronado campeón del concurso. Al año siguiente, en el **NBA All-Star de 1998** en NYC, la NBA directamente ni organizó concurso de mates, y al siguiente, 1999, por *lockout*, ni siquiera hubo NBA All-Star.

Los mates retomaron una senda de pasión e interés en el nuevo milenio, abriendo con **Vince Carter** (Toronto Raptors) en el **NBA All-Star del 2000**, en Oakland, al clavar un épico y muy famoso mate en el que deja el brazo dentro del aro hasta el codo (llamado *honey-dip*), dos 360 y un bajo las piernas con *alley-oop*. Realmente una de las mejores y más completas participaciones que se recuerdan en un concurso de mates. Con la vuelta a casa, en Denver, para el **NBA All-Star de 2005**, el concurso volvió a vivir una noche épica: **Amar'e Stoudemire** (Phoenix Suns) con un 360, **J.R. Smith** (New Orleans Hornets) ejecutando un nítido mate tras pasarse el balón por la espalda y **Josh Smith** (Atlanta Hawks) saltando por encima de Kenyon Martin en *alley-oop* dieron uno de los mejores concursos que se recuerdan. La NBA observó que la introducción de una nueva norma (un mate realizado en combinación con un compañero) daba múltiples opciones para mates nunca vistos. Desde este punto, la noción de espectacularidad entró contundentemente en el repertorio de los jugadores, y en el **NBA All-Star de 2008**, en Nueva Orleans, vimos por primera vez interpretaciones que entraban ya sin complejos en lo teatral. **Gerald Green** (Boston Celtics), el defensor del título de campeón de mates en aquel All-Star, ejecutó uno muy complejo poniendo un pastel con una vela encendida en el aro y soplándola antes de machacar. Enorme. Sin embargo, **Dwight Howard** (Orlando Magic) acabó llevándose el título, utilizando también el recurso de la teatralidad (hoy ya claramente marca de la casa D12) al desprenderse de su camiseta de juego para mostrar a todos el traje de Superman que llevaba puesto debajo. Superaba así en teatralidad su participación del año anterior en la que, mientras machacaba, había pegado una pegatina de su cara sonriendo en el tablero, a casi cuatro metros del suelo. **Nate Robinson** (New York Knicks), el base de 1,75 m, fue sin embargo el gran campeón de la década ganando tres (2006, 2009, 2010) concursos de mates.

En la década presente, **Blake Griffin** (Los Angeles Clippers) dio una vuelta de tuerca a la teatralidad con una exageración nunca vista antes. En el **NBA All-Star de 2011**, en Los Ángeles, llegó el muchacho a la cancha acompañado de un coro de gospel cantando *I Believe I Can Fly* y acabó ganando el concurso saltando por encima de un coche, KIA, que entró en el pabellón hasta la cancha para quedar aparcado en la pintura. La teatralidad, mejorada en términos de técnica y agilidad, siguió en el **NBA All-Star de 2012** con **Jeremy Evans** (Utah Jazz) saltando por encima de Kevin Hart primero y su compañero Gordon Hayward después, que le suministró dos balones en vuelo, logrando machacar el *sophomore* Evans ambos. En el **NBA All-Star de 2015**, en NYC, el concurso de mates retomó la senda y tono de la década de los ochenta, pero, en mi opinión, mejorada. Con lo mejor que se ha visto en todos estos años. La teatralidad sucumbió enteramente para que entrase nuevamente la técnica, la agilidad, la imaginación y el talento. Con gran justicia, **Zach LaVine** (Minnesota Timberwolves) se coronó campeón del concurso de mates con un repertorio extraordinario, en mi opinión el mejor desplegado jamás, con un bajo las piernas con reverso en el aire, un balón por detrás de la espalda, atrapando la bola en vuelo hacia el aro, y un bajo las piernas atrapando el balón tras rebote en el canto del tablero. Toda concesión a la teatralidad de LaVine vino en su primera ejecución vistiendo una camiseta de Michael Jordan de la película *Space Jam*. Tras el NBA All-Star de 2015, **Vince Carter** seguía siendo el jugador con mejor puntuación obtenida en una ronda con 149 puntos (de 150 posibles) por su primera ronda en el concurso del año 2000. **Kobe Bryant** sigue siendo el jugador más joven en ganar este concurso, con 18 años, mientras **Spud Webb** sigue siendo el campeón más bajito (1,70 m). **Nate Robinson**, solo cinco centímetros más alto que Spud Webb, sigue siendo el único jugador que ha ganado tres veces el concurso de mates. **Michael Jordan** sigue siendo el jugador con más mates de puntuación perfecta (50/50), con seis.

En el año 2001, la NBA decidió organizar una liga de desarrollo a la que acabó dando forma final en 2005 nombrándola **NBA Development League** (NBDL), más popularmente conocida como **D-League**, compuesta hoy en día por diecisiete franquicias cuya propiedad suele estar compartida por dos franquicias NBA. Las franquicias de la D-League no se encuentran en mercados de alcance de las franquicias a las que son tributarias y suelen encontrarse en estados sin representación NBA, o ciudades menores de estados con NBA. Es naturalmente una liga menor y suele servir a las franquicias NBA para foguear jugadores, hacer pruebas, enviar jugadores que pasan por malos períodos de forma o necesitan recuperación: es básicamente un territorio de entrenamiento. Hay mucho honor en la D-League, y mucho esfuerzo de todos los participantes por lograr una plaza en sus franquicias responsables. Por ello, la NBA, desde el **NBA All-Star de 2007**, celebrado en Las Vegas (único All-Star celebrado en una ciudad sin franquicia NBA, precisamente en homenaje a la D-League), ofrece en el entorno del NBA All-Star un partido en el que compiten los mejores jugadores de esta liga menor. Hasta la fecha, los equipos de D-League del All-Star se han organizado como Este y Oeste, también por colores, y desde el **NBA All-Star de 2013,** celebrado en Houston, se organizan por criterios enfrentando *Prospects* (promesas) y *Futures* (futuros). El partido All-Star de la D-League solía jugarse el mediodía del sábado, pero recientemente se ha movido al domingo, tradicionalmente el día grande del NBA All-Star Weekend en el que se juega el **Partido de las Estrellas**. Sirve como entretenimiento previo mediático y se juega, hasta el momento, en una sede cercana al pabellón oficial. **Chris Andersen** (2001, Denver Nuggets), **Lou Amundson** (2007, Utah Jazz) o **Jeremy Lin** (2011, New York Knicks) son jugadores que llegan de la D-League (los dos primeros sin pasar siquiera por el *draft*) a la NBA para, una vez dentro, no dejarla jamás. A la D-League son enviados desde la NBA a menudo jugadores que habiendo atesorado plaza en la plantilla NBA no responden, por diversas razones (recuperación de lesión, nivel o tono físico insuficiente, etc.), a las exigencias de la competición. Hombres importantes hoy en día en sus equipos pasaron sus fogueos por la D-League: Danny Green (San Antonio Spurs), Terrence Jones (Houston Rockets), Marcin Gortat (Washington Wizards), DeMarre Carroll (Atlanta Hawks), jugaron en su momento al menos diez encuentros en D-League mientras se encontraban oficialmente al servicio de franquicias NBA.

El último evento del fin de semana, el del domingo noche, es el primero y el más grande: el **NBA All-Star Game**, el Partido de las Estrellas. Los mejores jugadores del Este y los mejores del Oeste se enfrentan en un partido amistoso que normalmente será de (una escandalosa) baja intensidad defensiva, con múltiples invitaciones a los mates, los *alley-oops* y las jugadas espectaculares en general. Aunque el partido en sí sea un acto distendido e informal, cuando un jugador se retira, en su currículum figurarán, aparte de sus registros diversos, títulos colectivos, logros individuales, sus apariciones en el NBA All-Star Game. Naturalmente, la presencia en uno de esos partidos es un hito en la carrera de un jugador, pues no deja de reflejar el estado de forma en el que se encuentra aquella temporada, así que datos como el número de convocatorias o el de cuántas fueron consecutivas servirán de excelente marca para conocer la trayectoria de un jugador. Tradicionalmente han sido siempre los seguidores los que eligen la unidad titular del Este y del Oeste. La elección de la segunda unidad queda en manos, también vía votación, de todos los entrenadores (que no podrán elegir a sus propios jugadores) en activo en la NBA. El comisionado de la NBA se reserva la posibilidad de alterar la selección final en caso de lesión y, por tanto, incapacidad para comparecer, de alguno de los elegidos. El partido se juega con normas NBA habituales, pero la unidad titular, al haber sido elegida por los seguidores, en ocasiones está posicionalmente mal equilibrada, y algunas estrellas ocuparán en la pista roles no habituales. Tradicionalmente se diseñan uniformes especiales para el All-Star de cada año, que tendrán un importante impacto en las ventas de la temporada, y los jugadores pueden mantener sus dorsales habituales aunque estén repetidos en pista. Hay mucha fanfarria en torno al partido, con gran dispendio de fuegos artificiales y espectacularidad lumino-técnica de todo orden. La media parte es bastante más larga de lo habitual e incluye actuaciones musicales de artistas de gran popularidad, bastante al estilo de la Superbowl de la NFL, siendo sin duda alguna la parte más engorrosa y aburrida del evento porque, sinceramente, a nadie parece importarle un pito la canción que el genio de turno canta mientras chulea por el escenario. Outkast, Justin Bieber, Elton John, Shakira, Rihanna, Pitbull han pasado por ese escenario de la media parte. A mí ese concierto de la media parte se me hace eterno y aprovecho para reconstituirme. Otra cosa muy distinta, en términos musicales, es la solemnidad con la que se acometen los himnos de Canadá y EE.UU. en la previa del partido. Es bastante divertido ver las caras de los jugadores durante ese momento, más o menos aburridos por el asunto.

En cualquier caso, la NBA tiene siempre el exquisito detalle de colgar en lo alto del pabellón las banderas de los países de todos los jugadores que participan en el partido.

Desde aquella primera victoria en el **NBA All-Star de 1951**, el Este tradicionalmente se ha impuesto al Oeste en este evento, con un registro 37-27 para ellos, aunque lentamente la tendencia está cambiando. El rey absoluto de convocatorias para un NBA All-Star es **Kareem Abdul-Jabbar** con 19 convocatorias en su carrera, seguido muy de cerca por **Kobe Bryant** que ostenta un récord estadístico no recogido oficialmente, pero tremendamente relevante: ha sido convocado *siempre*, cada año desde su llegada a la NBA en 1996, siendo el único jugador de la historia con semejante registro. Tim Duncan, Kevin Garnett o Shaquille O'Neal ocupan el tercer puesto con 15 convocatorias. Michael Jordan se retiró con 14 comparecencias, como Karl Malone o Jerry West; Wilt Chamberlain se fue con 13, igual que Bob Cousy y a fecha de hoy Dirk Nowitzki. Larry Bird, Magic Johnson, Moses Malone, Oscar Robertson, Bill Russell o Isiah Thomas se fueron con 12 convocatorias para el NBA All-Star Game.

Es muy difícil determinar cuál sería el mejor NBA All-Star Game de la historia porque no es sencillo, de entrada, determinar sobre qué parámetros puede basarse de forma ponderada la elección. No siempre la ruptura de un récord implicará, y especialmente en un NBA All-Star Game, que un partido haya sido especialmente vibrante, o que lo que haya sido visto en la pista sea memorable o distintivo, no siempre la audiencia convocada indicará una excelencia deportiva. Podemos, sin embargo, intentar establecer una selección histórica de aquellos partidos NBA All-Star que por distintas razones deberían considerarse justamente entre los mejores vistos hasta la fecha:

1967 | **NBA All-Star Game de San Francisco.** En pista se reunieron 12 jugadores que encontramos hoy en la lista de los 50 mejores jugadores de todos los tiempos de la NBA. Con el Este: Bill Russell y John Havlicek (Boston Celtics), Oscar Robertson y Jerry Lucas (Cincinnati Royals), Willis Reed (New York Knicks), Hal Greer y Wilt Chamberlain (Philadelphia 76ers). Con el Oeste: Elgin Baylor y Jerry West (Los Angeles Lakers), Lenny Wilkens (Saint Louis Hawks), Rick Barry (San Francisco Warriors), Dave DeBusschere (Detroit Pistons). Si echamos un ojo a las dos plantillas, es evidente que el Este venía con el grupo de interiores tal vez más poderoso de todos los tiempos y un *back-court* de muchísima potencia también. Era, al menos sobre papel, un partido bastante desequilibrado porque los jugadores del Oeste en su mayoría no pasaban, pese a su grandeza, sus mejores etapas profesionales, al menos en lo que a títulos y eficacia respecta. Es decir: en el Oeste todos tenían cosas que demostrar, en el Este la gran mayoría

LeBron James y Kobe Bryant durante
el NBA All-Star de Houston (2013).

Michael Jordan hace un aro pasado para evitar
la contundente defensa de Charles Barkley,
en el Spectrum de Filadelfia (1990).

18. MICHAEL JORDAN

El 17 de febrero de 1963, Brooklyn se sostenía en pie temblando, las aristas cortantes en cada esquina, en la enésima ola de frío que vivía en su centenaria historia. Especialmente dura e intensa en aquella ocasión, el promedio diurno no pasaba de los -8 °C. Azotadas las ventanas por la ventisca, Deloris está tumbada y respirando y resoplando, y aunque el que llega es el cuarto, una nunca puede acostumbrarse a este dolor y este poder superior, esta maravilla del nacimiento... ¡Ufffff! Y empuja, y respira, y empuja, y por ahí tenemos al padre, James Raymond, atosigado, entrando y saliendo de la sala, la nieve se agolpa bajo los aleros, fumando un pitillo, hay algo tan ancestral en este sudor y en estos gritos de la hembra... Y ahí está, la cabecita primero, los ojos cerrados... ¡Está pasando! ¡Está pasando! Entra desde la divinidad un bebé al mundo, regordete y simpático, con barriguita, y lo primero que hace es llorar y la comadrona sonríe y lo sostiene, y cuando lo envuelven se lo pasan a la madre, con los ojos entreabiertos, el bebé mira alrededor. La luz, las ventanas, formas borrosas, esquemáticas... Te llamarás Michael.

Michael Jeffrey Jordan.

No. No hubo grietas en el continuo espacio-temporal, no se quebraron los cielos..., pero acababa de nacer Dios disfrazado de Michael Jordan. Los Jordan se habían conocido a la salida de un partido de baloncesto en la bonita y pintoresca Wallace, Carolina del Norte, en 1955. En aquellos tiempos, Deloris era todavía Deloris Peoples, y James Raymond, a sus 19 años, aún andaba decidiendo su carrera profesional. Los pistones, la mecánica, la hidráulica eran lo suyo. Tuvo que abandonar su Wallace natal para estudiar en Alabama y prometió a Deloris que volvería para casarse con ella. Y así fue. Contratado primero como operador de carretilla mecánica, pronto había sido promocionado a supervisor, y para seguir creciendo

James Raymond Jordan decidió que tenía que continuar formándose; en 1962 la familia se trasladó a Brooklyn. Larry y James, los dos niños mayores, se quedaron con su abuela en Wallace, la pequeña Deloris se fue con sus padres, y recién llegados a NYC, una feliz mañana de abril primaveral, Deloris se quedó embarazada. Dios fue por tanto concebido en la nítida primavera y nacido en lo más crudo del invierno. James estudiaba hidráulica de aviación y Deloris había encontrado trabajo como administrativa en un banco. Todo iba bien.

Con un padre muy aficionado al baloncesto y un hermano seducido por el béisbol, el pequeño Michael pasó sus primeros años en Brooklyn, epicentro mundial del deporte callejero. Allí todo lo que Michael Jordan hizo fue aprender a caminar. La familia no tardaría en mudarse de vuelta al origen familiar, de vuelta a la templada y agradable Carolina del Norte. En Willington, Michael iría al instituto Emsley A. Laney. Wilmington es una coqueta ciudad portuaria, pacífica y limpia, en la franja costera sur del estado, a tres horas y media en coche de Charlotte. Insertada en las zonas atemperadas del clima húmedo subtropical, de vegetación frondosa y templada por la calidez del Atlántico en esas latitudes, sus inviernos son ligeros, la primavera es larga y los veranos muy húmedos y calurosos. No es en absoluto mal clima para jugar a baloncesto. Aunque fue originalmente rechazado por razones de altura para entrar en el primer equipo de baloncesto del instituto, Michael Jordan no desfalleció y se lo tomó como un reto: realizó una temporada excepcional en el equipo junior, enlazando varios partidos con anotaciones particulares de más de 40 puntos. Tras el estirón veraniego propio de la adolescencia, combinado con su tesón en las soleadas canchas estivales, a la vuelta de las vacaciones, Michael estaba listo para entrar en el equipo principal. Incuestionablemente dotado para el baloncesto, ya con el 23 a la espalda, promedió un triple-doble en su última temporada senior con 29,2 puntos, 11,6 rebotes y 10,1 asistencias por encuentro. Era 1981, la NBA ascendía como un cohete en competitividad y entretenimiento. Las ofertas de universidades importantes le llovieron por todas partes, Syracuse, Virginia, Duke…, pero decidió quedarse en casa y optar por la UNC, Universidad de Carolina del Norte, tradicionalmente vinculada al buen baloncesto y de la que ya habían salido, en aquellos tiempos, estrellas de la talla de Bob McAdoo. A las órdenes de la leyenda de los banquillos universitarios **Dean Smith**, Jordan no tardaría en convertirse en pieza fundamental de su equipo, ayudando contundentemente a los Tar Heels a ganar el campeonato de la **Final de la NCAA de 1982**, jugando en una unidad en la que también se encontraban futuras estrellas como James Worthy (que sería *drafteado* número uno en el *draft* de aquel mismo año 1982) o Sam Perkins.

Se declaró elegible para el ***draft* de 1984** y fue seleccionado en tercera elección por los Chicago Bulls. Por delante habían ido en primera elección Hakeem Olajuwon directo a

los Rockets para hacer historia, y en segunda, Sam Bowie a Portland, seleccionado originalmente por Indiana. Por detrás de él, en cuarta posición de primera ronda, su compañero
Sam Perkins acababa en Dallas vía Cleveland, y por debajo en quinta, Charles Barkley recalaba
en Philadelphia 76ers vía Clippers, donde se reuniría con Julius Erving y Moses Malone para
jugar unos cuantos años a su sombra. Desde Gonzaga, John Stockton, en posición dieciséis,
acabaría en Utah Jazz, donde un año más tarde, en 1985, aterrizaría Karl Malone con el que
la franquicia consolidaría una de las duplas más indestructibles de la NBA. Parece evidente
que aquel *draft* de 1984 configuró una parte muy sustanciosa del entramado por el que
volaría la NBA la siguiente década.

En su primer año en la NBA levantó una fenomenal expectación, siendo portada del *Sports
Illustrated* apenas un mes después de su debut oficial en una cancha de la NBA, el **26 de
octubre de 1984**, donde dejaría ya precisas trazas de su característico estilo de juego
y plasticidad en el salto hacia canasta a través del tráfico. Se estrenaría con 16 puntos,
7 asistencias y 6 rebotes, realizando una actuación comprometida y muy atrevida, un juego
vibrante. Quiso la Providencia que su debut se diera justamente contra la única franquicia para la que, además de los Bulls, jugaría Jordan en su larga carrera: los Washington
Bullets. Ocho noches más tarde, el 13 de noviembre de 1984, Jordan registraría su primer
partido de más de 40 puntos, convirtiendo a domicilio 45 contra los San Antonio Spurs en
una victoria 120-117 para los Bulls. La prensa nacional lo encumbraba. Aún siendo *rookie*,
fue votado por todos los seguidores para el **NBA All-Star Game de 1985**, focalizando tanto
la atención mediática sobre sí que levantaría las quejas de algunos veteranos de la liga
que veían en todo ello un globo exagerado. Durante aquel NBA All-Star Game de 1985, sus
compañeros en cancha (rivales de conferencia en la liga) tendieron a hacerle bastante el
vacío, iniciativa liderada por Isiah Thomas (Detroit Pistons), el cerebro motor de los *Bad Boys*,
y base titular del Este en aquel encuentro. Larry Bird (Boston Celtics), Moses Malone y Julius
Erving (Philadelphia 76ers) eran los restantes compañeros en la unidad titular. Bernard King
(New York Knicks) y Bill Laimbeer (Detroit Pistons) salían desde el banquillo. Jordan se fue
con 7 puntos tras 22 minutos de juego.

Pasó la **temporada 1985-1986** prácticamente entera en blanco, de baja, con un pie roto.
Coincidiendo con su baja, se elevó en la NBA una de las mejores versiones de los Celtics
desde los tiempos de Bill Russell y Red Auerbach, los Boston Celtics de Larry Bird, Kevin
McHale, Robert Parish y Danny Ainge. Tuvo tiempo de entrar en los playoffs de aquel año,
convaleciente de su lesión, dejando una pincelada de lo que estaba por venir: en el segundo partido de la serie de primera ronda del Este contra los Celtics, Jordan anotó 63
puntos, todavía hoy en día la máxima puntuación convertida por un jugador en un partido de

playoffs de la NBA. Los Celtics se llevaron la serie por 3-0 y progresaron hacia las Finales de la NBA de 1986, dejando a Atlanta Hawks (4-1) y a Milwaukee Bucks (4-0) por el camino, ganando el título 4-2 contra los Houston Rockets. En su vuelta para la **temporada 1986-1987**, Jordan deslumbraría al mundo realizando una de las temporadas de mayor anotación individual de la historia, coronándose como el segundo jugador de la NBA que superaba los 3.000 puntos en una campaña, marca hasta entonces solo lograda por Wilt Chamberlain. Su porcentaje de anotación se fijó en un descomunal 48,2%, anotaba uno de cada dos lanzamientos que intentaba. Fue su primer título como máximo anotador de la liga, hito que repetiría hasta en diez ocasiones, las seis primeras de forma consecutiva desde entonces. Sin títulos, sin especiales méritos colectivos, su figura empezaba a tener alcance planetario. El icónico mate desde la línea de tiros libres que ejecuta en el **NBA All-Star de 1988** acabaría por encumbrarlo definitivamente en el estrellato absoluto de la NBA. Aquel año es nombrado MVP de la NBA, MVP del Partido de las Estrellas, es coronado como máximo anotador de la liga y obtiene también el récord de más robos de balón. No hay, literalmente, jugador más letal que él. Los títulos tendrán que llegar. Nadie lo duda.

Con Michael Jordan liderando estadísticamente la NBA, respaldado en la pintura por la experiencia de **Bill Cartwright**, en pareja con hombres como **Craig Hodges** y **John Paxson** por el perímetro, y con la buena pinta que tenían las recientes incorporaciones de Horace Grant, Will Perdue o Scottie Pippen, todo parecía estar dispuesto para un anillo de los Chicago Bulls antes del final de la década.

Al inicio de la **temporada 1988-1989**, la mejor marca histórica de los Chicago Bulls desde su fundación en 1966, quedaba en un lejano 1975, año en que cayeron contra los Golden State Warriors 4-3, disputando las finales del Oeste. Desde entonces, y alineados en la Conferencia Este tras la absorción de la ABA de 1976, no han logrado entrar de nuevo en una final de conferencia. Colmando las expectativas, en la que será la tercera y última temporada de **Doug Collins** como entrenador de Chicago, los Bulls se meten en las **finales del Este de 1989** tras deshacerse 3-2 de los Cleveland Cavaliers de Ron Harper y Larry Nance en primera ronda, y de los New York Knicks de Patrick Ewing, Charles Oakley y Mark Jackson en semifinales. En las finales esperaban los Pistons. Chicago se adelantará 2-0 en la serie a domicilio, probando a continuación cuatro partidos seguidos de medicina Detroit, *à la façon Bad Boys*, con defensas muy duras y anotaciones bajísimas, ahogando a Jordan sin desatender al resto. Detroit se lleva la serie 4-2, y humillando a Los Angeles Lakers con un barrido 4-0 en las **Finales de la NBA de 1989**, se coronarán campeones, dejando una huella eterna e imborrable en la liga. Segundo *sweep* que recibían los Lakers en una final de la NBA en la década, tercero histórico de la franquicia y quinto absoluto entonces en toda la historia de la NBA:

> 1959 | Boston Celtics 4-0 Minneapolis Lakers
> 1971 | Milwaukee Bucks 4-0 Baltimore Bullets
> 1975 | Golden State Warriors 4-0 Washington Bullets
> 1983 | Philadelphia 76ers 4-0 Los Angeles Lakers
> 1989 | Detroit Pistons 4-0 Los Angeles Lakers
> 1995 | Houston Rockets 4-0 Orlando Magic
> 2002 | Los Angeles Lakers 4-0 New Jersey Nets
> 2007 | San Antonio Spurs 4-0 Cleveland Cavaliers

Con la **temporada 1989-1990** llegó una novedad. Tras cinco años de experiencia profesional (1982-1987) como entrenador jefe de los **Albany Patroons**, un equipo de la Continental Basketball Association (CBA),[1] y habiendo conseguido el primer título de los dos que los Patroons tienen (1984, 1988), **Phil Jackson** asumió el cargo de entrenador jefe de los Chicago Bulls. Desde que dejase Albany en 1987, Phil Jackson había ejercido dos años como entrenador asistente de Doug Collins, al que ahora sustituía, así que era un hombre conocido y respetado por los jugadores dado su talante, el trato humano y unas técnicas de entrenamiento físico y psicológico que los hechos demostrarán infalibles.

Nacido en Deer Lodge, en el bello estado de Montana, en el seno de una familia de profundas creencias religiosas, Phil Jackson había jugado trece temporadas en la NBA como jugador. Interior, pívot fino y estilista en el ataque y de faltas en la defensa, había sido *drafteado* desde North Dakota en 1967 por los New York Knicks, siendo miembro de las plantillas ganadoras (1970, 1973), con dos anillos en su haber. Al abandonar los Knicks, en 1978, había fichado por los New Jersey en calidad de jugador además de como entrenador-asistente. En los Nets, que acaban de aterrizar en Nueva Jersey desde Nueva York, Phil Jackson es el más veterano de la plantilla. Coincidirá con un joven Bernard King recién llegado a la NBA y un experimentado Maurice Lucas a punto de iniciar el mejor arreón de su carrera. Dada la combinación de experiencia en cancha y sus dotes en el banquillo, junto con su particular talante de diálogo, intuición y sabiduría, la elección de Phil Jackson parecía muy adecuada para hacerse con aquel grupo tan particular, de evidente potencial. Desde el primer en-

---

1. Liga menor de baloncesto fundada también en 1946, con presencia originalmente solo en las regiones del noreste y a la que, por medio de un acuerdo de cesión de jugadores, la NBA debe directamente su formato de contrato de diez días tan popular en el último tramo de temporada regular.

trenamiento aplicó Phil Jackson sus técnicas de compromiso: sin importar sus mejores o peores rendimientos, sin ser menester su talento, todos los jugadores están unidos por un objetivo superior. Traza una línea imaginaria en el suelo. Aquel que la cruce asume desde ese momento unos principios para con sus compañeros y para sí mismo. Una unidad por la victoria, el respeto y la ética de trabajo. Logrando el mejor registro desde que Jordan llegase, y el segundo mejor registro histórico de la franquicia, con 55-27, los Bulls entran en post-temporada con la prensa y la NBA expectantes por una reedición de la batalla del Este: los Bulls-Pistons de aquella era son una de las rivalidades de más alto voltaje de la historia de la NBA. Phil Jackson había sabido exprimir las condiciones de sus jugadores, los Bulls se desharán de los Milwaukee Bucks de Alvin Johnson por 3-1 en la primera ronda y vencerán a los Sixers de Charles Barkley por 4-1 en las semifinales.

Tras haber dejado en el camino 3-0 a los Indiana Pacers de Reggie Miller y Detlef Schrempf, y 4-1 a los Knicks de Ewing, Cheeks y Oakley, los Detroit Pistons esperaban a los Chicago Bulls para disputar la que será una de las contiendas más épicas de la NBA en el transcurso de las finales del Este de 1990. La prensa hablaba de unas polémicas «reglas Jordan» que los Pistons pensaban desplegar para frenar al 23 de los Bulls. Los *Bad Boys* rechazaban por completo la mera existencia de esa noción, mientras o bien reían a cámara o miraban (Laimbeer) con desdén al periodismo y al mundo en general. Los Pistons pasaron por encima de los Bulls como un tren de mercancías en los dos partidos en el Palace de Auburn Hills, dejando a los Bulls en 77 puntos en el primero (con Jordan manejándose para anotar 34 puntos), y en 93 en el segundo (Jordan en 20 puntos) a base de mucha dureza a ambos lados de la cancha, ganando los Pistons por un margen de 9 puntos en ambos encuentros.

Con la ida de las finales a Chicago y tres días de descanso entre medio, Jordan hace una noche de 47 puntos y otra de 42 puntos, un total de 89 puntos en dos partidos, los Bulls ganan 102-107 y 101-108 igualando la serie 2-2. Un ostensiblemente exhausto Phil Jackson aparece en pantalla en la rueda de prensa posterior al primero, remarcando especialmente la actuación de su jugador estrella, haciendo un juego de palabras con *Jordan rules*. En esos encuentros en el Chicago Stadium, Detroit resulta tremendamente efectivo en ataque, repartiendo ponderadamente la anotación entre sus hombres de fuera y dominando el rebote en ambos tableros. El quinto es decisivo. El quinto siempre es decisivo. En la primera parte ambos equipos disputan un baloncesto velocísimo e impecable, duro, honesto y sin fallos. En la segunda, y pese a llevar un tercer cuarto bien conducido para los intereses de los Bulls, sin perder comba en el marcador, los Pistons, maestros en la dosificación de fuerzas, estrangulan el ataque rival en el último cuarto con una defensa más dura que la desplegada hasta el momento y se llevan el encuentro holgadamente, 83-97. Scottie Pippen

Los Pistons celebran su primer anillo tras barrer a los Lakers 4-0 en las finales de 1989.

ha anotado 19 puntos, Jordan 22. Desde el banquillo de Detroit, Mark Aguirre ha estado sublime, convirtiendo 19 puntos, compensando así a un inusualmente poco productivo Isiah Thomas. Y es que esa era una de las magias de Chuck Daly; había logrado componer un grupo de espíritu feroz, tremendamente poderoso y solidario en la cancha ante cualquier concepto, tarea o circunstancia. Para los Pistons el baloncesto estaba en todo, en atacar y en defender, en pelear cada balón, en la atención táctica en el vestuario, en el colectivo: los más dotados y los menos dotados para la anotación eran equiparablemente importantes. Los títulos siempre los ganan los equipos, nunca los hombres solos. Ese era el paradigma.

Tras aquella victoria, los Pistons se quedaban a una de llevarse la serie y acceder a las finales. Sin embargo, una gran actuación de los Bulls en el sexto encuentro, con Jordan subiendo a 29 puntos y Pippen a 19 como máximos anotadores, cosecha una sobria victoria 91-109 para el equipo de la Ciudad del Viento y lleva las finales a un séptimo partido en el Palace de Auburn Hills en el que quedará patente que el reparto de responsabilidad colectiva es más eficiente que la concentración sobre un único hombre. Quedará también patente para todo el planeta NBA que el valor añadido de aquellos Pistons residía en su pasión, en lo mucho que *disfrutaban* en tareas defensivas. Hicieron de la defensa su seña de identidad, hicieron de uno de los trabajos más duros del baloncesto su mejor virtud. De nuevo basándose en un reparto de responsabilidades anotadoras, incluyendo para ello a hombres de banquillo, y una tremendamente eficiente defensa, Detroit dejará a Chicago en 74 puntos (31 de Michael Jordan, 2 de Scottie Pippen), llevándose el encuentro por 19 puntos de ventaja. Phil Jackson se quedó sin inspiración. Chuck Daly le había ganado la partida. Los Pistons ganaron su segundo anillo consecutivo en las **Finales de la NBA de 1990** derrotando 4-1 en la serie a los Portland Trail Blazers de Clyde Drexler, Jerome Kersey y Terry Porter, con Drazen Petrovic saliendo desde el banco. Los Bulls se fueron de vacaciones con la única idea de volver más fuertes que nunca...

Con 61-21, la **temporada 1990-1991** es la mejor jamás realizada por los Chicago Bulls. Michael Jordan recibe unánimemente el MVP de la temporada, con un impresionante 53,9% de acierto en tiro, 6 rebotes, 5,5 asistencias y 31,5 puntos por encuentro. Scottie Pippen se torna indispensable en la posición de *stopper* del **triángulo ofensivo** desarrollado por Phil Jackson, siendo especialmente provechoso dada su enorme versatilidad y capacidad de anotación. La pareja Jordan-Pippen se ha convertido en una de las más letales, o la más letal de la NBA. Es la temporada en la que el 33 de Arkansas estalla definitivamente. El 23 de noviembre de 1990 en una victoria 105-97 contra los Clippers, realiza Pippen su primer triple-doble (13 puntos, 12 asistencias, 13 rebotes); el 23 de febrero de 1991, contra Charlotte, borda su primer partido de más de 40 con 43 puntos y establece el que será su récord histórico en acierto de tiro con un impresionante 94,1% de lanzamientos convertidos. Fue el quinto en robos de balón de toda la NBA. Con esta composición, el triángulo a pleno rendimiento, los Bulls entran en post-temporada como un cohete, llevándose por delante a los New York Knicks por 3-0 en primera ronda y a los Sixers 4-1 en semifinales de conferencia. Para las finales del Este de 1991 esperan a Chicago, una vez más, los *Bad Boys*: humillados. Nada de lo que les había servido les sirve a los vigentes campeones, lo que podría haber sido la Primera Dinastía del Terror en la NBA se desmorona en un soplido. Los barren, les dan un *sweep.* Por 4-0 los Chicago Bulls anularán a los Detroit Pistons. En el cuarto partido, en el Palace de Auburn Hills, con 115-94 en el marcador para los Bulls, los *Bad Boys* se darán un homenaje. Un baño de masas, al empezar a abrazarse y saludarse entre ellos en el banquillo, con la cooperación de Chuck Daly que realiza los cambios necesarios para que eso suceda en el momento que sienta a Isiah Thomas. Abrazos con Laimbeer, con Aguirre que también es sentado para el *show*, con Rodman, con Dumars, mientras el público aplaude y el partido sigue jugándose en la cancha con los reservas de Detroit. Los *Bad Boys* se ponen las sudaderas y, entre el griterío de la grada, abandonan la pista, aún con el balón en juego, a 10 segundos del final del encuentro, pasando por delante del banquillo de los Chicago Bulls sin siquiera mirarles, ni saludarles ni felicitarles en absoluto. Un desplante completo en mitad de una ovación cerrada, yéndose directamente a los vestuarios sin saludar a los justos campeones del Este. Ese fue el final de los *Bad Boys*. Y el principio de los Chicago Bulls, una de las eras más espectaculares de la historia de la NBA, y posiblemente la dinastía baloncestística que cambió para siempre la NBA.

> **Finales de la NBA de 1991** | Por fin el mundo iba a ver un emparejamiento en la cumbre entre Magic y Jordan. Tras deshacerse contundentemente 4-0 de los Pistons, los Bulls avanzaban hacia las finales con el cartel de aspirantes. Por su lado del cuadro, **Los Angeles Lakers** rompían sus propios registros al entrar por novena vez en doce temporadas en unas finales de la NBA. Desde que Magic

llegara al equipo en la temporada 1979-1980, los Lakers habían ganado cinco anillos (1980, 1982, 1985, 1987, 1988) y cedido tres: a Philadelphia (1983), Boston (1984) y Detroit (1989). Tras dos años como entrenador asistente de los Bucks, Mike Dunleavy había tomado las riendas del equipo aquella temporada 1990-1991, especialmente presionado en el puesto dado que sustituía nada menos que a Pat Riley: el mejor entrenador de la década, el mejor entrenador histórico de Los Angeles Lakers y uno de los diez mejores entrenadores de la historia de la NBA. Con los Bulls, Phil Jackson llegaba a medio camino entre la incógnita y la confianza, un hombre cuyo trabajo empezaba a ser muy seriamente considerado, pero con todo por demostrar. Por alguna razón, en la mentalidad colectiva NBA se asienta esa idea que sostiene que un equipo deberá primero caer en unas finales antes de estar preparado para ganar. Pero lo cierto es que nada prepara mentalmente para jugar una final, no importa cuánta experiencia en ellas se atesore, porque ninguna final es igual, ninguna plantilla es idéntica año tras año, y jamás puede predecirse todo lo que el rival va a ejecutar ni tener controlado todo lo que nosotros vamos finalmente a hacer. El formato de las finales de la NBA de 1991 era 2-3-2. Los Bulls caen 93-91 en los últimos instantes del primer partido en el Chicago Stadium, pero igualan la serie 1-1 en el segundo, desplegando un baloncesto de una espectacularidad muy pocas veces vista en una cancha de la NBA. En este segundo encuentro se da la icónica imagen de Michael Jordan rectificando en vuelo entre el tráfico defensivo de los Lakers para acabar encestando a aro pasado. Chicago vuela al Forum de Inglewood reforzado en su confianza. Su unidad titular principal es:

1. John Paxson (base)
2. Michael Jordan (escolta)
3. Scottie Pippen (ala)
4. Horace Grant (ala-pívot)
5. Bill Cartwright (pívot)

Con Cliff Levingston y Scott Williams dando refresco por dentro y Craig Hodges por fuera. Todos gobernados por el triángulo ofensivo de Phil Jackson. Derrotarán a los Lakers en dos partidos consecutivos a domicilio y acabarán llevándose su primer título en el quinto encuentro con una actuación extraordinaria de Paxson en los últimos minutos del encuentro. Tres victorias consecutivas en el Forum que les daban su primer anillo y a la vez ponían fin a la era de Los Angeles Lakers de Magic. Al recibir el trofeo, Michael Jordan no pudo contener las lágrimas.

Otra de las imágenes más icónicas del 23, abrazado al trofeo de campeones, la frente contra el balón de oro que lo corona, en la cabeza la gorra blanca de los Bulls campeones y la camiseta roja como visitante.

Finales de la NBA de 1992 | Sin apenas retoques en la plantilla, los Bulls habían mejorado su propia marca histórica cosechada el año anterior durante la temporada regular, cerrando con un registro 67-15. El camino a las finales les resulta bastante más duro en esta ocasión. Tras deshacerse de los Miami Heat de Glen Rice por 3-0 en primera ronda, se van a unas series durísimas 2-2-1-1-1 contra los New York Knicks de Pat Ewing, Xavier McDaniel, Gerald Wilkins y John Starks, unos tipos de una contundencia en la cancha cercana a la de los *Bad Boys*. En las finales del Este de 1992 deberán todavía deshacerse de los Cleveland Cavaliers de Brad Daugherty, Larry Nance y Steve Kerr que, con un registro 57-25, vienen de igualar su mejor temporada histórica desde su fundación en 1970 y lograr por segunda vez (la primera había sido en 1976) presencia en unas finales de conferencia. Cayendo en el segundo en casa y el cuarto fuera, los Bulls necesitarán seis partidos para llevarse la serie. Cuando por fin llegan a las finales de la NBA de 1992, al otro lado de la cancha les esperan los **Portland Trail Blazers**. Los mismos Trail Blazers que habían sido vapuleados 4-1 por los Pistons en las Finales de la NBA de 1990, volvían al foco central del baloncesto mundial dispuestos a llevarse el título en esta ocasión:

1. Terry Porter (base)
2. Clyde Drexler (escolta)
3. Jerome Kersey (ala)
4. Clifford Robinson (ala-pívot)
5. Kevin Duckworth (pívot)

En el banquillo Rick Adelman. Los medios buscaron vender un enfrentamiento, una rivalidad Jordan-Drexler que verdaderamente no existía ni se había fogueado en modo alguno ni en la cancha ni fuera de ella. Las series estaban de nuevo establecidas en formato 2-3-2. En el primer encuentro en Chicago, Jordan anota 35 puntos en la primera mitad, incluyendo la conversión de 6 triples, y una nueva icónica imagen en la retina de todos: corriendo hacia atrás tras anotar el sexto, mirando hacia la grada con una cara entre el orgullo y la incredulidad, la sorpresa, la magia, una cara de «¿Realmente estoy haciendo esto?». La épica del más grande. Tras romper Portland el factor cancha en el segundo partido, los Bulls se lanzarían a otra serie de victorias en la carretera, cosechando dos victorias clave en el Memorial Colliseum (tercer y quinto partido), devolviendo las series a Chicago con un 3-2 en el marcador a su favor. En el sexto partido, los Bulls logran remontar una desventaja en el marcador de 15 puntos en el último cuarto, con Jordan anotando 12 de sus 33 puntos en los últimos minutos. El encuentro acaba 93-97 para Bulls, con Jordan nombrado MVP de las finales y los Bulls logrando su segundo anillo. Michael Jordan es el jugador más famoso y letal del planeta.

Finales de la NBA de 1993 | Desde 1987, todos los campeones de la NBA habían ganado títulos en dos años de forma consecutiva (Lakers, 1987-1988, Pistons, 1989-1990). El hito, el verdadero reto, era ganar tres títulos consecutivamente. Nadie desde los tiempos de los Boston Celtics de Auerbach y Russell (1959-1966) había ganado tres títulos de forma consecutiva, como también hicieran en su día los Minneapolis Lakers de George Mikan (1952-1954), y jamás en la historia una franquicia de la NBA había abierto su cuenta de campeonatos ganando tres de forma consecutiva. El MVP de la temporada recayó en manos de Charles Barkley que había liderado, en su primera temporada con los **Phoenix Suns**, a la franquicia de Arizona hasta las Finales de la NBA de 1993, por segunda vez en su historia. Entrenados por Paul Westphal, estos Suns que esperan a los Bulls son un equipo en total trayectoria ascendente y en sus filas cuentan con algunas de las que serán leyendas indiscutibles de la franquicia:

1. Kevin Johnson (base)
2. Dan Majerle (escolta)
3. Cedric Ceballos (ala)
4. Charles Barkley (ala-pívot)
5. Mark West (pívot)

En su primera temporada en Phoenix, Paul Westphal, que ya tiene un anillo como entrenador con Los Angeles Lakers (1980), ha dirigido a la franquicia a su mejor registro histórico con un contundente 62-20. No es tan sencillo realizar apuestas a ganador. Además, los Bulls en esta ocasión y por primera vez no cuentan con el factor cancha. En primera ronda, Chicago ha barrido 3-0 a los Atlanta Hawks de un ya crepuscular Dominique Wilkins, para a continuación barrer 4-0 a los Cleveland Cavaliers de Larry Nance, que se disolverán desde entonces en el recuerdo de las dinastías efímeras. En las finales de conferencia han tenido que verse las caras nuevamente con los New York Knicks de Ewing, que les guardan algunas cuentas pendientes y deciden servírselas en una serie físicamente muy dura, que acabarán llevándose los Bulls por 4-2. Tampoco ha sido precisamente un camino de rosas para los Phoenix Suns, que han tenido que iniciar la primera ronda contra Lakers, remontando desde un 2-0 hasta un 2-3, para después combatir a seis encuentros contra los San Antonio Spurs del Almirante David Robinson, y a continuación vérselas en las finales del Oeste con una de las mejores versiones de los Seattle SuperSonics con Gary Payton, Shawn Kemp, Sam Perkins, Derrick McKey y Ricky Pierce en combinación letal. Esa serie acaba yéndose a los siete partidos, haciendo evidente una vez más que ganar un anillo de la NBA es una de las metas deportivas más difíciles. Las Finales de la NBA de 1993 se inician en el America West Arena de Phoenix el miércoles 9 de junio y se extenderán hasta el domingo 20, a lo largo de seis partidos en una serie estructurada en formato 2-3-2. Será una de las finales con más victorias a domicilio: cinco de los seis partidos son ganados por el equipo visitante, a excepción del cuarto que ganan los Bulls en el Chicago Stadium. La serie nos dejó también un infartante tercer encuentro que los Suns acabaron ganando tras llegar a forzar tres prórrogas, situación que se daba por segunda vez en la historia de las finales de la NBA, con la casualidad de que en la anterior ocasión también los Suns estaban involucrados (quinto partido contra Boston, en el Boston Garden, 4 de junio de 1976). Con asistencia de Horace Grant a 3,9 segundos del final del sexto encuentro en el America West, Paxson anota un triple que da a los Bulls la ventaja 99-98 en el marcador. Los Suns ejecutan su jugada y Horace Grant, épico, taponeará a Kevin Johnson en el último segundo, certificando el anillo de los Bulls, tercero consecutivo. Con un promedio de 41 puntos por noche en las finales, Michael Jordan ganó el tercer MVP de las finales consecutivo, igualando a Magic Johnson en número de menciones. Los Bulls lograban el *three-peat* y Michael Jordan daba señales de agotamiento mediático y cansancio general por aspectos no directamente relacionados con el baloncesto sino derivados de su inmensa popularidad.

El verano de 1993 fue espantoso para Michael. El 23 de julio, su padre, James Raymond Jordan, fue víctima de un robo y murió tiroteado en el Lexus SC400 que su hijo le había regalado, mientras daba una cabezada en una zona de descanso de la autopista 74, cerca de Lumberton, Carolina del Norte, cuando regresaba de un funeral. Su cuerpo fue hallado el 3 de agosto en un pantano de Bennettsville, Carolina del Sur, cerca de la línea estatal con Carolina del Norte, a lo largo de la cual discurre más o menos la 74. El cuerpo no fue positivamente identificado hasta el 13 de agosto. Los asesinos supieron quién era la víctima tras haberlo matado; fue el uso del teléfono móvil del padre lo que ayudó a la policía a identificarlos rápidamente: Daniel Andre Green y Larry Martin Demery fueron condenados a cadena perpetua por este y otros crímenes. El **6 de octubre de 1993**, Michael Jordan en rueda de prensa anunció al mundo su retirada de las canchas. Adujo agotamiento mental y falta de ganas de seguir jugando. La noticia recorrió el planeta, un impacto monumental para todo el mundo NBA. El 7 de febrero de 1994, el terremoto tuvo su réplica al hacerse público que Michael Jordan firmaba un contrato para jugar a béisbol en los Chicago White Sox en las ligas menores. Los White Sox eran también propiedad de Jerry Reinsdorf, propietario de los Chicago Bulls, y Reisdorf, intuitivo, psicólogo, mantuvo a Michael Jordan cobrando su contrato del baloncesto durante los años que jugó a béisbol; Michael estaba resuelto a hacer realidad el sueño original de su padre que era tener un hijo estrella del béisbol.

Entre tanto, la **temporada 1993-1994** discurrió con fugacidad y una rara sensación de vacío, el baloncesto parecía haberse contagiado de él mientras estuvo en las canchas y ahora había perdido su referente. Gobernados por el genial Pat Riley, los New York Knicks de Ewing, Oakley y Starks encuentran su camino en la Conferencia Este hacia las **Finales de la NBA de 1994**, derrotando 3-1 a los New Jersey Nets en primera ronda, 4-3 a los Chicago Bulls en semifinales y 4-3 a los Indiana Pacers en las finales del Este. En las finales les esperan los **Houston Rockets** en la mejor versión de su historia. Es una final de pívots, muy al estilo de los choques clásicos Chamberlain-Russell. Hakeem Olajuwon supera a Pat Ewing en todos los aspectos relativos a la anotación (con un 50% de acierto frente al 36% de Ewing, y 26,9 puntos por noche frente a los 18,9 del de Nueva York), con Hakeem liderando todos los aspectos del juego de su equipo: máximo anotador con 25 puntos, máximo reboteador con 10, máximo asistente con 7. Será nombrado MVP de las finales. Los Houston Rockets conseguían así su primer, merecidísimo, anillo.

En la **temporada 1994-1995** los Houston Rockets daban la bienvenida a una de las rutilantes estrellas más respetadas de la NBA, Clyde Drexler, y Tomjanovich cedía el puesto de base titular a Sam Cassell y el de escolta a Mario Elie, combinando con Clyde *The Glide* desde el banquillo, decididos a seguir con la tradición de la consecutividad en la obtención de títulos abierta por los Lakers en el lapso 1987-1988. El **18 de marzo de 1995**, tras haber jugado los Bulls el partido 65 de la temporada regular, Michael Jordan emitió un escueto comunicado de prensa: *«I'm back»*. Mítica sentencia, en particular entre toda su monumental masa de seguidores. Así anunció al mundo su vuelta a las canchas. Vuelvo. Al día siguiente, 19 de marzo de 1995, el anuncio tomó cuerpo. En casa de los Indiana Pacers de Reggie Miller, Mark Jackson, Derrick McKey y Rik Smits, uno de los equipos más en forma de la NBA en aquel momento, Michael Jordan volvía a la NBA. En esta ocasión, eligió el dorsal 45 ya que su 23 había sido retirado por la franquicia en homenaje durante su retiro. Los Bulls con Jordan enlazan una racha de 13-4 y entran en post-temporada, cayendo en semifinales de la Conferencia Este por 4-2 contra los Orlando Magic que están impactando al mundo con un descomunal, recién llegado, Shaquille O'Neal, y Penny Hardaway en la dirección, eléctrica, de balón. Orlando avanzará para derrotar con mucho sufrimiento por 4-3 a los Indiana Pacers en las finales del Oeste de 1995, para caer barridos por 4-0 en las **Finales de la NBA de 1995** contra los Houston Rockets que logran revalidar título, consiguiendo su segundo anillo, segundo histórico de la franquicia. Contento con su vuelta, pero frustrado por la derrota en las series contra Orlando, Michael Jordan pasa el verano trabajando.

Finales de la NBA de 1996 | ¿Era posible que todo lo visto antes de su retirada fuera a ser superado? ¿Realmente? Pues sí. Eso parecía. Michael Jordan ha recuperado formalmente su dorsal 23. Con la mejor temporada regular de la historia de la NBA, superando el 69-13 de los Lakers de la temporada 1971-1972, con un nunca igualado todavía registro de 72-10, los Chicago Bulls deslumbraban al mundo. Los que fueran miembros del *three-peat* habían desaparecido de la franquicia en su mayoría, yéndose algunos al retiro profesional (Paxson y Cartwright) o rondando como agentes libres por la NBA: Horace Grant (Orlando Magic), Scott Williams (Philadelphia 76ers), Stacey King (Miami Heat). Los Chicago Bulls ahora eran:

1. Ron Harper (base)
2. Michael Jordan (escolta)
3. Scottie Pippen (alero)
4. Dennis Rodman (ala-pívot)
5. Luc Longley (pívot)

Con las salidas indispensables desde el banquillo de Steve Kerr en la posición de base y Toni Kukoc como alero o ala-pívot, conforman uno de los mejores banquillos de la liga. Phil Jackson estaba combinando a la perfección a sus hombres, siguiendo la aplicación de su triángulo gracias a la versatilidad de todos ellos. Se quitan a los Miami Heat de Alonzo Mourning y Tim Hardaway de delante en primera ronda por 3-0 con márgenes holgados en cada encuentro.

Dejan atrás a unos Knicks crepusculares por 4-1 en las semifinales de conferencia y, un poco contra pronóstico, barren 4-0 a Orlando Magic en las finales del Este de 1996, tomándose la revancha de la eliminación del año anterior.

Por el otro lado del cuadro, siguiendo la ruta de la Conferencia Oeste, llegaban los Seattle SuperSonics. Desde que su banquillo fuera asumido por George Karl en 1992, los Sonics han sido un contendiente de importancia en cada post-temporada del Oeste. Por fin el buen trabajo ha cuajado y los de Seattle se presentan en unas finales de la NBA por primera vez desde 1979 (año en que ganaron su único campeonato hasta la fecha), tercera oportunidad en la historia de la franquicia. En 1996 Seattle llega después de realizar su mejor temporada regular desde la fundación de la franquicia con un impresionante 64-18, un equipo en el que los NBA All-Stars se han hecho a sí mismos en la cancha, hombres de talento tallado en el parquet y bajo la pizarra de George Karl, una unidad titular que recoge su mejor alineación en Seattle:

1. Gary Payton (base)
2. Hershey Hawkins (escolta)
3. Detlef Schrempf (ala)
4. Shawn Kemp (ala-pívot)
5. Ervin Johnson (pívot)

Con Sam Perkins saliendo desde el banquillo para refresco de interiores y Vincent Askew y Nate McMillan para descanso del perímetro. Las finales se inician en el United Center de Chicago con los Bulls liderando desde el primer cuarto en defensa, poco inspirados en ataque, y con el partido igualado hasta el final. Toni Kukoc desde el banco y una actuación especialmente inspirada de Ron Harper en el robo de balón les pondrá 1-0 en la serie. Dennis Rodman se coronará como rey del rebote en unas finales de la NBA capturando 11 en el segundo encuentro, hito que igualará en el sexto. Los Bulls, en este formato 2-3-2, se pondrán 3-0 en el primer encuentro en el Key Arena de Seattle, y perderán los dos siguientes, forzando los Sonics un sexto decisivo en Chicago en el que los Bulls se llevarán el cuarto título con un partido controlado desde el inicio. Michael Jordan, pese a no haber hecho la mejor de las actuaciones de su carrera en las series, se lleva el título de MVP de las finales. Cuarto en su carrera, superando el récord de tres MVP de unas finales de Magic Johnson (1980, 1982, 1987). La leyenda viva de Jordan no tiene ya parangón.

Finales de la NBA de 1997 | Los Bulls no han alterado apenas su plantilla, o no de forma señalada, salvo por la contratación de Robert Parish, el gran jefe de los Celtics, que después de haber jugado dos temporadas en Charlotte tras dejar Boston, llega a los Bulls para lo que será su última temporada como jugador profesional: tiene 43 años. Las finales se jugarán en formato 2-3-2. Por el Oeste llegaba uno de los equipos con más mítica y el candidato que tal vez todos, salvo los seguidores de Bulls o de Jordan en sí, queríamos que ganase aquellas finales: los Utah Jazz de Jerry Sloan. No puede olvidarse que Sloan había sido una de las figuras clave de los primeros Chicago Bulls, con su dorsal 4 retirado por la franquicia y colgando en lo alto del United Center, y había sido también entrenador jefe de la franquicia entre 1979 y 1982. Desde 1988 estaba en el banquillo de los Utah Jazz y había crecido con ellos y cuajado una de las duplas más eléctricas de todos los tiempos de la NBA (John Stockton y Karl Malone *El Cartero*), y en aquella temporada 1996-1997 por fin había conseguido componer una plantilla verdaderamente ganadora, excelente combinación entre experiencia y juventud:

1. John Stockton (base)
2. Jeff Hornacek (escolta)
3. Byron Russell (alero)
4. Karl Malone (ala-pívot)
5. Greg Ostertag (pívot)

Desde el banquillo, Sloan utilizaba muchísimo a un experimentado Antoine Carr para refrescar por dentro y Howard Eisley para el perímetro. Con doce temporadas en la NBA (Atlanta Hawks, Sacramento Kings, San Antonio Spurs), era el único jugador con tantas horas de vuelo como Stockton en aquella plantilla. Quizá porque los Bulls llegaban con una mentalidad de superioridad imposible de combatir, Utah con un partido muy serio les pone las cosas muy difíciles a los Bulls en el primer encuentro en el United Center, el domingo 1 de junio de 1997. Rodman se superará a sí mismo en rebotes, con 12, y Jordan subirá a los 31 puntos y 8 asistencias. La intensidad defensiva de los Bulls es lo que les ayuda a ganar el partido, concentrada la victoria en un lanzamiento de Jordan lanzado desde 6 metros sobre la bocina que va dentro para el 82-84. Este partido deja una de las más exquisitas sentencias de *trash-talking* de la NBA. A 9,2 segundos del final del encuentro, con el partido 82-82, Karl Malone iba a la línea de tiros libres. Tremendamente decisivos. Scottie Pippen se le acerca mientras

Michael Jordan lanzando a canasta durante el sexto partido de las Finales de la NBA de 1996 contra los Seattle SuperSonics en el United Center de Chicago (16 de junio de 1996).

anda Malone preparándose para los lanzamientos y le dice: «Recuerda que el cartero no reparte los domingos, Karl». Malone fallará ambos lanzamientos. Jordan cogerá el rebote y pedirá tiempo muerto para organizar la jugada ganadora. En los dos primeros partidos de la serie en el Delta Center de Salt Lake City, los Utah Jazz igualan las finales 2-2, dejando para la historia unos registros de volumen en la grada y la megafonía que hacen taparse los oídos a los Bulls y a Phil Jackson dirigir con tapones en los oídos. Con una defensa especialmente intensa, los Jazz logran en el cuarto encuentro mantener el partido en uno de los marcadores más bajos nunca vistos en unas finales, 73-78 para los de casa. 11 de junio de 1997. El quinto partido de estas finales será para siempre conocido como «El partido de la fiebre». La noche anterior al encuentro Michael Jordan llamó a su entrenador personal, que lo encontró sudando en la cama, en posición fetal, incapaz de sentarse siquiera. Un virus estomacal, posiblemente intoxicación por algún alimento en mal estado en la pizza que había cenado la noche anterior, en el peor momento posible. El médico decretó que en modo alguno podría jugar. Pasó el día sudando y durmiendo. A las 6 de la tarde se puso en pie y llegó a tiempo para el salto inicial a la pista a las 7 pm en el Delta Center. Debilitado y con mal aspecto, dosificando las fuerzas que verdaderamente no tenía, Michael Jordan acaba jugando 44 minutos, anotará 38 puntos y dará 5 asistencias, con 3 robos y un tapón, perfectamente escoltado por Pippen que capturará 10 rebotes y dará 5 asistencias más. La defensa de los Bulls es clave en este encuentro y deja a Malone en 19 puntos como máximo anotador de Utah, tirando muy por debajo de su acierto habitual. En los últimos compases del encuentro Jordan coloca la ventaja 88-85 tras encestar su última canasta del partido. Machaca Luc Longley y la ventaja final de 90-88 da la victoria a los Bulls cuando quedan apenas unos segundos por jugar; en ese instante Michael Jordan nos dará otra de sus icónicas imágenes al derrumbarse en los brazos de Scottie Pippen. El sexto partido de vuelta al United Center, con la serie 3-2 para Bulls es una reedición tibia del partido de la fiebre, con un decisivo error arbitral que merece ser mencionado. A menos de un minuto del final del encuentro el marcador está 86-86. Shandon Anderson ejecuta una bandeja que no llega a convertir porque Scottie Pippen colgándose del aro provoca que el balón salga rebotado. Es un clarísimo *goaltending* que los árbitros no vieron ni pitaron con solo 28 segundos por jugar y que podría haber cambiado el signo del partido y quizá de las finales. Tras el tiempo muerto de los Bulls pedido a la captura de ese rebote fatídico para Utah, Phil Jackson prepara una jugada que en lugar de acabar en Jordan acaba en Steve

Kerr que, muy a la manera del anillo de 1993, encesta el último lanzamiento dando la victoria y con ello el campeonato de 1997 a los Chicago Bulls. Jordan es nombrado MVP de unas finales por quinta vez, logrando tantas menciones como apariciones. Cumpliendo su vigésima temporada en la NBA, Robert Parish, sin presencia en las finales, se convierte en el jugador más mayor en ganar un anillo de la NBA.

Finales de la NBA de 1998 | Tim Duncan de los San Antonio Spurs había sido galardonado con el premio *Rookie* del Año. Michael Jordan había ganado con los Bulls el MVP de la temporada por quinta vez, a una mención del que sigue siendo rey absoluto de esa categoría, Kareem Abdul-Jabbar (1971, 1972, 1974, 1976, 1977, 1980). Con un registro de 62-20 en ambos equipos, las Finales de la NBA de 1998 son una reedición de las vividas el año anterior: Utah Jazz había logrado colocarse en situación de obtener su revancha contra los indestructibles Bulls. El factor cancha caía en terreno de Utah en esta ocasión por el registro particular entre franquicias en temporada regular, 2-0 para los Jazz. El mundo estaba expectante y a la vez algo agotado de la predominancia de los de Chicago. Los años noventa habían pasado enteramente dominados por Michael Jordan, sombreando a muchos jugadores en su tránsito celestial, absorbiendo de algún modo la atención sobre sí, sin dejar resquicios para los demás. Los Bulls habían demostrado ser uno de los mejores equipos, sin duda alguna, de la historia de la NBA y ello no pasaba únicamente por su estrella. En el centro se encontraba Phil Jackson y la capacidad de unos jugadores que siempre estuvieron dispuestos, desde el primer anillo, desde antes del primer anillo, a dar un paso al frente y tomar responsabilidades de campeón cuando fue necesario. Las Finales de la NBA de 1998 se iniciaron con una sensación colectiva de mayor igualdad por llevar unos registros idénticos y dada la casi imposible épica que suponía repetir otro *three-peat*. Los Bulls logran revertir el factor cancha en el segundo partido en Utah, igualando las series 1-1, con un Karl Malone, indispensable para el juego de los Jazz, que ha tenido una actuación especialmente nefasta en ambos encuentros. La llegada de las series a Chicago para tres partidos seguidos en el United Center se inician con la mayor humillación vista jamás en la historia de las finales de la NBA. En el tercer partido de la serie, domingo 7 de junio de 1998, los Jazz anotan 54 puntos frente a los 96 de los Bulls. Un escándalo absoluto, sonrojante y terrible. En el baloncesto nunca está todo dicho, pero para muchos la realidad del segundo *three-peat* se solidificó aquella noche. Será mejor el cuarto encuentro de Utah al plantar cara dignamente a los Bulls, que ganan de todas formas el encuentro 82-86 y ponen el 3-1 en la serie. Listos para jugar el quinto encuentro, los seguidores de los Bulls se veían ya celebrando el anillo, pero una actuación estelar de Karl Malone, subiendo a los 39 puntos y dando un excelente arreón en los últimos compases del encuentro, logrará llevarse la serie de vuelta a Utah con un 3-2 no tan nítido para los Bulls. El Delta Center será testigo de la culminación máxima de una era. Con el marcador 85-86 para Utah, a 20 segundos del final, Stockton bota desde el flanco derecho de su ataque con Malone en el poste bajo, defendido por Rodman. El Cartero caza la asistencia, pero Michael Jordan acude a la ayuda y, con cooperación de Rodman, le roba el balón a Karl Malone, saliendo de su campo hacia su flanco izquierdo de ataque. Kukoc está abierto por la línea de fondo. Jordan bota y bota, 13 segundos para el final del encuentro, 85-86 para Utah en el marcador, Byron Russell le flota. Botando con la derecha, se inclina a su estilo icónico hacia delante, protegiendo el balón con el cuerpo, y avanza en busca de un tiro frontal, en un cambio de ritmo y uno de dirección sienta literalmente a Russell, y libre de marca sin dudarlo se eleva en el aire, desde la marca circular de la botella, a 6 segundos del final del encuentro, un disparo frontal, limpio: que irá dentro: 87-86 para los Bulls, resultado que supondrá la victoria y el campeonato de 1998. Y el segundo *three-peat*. La máxima coronación posible se ha hecho realidad. «Esa es la belleza del baloncesto. Para eso practicas, para eso entrenas: cuando llega el momento decisivo no piensas, intuyes. Si alguien se pregunta quién es Michael Jordan, Michael Jordan está definido en aquel último tiro.» Así hablaría posteriormente el propio Jordan de aquel momento épico, histórico de la historia de la NBA. Nada que añadir.

A diferencia de otras, aquella dinastía no sería superada jamás en la cancha. No se disolvería sobre un parquet. La dinastía de los Chicago Bulls de Michael Jordan y Phil Jackson se desmanteló en los despachos. El contrato de Phil Jackson expiraba. Durante el inicio del verano, Pippen expresó su deseo de dejar los Bulls y Rodman fichó por Los Angeles Lakers iniciando una carrera en la que el baloncesto sería definitivamente algo secundario para él. Al no haber acercado posiciones entre la NBPA y los propietarios de franquicias para la redacción del nuevo acuerdo colectivo (*collective bargaining agreement,* popularmente conocido como CBA) que regula aspectos esenciales como los salarios de los jugadores, y diversos derechos de orden económico como las normas de los agentes libres, la NBA quedó suspendida el 1 de julio de 1998 en un cierre patronal (*lockout*). Como puede verse en la siguiente tabla, este sería el más sangrante de todos los *lockouts* que ha vivido la NBA en su historia, extendiéndose durante 204 días.

1995 | Del 1 de julio al 12 de septiembre de 1995 (73 días).

1996 | Del 10 de julio al 10 de julio de 1996 (dos horas).

1998-1999 | Del 1 de julio de 1998 al 20 de enero de 1999 (204 días).

2011 | Del 1 de julio al 8 de diciembre de 2011 (161 días).

El *lockout* de 1998-1999 estuvo especialmente marcado por la agresividad en las negociaciones y declaraciones, y la francamente compleja y creciente diferencia entre las partes. Entrando en enero, David Stern hubo de dar un plazo final a las partes, instándolas a encontrar un acuerdo para el día 6 de enero, a riesgo de suspender por completo la competición aquel año si no lo lograban. Los jugadores acabaron cediendo y el *lockout* se vio como un triunfo de los despachos y propietarios de la NBA sobre los jugadores. No se calcularon bien, ni de lejos, los estragos que un cierre patronal tan salvaje tendría sobre la liga en términos mediáticos y de mercado. Las audiencias bajaron más que sensiblemente durante los cincuenta encuentros que duraría aquella liga y sus correspondientes playoffs, y se tardarían muchas temporadas en recuperar las cotas de espectadores que en su día se habían alcanzado. Fue una de las peores formas de acabar una década brillante de esta competición. El 14 de enero de 1999, habiendo sido ya aceptado el 7 de enero el acuerdo final para la redacción del nuevo CBA, a falta del comunicado oficial, Michael Jordan anunció su retirada de las canchas, por segunda vez en su carrera. En esta ocasión dijo que estaba «al 99,9% seguro» que jamás volvería a jugar un partido NBA. Justo un año más tarde, el 19 de enero de 2000, Jordan regresó a la NBA pero en calidad de ejecutivo, como presidente de operaciones de los **Washington Wizards**, siendo a su vez parcialmente propietario de la franquicia. No solo tendría la última palabra en todo lo relativo al personal sino que tomaría todas aquellas decisiones relacionadas con el baloncesto, de principio a fin. Puede edulcorarse como se quiera, pero en general Michael Jordan no fue precisamente el directivo de la década. Ni de lejos.

En su única posibilidad de hacer una elección de número del *draft* de la NBA, Jordan optó por Kwame Brown, un chaval de Charlotte, Carolina del Sur, que cuando por fin se retirase tras catorce temporadas en la NBA dejaría tras de sí un promedio de 6,6 puntos, 6,3 rebotes y 0 tapones por noche, convertido en la burla de toda la NBA por haber sido elegido por el mejor de todos los tiempos y responder con tan bajo rendimiento. Jordan había visto jugar al chaval en una práctica de instituto organizada expresamente para ojeadores con los jugadores más dotados para integrarse en la NBA. Aquel día también jugaba Tyson Chandler. Le impresionó a Jordan la soltura con la que Kwame se movía bajo el aro, un chaval de 19 años de 2,10 m. Naturalmente dominaba en la pintura. Carecía de tono muscular, carecía de confianza. Jordan decidió acogerlo bajo su ala, lo invitó a su casa, echaron unas canastas. Seleccionado en primera posición del *draft* de 2001, pasó bastante desapercibido durante los campus de entrenamiento previos al inicio de temporada. Los medios estaban en general más preocupados por Michael Jordan, el jugador ejecutivo, que anunciaría su vuelta a las pistas el **25 de septiembre de 2001**, y Doug Collins, contratado por Jordan como entrenador jefe de los Wizards en recuerdo de aquellos años gloriosos de finales de los 80 en los que Collins, con Phil Jackson de asistente, manejó el banquillo de los Bulls. Cuando la temporada se inició y el joven Kwame Brown no mejoraba, aquel crío (buen chico, humilde, creyente, amantísimo hijo de su madre, posiblemente gay y con un padre condenado a cadena perpetua por el asesinato de una novia) vivió un durísimo proceso de bullying. Bullying de primer nivel. Humillado por su entrenador, humillado por sus compañeros, incluso golpeado por ellos en el transcurso de alguna práctica, y abandonado completamente por su mentor Michael Jordan, Kwame Brown vivió un infierno en Washington. Las prácticas y la pesadilla de este crío han salido a la luz ocasionalmente, pero no forman parte de la leyenda de Jordan y sin embargo son una de sus mayores lacras. Llegó en alguna ocasión a hacer llorar al muchacho delante del resto de sus compañeros, insultándolo, refiriéndose a él como «marica loca» (*flaming faggot*) de forma habitual. Este abuso psicológico destruyó completamente la autoconfianza de Kwame Brown y lejos de sacar de él su mejor lado, lo convirtió en un chico humillado, persuadido del lastre que suponía su simple existencia y su bajo nivel de juego vinculado a la gran figura de Jordan. Acabaría rechazando un contrato de 30 millones de dólares y saldría de Washington en 2005 rumbo a Los Angeles Lakers donde no rendiría en general mucho mejor que en Wizards. Abucheado sonoramente al pisar la cancha de los Wizards, Kwame Brown solo pudo declarar: «Deberían estar felices de que no esté en su equipo». Phil Jackson (ya en Los Angeles Lakers) confió en el muchacho más que nadie lo había hecho antes y acabó dándole minutos que extraerían de él sus mejores actuaciones en los playoffs de 2006. Acabaría su carrera jugando en Philadelphia 76ers la temporada 2012-2013.

En la cancha, Michael Jordan lideraría completamente a los Wizards durante la **temporada 2001-2002**, siendo el mejor jugador de la plantilla en anotación, asistencias y robos con 22,9 puntos, 5,2 asistencias y 1,9 robos por noche. Los Wizards no lograron clasificarse para la post-temporada ni aquella ni la siguiente temporada; a menudo Jordan expresaba su insatisfacción con el nivel de los jugadores a su alrededor, en particular criticando a Kwame Brown en las ruedas de prensa. Durante la **temporada 2002-2003**, siendo oficioso que aquella, su temporada decimocuarta en la NBA, iba a ser la del retiro, Michael Jordan recibió homenajes por todas las canchas; especialmente sonoro y emotivo resultó el del United Center con una ovación cerrada de más de cuatro minutos, y francamente enloquecido el de los Miami Heat que anunciaron la retirada de su dorsal 23 sin que importase lo más mínimo que jamás hubiese jugado Jordan con ellos. Su último partido en una cancha de la NBA fue en el First Union Center de Philadelphia, el **16 de abril de 2003**. Los jugadores de los Sixers fueron cómplices necesarios al realizar las faltas pertinentes para llevar a Jordan a la línea y permitir también que se ejecutara su cambio, de forma que pudiera recibir una ovación completa con el juego parado por parte de la grada de Philadelphia, su propio equipo y el equipo rival. A su retiro dejó un promedio de carrera de 30,1 puntos, 5,3 asistencias y 2,3 robos por encuentro. Pasado el tiempo, visto lo visto, sin duda será opinable, pero resulta al menos para mí obvio, evidente, que aquella segunda vuelta fue un absoluto error en la carrera de este astro máximo de la NBA. En lo deportivo, ese tránsito por los Wizards rebaja su estadística de anotación por noche y emborrona el que habría sido un final estelar tras el último lanzamiento en el anillo de 1998. En lo personal y lo relativo a la gestión, que cada uno juzgue como desee.

Jordan pensó que una vez retirado oficialmente podría retomar su trabajo de ejecutivo, pero Abe Pollin, el filántropo propietario de los Wizards, no compartía en absoluto ese parecer y lo despidió sin miramientos. Jordan declaró sentirse traicionado y añadió que de haber sabido que sería tratado así jamás habría vuelto para jugar con los Wizards. Ni una palabra de autocrítica a su penosa y absurda gestión ejecutiva. Tras entrar como accionista secundario en los **Charlotte Bobcats**, el 15 de junio de 2006, Jordan fue haciéndose con la mayoría de las acciones de la franquicia y hoy es el propietario mayoritario. En su haber como gerente de los Bobcats tiene el mérito de haber cosechado el peor registro histórico de la franquicia con un chocante 7-59 en la temporada 2011-2012, acortada a 66 partidos por el *lockout*, y porcentualmente el peor registro jamás logrado por los de Carolina del Sur. En el lado positivo, ha conseguido devolver el nombre original a la franquicia de Charlotte, conocidos desde la temporada 2014-2015 como Charlotte Hornets otra vez, coincidiendo con la nueva nomenclatura utilizada por Nueva Orleans, hoy en día New Orleans Pelicans. En lo deportivo, en 2016 Michael Jordan parece estar por fin cuadrando las cosas desde los despachos en la cancha con unos Charlotte Hornets cada vez mejor compuestos y más entretenidos de ver. Su divorcio de Juanita en 2007 pasa por ser uno de los más caros de la historia legal del planeta, con 168 millones de dólares para su exmujer, con la que contrajo matrimonio en Las Vegas en 1989. En 2013, recién cumplidos los 50 años, Michael Jordan se casó con Yvette Prieto, modelo estadounidense de origen cubano, 16 años más joven que él. La boda se celebró en Palm Springs, Florida. Yvette ha tenido gemelas.

19. EL CURSO DE 1996

Así como otras elecciones pueden resultar más controvertidas, creo que no debería ser complejo decidir cuál es el mejor *draft* de la historia de la NBA, fundamentalmente prestando atención a los campeonatos obtenidos por sus miembros, al número de apariciones en un NBA All-Star, a las nominaciones de MVP de la temporada o a la cantidad de miembros del *draft* que hayan acabado en el Salón de la Fama. Pero las cosas nunca son tan sencillas cuando los factores que entran en juego son tantos, como ocurre en una cancha, y la evaluación posterior de un *draft* puede requerir de cierta perspectiva. Además no debe olvidarse que las elecciones en un *draft* responden al conocimiento que tienen las franquicias que eligen a los jugadores, por lo que el *draft* también debe verse como un examen de las cualidades de los distintos directores de operaciones de la NBA.

Podemos hacer un pequeño resumen de aquellos *drafts* que a lo largo de la historia trajeron en un mismo año a más jugadores que se demostrarían indispensables para el devenir posterior de la liga. En ese sentido, no hay duda que el **draft de 1984** fue uno de los más significados, con cinco jugadores *drafteados* miembros del Salón de la Fama:

> #1 | Hakeem Olajuwon, Houston Rockets.
> #3 | Michael Jordan, Chicago Bulls.
> #5 | Charles Barkley, Philadelphia 76ers.
> #16 | John Stockton, Utah Jazz.
> #131 | Oscar Schmidt, New Jersey Nets.

Oscar Schmidt no llegó a disputar ningún partido en la NBA. Cuando fue seleccionado llevaba ya diez años de baloncesto profesional en su Brasil natal. Alero, es el jugador de baloncesto con la carrera más larga de la historia FIBA (1974-2003), veintinueve años en las canchas y oficiosamente el jugador que más puntos ha anotado (49.737), siendo líder de anotación en diversas ligas a lo largo del tiempo.

En general, el ***draft* de 1985** tiene poco que envidiar al del año precedente; se trata de un curso muy profundo, con muchos jugadores francamente notables elegidos en rondas realmente tardías:

> #1 | Patrick Ewing, New York Knicks.
> #4 | Xavier McDaniel, Seattle SuperSonics.
> #7 | Chris Mullin, Golden State Warriors.
> #8 | Detlef Schrempf, Dallas Mavericks.
> #9 | Charles Oakley, Cleveland Cavaliers.
> #13 | Karl Malone, Utah Jazz.
> #18 | Joe Dumars, Detroit Pistons.
> #23 | A.C. Green, Los Angeles Lakers.
> #24 | Terry Porter, Portland Trail Blazers.
> #77 | Arvydas Sabonis, Atlanta Hawks.

Con cinco miembros en el Salón de la Fama (Ewing, Mullin, Malone, Dumars y Sabonis), y diversas piezas fundamentales en sus franquicias, pocos dudarán de la contundencia de este curso. Es también el curso al que perteneció Fernando Martín, primer español (y segundo europeo) en jugar en la NBA. *Drafteado* por los New Jersey Nets, firmó su contrato con los Portland Trail Blazers para la temporada 1986-1987. Lastrado por las lesiones, disfrutó de su experiencia y decidió volver a Madrid. De forma similar al de 1985, el ***draft* de 1987** tuvo también una enorme capacidad de configuración de la liga posterior:

> #1 | David Robinson, San Antonio Spurs.
> #5 | Scottie Pippen, Seattle SuperSonics.
> #7 | Kevin Johnson, Cleveland Cavaliers.
> #10 | Horace Grant, Chicago Bulls.
> #11 | Reggie Miller, Indiana Pacers.
> #18 | Mark Jackson, New York Knicks.
> #127 | Sarunas Marciulionis, Golden State Warriors.

Cuatro miembros del Salón de la Fama (Robinson, Pippen, Miller y Marciulionis) y un buen número de piezas indispensables en sus franquicias, y en general fundamentales para los equipos por los que pasaron. En los tiempos recientes, tenemos otro claro ejemplo de *draft* importante para el devenir de la liga con la cosecha del **draft de 2003**:

#1 | LeBron James, Cleveland Cavaliers.
#3 | Carmelo Anthony, Denver Nuggets.
#4 | Chris Bosh, Toronto Raptors.
#5 | Dwayne Wade, Miami Heat.
#6 | Chris Kaman, Los Angeles Clippers.
#7 | Kirk Heinrich, Chicago Bulls.
#18 | David West, New Orleans Hornets.
#21 | Boris Diaw, Atlanta Hawks.
#31 | Jason Kapono, Cleveland Cavaliers.
#38 | Steve Blake, Washington Wizards.
#51 | Kyle Korver, New Jersey Nets.

Un poco al modo del *draft* de 1984, este curso contenía los mimbres esenciales de futuras dinastías, pero en un formato nunca visto: el *Big Three* de Miami. Es decir, nunca antes habíamos tenido un curso en el que tres de sus miembros (LeBron, Wade, Bosh) acabasen ganando campeonatos juntos. Al mismo tiempo, contiene algunos hombres indispensables en sus equipos (Carmelo, West, Diaw, Korver) o líderes en segundas unidades (Kapono, Blake, Heinrich, Kaman) que han ayudado a ganar campeonatos o ayudado a elevar competitivamente a sus franquicias. Con todos ellos (a excepción de Kapono) en activo no tenemos todavía perspectiva suficiente para saber cuántos jugadores de este curso serán convocados al Salón de la Fama. Sin embargo no hay duda de que al menos cuatro jugadores lo serán, certificando así la contundencia de esta clase del 2003.

Considerando los elementos hasta ahora expuestos, podemos finalmente ofrecer el que será probablemente **el mejor *draft* de todos los tiempos, el de 1996**:

#1 | Allen Iverson, Philadelphia 76ers.
#2 | Marcus Camby, Toronto Raptors.
#4 | Stephon Marbury, Milwaukee Bucks.
#5 | Ray Allen, Minnesota Timberwolves.
#13 | Kobe Bryant, Charlotte Hornets.
#14 | Peja Stojakovic, Sacramento Kings.
#15 | Steve Nash, Phoenix Suns.
#17 | Jermaine O'Neal, Portland Trail Blazers.

#20 | Zydrunas Ilgauskas, Cleveland Cavaliers.
#24 | Derek Fisher, Los Angeles Lakers.

Demos un repaso a los componentes de esta lista. Nacido el 7 de junio de 1975 en Hampton, Virginia, **Allen Iverson** lleva el apellido de su madre, Ann Iverson, que lo tuvo con apenas 15 años, y el nombre de su padre, Allen Broughton, que los abandonó. Con solo 1,83 m de altura, comenzó a jugar al baloncesto en el instituto, combinándolo con el fútbol americano. En 1993 se vio involucrado en una batalla campal en una bolera de su ciudad natal, por la que acabó siendo condenado a quince años de prisión de los que diez quedaban suspendidos por gracia. Entró en una granja correccional en Newport News, Virginia, donde acabaría pasando cuatro meses. Tras una apelación, la sentencia quedó suspendida en 1995. Al salir de prisión acabó el instituto y logró, por méritos deportivos escolares (había ganado el premio de Jugador del año concedido por Associated Press, tanto en fútbol como en baloncesto), ingresar en Georgetown, donde cuajaría dos años excelentes (1994-1996). Al concluir la segunda temporada, se declaró elegible para el *draft*. Así, apenas dos años después de la experiencia carcelaria, Allen Iverson se encontraba sentado en la platea del Continental Airlines Arena en East Rutherford, New Jersey, donde se celebraba el *draft* de 1996, con las cámaras de la TNT enfocándole, como al resto del curso. Desde el púlpito en el escenario, David Stern anunció el número 1 de aquel año, correspondiente a los Phildelphia 76ers, y dijo su nombre. Lo logró. A toda velocidad como lo haría siempre todo, Allen Iverson acaba de entrar por la puerta grande en la NBA.

Será nombrado *Rookie* del Año (aunque no aportará todavía mucho a su equipo, que acaba 22-60), sorprendiendo a todo el mundo por su electricidad de movimientos y capacidad de salto. Su facilidad para la anotación, el pase y la asistencia lo ponen en el foco de muchos seguidores que ven en él un estilo de juego muy propio de las calles, mucho más derivado del talento natural y la intuición que del trabajo. Son memorables las desavenencias en aquellos años entre Iverson y su entrenador, **Larry Brown**, llegado a la franquicia el mismo año que él, uno de los entrenadores más experimentados y con más largo recorrido (en activo en los banquillos desde 1965). Eran realmente dos mundos opuestos: la furia juvenil del talento natural, del rigor de la calle, contra la ética del trabajo constante, de los parquets universitarios vacíos bajo los focos en la noche, de la repetición solitaria, la práctica.

El caso es que la progresión como jugador de The Answer va directamente ligada a la progresión de Philadelphia. Con un Este tradicionalmente más «barato» que el Oeste, los Sixers entran en post-temporada en 1999 por primera vez desde los tiempos de Charles Barkley (1991), con un registro de 28-22 cosechado en la temporada de los cincuenta partidos. El registro positivo se mantiene en vigor con un Allen Iverson impactando al mundo con su juego. Por fin, en la temporada 2000-2001, Allen Iverson será nombrado MVP de la temporada, coronándose por primera vez como líder en robos de balón, honor que repetiría consecutivamente hasta 2003. En la rueda de prensa que da tras el anuncio del nombramiento como MVP, no olvidará a su entrenador ni a otras leyendas: «Yo siempre he querido con Larry Brown una relación similar a la de Michael Jackson... Perdón, Michael Jordan, a la de Michael Jordan con Phil Jackson». Los Sixers llegarán a las **Finales de la NBA de 2001** por primera vez desde el anillo del Dr. J y Moses Malone de 1983, con esta unidad titular:

1. Eric Snow (base)
2. Allen Iverson (escolta)
3. George Lynch (alero) 4. Tyrone Hill (ala-pívot)
5. Dikembe Mutombo (pívot)

Su problema serán los tíos que forman al otro lado de la cancha, tal vez una de las combinaciones más potentes jamás vista en un parquet de la NBA. Los Angeles Lakers de Phil Jackson venían de coronarse campeones de la NBA en el 2000, derrotando 4-2 a los Indiana Pacers de Larry Bird y deslumbrando al mundo con un juego que retrotraía a los años de grandeza de la década de los ochenta, no por estilo ni táctica (pues poco tenía que ver el *showtime* de Pat Riley con el triángulo ofensivo de Phil Jackson), pero sí por lo impresionante que resultaba la superioridad de su baloncesto en pista. En aquellos playoffs, Los Angeles Lakers habían barrido 4-0 a todos su contendientes (Portland, Sacramento, San Antonio), mientras los Sixers venían de combatir a siete partidos tanto las semifinales (Toronto) como la final del Este (Milwaukee). Todo el mundo predecía que los Lakers barrerían también a los Sixers 4-0 en las finales. Con un Iverson desatado, los de Philadelphia logran llevar el primer encuentro a la prórroga en el Staples Center, habiendo tenido Mutombo en sus manos el encuentro desde la línea de tiros libres. Con Raja Bell desde el banco y Allen Iverson retomando su partidazo, los Sixers desbaratan el factor cancha 107-101 en la prórroga poniendo el 0-1 e impresionando a todo el mundo. Allen Iverson ha anotado 48 puntos. Shaquille O'Neal ha subido a los 44 puntos, con 20 rebotes. En los siguientes partidos de la serie (a excepción del segundo encuentro, con 23 puntos), Allen Iverson anotará al menos 35 puntos. Los Angeles Lakers ganarán el campeonato por 4-1, siendo aquel primer encuentro la única derrota encajada en toda la post-temporada. Los de Iverson fueron esfuerzos inútiles para el colectivo, que cerrará la que sin duda habrá sido su mejor temporada en la NBA. Recuperaría un tono excelente para la **temporada 2004-2005**, con un recién llegado Andre Iguodala y el fichaje de Chris Webber. Con la llegada de Maurice Cheeks, leyenda de Philadelphia, al

Allen Iverson haciendo un aro pasado bajo la defensa de Vince Carter, en Toronto, el 11 de mayo de 2001, cuatro días antes de ser nombrado MVP de la temporada.

banquillo para la siguiente temporada, Iverson clavaría su mejor temporada en anotación, promediando 33 puntos por noche, rematando con unas contundentes 7,4 asistencias por partido. Son unos números propios de Michael Jordan. Las relaciones con **Maurice Cheeks** se complicarían dada la actitud recalcitrantemente laxa de Iverson en cuanto a todas las obligaciones y disciplinas, trazo personal que le había perseguido toda su carrera y al que Cheeks tampoco pudo adaptarse. Finalmente la gestión de los Sixers anunció que tras diez temporadas traspasarían al jugador. Tras dos buenas temporadas en Denver (2006-2008), la figura de Iverson iría apagándose; incapaz de soportar el rol de suplente ni de banquillo, fue huyendo hacia delante. Retornó fugazmente a los Sixers y el día de su retorno, 7 de diciembre de 2009, recibió una enorme y muy cálida ovación de la grada, que siempre lo quiso por su talento y evidente gran corazón. Pero el **22 de febrero de 2010** anunció que dejaba temporalmente las canchas de Philadelphia para cuidar de su hijo enfermo. Ya no regresaría. Sería su final en las pistas. El fichaje por el Besiktas de Turquía parecía abrir una puerta a Iverson en el baloncesto europeo, pero tras iniciar su carrera en ultramar en noviembre de 2010, regresaría a casa en enero de 2011 y no volvería nunca a una cancha profesional. Dos años y medio más tarde, anunciaría su retirada definitiva.

Aparte de Allen Iverson, otros jugadores fundamentales de aquel curso del 1996 han anunciado en los últimos tiempos sus retiros oficiales de las canchas. **Peja Stojakovic**, nacido el 9 de junio de 1977 en Pozega (hoy Croacia), de etnia serbia y nacionalizado griego en 1994, es uno de los aleros triplistas más letales (y el mejor triplista europeo) que ha pasado por las canchas de la NBA. Campeón de las **Finales de la NBA de 2011** con los Dallas Mavericks, su carrera estuvo ligada fundamentalmente a los **Sacramento Kings**, a los que se incorporó en 1998 tras concluir su contrato con el Paok de Salónica. Explotaría definitivamente en la temporada 2000-2001, promediando 20 puntos por noche con un tremendo 40% de acierto desde la línea de triple, acierto que iría mejorando en precisión cuanto más lanzaba. En la temporada 2003-2004, coincidiendo con un aumento de minutos en cancha, Stojakovic alcanza su cénit: anota 240 triples, con un 43% de acierto, y un 93% de acierto desde la línea de tiros libres. No hay muñeca más letalmente especializada que la suya. Elegido para el NBA All-Star Game tres años consecutivos (2002-2004), se corona dos veces seguidas como campeón del concurso de triples (2002-2003). En enero de 2006 saldría de Sacramento vía Indiana y saltaría después, en octubre de aquel año, a Nueva Orleans Hornets (en la época en la que el huracán Katrina se había llevado a la franquicia volando en un torbellino a Oklahoma City), con los que jugaría hasta 2010. Durante aquella época, recién llegado, el 14 de noviembre de 2006, Peja anotará un máximo histórico en su carrera de 42 puntos en un encuentro contra los Bobcats, convirtiéndose esa noche además en el primer (y hasta la fecha único) jugador que ha abierto el marcador para su equipo anotando 20 puntos seguidos. Lastrado por las lesiones y molestias de espalda que arrastraba desde el 2005, tras tres meses en los Toronto Raptors, abandonaría el baloncesto definitivamente en enero de 2010. Sin embargo, en el mercado libre de 2011, se anunciaría su fichaje por los Dallas Mavericks, con los que desplegaría su clásico baloncesto clínico de acierto y efectividad, con varios partidos de más de 20 puntos en los playoffs, ganando su primer y único anillo de campeón de la NBA. El **19 de diciembre de 2011** anunciaría oficialmente su retirada de las canchas. En diciembre de 2014, los Sacramento Kings retiraron su dorsal 16 en homenaje a su contribución a la franquicia. Es, con sus quince temporadas en los parquets, merecidamente considerado uno de los mejores internacionales que ha pisado la NBA. Desde agosto de 2015 es director de jugadores y desarrollo en los despachos de Sacramento Kings, viviendo el baloncesto día a día desde fuera de los focos.

El **21 de marzo de 2015**, en mitad del enorme ruido mediático producido por el devenir de una NBA que cabalgaba hacia la post-temporada, con LeBron de vuelta a casa en Ohio, los Golden State Warriors bordándolo, los Lakers en barrena, Boston en recomposición, Knicks en el más absoluto desastre, los Clippers aspirando, Memphis impartiendo, Atlanta haciendo el mejor baloncesto colectivo visto en muchos años en el Este y los Spurs asomando una vez más a la contienda, el entonces base reserva de Los Angeles Lakers, **Steve Nash**, tras diecinueve temporadas en la NBA, anunciaba su retirada definitiva y oficial de las canchas. Es difícil glosar la figura de este canadiense, tercer líder histórico en asistencias de la NBA. Con 10.335 asistencias en los 1.217 partidos oficiales jugados en toda su carrera, tercero en números absolutos por detrás de John Stockton (15.806) y Jason Kidd (12.091), con una media de 8,5 asistencias por noche, líder de asistencias de la NBA en cinco ocasiones (2005-2007, 2010, 2011), ocho veces convocado para el NBA All-Star Game (2002-2003, 2005-2008, 2010, 2012), Steve Nash es uno de los jugadores que desafió las leyes del baloncesto y cambió el juego por completo. Nos dio cosas que ningún jugador antes nos había dado. No es suficiente decir que a su retirada dejó el mejor promedio de tiros libres de la historia (90,2%) ni un impresionante 42,8% de acierto en lanzamientos de triple. El segundo jugador desde 1987 con más doble-dobles (puntos y asistencias). No basta encontrarlo en el selecto club del 50-40-90 (porcentajes de tiro, triples y tiros libres en una temporada), solo reservado a Larry Bird (Boston Celtics), Reggie Miller (Indiana Pacers) y Mark Price (Cleveland Cavaliers). No es suficiente mencionar que logró ese tremendo hito de acierto hasta en cuatro ocasiones casi consecutivas (2006, 2008-2010), más que ningún otro jugador en la historia. Nada de esto da la verdadera talla de lo que Steve Nash, modesto, de aspecto tímido, formal y de ética de trabajo muy profesional, mostró en las canchas de la NBA. Esa asombrosa capacidad para el disparo efectivo combinaba con un descomunal dominio del balón, en el bote y en la conducción, con una inteligencia de juego que le permitía entender los movimientos en pista con antelación. Un *playmaker* como pocos ha habido, Steve Nash es uno de los reyes absolutos de la eficiencia, eligiendo siempre, en una combinación de inteligencia e instinto, la mejor opción para su equipo.

Nacido en Johannesburgo, Sudáfrica, el 7 de febrero de 1974, nacionalizado canadiense desde 1975, becado por Santa Clara, base legendario de los Broncos, fue pieza clave, en el título del Oeste de la NCAA que gana con su universidad en 1993. Sus mitos eran Isiah Thomas, Michael Jordan y Magic Johnson. No es que recoja elementos de todos ellos, es que logró subir a su nivel con su propia marca, el estilo Steve Nash. *Drafteado* por los Phoenix Suns, no estallará hasta su llegada a los **Dallas Mavericks** en la **temporada 1998-1999**. La compra de la franquicia por parte de Mark Cuban a su antiguo propietario, Ross Perot Jr. (hijo del presidenciable independiente Ross Perot de la campaña de 1992), trajo aire fresco al equipo; en la temporada 2002-2003 los Mavericks hacen su mejor campaña, cayendo en las finales del Oeste contra los San Antonio que pasarán a las **Finales de la NBA de 2003** y acabarán llevándose el anillo 4-2 contra los Nets. Aquellos Dallas, dirigidos por **Don Nelson**, formaban así:

1. Steve Nash (base)
2. Adrian Griffin (escolta)
3. Michael Finley (alero)
4. Dirk Nowitzki (ala-pívot)
5. Raef LaFrentz (pívot)

Con Nick Van Exel y Raja Bell por fuera, y Shawn Bradley por dentro desde el banquillo. No hay duda de que hombre por hombre no se trataba del mejor equipo de la NBA... Aquel fue siempre uno de los grandes méritos de Steve Nash: hacer mejores a los que jugaban con él. Líder modesto y hombre de mucho talento, de vida privada ordenada, Nash pasó al mercado de agentes libres en verano de 2004. Cuban deseaba estructurar su proyecto en torno al genio canadiense, pero habiendo Nash cumplido ya los 30 años, no tuvieron oportunidad de llegar a un acuerdo en los términos económicos que pretendía el jugador. Nash firmó con los **Phoenix Suns**, su equipo original, para la **temporada 2004-2005**, iniciando una nueva era.

En el banquillo de los Suns se encontraba un aturdido, iluminado y genial **Mike D'Antoni**. Estiloso, calculador, con una formidable carrera en los banquillos europeos, D'Antoni estaba implementando, desde que se hiciera con el banquillo a mitad de la temporada anterior, el hoy mítico estilo *Run & Gun* en los Phoenix Suns. Un juego muy apropiado para el Oeste, de manejo ultrarrápido de balón, con poca combinación y mucho lanzamiento. Necesitaba para ello jugadores atléticos y veloces, y sin duda el experimentado Steve Nash que aterrizó por allí era la pieza clave que le faltaba a su sistema. Los Suns hacen su mejor temporada desde que cayeran en finales contra Chicago en 1993, para caer contra los San Antonio Spurs en la finales del Oeste de 2005, que avanzarán a las **Finales de la NBA de 2005** para nuevamente coronarse campeones de la NBA en unas series muy duras 4-3 contra los Detroit Pistons que defendían título. Los Suns repetirán clasificación para las finales del Oeste en 2006, cayendo en esta ocasión contra su antiguo equipo, los Dallas Mavericks. La formación tipo de los Phoenix Suns en este período de juego indudablemente vistoso y espectacular, efectivo por fin, y con un Nash sublime en la pista, era:

1. Steve Nash (base)
2. Raja Bell (escolta)
3. Shawn Marion (alero)
4. Boris Diaw (ala-pívot)
5. Amar'e Stoudemire (pívot)

Los tíos del *Run & Gun*, los tipos del «siete segundos o menos». Sin olvidar a hombres como James Jones o Leandro Barbosa por fuera, y Kurt Thomas por dentro, desde el banquillo. Sin embargo, los éxitos no llegaban. Los títulos no llegaban. La **temporada 2006-2007** es tal vez la mejor de Steve Nash promediando 11 asistencias por noche con 18 puntos, un doble-doble que nadie lograba desde los tiempos de Magic Johnson en 1991. La salida de D'Antoni hacia los Knicks y la llegada de Shaquille O'Neal a Phoenix para la **temporada 2008-2009** tampoco produce títulos. Los Suns son los máximos anotadores por temporada, hasta en cinco ocasiones entre la 2004-2005 y la 2009-2010, pero los anillos no llegan, la presencia en unas finales de la NBA no se consigue. En verano de 2012, Nash firmará por unos Los Angeles Lakers que, tras la salida de Phil Jackson a la conclusión de la temporada 2010-2011 y el fallecimiento de Jerry Buss, van a la deriva. Nada puede hacer el canadiense por los Lakers, y especialmente tocado por su lesión de espalda se convierte en un jugador retirado en activo hasta el anuncio de su retiro oficial. Desde septiembre de 2015 ejerce como consultor externo para los Golden State Warriors.

Lituano de origen, estadounidense desde 2014, **Zydrunas Ilgauskas** nació el 5 de junio de 1975 y es uno de los mitos más queridos por los **Cleveland Cavaliers** donde rindió con contundencia eslava durante catorce temporadas (1996-2010), mereciendo la retirada de su mítico dorsal 11. Llegó a la NBA tras haber pasado tres temporadas fogueándose en el Kaunas y poco a poco fue ganando posición como pívot titular en el equipo y en el corazón de los seguidores. Con sus 2,21 m de altura, de piel blanca y aspecto desgarbado, siempre fue capaz de levantar a los seguidores de los asientos con jugadas que iniciaba de un modo en apariencia torpón, pero de increíble contundencia en la ejecución final. Buen anotador, muy técnico, educado en los fundamentos europeos, Big Z tenía un tiro alto arqueado imposible de defender. Cargando con velocidad el balón a la altura de la cabeza, ejecutaba rápidamente. En la **temporada 2002-2003** dejará sus mejores actuaciones individuales, promediando 17,2 puntos por noche y 7,5 rebotes. Con la llegada de Lebron *El Elegido* James y el entrenador jefe **Mike Brown** a la plantilla, Ilgauskas vivió sus mejores temporadas, si no en números absolutos, sí en lo que a integración de resultados particulares con los colectivos respecta. Hombre de equipo, pívot titular durante cuatro temporadas seguidas y seleccionado para el NBA All-Star Game de 2003 y 2005, Ilgauskas fue el pívot titular de las **Finales de la NBA de 2007**, primeras que juega Cleveland en su historia. Tras barrer 4-0 a los Washington Wizards de Gilbert Arenas, Antawn Jameson y Caron Butler en primera ronda, los Cavaliers dejarán en el camino 4-2 a los New Jersey Nets de Jason Kidd, Vince Carter y Jason Collins, para enfrentarse en finales del Este a unos Detroit Pistons, entrenados por Flip Saunders, que combinaban su tradicional dureza, marca de la casa, con una velocidad y precisión muy ágil, rápida y vistosa en juego corrido, comandados por Chauncey Billups, Tayshaun Prince, Richard Hamilton y Rasheed Wallace. Bastante contra pronóstico, los Cavaliers se llevan esa serie 4-2 con un LeBron líder absoluto e Ilgauskas entregándose a fondo. Aquellos Cavaliers contendientes salían a cancha con la siguiente formación:

1. Larry Hughes (base)
2. Sasha Pavlovic (escolta)
3. LeBron James (alero)
4. Drew Gooden (ala-pívot)
5. Zydrunas Ilgauskas (pívot)

Con Anderson Varejao de sexto hombre por dentro y Donyell Marshall, Damon Jones y Eric Snow desde el banquillo para refrescar por fuera. Una de las mejores máquinas de baloncesto dinámico, la de la eterna rotación de balón, esperaba al otro lado, sus cuchillas afiladas, los engranajes bien engrasados: los San Antonio Spurs de Gregg Popovich se llevan aquellas finales barriendo a los de Ohio con un contundente 4-0.

La siguiente temporada Ilgauskas alcanzará su cénit en rebotes con 9,3 por partido. A la conclusión de la temporada 2009-2010, tras no haber formado parte de las rotaciones de Mike Brown en post-temporada, Zydrunas decide abandonar Cleveland. Aquel de 2010 fue el verano de «la decisión» de LeBron, evento retransmitido en directo por la ESPN a nivel nacional y propagado mundialmente al instante. El Elegido ficharía por **Miami Heat**, donde se reuniría con Chris Bosh que también volaba a Florida desde Toronto para, junto al jugador franquicia, el héroe absoluto, el corazón de Miami, Dwayne Wade, conformar el *Big Three* de la franquicia. Entre bambalinas, convencido y auspiciado por su compañero LeBron James, Ilgauskas fichó también por los Heat para la **temporada 2010-2011**. Sería para el lituano su temporada final. En el primer partido de la temporada de los nuevos Heat en Cleveland, la grada aplaudió sonoramente a Ilgauskas, pero silbó salvajemente a LeBron y al resto de los Heat. Con **Erik Spoelstra** gobernando el banquillo, desplegando un juego espectacular y con LeBron convertido en una fuerza de la naturaleza, un tren de mercancías, los Miami Heat entraron en la **Finales de la NBA de 2011**, cayendo 4-2 contra los Dallas Mavericks. En septiembre de 2011, con 36 años y tras haber sufrido una caída en su rendimiento notable en aquel año, Ilgauskas aduce motivos físicos y cansancio mental y anuncia su retirada de las canchas. Ávido lector, en particular de historia militar, de hecho solía incluso leer en el vestuario antes de los partidos, muy querido por sus compañeros, la Gran Z trabaja como asesor deportivo del *front-office* de los Cavaliers.

Aunque Kobe Bryant era el único jugador oficialmente en activo en canchas de la NBA al inicio de la temporada 2015-2016, varios jugadores de aquella promoción excepcional seguían sin anunciar oficialmente su retirada. El único perfectamente localizado es el fenomenal **Stephon Marbury**, mito para muchos seguidores de los New York Knicks y los New Jersey Nets y amantes de la NBA en general. Nacido en Brooklyn en 1977, seleccionado por los Milwaukee Bucks, fue enviado a **Minnesota Timberwolves** inmediatamente a cambio de su compañero de promoción Ray Allen. Dejando muestras de su enorme talento para la dirección y la conducción de balón, en su debut profesional en la **temporada 1996-1997** creó con su compañero, entonces *sophomore*, Kevin Garnett una de las duplas más eléctricas del Medio Oeste, colocando a Minnesota en post-temporada por dos años consecutivos (1997, 1998), dirigidos desde el banquillo por el añorado **Flip Saunders**. Tras el salvaje *lockout* de 1999, cansado del Norte, Marbury volvería a casa, fichando para la **temporada 1999-2000** por los **New Jersey Nets**. Su juego explotaría definitivamente en esos años. Jugador de 1,88 m, con un físico atlético espectacular, de tren inferior muy potente y una capacidad para el salto casi voladora, Marbury se desveló como un genio del *crossover*, el cambio de ritmo, la velocidad en la conducción y una intuición asesina, muy física, en el ataque del aro. Rectificados en el aire, vuelos a aro pasado, lanzamientos imposibles que acaban yendo dentro... estaban habitualmente en su repertorio. Era verdaderamente un jugador emocionante, muy eléctrico que siempre daría todo lo que tenía en la pista.

Muy al estilo de Iverson, sus problemas con los entrenadores y una vida personal algo macarra irían marcando su carrera fuera de la pista. Con los New Jersey Nets, dirigidos desde el banquillo por **Don Casey** en su primer año y **Byron Scott** en el segundo, nunca logró presencia en post-temporada. Sin embargo, en mi opinión, sus años en New Jersey Nets (1999-2001) y Phoenix Suns (2001-2004) nos dejaron su mejor baloncesto, más completo y excepcional. Durante esos años será elegido para el NBA All-Star Game en dos ocasiones

(2001, 2003). Con aquellos **Phoenix Suns** pre-D'Antoni formaría una combinación letal con Amar'e Stoudemire, Joe Johnson y Shawn Marion y juntos, dirigidos por **Frank Johnson**, lograrían colocar a Phoenix en post-temporada, cayendo 4-2 en primera ronda del Oeste de 2003 contra los San Antonio Spurs. Un lanzamiento suyo sobre la bocina en el primer encuentro en San Antonio logró revertir el factor cancha poniendo el 96-95 en el marcador y con ello las series 1-0 (que en primera ronda ya se jugaban a siete partidos como las demás), dando alas y confianza a un equipo que finalmente fue incapaz de plantar cara a una máquina casi perfecta de jugar a baloncesto.

En enero de 2004, es enviado a los **New York Knicks** donde seguirá dejando muestras de su gran talento, pero sin presencias del equipo en post-temporada, a excepción del año de su llegada. Esa presencia en la post-temporada no fue especialmente memorable al ser los de Nueva York barridos 4-0 en primera ronda del Este por, irónicamente, o casi a modo de augurio, el que fuera uno de sus equipos de mejor rendimiento, los New Jersey Nets, dirigidos por Jason Kidd, escudado por Kerry Kittles y Richard Jefferson en el perímetro, y cerrados por dentro con Kenyon Martin y Jason Collins. Los Knicks son barridos con diferencias muy abultadas en cada uno de los encuentros, cerrando así la que será la segunda y última presencia de Marbury en unos playoffs de la NBA.

Desde entonces, empezaron a correr rumores sobre los fuertes enfrentamientos de Marbury con los entrenadores que pasaban por unos Knicks en, por decirlo suavemente, reconstrucción, destacando sus diferencias con **Larry Brown** y posteriormente **Isiah Thomas**, presidente de operaciones de los Knicks desde 2003 y entrenador jefe desde 2006. Es cierto que la figura de Isiah Thomas jamás fue muy querida ni deseada por la base de seguidores de los Knicks y son ciertamente cuestionables, como lo fueron en la cancha, sus decisiones extradeportivas y estilísticas, que acabaron granjeándole más antipatías que otra cosa en Nueva York, donde su nombramiento en mayo de 2015 como presidente de las New York Liberty, hermana de los Knicks en la WNBA, tampoco fue bien recibido.

La expulsión de Thomas de todos sus cargos y la llegada de **Mike D'Antoni** para la **temporada 2008-2009** desde Phoenix, tampoco mejoró la mentalidad antinormas de Marbury, que acabó siendo apartado del equipo hasta nueva orden. En febrero de 2009 firmó un contrato hasta final de temporada con Boston. No hizo precisamente los mejores números de su carrera y a final de temporada anunció un retiro de un año para ocuparse de sus negocios. Lo dimos por perdido, esa es la verdad. En enero de 2010, sin embargo, llegaron noticias de lo más inusual: Stephon Marbury firmaba por los **Brave Dragons** de Tiyuan, Shanxi, China. Shanxi es una provincia del norte, montañosa y extraordinariamente remota para la

Steve Nash durante las finales de la Conferencia Oeste de 2005, manejando el balón frente a Tony Parker.

mentalidad baloncestística occidental. El caso es que Marbury inició con los Brave Dragons una carrera en la Chinese Basketball Association (CBA) que en la temporada 2015-2016 continúa en progresión. Desde 2011 juega para los **Beijing Ducks** con los que ha ganado tres títulos (2012, 2014, 2015). Ha declarado su amor por la cultura china en diversas ocasiones y está tramitando su permiso permanente de residencia. En los jardines que rodean el MasterCard Center (pabellón olímpico de Beijing) donde los Ducks consiguieron su primer título, se erige desde mayo de 2012 una estatua de Stephon Marbury. En bronce, con gorra y la equipación oficial de los Ducks, y una medalla de campeón, el jugador levanta el trofeo de la CBA, gritando de felicidad. Rodeado de árboles. Para la posteridad.

No está claro qué ha pasado deportivamente con **Marcus Camby**, el especialista defensivo más interesante y contundente de aquella promoción de 1996. Iniciada la **temporada 2015-2016** sigue sin anunciar su retiro oficial, aunque lleva sin pisar una cancha desde que fuera cortado por los **Houston Rockets** al inicio de la **2013-2014**, cayendo desde entonces a las brumas que rodean la NBA. Nacido el 22 de marzo de 1974, se hace difícil imaginar que este pívot de 2,11 m, de Hartford, Connecticut, vuelva en ningún caso a la NBA en calidad de jugador. Se sabe que tiene una barbería en Pearland, Texas, donde reside y se siente tremendamente identificado con su *alma mater* universitaria, la UMass. Entró en la NBA de la mano de los **Toronto Raptors**, con los que en la **temporada 1997-1998** lograría su primer título como mayor taponeador de la liga. Con buen cartel, al año siguiente ficharía por los **New York Knicks** de **Jeff Van Gundy**, sin duda uno de los mejores entrenadores históricos de la franquicia y de los más interesantes técnicos e intelectuales del baloncesto de la NBA. Saliendo desde el banquillo en todos los encuentros, sería miembro indispensable de aquellos Knicks que llegaron a las **Finales de la NBA de 1999**, para caer 4-1 contra los San Antonio Spurs. Cinco temporadas jugará en Nueva York, no sin incidentes (incluyendo un cabezazo con puntos de sutura a su propio entrenador Jeff Van Gundy que intentaba separarle en una pelea contra Danny Ferry, alero entonces de los Spurs), hasta que finalmente será enviado en la **temporada 2002-2003** a los Denver Nuggets, donde Marcus Camby dejará su mejor baloncesto, sobre todo tras la llegada a la franquicia en 2005 de otro de los enormes del banquillo de la NBA, **George Karl**. Repetiría hasta tres veces consecutivas (2006-2008) el mérito de mayor taponeador de la liga (con 3,3, 3,3 y 3,6 tapones por noche) siendo galardonado con el premio al Mejor jugador defensivo del Año de la **temporada 2006-2007**. Se ganó la posición de titular en unos Denver en progresión ascendente, aunque sin resultados que les llevasen más allá de la primera ronda del Oeste por los que acabarían siendo finalistas. Coincidió con su compañero de promoción Allen Iverson durante sus últimas dos temporadas. George Karl asentaba con ellos el cuño del que sería posteriormente su mejor modelo:

1. Anthony Carter (base)
2. Allen Iverson (escolta)
3. Carmelo Anthony (alero)
4. Kenyon Martin (ala-pívot)
5. Marcus Camby (pívot)

En la temporada 2007-2008, su último año en Denver Nuggets, Camby realizará los dos triples-dobles que podrá computar en su carrera. El primero contra Bucks (10 puntos, 11 rebotes, 10 tapones); el segundo contra Seattle (13 puntos, 15 rebotes, 10 asistencias). En julio de 2008, disconforme con los Nuggets que parecían señalarlo como el responsable de los resultados poco satisfactorios del equipo en los playoffs, Camby fichó por **Los Angeles Clippers**. Sin duda era un cambio a peor, no se movía precisamente a una franquicia que en la época fuera aspirante al anillo ni a post-temporada. Yo pensé que podía encajar en el tradicional juego callejero y rudo de Clippers, pero Camby, más allá de alcanzar su mejor registro reboteador en un partido con 27 rebotes contra los Bulls en diciembre de 2008, no hizo nada especialmente destacable. Los de **Mike Dunleavy** acabaron con un registro 19-63 en aquella **temporada 2008-2009**, el tercer peor registro histórico de la franquicia. En los Clippers inició su declive. En febrero de 2010, viajaría a **Portland Trail Blazers** donde viviría una breve segunda juventud, pero a los 38 años, convertido en moneda de cambio, tras un fugaz paso por los **Houston Rockets**, volvería a los **New York Knicks** para jugar su última temporada. Aquejado por las lesiones, se perdería casi toda la temporada, promediando 1,8 puntos, 0,6 tapones y 3,3 rebotes por noche. Fue finalmente cortado por los Rockets el **26 de octubre de 2013**. La página de Facebook de su peluquería en Texas, nos dice que el negocio le va bastante bien. Hasta la fecha no ha anunciado su retirada oficial.

Tampoco **Jermaine O'Neal** (1978), el portentoso, poderoso, estiloso y hoy sin duda mítico interior de los **Indiana Pacers** (2000-2008), con 18,6 puntos por noche, 9,6 rebotes y 2,4 bloqueos promediados en su carrera hasta ahora, ni **Ray Allen** (1975), líder histórico absoluto de la NBA en conversión de triples (tanto en temporada regular como en playoffs), y leyenda de todas las franquicias para las que ha jugado,[1] han sentenciado oficialmente sus retiros.

---

1. 1996-2003 | Milwaukee Bucks (19,6 puntos por noche, 52% de conversión combinada).
    2003-2007 | Seattle SuperSonics (24,6 puntos por noche, 51% de conversión combinada).
    2007-2012 | Boston Celtics (16,7 puntos por noche, 56% de conversión combinada).
    2012-2014 | Miami Heat (10,3 puntos por noche, 55% de conversión combinada)

Los dos más laureados de la promoción de 1996 lo fueron con Los Angeles Lakers y bajo la batuta de Phil Jackson: cinco anillos. El 10 de junio de 2014, en un estratosférico ejercicio de puerta giratoria, **Derek Fisher** pasaba de jugador de Oklahoma a entrenador de los New York Knicks. Con corbata, pañuelo y robándole a traición la mujer a Matt Barnes, el que fuera el más tibio y espantoso portavoz de la NBPA en el *lockout* de 2011, clavará como entrenador el peor registro histórico de la franquicia en su año de debut.

Nada que ver con la gloria de las leyendas. Nada que ver con **Kobe Bryant**, el máximo exponente, la estrella más rutilante del curso de 1996 y con absoluto merecimiento leyenda eterna y entre las más deslumbrantes de la historia de la NBA. El **29 de noviembre de 2015**, llegando a su vigésimo año de competencia en la NBA, todos ellos enteramente jugados para Los Angeles Lakers, Kobe Bryant nos dejó a todos helados anunciando su retirada para el final de la temporada 2015-2016. Lo hizo con una carta que venía claramente dictada por el corazón, reglamentada por la cabeza y con un uso del lenguaje entre seco y poético; un perfecto trasunto de su personalidad en la cancha y su juego. Escrita en primera persona, Kobe habla directamente al baloncesto, al que le dedica unas palabras de amor de mucha profundidad y belleza. «Querido baloncesto» es sin duda una de las mejores cartas de retiro vistas en la NBA. Tras ganar cinco anillos en su carrera con Los Angeles Lakers, deja una estadística que le equipara a las máximas leyendas de este deporte. Con él no solo se retira un campeón, una leyenda viva, con él se va un estilo de jugar al baloncesto que nadie, a la vista, igualará jamás. El hueco que deja en la NBA va a ser muy complejo de llenar.

20. LA WNBA

El baloncesto no conoce género. El femenino es inextricable del masculino y viceversa. El baloncesto lo practican equipos de hombres o equipos de mujeres desde los orígenes mismos de este deporte. En 1893, **Sendra Berenson**, instructora de gimnasia del Smith College, en Northampton, Massachusets, convocó a sus muchachas en la cancha, preparada para la ocasión, para disputar el primer encuentro de chicas durante su clase semanal. Originalmente no se permitía la asistencia de hombres al pabellón por aquello de encontrar socialmente poco decoroso contemplar a un grupo de mujeres corriendo y sudando. La práctica baloncestística se extendió en aquellos años rápidamente por todo el país, también en su vertiente femenina. El primer encuentro interuniversitario se celebró ya en 1896, enfrentando a Stanford contra California; poco después aquel mismo año se jugó el primer partido femenino entre los equipos de dos institutos de Illinois. En 1936, la **AAU** (Unión Atlética Amateur, órgano que estructura todo el deporte no profesional, ni universitario, ni escolar de EE.UU.) condujo el primer campeonato de baloncesto femenino. En marzo de 1953, la FIBA organizó en Chile el primer **Mundial Femenino de Baloncesto**. Se utilizó un formato de eliminatorias en las rondas preliminares y de liguilla para la fase final: el oro fue para Estados Unidos, la plata para Chile, el bronce para Francia. En otoño de 1978, nacería la **WBL** (Women's Pro Basketball League), la primera iniciativa de liga profesional femenina en los Estados Unidos con franquicias repartidas por toda la geografía nacional. La liga permanecería vigente hasta la primavera de 1981. Sin conexión con la NBA ni contando con su respaldo, la iniciativa de la WBL logró atraer bastante interés, pero no tuvo suerte financieramente ni volumen mediático y se vio obligada a cesar sus actividades definitivamente anunciando su disolución en 1981, con una deuda de 14 millones de dólares en tres años de existencia. Fueron campeonas de esta liga los Ángeles de Houston (Houston Angels, 1979), las Estrellas de Nueva York (New York Stars, 1980) y las Vaqueras de Nebraska (Nebraska Wranglers, 1981).

En 1982, la NCAA instauró la primera división de baloncesto femenino, siendo las primeras campeonas las chicas de **Louisiana Tech**. Las grandes dominadoras de la NCAA femenina, con diez campeonatos, son las **Huskies de Connecticut**, siendo ya una leyenda viva su entrenador, **Geno Auriemma**, director desde el banquillo de todos esos campeonatos, formador indispensable del baloncesto femenino mundial. Con la celebración de su cincuenta aniversario, el **24 de abril de 1996**, la NBA anunció la creación de la **WNBA** (Asociación Nacional de Baloncesto Femenino). Se trataba de una idea que había estado barajándose durante años y por fin se concretaba: la WNBA nacía con el propósito de ser una liga hermanada con la NBA, contando plenamente con el respaldo de la NBA en todos los aspectos y cuyas franquicias contendientes surgirían todas de equipos matrices de la NBA, jugando la gran mayoría en sus mismos pabellones. «*We got game*» sería el lema definitivo de la WNBA. El logo se diseñó en concordancia con el propio de la NBA, aunque en esta ocasión no fue necesario basarse en ninguna jugadora. La WNBA arrancó el 21 de junio de 1997, abriéndose paso a través de una mentalidad baloncestística mundial que se encontraba entonces completamente arrasada por el brillo de Michael Jordan y sus Chicago Bulls, pero despertó poco interés. En el primer encuentro las New York Liberty visitaban a las Sparks de Los Ángeles. La NBC (propietaria de los derechos NBA nacionales en la época) retransmitió el partido a escala nacional.

La WNBA se juega desde junio (o finales de mayo) y se estira en su post-temporada hasta finales de septiembre o principios de octubre, cubriendo de esta manera los meses sin competición NBA. Cada equipo juega 34 partidos en temporada regular. La liga se inició con ocho franquicias de constitución y actualmente cuenta con doce, de las cuales solo cuatro iniciaron singladura en el año fundacional. La liga se estructura en dos grandes conferencias, Este y Oeste al modo NBA, sin divisiones. Tradicionalmente los equipos del Oeste han dominado la liga con mayor contundencia y número de títulos que los equipos del Este, en una relación que hasta 2015 se encuentra 15-4 para las franquicias del Oeste. La WNBA celebra su WNBA All-Star anual que sigue los mismos principios que el de la NBA y cuenta asimismo con galardones similares al final de temporada, premiando las actuaciones individuales y las colectivas. Originalmente las franquicias fueron concebidas para aumentar la oferta al amparo de mercados ya consolidados por los equipos NBA. Es en general una norma que se ha seguido, aunque en ocasiones los dirigentes y propietarios de franquicias WNBA han solicitado traslados a otras ciudades, a menudo logrando mejorar el impacto del equipo en el nuevo mercado.

Desde los inicios, estos son los equipos que forman o han formado parte de la gran iniciativa del baloncesto femenino WNBA:

1997 | New York Liberty
1997 | Los Angeles Sparks
1997 | Phoenix Mercury
1997 | Utah Starzz (1997), San Antonio Stars (2003)
1997-2003 | Cleveland Rockers
1997-2006 | Charlotte Sting
1997-2008 | Houston Comets
1997-2009 | Sacramento Monarchs
1998 | Washington Mystics
1998 | Detroit Shock (1998), Tulsa Shock (2012)
1999 | Minnesosta Lynx
1999 | Orlando Miracle (1999), Connecticut Sun (2002)
2000 | Seattle Storm
2000 | Indiana Fever
2000-2002 | Miami Sol
2000-2002 | Portland Fire
2006 | Chicago Sky
2008 | Atlanta Dream

Las desaparecidas **Houston Comets** son todavía hoy la única gran dinastía de la WNBA. Ganaron los cuatro primeros títulos en contienda, 1997-2000; y contaron en aquella época entre sus filas con dos de las mejores jugadoras históricas de la competición. El 23 de octubre de 1996, **Sheryl Swoopes** se convertía en la primera jugadora en firmar un contrato profesional con la WNBA, siendo asignada a las **Houston Comets** por la propia liga con la que había técnicamente firmado su contrato, como jugadora de la WNBA. Swoopes será la primera jugadora en anotar un **triple-doble** (14 puntos, 15 rebotes, 10 asistencias) en una cancha de la WNBA, el 27 de julio de 1998. Durante su carrera (1997-2011), Swoopes logró tres veces el título de MVP de la competición y en dos ocasiones fue la máxima anotadora absoluta de la liga, logrando ser convocada hasta seis veces para el WNBA All-Star. Miembro de los oros olímpicos femeninos de 1996, 2000 y 2004, en 2005 anunció públicamente que es lesbiana, convirtiéndose en una de las primeras deportistas de tan alto perfil profesional en hacerlo, aunque en 2011, sin embargo, y tras haber roto con su novia unos años antes, apareció en la prensa del corazón comprometida y con intenciones de altar con un amigo suyo de toda la vida, y fue de nuevo pasto de la prensa rosa. Actualmente entrena al equipo femenino de la Loyola de Chicago, disfrutando del baloncesto a pie de cancha. Recién fundada la WNBA, **Cynthia Cooper** era ya una veterana. Oro olímpico en Seul 1988, bronce en Barcelona 92, firmó con 34 años su contrato WNBA con las **Houston Comets** y fue nombrada primera MVP (1997) de la competición y la estrella absoluta en aquel año de debut. Fue miembro de los cuatro campeonatos de la dinastía femenina de Houston y las cuatro veces fue nombrada MVP de las finales de la WNBA (1997-2000). Por tres veces consecutivas fue la máxima anotadora de la competición (1997-1999). Desde su retiro de las canchas en el año 2000, ha sido entrenadora de diversas universidades cosechando buenas clasificaciones en el torneo de la NCAA. Fue incluida como miembro de pleno derecho del Salón de la Fama en 2010 en la categoría de jugadores.

Por asistencia a la cancha e impacto de mercado, las Chispitas de Los Ángeles (**Los Angeles Sparks**) pueden ser perfectamente consideradas el *primer* equipo de la WNBA. Campeonas de los trofeos de 2001 y 2002, han entrado en playoffs quince veces en diecinueve años de contiendas. Es habitual ver en la grada en los partidos de las Sparks a Halle Berry, o Tom Hanks, y jugadores de la NBA residentes en LA, como Kobe Bryant o Russell Westbrook. **Lisa Leslie** es la leyenda Spark por excelencia: incluida en el Salón de la Fama en 2015, todo un símbolo del baloncesto femenino y posiblemente la máxima leyenda de la competición. Fue la primera en machacar un aro de la WNBA, el 30 de julio de 2002, contra las Miami Sol, a la conclusión de un contraataque. Fue nombrada MVP de las finales en los dos anillos de las Sparks (2001-2002). Fuera de la WNBA, fue miembro de los equipos que ganaron el oro olímpico en cuatro ocasiones consecutivas (Atlanta 96, Sydney 00, Atenas 04, Beijing 08), y ganado dos oros (Alemania 98, China 02) en los Mundiales femeninos. Valiente y en ocasiones polémica, guerrera absoluta, MBA por la Universidad de Phoenix, tras su retiro de las canchas se la ha visto frecuentemente en la televisión comentando baloncesto en diversos programas de la ESPN, actividad que combina con su carrera de modelo, siendo frecuente su presencia en anuncios de televisión y prensa así como en programas de entretenimiento social. Madre de dos hijos, aparece haciendo de sí misma en el capítulo de los Simpsons «*Pray anything*» en el que Homer decide llevarse mejor con Dios después de ver a Flanders ganar 100.000 dólares en un partido de la WNBA. En **Candace Parker**, profesional WNBA desde 2008 (MVP de la liga en su año de debut 2008 y en 2013), las Sparks tienen hoy en día a una posible heredera deportiva de Lisa Leslie. Los títulos, de momento, se hacen esperar.

Sin títulos, pero con gran penetración de mercado, las **New York Liberty** son otro de los grandes equipos de la WNBA. Con una trayectoria y estilo similar al de su hermano mayor, las Liberty no tienen ningún título de la WNBA, aunque han sido campeonas de su conferencia en cuatro ocasiones, en los años de arranque cuando verdaderamente cuajaban sus mejores temporadas (1997, 1999, 2000, 2002). Por sus filas han pasado varias de las mejores jugadoras de la WNBA tales como **Theresa Weatherspoon** (entrenadora de Luisiana Tech de la NCAA), **Becky Hammon** (primera entrenadora de la NBA con los San Antonio Spurs),

La entrenadora jefe de las Minnesota Lynx comentando una estrategia con una de sus jugadoras (Lindsay Whalen) en un partido contra las Sparks, en el Target Center (24 de mayo de 2012).

o **Cappie Pondexter** (en activo, jugando en 2015 para las Chicago Sky, una de las más importantes jugadoras de la WNBA). La estrella legendaria de las primeras Liberty fue, sin lugar a dudas, **Rebecca Lobo**. Pívot estrella de Connecticut en la NCAA, miembro del oro olímpico de 1996, jugó con las New York Liberty (1997-2001), Houston Comets (2002) y Connecticut Sun (2003). Lastrada por las lesiones, su importancia se mide más fuera de las canchas de la WNBA que dentro, siendo portavoz de numerosas causas relacionadas con la tecnología médica del deporte y también actuando como figura pública para el fomento de la conciencia social en relación al cáncer de mama. Durante sus años con las Liberty fue pieza indispensable para llevar a su equipo a las finales de la WNBA en 1997, 1999 y 2000. Actualmente colabora a menudo con la ESPN y es la directora de una beca (Rebecca Lobo Scolarship) diseñada para dar ayudas a los alumnos hispanos que deseen estudiar en la UConn, rama ciencias de la salud.

Desde 2013, las Liberty están entrenadas por **Bill Laimbeer**, el pívot legendario de los *Bad Boys*, que desde su vuelta al baloncesto como entrenador en 2002 se reveló como un excelente entrenador, y posiblemente uno de los mejores de la WNBA, al frente de las **Detroit Shock** consiguiendo los títulos de 2003, 2006 y 2008. En dos ocasiones (2003, 2015), Laimbeer ha sido nombrado Entrenador del Año de la WNBA. En términos estadísticos, Billy Laimbeer tiene otro título no oficial: hasta 2012 (año del único título de las Indiana Fever), las Detroit Shocks eran el único equipo de la WNBA Este que tenía títulos de campeonatos, con los tres anillos dirigidos por His Hineous (su atrocidad).

Otro mito de la NBA que ha tenido y sostiene una larga carrera como entrenador en la WNBA es el gran, casi imbatible escolta-alero de Los Angeles Lakers de los 80, **Michael Cooper**. Con entradas y salidas hacia la NBA como entrenador asistente de Lakers y Nuggets, Michael Cooper ha sido entrenador de Los Angeles Sparks entre 1999 y 2004, siendo el entrenador de los dos anillos que hasta la fecha tiene la franquicia. Repitió entre 2007 y 2009 y actualmente, desde 2014, está al frente de las **Atlanta Dream**. En 2007, el entrenador **Paul Westhead** se convirtió en el primer (y hasta ahora el único) entrenador en ganar un título de NBA (Lakers, 1980) y uno de WNBA al coronar a **Phoenix Mercury** campeonas de la liga.

Actualmente, la entrenadora jefe más competente, de juego más atractivo y más interesante de toda la WNBA, por consenso general, es **Cheryl Reeves**, la jefa total de las **Minnesota Lynx**. Nacida en 1966, es una de las entrenadoras con más larga experiencia en los banquillos a los que llegó en 1988 como asistente en su propia universidad, **La Salle**. Llegó a la WNBA como asistente en **Charlotte Sting**, y durante nueve temporadas se fogueó en ese papel, tres años (2006-2009) con Billy Laimbeer, siendo la entrenadora asistente de dos de los tres anillos de las Detroit Shock, compaginando además con el puesto de directora general de la franquicia. En 2010, firmó el contrato como entrenadora titular de las **Minnesota Lynx** con las que desde entonces ha ganado todos los anillos que la franquicia tiene, a razón de uno cada dos años, siendo ella, y sus chicas, sin duda, uno de los equipos de más interesante trayectoria y proyección en la WNBA actual. En este período ha sido entrenadora del WNBA All-Star del Oeste en 2013 y 2014. Es también la entrenadora con más victorias de la franquicia, tanto en número de partidos como en porcentaje general victorias-derrotas. En seis temporadas, ha puesto a su equipo en cuatro ocasiones en las finales de la WNBA, ganando tres.

Desde 2009, inaugurando Phoenix Mercury, las camisetas de las WNBA lucen publicidad de patrocinadores. Lo cierto es que la WNBA fue deficitaria económicamente durante bastantes años y ha tenido que contar con las aportaciones regulares de la NBA (del orden de 10 millones de dólares al año durante la pasada década) para mantenerse financieramente a flote. Actualmente, seis equipos son financieramente viables, rentables, sin ayudas de ningún tipo, reportando beneficios anuales. La WNBA cuenta con un buen contrato televisivo firmado con la ESPN y suele tener audiencias cercanas al medio millón de personas en EE.UU. durante los playoffs. Estas son las franquicias que han ganado títulos desde la fundación de la liga:

Houston Comets | 1997, 1998, 1999, 2000
Detroit Shock | 2003, 2006, 2008
Phoenix Mercury | 2007, 2009, 2014
Minnesota Lynx | 2011, 2013, 2015
Los Angeles Sparks | 2001, 2002
Seattle Storm | 2004, 2010
Sacramento Monarchs | 2005
Indiana Fever | 2012

Cuatro equipos por conferencia se clasifican para los playoffs de la WNBA. Las dos rondas de playoffs, semifinales y final de conferencia se juegan en series al mejor de tres en formato 1-1-1, con la ventaja de cancha para el equipo con mejor registro general. Las finales de la WNBA se juegan desde 2005 en una serie al mejor de cinco en un formato 2-2-1.

Lo cierto es que para cualquier amante de la NBA resulta siempre interesante seguir la competición femenina. Las jugadoras de baloncesto no tienen picos de rendimiento tan intensos como los hombres en sus carreras. Como norma general, la carrera de una jugadora es más corta, con las naturales bajas por embarazo. Sin embargo, sus actuaciones suelen ser mucho más regulares que las de los hombres, que tienden a mayores cambios de condiciones físicas según suman años y kilómetros en la cancha. Al tratarse de físicos de menor talla, y dado que la canasta se encuentra a la misma altura, es común ver en los equipos femeninos una mayor coordinación en jugadas y en rutinas colectivas. Es decir, necesitan encontrar más opciones de tiro que los hombres, optando muchísimo menos por el mate y haciendo prácticamente inaudita la penalización por interferencia de canasta. Cuando mayores son, las jugadoras tienden, igual que los hombres, a alejarse de la canasta y mejorar su precisión en el lanzamiento. Las mujeres entran en esa fase de apertura sobre los 25 años, mientras los hombres llegan sobre los 30. Un partido de la WNBA siempre tendrá unos condicionamientos y métodos que lo diferencian en múltiples aspectos de uno de la NBA, pero el baloncesto que se ve es muy interesante. Es de agradecer el encomiable trabajo que hace la WNBA vía NBA para dar soporte al baloncesto femenino profesional.

Gregg Popovich observando una jugada durante el cuarto partido de las Finales de la NBA de 2014, en el American Airlines de Miami, junto a Tim Duncan y Marco Bellineli (12 de junio de 2014).

21. EL LIBRO DE JUGADAS DE GREGG POPOVICH

Gregg Popovich es uno de los hombres más queridos de la NBA. Su aspecto serio y gruñón, su carácter aparentemente áspero y ya legendariamente conciso con los medios (en particular en las entrevistas a pie de cancha del tercer cuarto) son una vertiente más de su enorme talento. Excelente motivador, es conocido hoy en día por su relación franca y directa con todos sus jugadores, con algunos de los cuales ha establecido relaciones de tinte paterno-filial, de completa honestidad y compromiso, que se han traducido en excelentes resultados en la cancha. Su juego nunca ha estado basado en las individualidades sino en el esquema colectivo. Desde su llegada al banquillo a mitad de la temporada 1996-1997, los **San Antonio Spurs** han ganado **cinco campeonatos** (1999, 2003, 2005, 2007, 2014), convirtiéndose en el cuarto equipo más laureado de la historia de la NBA. Solo los Boston Celtics (17), Los Angeles Lakers (16) y Chicago Bulls (6) se alzan por delante. Sobre los cinco trofeos obtenidos en este período deben añadirse tres presencias en finales del Oeste (2001, 2008, 2012) y una comparecencia en finales de la NBA saldada sin campeonato (2013). Ninguna temporada ha pasado desde 1998 sin contar con la presencia de los San Antonio Spurs en los playoffs de la NBA. Siempre con **Pops** en el banquillo. Excelente líder y muy intenso en el banco, su **Sistema de Ataque Continuo**, basado en la circulación de balón y la creación de espacios, lleno de resortes tácticos y detalles, es de una enorme plasticidad y belleza en la cancha. Hombre de muchos fundamentos, es suyo el lema «solo ganas en defensa», dándole al aspecto defensivo en sus entrenamientos una consideración que trasciende a la propia NBA. Sus jugadores aprenden y aplican los principios más esenciales a rajatabla, aquellos surgidos en el baloncesto esencial, su descenso a las esencias defensivas es tradicional. Entre sus prácticas defensivas centrales destaca la llamada **«4 en 4 en 4»**, un ejercicio de alta competitividad y muy rápido en aplicación de juego que se basa en premiar al equipo defensor creando así una identificación positiva con las tareas defensivas que resulta fundamental para establecer la defensa (a la que él se refiere como «D») como base del equipo.

Nacido el 28 de enero de 1949 en la fría, plana, muy propia del Medio Oeste, población de East Chicago, Indiana, así llamada precisamente por su situación cardinal en relación a la capital de Illinois, Gregg Popovich hizo carrera académica en las Fuerzas Aéreas de Estados Unidos. De origen serbocroata, habiendo ya destacado como jugador en la infancia, jugó a baloncesto durante los cuatro años de su formación militar. Tras licenciarse en 1970, iniciaría su carrera como entrenador asistente precisamente en el equipo de la Academia de la Fuerza Aérea, los Air Force Falcons, equipo de la primera división de la NCAA. Tras seis años en el cargo bajo el mando de Hank Egan, en 1979 ficharía por Pomona, equipo universitario del sur de California, de la tercera división de la NCAA, donde ejercería como entrenador jefe hasta 1988, combinando en los últimos años como entrenador voluntario de los Kansas City Jayhwaks de la primera división de la NCAA, al cargo entonces de su amigo, y legendario entrenador de la NBA, **Larry Brown**, con el que haría la transición hacia la NBA. A una NBA fuertemente dominada por Pat Riley y Los Angeles Lakers del *showtime* llegó Popovich como entrenador asistente de los San Antonio Spurs, equipo con el que Larry Brown acababa de firmar su nuevo contrato como entrenador jefe. Serían unos años de intenso aprendizaje para Gregg Popovich, desde el principio tenido por todos como mano derecha incuestionable de Larry Brown, absolutamente por delante del resto de entrenadores asistentes de la plantilla.

Tras el cese de Larry Brown a mitad de la temporada 1991-1992, Gregg Popovich pasaría el resto de la campaña en el banquillo de los **Golden State Warriors** como entrenador asistente de **Don Nelson**. De esa experiencia en California, Popovich se llevaría consigo al entonces joven base **Avery Johnson** (recién cortado también por San Antonio), vinculando así sus destinos. Avery Johnson acabaría convirtiéndose en pieza indispensable de la primera edición exitosa del sistema baloncestístico de Gregg Popovich que hará a los San Antonio Spurs un equipo legendario. En 1994, Popovich firma de nuevo con San Antonio en calidad de vicepresidente de operaciones y director general. Su primer movimiento fue traerse a Avery Johnson. El segundo fue enviar a Dennis Rodman a Chicago para dar entrada a Will Perdue. Con un registro lamentable de 3-15 en el arranque de la **temporada 1996-1997**, Gregg Popovich decidió despedir al entrenador Bob Hill y, bajando desde los despachos hacia la cancha, asignarse a sí mismo el cargo de entrenador jefe de los San Antonio Spurs. Con una plantilla poco motivada a aquellas alturas y devastada por las lesiones (sin David Robinson, Sean Elliott, Chuck Person ni Vinny Del Negro), los Spurs cuajaron la peor temporada de toda su historia, con un llamativo 20-62, ocasión que, sin embargo, les granjeó acceso, vía lotería, a la primera elección de primera ronda del ***draft*** de **1997** que ejecutaron para elegir a **Tim Duncan**, posiblemente el mejor ala-pívot de todos los tiempos gracias a sus méritos en cancha con la camiseta de los San Antonio Spurs. Para siempre enlazadas sus figuras, todos los anillos de San Antonio tienen un denominador común: Timmy en pista, Popovich en el banquillo. Aunque la magistral concepción del juego de Popovich hace que jamás un sistema requiera de la presencia específica de un jugador en concreto y se base más en las características del grupo, no puede negarse el peso específico de este hombre en la conclusión de la mecánica de juego. Las llegadas de **Tony Parker** (2001) y **Manu Ginobili** (2002) darán nombre indiscutible a dos posiciones más en la pizarra de Pops. Antes de abrir el libro de jugadas, repasemos primero los cinco títulos obtenidos hasta la fecha y las unidades titulares que las lograron.

Finales de la NBA de 1999 | En una temporada reducida a cincuenta partidos por el cierre patronal, los Spurs acaban la temporada regular 37-13, mejor equipo de la NBA. Perderán sólo dos partidos en todos los playoffs, acabando con los Timberwolves de Garnett 3-1 en primera ronda, y barriendo 4-0 a los Lakers de Kobe y Shaquille en semifinales, y a los Portland Trail Blazers de Rasheed Wallace y Sabonis en las finales de conferencia. En finales se impondrán con muchísima contundencia 4-1 a unos **New York Knicks** liderados por un fenomenal Latrell Sprewell, Allan Houston, con Jeff Van Gundy en el banquillo, por los que francamente poca gente apostaba habiendo llegado a las finales tras acabar la temporada regular en *seed* 8 de la Conferencia Este. San Antonio desplegó su unidad titular a pleno rendimiento:

1. Avery Johnson
2. Mario Ellie
3. Sean Elliott
4. Tim Duncan
5. David Robinson

Aquellos eran los San Antonio Spurs de las «Torres Gemelas» (por Tim Duncan y David *Almirante* Robinson), el juego interior más contundente de la liga. La canasta ganadora del quinto y último partido fue ejecutada por Avery Johnson (9,2 puntos, 2,6 rebotes, 7,2 asistencias por encuentro en aquellas finales), líder absoluto de asistencias en los playoffs, todavía con 47 segundos restantes por jugar. Sprewell, que promedió 26 puntos por noche en las finales, tuvo en sus manos la posibilidad de enviar las series a un sexto en el Madison, pero falló su oportunidad. Tim Duncan (27,4 puntos por noche, con 14 rebotes y 2,4 asistencias) sería nombrado MVP de las finales. Era la primera vez que los Spurs llegaban a unas finales de la NBA.

Finales de la NBA de 2003 | En estos años la brecha de juego y competitividad entre el Oeste y el Este era posiblemente más grande de lo que nunca había sido ni ha vuelto a ser. El Oeste era una conferencia carísima de ganar mientras que el Este, no falto de refulgentes estrellas, se mantenía bastante despoblada de equipos que lucharan por el título. San Antonio acaba como primer equipo de la NBA con un registro 60-22 en temporada regular con un juego sensacional. **Tim Duncan** ha sido nombrado por segundo año consecutivo MVP de la temporada. San Antonio sufrirá en todas las series e irá avanzando poco a poco en todas ellas dejando posos de lo que desde entonces será su estilo definitivo. Nunca un equipo de eliminaciones fugaces. Acabarán 4-2 con los Phoenix Suns de Marbury, Penny Hardaway y Amar'e Stoudemire en primera ronda, teniendo que remontar tras perder el factor cancha en el primer encuentro. También 4-2 dejarán a Los Angeles Lakers del *three-peat* en la cuneta en semifinales de conferencia con mucha épica y sufrimiento, y aún deberán enfrentarse en una serie hasta el sexto encuentro para acabar 4-2 con una de las mejores versiones de los Dallas Mavericks, con Steve Nash, Michael Finley y Dirk Nowitzki, en las finales del Oeste. Irónicamente, las Finales de la NBA de 2003 contra los New Jersey Nets iban a ser la serie más sencilla de ganar. Así salieron a la cancha los San Antonio Spurs para aquel campeonato:

1. Tony Parker
2. Stephen Jackson
3. Bruce Bowen
4. Tim Duncan
5. David Robinson

Desde que llegara para la temporada 2001-2002, **Tony Parker** ha ido ganándose lentamente un puesto en el equipo. Más que en sus números (15,5 puntos por noche, 5,4 asistencias), Popovich confiaba en su manejo del balón, en la velocidad que aportaba al juego del equipo y en su criterio de selección de tiro y pase. Con siete años de experiencia profesional a sus espaldas, **Manu Ginobili** había llegado aquella temporada a los Spurs aportando unos minutos desde el banquillo que le convertirán en pieza esencial de la mecánica

Popovich, durante las finales, como sexto hombre; será el líder en robos de balón (2,2) por noche. Era la primera vez que dos equipos fundados en la ABA se enfrentaban en unas finales de la NBA. **Tim Duncan** destroza la cancha, promediando en la serie 24,2 puntos, 17 rebotes, 5,3 asistencias y 5,3 tapones por noche, y en el último partido de la serie se quedará a solo dos tapones de registrar un **cuádruple-doble**, hito insólito en unas finales de la NBA, con 21 puntos, 20 rebotes, 10 asistencias y 8 tapones. Una marca que solo se ha visto en cuatro ocasiones en la NBA, jamás en unas finales.[1] Los Spurs se llevan la serie por 4-2, obteniendo su segundo campeonato y liquidando todas las expectativas de los New Jersey Nets de Jason Kidd, entrenados por Byron Scott, de hacerse con un anillo desde que ingresasen en la liga desde la ABA, siendo aquella la segunda vez consecutiva que entraban en unas finales de la NBA y última hasta la fecha. Tim Duncan recibe el MVP de las finales. Concluida la temporada **Stephen Jackson** se marchará rumbo a Atlanta, mientras **Steve Kerr** anuncia su retirada tras haber ganado cinco anillos en toda su carrera, miembro de dos de las mejores plantillas de la historia de la NBA. También **David Robinson**, oficial de la Fuerza Naval del Ejército de Estados Unidos, miembro del *Dream Team* de 1992, tras una carrera de catorce temporadas dedicada íntegramente al servicio de los San Antonio Spurs, anuncia su retiro dejando un promedio de 21,1 puntos, 10,6 rebotes y 3 tapones por noche y la aureola de haber sido uno de los mejores pívots de la historia de la NBA. Popovich se quedaba sin un especialista triplista y perdía dos hombres de enorme experiencia.

Finales de la NBA de 2005 | Tras arrasar a Los Angeles Lakers en las Finales de la NBA de 2004, los Detroit Pistons eran el contendiente más temible de la Conferencia Este. Gobernados desde el banquillo por el amigo personal, mentor y valedor de Gregg Popovich, Larry Brown, los Detroit Pistons eran la segunda mejor defensa de la NBA (permitiendo una media de 89,5 puntos en contra), solo por detrás de precisamente los San Antonio Spurs, que cedían una media de 88,4 puntos en contra por noche. Durante

---

1. Nate Thurmond (Chicago Bulls), contra los Atlanta Hawks, el 18 de octubre de 1974, con 22 puntos, 14 rebotes, 11 asistencias, 12 tapones; Alvin Robertson (San Antonio Spurs), contra los Phoenix Suns, el 18 de febrero 1986, con 20 puntos, 11 rebotes, 10 asistencias, 10 tapones; Hakeem Olajuwon (Houston Rockets), contra Milwaukee Bucks, el 29 de marzo de 1990, con 18 puntos, 16 rebotes, 10 asistencias, 11 tapones, y David Robinson (San Antonio Spurs), contra los Detroit Pistons, el 17 de febrero de 1994 con 34 puntos, 10 rebotes, 10 asistencias, 10 tapones.

la temporada regular Steve Nash (Phoenix Suns) había sido nombrado MVP, promediando 11,5 asistencias por noche, y Allen Iverson (Philadelphia 76ers) se coronaba como máximo anotador con 30,1 puntos por encuentro. Tanto Detroit como San Antonio habían acabado como segundos mejores en sus conferencias. Las Finales de la NBA de 2005 ofrecían la circunstancia de enfrentar precisamente a los campeones de las dos últimas ediciones, algo que no se daba desde las míticas Finales de la NBA de 1987 (Lakers 4-2 Celtics). En esta ocasión también sería campeón el contendiente del Oeste, aunque antes de que estas empezasen nadie tenía nada claro de qué lado iban a caer la finales. Detroit, que conservaba exactamente la unidad titular que le hiciera campeón el año anterior, llegaba con más partidos y más esfuerzo que San Antonio, que había tenido unos playoffs bastante más sencillos de lo esperado dejando en el camino 4-1 a los Denver Nuggets de Carmelo Anthony en primera ronda, 4-2 a los Sonics de Ray Allen en semifinales y 4-1 a los Phoenix Suns de Steve Nash en las finales del Oeste. Detroit había dado carpetazo 4-1 a los Sixers de Allen Iverson en primera ronda, para sufrir después contra sus nuevos rivales eternos, los Indiana Pacers, en las semifinales del Este, acabando con ellos 4-2 y enviándolos a una larga noche de silencio competitivo, retirando también en esa serie a Reggie Miller de las canchas. En las finales del Este, Detroit había probado la medicina de la nueva fuerza emergente en su conferencia, los Miami Heat de Dwayne Wade y Shaquille O'Neal, aún con Stan Van Gundy en los banquillos, teniendo que alargar la serie hasta los siete encuentros. Las Finales de la NBA de 2005 fueron de alta competición, muy reñidas y vibrantes, con defensas aplicadas de forma magistral y mucha táctica en la cancha. En la unidad titular de San Antonio ya vemos consolidada la estructura que será legendaria.

1. Tony Parker
2. Manu Ginobili
3. Bruce Bowen
4. Tim Duncan
5. Nazr Mohammed

El quinto partido de estas finales, con la serie igualada 2-2 gracias a las victorias en las canchas propias, fue uno de los más épicos de la historia de las finales con un lanzamiento de **Robert Horry** (uno de los mayores especialistas de *clutch-time* de todos los tiempos) que dio la victoria a San Antonio en el último instante del siempre fundamental quinto encuentro de una serie. Igualando Detroit al siguiente, los Spurs se llevaron su tercer anillo en San Antonio con una actuación especialmente intensa de Tim Duncan y Manu Ginobili en la segunda mitad. Duncan, promediando 20,6 puntos, 14,1 rebotes y 2,1 tapones por partido en la serie, recibió su tercer MVP de las finales. Manu Ginobili con 1,3 robos, 4 asistencias (líder de su equipo en estos campos) y 18,7 puntos por noche, y Tony Parker, con 13,9 puntos y 3,4 asistencias e imprimiendo una velocidad indispensable al juego, destacaban como las piezas fundamentales de la plantilla. En Detroit, Larry Brown decidiría abandonar la franquicia en dirección a Nueva York. Flip Saunders tomaría las riendas de los Pistons aquel mismo verano logrando extender las opciones de la franquicia durante tres temporadas más.

Finales de la NBA de 2007 | Dejando por primera vez cierto regusto cobrizo de sangre en la cancha (Tony Parker le revienta la nariz a Steve Nash a 45 segundos del final del primer encuentro de la serie, forzando al canadiense, por la profusión de sangre, a permanecer en el banquillo) y violencia (Robert Horry expulsa de un golpe de cadera a Steve Nash en carrera junto a la línea de banda lanzándolo contra la mesa de anotación), los Spurs se plantaban en las finales de la NBA para medirse a una incógnita, los Cleveland Cavaliers de la primera era LeBron, que se iría de su primera aparición en unas finales como líder anotador de los playoffs, promediando 22 puntos, 7 rebotes y 6,8 asistencias por noche. Barriendo a los Cavs por 4-0, los San Antonio Spurs ganaban su cuarto anillo y Robert Horry se convertía en el primer jugador de la historia de la NBA en conseguir siete anillos, ganados en tres equipos diferentes, y único jugador tan laureado que no es miembro de la plantilla de los legendarios Boston Celtics de Red Auerbach. Superaba a Michael Jordan, no solo en número de campeonatos sino en número de triples anotados (y de largo) en las finales de la NBA, con 53 lanzamientos convertidos frente a los 42 de Jordan. La alineación de Pops de aquellas finales nos muestra a las claras cómo en su concepción el equipo está por encima del individuo y aún más allá, da idea del conocimiento del peso que cada uno de sus jugadores puede aportar, siendo capaz de entender que engranando en ciertos momentos, y no necesariamente en la unidad titular, dicha aportación amplificará las opciones del equipo. Todo ello queda notablemente reflejado en el uso de Manu Ginobili como sexto hombre, convirtiéndolo en la mejor, más colosal y perfecta definición de sexto hombre que podemos encontrar en el baloncesto moderno.

1. Tony Parker
2. Michael Finley
3. Bruce Bowen
4. Tim Duncan
5. Francisco Elson

Demuestra también que, desde que se retirase David Robinson, jamás necesitó Gregg Popovich la presencia en cancha de un pívot de condiciones semejantes, o que ni siquiera se le acercasen remotamente. Los promedios de carrera de Nazr Mohammed (5,8 puntos, 4,7 rebotes por noche) y Francisco Elson (3,7 puntos, 3,5 rebotes por noche) yacen en todo caso al otro extremo de la NBA estadística en la que se sitúa el Almirante.

Finales de la NBA de 2014 | Tras haber caído 4-3 en las Finales de la NBA de 2013 con mucha épica a ambos lados de la cancha, los San Antonio Spurs regresaron para la temporada 2013-2014 decididos a llevarse un anillo que consideraban suyo. Solo en cinco ocasiones en la historia de la NBA se han reeditado finales saliendo victorioso el equipo que cayó en la primera ocasión:

1958 | Saint Louis Hawks 4-3 Boston Celtics.
1973 | New York Knicks 4-1 Los Angeles Lakers.
1979 | Seattle SuperSonics 4-1 Washington Bullets.
1983 | Philadelphia 76ers 4-0 Los Angeles Lakers.
1985 | Los Angeles Lakers 4-2 Boston Celtics.

Casi treinta años después de la última ocasión, los San Antonio Spurs también entrarán a engrosar esta lista de reclamación al llevarse contundentemente por 4-1 las Finales de la NBA de 2014 contra los Miami Heat, haciendo además uno de los mejores baloncestos colectivos nunca vistos en la NBA moderna con la siguiente unidad titular:

1. Tony Parker
2. Danny Green
3. Kawhi Leonard
4. Tim Duncan
5. Boris Diaw / Thiago Splitter

Con 36 años, Manu Ginobili promedió saliendo del banquillo 28,7 minutos de juego, dejando 14,4 puntos, 4,4 asistencias y 1 robo por partido. Con 37 años, Tim Duncan promedió 33,1 minutos por encuentro, 15,4 puntos por noche, con 10 rebotes y 2 asistencias. El líder de anotación de San Antonio fue Tony Parker con 18 puntos por partido, sumando 4,6 asistencias al equipo. Leonard, nombrado MVP de las finales, dejó 17,8 puntos por encuentro, con 6,4 rebotes y 2 asistencias. Entre Boris Diaw y Thiago Splitter promediaron juntos 12,4 puntos por partido, 12 rebotes y 7,8 asistencias. Es decir: el equilibrio absoluto. La unidad perfecta. Aquellas finales desintegraron el *Big Three* de Miami Heat que tras hacerse con los anillos de 2012 y 2013 se desintegraban muy por debajo de las expectativas que sobre sí mismos habían puesto. Aquel quinto campeonato de San Antonio Spurs tuvo un significado que iba más allá del mero dato estadístico. Quedaba completamente en entredicho la definición tradicional de dinastía porque, pese a no cumplir la condición de «al menos dos campeonatos consecutivos», un equipo que con su misma estructura de hombres y nombres logra ganar cinco anillos a lo largo de quince temporadas demuestra, sin duda, por naturaleza, un dominio que supera con creces los éxitos puntuales y efervescentes de equipos colectivos que emergieron para ganar un par de campeonatos seguidos y desintegrarse. La constancia de San Antonio Spurs los convierte en una de las mejores franquicias de la historia y a este grupo de hombres, con su entrenador a la cabeza, en una era que por siempre permanecerá en el recuerdo histórico de la NBA.

Vistos los títulos, bajaremos a la cancha. En plena práctica. Las luces encendidas, la pista impecable. Abrimos el libro de jugadas de Gregg Popovich, una pizarra que corona realmente a su autor como uno de los entrenadores más tácticos y talentosos de la historia. Todo en su concepción del baloncesto parte de la defensa, lo que de entrada indica la poca trascendencia que Gregg Popovich dará a las individualidades, ya que no hay mayor ejercicio colectivo en baloncesto que el defensivo. En sus fundamentos, la **defensa** de Popovich es bastante simple. Partiendo de una disposición siempre basada en el hombre a hombre, flotando, sin olvidarse de las tan tradicionales zonas en la NBA, los jugadores bascularán sin perder orientación, siguiendo el balón. Se trata de dar **ayudas**, de forma organizada y entrenada. Ayudas, siempre ayudas. Dos hombres, tres hombres encima de aquel rival con balón intentando que lo pierda, los demás en líneas de pase. Si lo pasa, recuperamos posiciones y seguimos ayudando: ayudas, ayudas, ayudas, basculando, siempre sin perder a nuestro hombre. La estrategia defensiva consiste en poner mucha presión al conductor de balón rival desde el momento en que cruza la línea de mediocampo, intentando decantarle siempre hacia su lado débil de bote. Los interiores en tareas defensivas no dejarán nunca la pintura, y siempre que un rival interior tenga balón se hará ayuda. En casos de recepción rival en el perímetro no necesariamente siempre se lanzará otro cuerpo a la ayuda, dependerá de las necesidades de intensidad que se tengan y las condiciones del rival.

Sobre esos fundamentos colectivos, el ataque nace concebido como un sistema. El **Sistema de Ataque Continuo** es una concatenación permanente de jugadas en busca de la creación de espacios, más que esperar o confiar en la inteligencia de selección de tiro a criterio individual. El hombre que esté solo tirará sin oposición. La **creación de espacios** resulta indispensable en la concepción de Popovich y es en sí el objetivo fundamental de cualquier estratega baloncestístico en tareas ofensivas: crear espacios, espaciar la cancha. Con espacios cualquier hombre puede encontrar canasta, sea una penetración de Parker, sea un tiro en puerta atrás de Splitter, un uno contra uno de Tim Ducan, un triple de Ginobili.

Otro elemento fundamental en el ataque de Popovich es el **pase**. El pase es una de las herramientas fundamentales del ataque y será ribete esencial para la conclusión. Todos los hombres de San Antonio son buenos pasadores, sobre todo ninguno se queda con la bola jamás. La bola siempre estará en movimiento. Un recurso también habitualmente presente en la composición estratégica de Popovich es el engaño, engaño o más propiamente dicho las **pistas falsas**. En muchas ocasiones los ataques de los Spurs se inician y se tejen llevando a la defensa rival a reaccionar prediciendo un ataque por una región del campo que será súbitamente alterada en el último momento, gracias precisamente a la permanente circulación de balón. Jugadores como Tony Parker, capaz de desmontar una defensa él solo, o Tim Duncan resultan piezas excelentes para esta mecánica por su gran capacidad de pase.

Veamos algunas jugadas recurrentes de los San Antonio Spurs, a modo de ejemplo:

La rueda | En esta jugada se hace evidente la participación de todos los jugadores y el constante movimiento. Tony Parker llega con balón y abre pase a Manu Ginobili, mientras Kawhi Leonard corta hacia el poste bajo recibiendo un doble bloqueo de Duncan y Diaw en su trayectoria. Así se ha logrado decantar a la defensa hacia el lado fuerte. Concluida la primera acción, Ginobili devuelve el balón a Parker e inicia el corte, Boris Diaw sube a su encuentro para bloqueo, mientras Parker dribla con su bote débil recibiendo bloqueo de Duncan. En el poste bajo Leonard bloquea por segunda vez a Ginobili que, libre de marca, en el poste bajo recibirá balón de Parker. Desde ahí, si todo ha funcionado, puede lanzar.

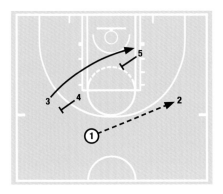 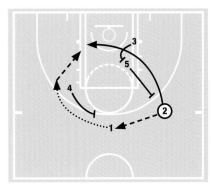

El truco Duncan | Las pistas falsas son habituales en las jugadas de Gregg Popovich. Aquí vemos una específicamente dirigida a hacer creer a la defensa rival que será Tim Duncan el que recibirá en poste alto para, letal como es, organizar su disparo. Cuando llega Parker con el balón, es necesario tener a Kawhi Leonard en la esquina para triple (otra amenaza a controlar), elemento que necesariamente estirará la defensa hacia él, y a Manu Ginobili a la espera entre Parker conduciendo y Leonard en la esquina. Ginobili cortará repentinamente a través de la zona alta de la pintura para recibir balón en el lado débil. Con bola de Ginobili, Parker ocupará la posición de escolta mientras Leonard entra en la pintura para realizar bloqueo aparentemente sobre Duncan (ahí el engaño), bloqueo que este, justo antes de que llegue Leonard, rechazará permutando su posición con la de Diaw que será el receptor del bloqueo de Leonard para bajar libre de marca al poste bajo donde recibirá asistencia de Ginobili en dirección a canasta.

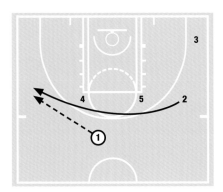 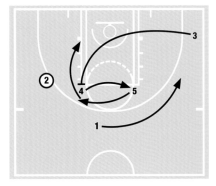

La caja | La disposición de los jugadores en caja o en cuadrado ocupando la pintura es un recurso no infrecuente en las soluciones de Popovich. Una vez más todo empieza con Tony Parker llegando con balón. El resto de jugadores forman en caja en la pintura, los interiores situados en el poste alto, el resto del perímetro en el poste bajo. De nuevo se trata de crear confusión en la defensa rival mediante movimiento constante y dejando engaños por todas partes. Kawhi Leonard se abre repentinamente hacia la esquina, donde puede resultar letal libre de marca, así que sin duda desplaza defensa en su dirección. A la vez, Ginobili asciende hacia su zona de juego natural, abriéndose aparentemente hacia el lado débil pero fintando para un corte súbito recibiendo bloqueo de Diaw primero y Duncan después, llegando libre de marca a recepción en la línea de triple. En la segunda acción, con imprescindible coordinación, Parker bajará al poste bajo recibiendo bloqueo de Diaw que a continuación subirá desde su marca a dar nuevamente bloqueo a Ginobili que se acerca hacia la zona central, frontal del triple, buscando penetración. En su camino hacia allí, Ginobili ha recibido bloqueo de Duncan que tras bloqueo realiza continuación bajando al aro. Ginobili tiene dos opciones: balón alto a Duncan encontrándolo en movimiento hacia el aro, o pase a Parker que podrá lanzar o asistir a Duncan para finalizar.

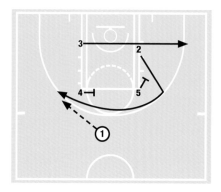 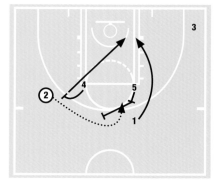

Entrega en mano | Una jugada vista en un formato similar en otros parquets de la NBA, con distintos actores, pero especialmente peligrosa utilizada por San Antonio, y empleada a menudo. Según llega Tony Parker lanza pase a Boris Diaw que está en lo alto de la botella. Tras el pase, Parker corta, y Leonard desde la izquierda de Parker corta también, cada uno en dirección al lado opuesto de la cancha que ocupaban (el llamado corte de tijeras). Así, Parker se queda abierto en la esquina izquierda en línea de triple mientras Leonard hace lo propio en la otra esquina. La amenaza para la defensa rival es importantísima y obliga necesariamente a espaciar la defensa por la cancha. Duncan, que originalmente estaba abierto en el triple, avanza hacia Ginobili mientras Diaw sale botando para entregar en mano el balón a Ginobili que abandona su posición de escolta y avanza driblando para situarse en el poste alto y ya dispuesto a lanzar. La defensa, tanto si era zona como hombre, está suficientemente abierta en este instante para que Ginobili lance o encuentre mejor opción, si es el caso, con pase a Leonard o a Parker para lanzar.

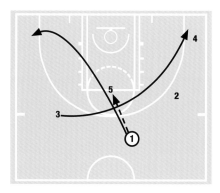
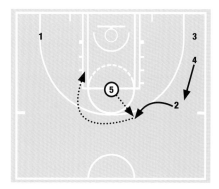

Puerta atrás | Esta es una gran jugada, excepcionalmente simple, que veremos aplicar a menudo a los Spurs, y no siempre perpetrada por los jugadores que en el diagrama se refleja. Las posiciones participantes 2 y 5 son intercambiables. Llega Parker con el balón, decantado hacia el margen derecho de la pista. Ginobili ha ido a buscar la esquina. En la esquina opuesta en posición de triple está Leonard. En la botella Duncan espera en lado débil y Diaw en lado de balón. Parker entrega balón a Diaw y baja a hacer bloqueo a Ginobili que hará ademán de tomar, pero lo rechaza en último momento generando puerta atrás para lanzar bajo el aro a asistencia de Diaw. Esto puede hacerse con Boris Diaw o Thiago Splitter abiertos en la esquina y Ginobili en la botella.

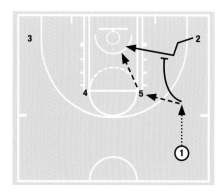

Uno de los mejores entrenadores de la historia de la NBA. Yo me pasaría días rondando por uno de sus campus profesionales y viendo sus prácticas en cancha. Tercer entrenador más exitoso de la historia, hoy por hoy iguala en número de títulos a **Pat Riley** (Los Angeles Lakers 1982, 1985, 1987, 1988; Miami Heat, 2006) y **John Kundla** (Minneapolis Lakers, 1949, 1950, 1952-1954), siendo el único de los tres todavía en activo y que puede dejarlos atrás. Por encima destacan ya auténticos mitos de las canchas como **Red Auerbach** (Boston Celtics 1957, 1959-1966), o **Phil Jackson** (Chicago Bulls 1991-1993, 1996-1998; Los Angeles Lakers 2000-2002, 2009, 2010). En relación al registro porcentual de victorias-derrotas, Gregg Popovich asciende varias posiciones lista arriba en esta selecta terna colocándose **segundo mejor entrenador** de la historia de la NBA, con un 62,1% en playoffs y un 68,5% en temporada regular, justo por detrás de Phil Jackson (68,8%, 70,4%), campeón absoluto de los banquillos. Es también el entrenador que, en la temporada 2015-2016, más tiempo lleva en su cargo de toda la NBA y del resto de ligas profesionales de EE.UU. Con independencia de las querencias personales de cada uno, no creo que haya nadie en la geografía de la NBA que hoy en día no disfrute de un partido de los San Antonio Spurs.

22. LEYENDAS EN EL AIRE

Sin conjuntar a los mejores jugadores bajo la luz de su estadística individual, curva física, condición genética, campeonatos logrados, la NBA habría dejado de existir. No sería necesario jugar. Lo que hace de un partido de baloncesto algo increíblemente adictivo, lo que hace de la competición de baloncesto algo fenomenalmente entretenido es, entre otros elementos, la incertidumbre. Nada está escrito en baloncesto. Nada está escrito ni siquiera cuando suena la bocina, pues el balón puede encontrarse en el aire cuando eso sucede. Es una magia totalmente adictiva. La tarea fundamental de un entrenador será anticipar y concentrar hasta el extremo que sea posible todas las variables que separan a sus hombres del éxito. Pero son tantas las variables que ni siquiera las fórmulas ni métodos más perfectos han sido infalibles. El fracaso, en la NBA, como en la vida, no es más que un síntoma de estar en la pelea. El fracaso no existe. Existe el eterno aprendizaje. Aun así, en la historia de la NBA encontramos unos cuantos casos de jugadores que teniendo condiciones flagrantemente óptimas, descomunales, jugadores que parecían nacidos para ir dirigidos hacia la estrella del éxito, acabaron retirándose sin conseguir ningún campeonato. Ofrecemos una selección del All-NBA Team más chocante de todos los tiempos, aquellos hombres que teniendo las mejores condiciones, no lograron cerrar su carrera de jugador con campeonatos.

Bases

John Stockton | Utah Jazz (1984-2003). Considerado como uno de los mejores bases de todos los tiempos, líder absoluto de la NBA en asistencias (15.806, 10,5 por partido) y robos de balón (3.265, 2,2 por partido) en una carrera. Diez veces convocado para un NBA All-Star Game (1989-1997, 2000). Listado en el NBA 50th Anniversary All-Time Team (octubre, 1996) como uno de los cincuenta mejores jugadores de todos los tiempos. Las dos apariciones en finales de la NBA (1997, 1998) de su carrera fueron colapsadas, con el anillo en la punta de los dedos, por los todopoderosos Chicago Bulls de Michael Jordan. Los Utah Jazz retiraron su legendario dorsal 12. Desde octubre de 2015 es entrenador asistente del equipo de baloncesto femenino de la Montana State University (MSU).

Steve Nash | Phoenix Suns (1996-1998), Dallas Mavericks (1998-2004), Phoenix Suns (2004-2012), Los Angeles Lakers (2012-2015). Desafió las leyes de la conducción, reescribió el concepto de *playmaker*. Un tirador clínicamente eficiente. Ocho veces convocado para un NBA All-Star Game (2002, 2003, 2005-2008, 2010, 2012). Único miembro del club de los 50-40-90 (porcentaje de acierto en tiros de campo, triples y tiros libres, en una temporada) que ha obtenido semejante mención en cuatro temporadas (2006, 2008-2010). Ninguno de sus equipos de la NBA han manifestado la intención de retirar su dorsal, aunque su *alma mater* Santa Clara retiró el 11. Tras su retirada, anda en la órbita de los Golden State Warriors como asesor externo.

Lenny Wilkens | Saint Louis Hawks (1960-1968), Seattle SuperSonics (1968-1972), Cleveland Cavaliers (1972-1974), Portland Trail Blazers (1974-1975). Base espigado, muy estético, fino y elegante, penetraba la zona con una gracilidad muy inusual hoy en día, poética, repleto de recursos en vuelo para distintas formas de rectificado, sabiéndose apoyar muy bien en tabla para encestar. Nueve veces convocado para el NBA All-Star Game (1963-1965, 1967-1971, 1973), miembro del NBA 50th Anniversary All-Time Team, es uno de los cinco jugadores de la historia de la NBA con 20.000 puntos, 7.000 asistencias y 5.000 rebotes en su carrera, compartiendo ese departamento con Oscar Robertson, Magic Johnson, Gary Payton y Jason Kidd. Logró el anillo como entrenador de los Seattle SuperSonics (1979) y está en la lista de los mejores entrenadores de la historia de la NBA, lista conformada por la prensa especializada como parte de las conmemoraciones del cincuenta aniversario de la NBA (1996). Su dorsal 19 fue retirado por los Seattle Supersonics. Tras pasar unos años en los despachos de los Sonics, hoy en día comenta baloncesto colegial del noroeste. Sigue siendo un defensor de las canchas callejeras en las que, en su época, se aprendían de veras las nociones del baloncesto colectivo.

Escoltas

Reggie Miller | Indiana Pacers (1987-2005). A su retiro, era el jugador con más triples anotados en la historia de la NBA (2.560), hasta que Ray Allen lo superase el 10 de febrero de 2011. Desde 1990 tuvo presencia en post-temporada durante quince temporadas consecutivas hasta su retiro. Titular indiscutible, jugó las Finales de la NBA de 2000 (4-2 contra Los Angeles Lakers), y cinco finales de conferencia (1994, 4-3 contra los New York Knicks; 1995, 4-3 contra Orlando Magic; 1998, 4-3 contra Chicago Bulls; 1999, 4-2 contra los New York Knicks; 2004, 4-2 contra Detroit Pistons). Anotador letal, es miembro del club de los 50-40-90 por su temporada 1993-1994. Es el segundo jugador de la historia de la NBA en partidos de más de 30 puntos en playoffs, con nueve encuentros de esa anotación. Los Pacers retiraron su mítico dorsal 31. También su *alma mater* universitaria, UCLA. Hoy en día, tras rechazar en 2007 incorporarse a los Boston Celtics (con los que sin duda habría trepado hasta ganar el anillo que la franquicia del trébol logró en 2008), comenta baloncesto NBA y NCAA en distintas cadenas a escala nacional, combinando su tiempo entre su residencia en Malibú, en su California natal, y la bonita, bienestante población de Fishers, en Indiana.

Allen Iverson | Philadelphia 76ers (1996-2006), Denver Nuggets (2006-2008), Detroit Pistons (2008-2009), Memphis Grizzlies (2009), Philadelphia 76ers (2009-2010). Convocado once veces consecutivas para el NBA All-Star Game (2000-2010), Iverson caló en el corazón de muchísimos seguidores de la NBA por su estilo de juego y sus condiciones extraordinarias para jugar al baloncesto. Lanzador intuitivo descomunal, ganó cuatro veces el título de máximo anotador de la liga (1999, 2001, 2002, 2005) y por tres veces fue líder de robos de balón de la NBA (2001-2003). Los Sixers retiraron su clásico, identificativo, dorsal número 3. Actualmente va desfilando por la colorida prensa del corazón americana, todavía, y seguramente para siempre, rodeado por un halo de espantosa conducta en su vida privada, alcoholismo, abandono y maltrato, con permanentes problemas financieros. A su favor, en estos aspectos extradeportivos, siempre quedará que él abrió una espita que permitiría a los jugadores hablar de forma completamente honesta en cualquier situación.

Pete Maravich | Atlanta Hawks (1970-1974), New Orleans Jazz (1974-1979), Utah Jazz (1979-1980), Boston Celtics (1980). En sus años en la NCAA con Louisiana

State, este hombre espigado y audaz, promedió 44,2 puntos por noche durante cuatro temporadas. Su registro en NCAA sigue imbatido a día de hoy. LSU retiró su dorsal 23 universitario. Flaco, con aspecto de estrella del pop-rock con su media melena al viento, era un jugador muy creativo y preciso en la ejecución del pase, jamás nadie en la NBA ha repetido pases de larga distancia como él, estiloso en el ataque al aro y prodigiosamente atrevido en el salto y la penetración. Aunque nunca logró ajustarse exactamente a las dimensiones NBA, fue un gran encestador (máximo anotador de la NBA en la temporada 1976-1977), retirándose con 24,2 puntos por noche, 4,2 rebotes y 5,4 asistencias y cinco convocatorias al NBA All-Star Game (1973, 1974, 1977-1979). Murió a los 40 años, en 1988, de un ataque al corazón en una cancha de baloncesto de un gimnasio de Pasadena jugando una pachanga. Recordado para siempre.

Aleros

Elgin Baylor | Minneapolis Lakers (1958-1960), Los Angeles Lakers (1960-1971). Uno de los mejores jugadores de la historia de la NBA, y sin duda uno de los mejores aleros que se han visto en una cancha (27,4 puntos por noche, 13,5 rebotes, 4,6 asistencias). Once convocatorias para un NBA All-Star Game (1959-1965, 1967-1970) y miembro del NBA 35th Anniversary Team, una selecta lista que recoge a los mejores once jugadores de la historia (hasta 1980), y miembro del NBA 50th Anniversary All-Time Team. Su estilo algo tosco de atacar el aro combinaba con una mecánica muy ágil, repleta de recursos y excelente finalización. Muy físico, pero estilizado, si Elgin Baylor fuera recortado de su continuo espacio-temporal e insertado en la NBA actual sería, sin duda, contendiente de MVP de la temporada año tras año. Pese a estar presente en ocho finales, jamás logró un anillo. Los Lakers, en su año de retiro por lesión (1971-1972), le conmemoraron con un acto de entrega del anillo que la franquicia finalmente gana aquella temporada, pese a estar Baylor oficialmente retirado. Tras su retirada, sería entrenador de Pete Maravich en los New Orleans Jazz (1974-1978) y posteriormente, en 1986, contratado como presidente de operaciones de Los Angeles Clippers, puesto en el que se mantendría por veintidós años, con un registro no especialmente notable hasta 2006, año en que sería nombrado Ejecutivo del Año de la NBA. Su legendario 22 fue retirado por Los Angeles Lakers en 1977.

Alex English | Milwaukee Bucks (1976-1978), Indiana Pacers (1978-1980), Denver Nuggets (1980-1990), Dallas Mavericks (1991-1992). Uno de los anotadores más contundentes de su era, líder de anotación de la NBA en la temporada 1982-1983, jugando con unos erráticos y tremendos Nuggets, que clasificó todos los años que estuvo con ellos para post-temporada, siendo la mejor actuación la clasificación para finales del Oeste de 1985, en la que Denver caería 4-1 contra Los Angeles Lakers (a los que el 21 de noviembre de 1982 les había metido 45 puntos en su mejor registro anotador en un partido hasta la fecha). Promedió 30,2 puntos por partido durante aquella post-temporada de 1985, su mejor actuación en esa fase del campeonato. Su mecánica particular, elevando muchísimo el balón por encima de la cabeza antes de lanzar, con sus 2,01 m, lo convertían en un jugador muy difícil de defender. De movimientos en apariencia lentos y pausados, resultaba letal en sus ataques y lanzamientos, trayendo a los Nuggets un soplo de aire fresco, un portento físico que levantaba a los seguidores en la grada. Él estuvo en cancha en el partido de mayor anotación de la historia de la NBA, 13 de diciembre de 1983: Pistons contra Denver, 186-184, tras tres prórrogas. Anotó 47 puntos (su máximo histórico). Ocho veces convocado para el NBA All-Star Game (1982-1989), hoy en día comenta partidos en ESPN. Su dorsal número 2 fue retirado en su honor por los Denver Nuggets, siendo hasta la fecha todavía el último dorsal retirado por la franquicia de Colorado.

Dominique Wilkins | Atlanta Hawks (1982-1994), Los Angeles Clippers (1994), Boston Celtics (1994-1995), San Antonio Spurs (1996-1997), Orlando Magic (1999). El mayor anotador que jamás haya jugado para los Hawks, líder absoluto en la historia de la franquicia, cuaja una carrera de 24,8 puntos por noche, con 6,7 rebotes y 2,5 asistencias. Máximo anotador de la NBA en la temporada 1985-1986, su logro más avanzado en post-temporada se dio en los playoffs de 1988, cayendo 4-3 contra Boston en las semifinales del Este. Es su mejor año en esa fase de la liga, con 31,2 puntos por noche. Jugador indiscutible, espectacular, de gran estética y contundencia, es uno de los iconos de la expansión internacional de la NBA. En sus quince temporadas en la NBA, fue convocado nueve veces consecutivas a un NBA All-Star Game (1986-1994). Fue campeón de la Euroliga con el Panathinaikos en 1996. Atlanta retiró su dorsal 21, subiendo así al techo del pabellón junto al de Bob Pettit (9) y Lou Hudson (23), elevándolo merecidamente a la categoría de leyenda de la franquicia.

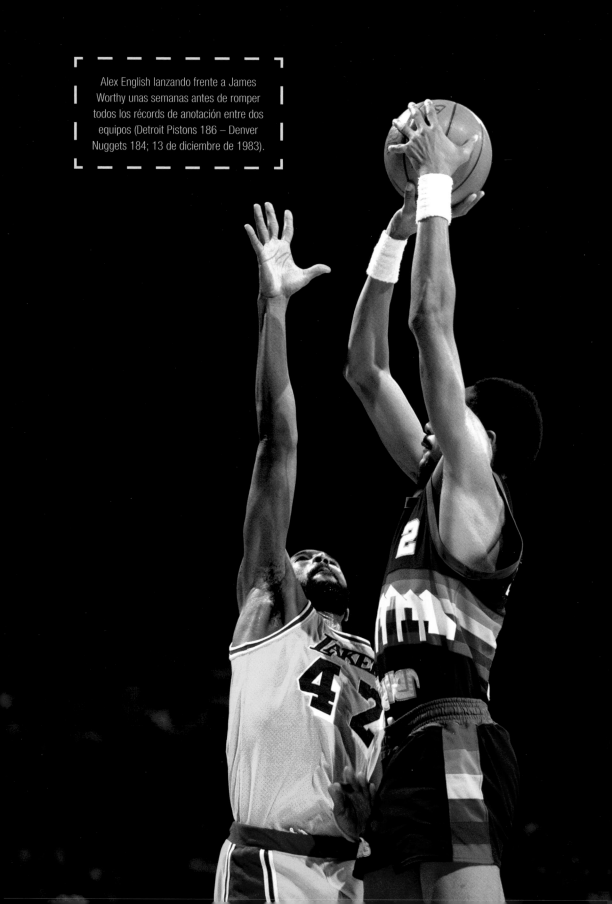

Alex English lanzando frente a James Worthy unas semanas antes de romper todos los récords de anotación entre dos equipos (Detroit Pistons 186 – Denver Nuggets 184; 13 de diciembre de 1983).

Tracy McGrady | Toronto Raptors (1997-2000), Orlando Magic (2000-2004), Houston Rockets (2004-2010), New York Knicks (2010), Detroit Pistons (2010-2011), Atlanta Hawks (2011-2012), San Antonio Spurs (2013). En quince temporadas en la NBA, McGrady solo logró pasar de una primera ronda de post-temporada en su año con los San Antonio Spurs, con los que tuvo un papel meramente testimonial. Los Spurs llegaron a las finales de la NBA para caer 4-3 contra Miami Heat con él de mero espectador. Anotador de intuición casi viperina, intuitivo, frío y muy veloz, impactó con gran contundencia en sus primeros años en la NBA, coronándose como máximo anotador en las temporadas 2002-2003 y 2003-2004, y dejando un largo rastro de seguidores y admiradores de su estilo físico de juego. En Houston combinó letalmente con su compañero Yao Ming, sin rendimiento en títulos, pero conformando un baloncesto realmente vistoso y entretenido de ver, intimidador. Era capaz de concretar hitos extraordinarios como los 13 puntos anotados en 35 segundos para ganar a San Antonio. Convocado en siete ocasiones para un NBA All-Star Game (2001-2007), ninguno de sus equipos NBA ha expresado la intención de retirar su dorsal. Los Qingdao Eagles de la CBA, equipo en el que jugó la temporada 2012-2013, sí han retirado su mítico dorsal 1 para siempre.

Ala-pívots

Karl Malone | Utah Jazz (1985-2003), Los Angeles Lakers (2003-2004). Dos veces MVP de la liga (1997, 1999), máximo anotador histórico de los Utah Jazz (36.928 puntos), se retiró de las canchas con 25 puntos por noche, 10,1 rebotes y 3,5 asistencias, con un 51% de acierto en tiro de campo y un 74% en tiros libres. Una auténtica fuerza de la naturaleza. Uno de los tres jugadores de la NBA que han logrado más de 20.000 puntos, 10.000 rebotes, y 5.000 asistencias en su carrera; siendo los otros dos Kareem Abdul-Jabbar (6 anillos) y Kevin Garnett (1 anillo). Catorce veces convocado en el NBA All-Star Game (1988-1998, 2000-2002) y miembro del NBA 50th Anniversary All-Time Team. Fenomenal anotador, dominador del poste y con un juego de pies perfecto, con total control sobre sus 2,06 m, era capaz de volar y martillear el aro con una contundencia aterradora en carrera. Tremendo luchador, temido en el rebote por su durísimo uso de los codos, se manejaba también a la perfección en la media vuelta y en el tiro de media distancia. Sin duda uno de los mejores ala-pívots de la historia, formó junto con su compañero John Stockton una de las duplas más peligrosas nunca vistas en la NBA, siguiendo ambos la misma suerte. El de Karl Malone es sin duda el otro 32 de la NBA, retirado por los Utah Jazz. Tuvo una ocasión más que su socio en la cancha John Stockton de coronarse campeón, como 4 titular de la unidad de Los Angeles Lakers que perdió las Finales de la NBA de 2004. Aficionado a la caza, la pesca y la lucha libre, miembro de la NRA (Asociación Nacional del Rifle) es, tras su retiro, conocido por su inclinación por el ala dura republicana y cierta demanda de paternidad.

Charles Barkley | Philadelphia 76ers (1984-1992), Phoenix Suns (1992-1996), Houston Rockets (1996-2000). Con su 1,98 m quedaba por debajo de los parámetros al uso para ser un ala-pívot y resultó ser uno de los mejores, sino el mejor, de la historia en esa posición. Su uso extraordinario del cuerpo en la pintura y unos fundamentos intachables en el movimiento de pies bajo el aro, junto con una velocidad increíble, inesperada visto su empaque físico, para salir a la carrera y su bestial ejecución de mate a dos manos, hicieron de él uno de los jugadores más impresionantes de todos los tiempos. Siempre dado a la polémica verbal y chistosa, dotado de un humor muy inteligente, Sir Charles fue nombrado MVP de la temporada 1992-1993 (con Jordan despegando alrededor del mundo) y convocado once veces consecutivas para un NBA All-Star Game (1987-1997). Líder en la captura del rebote en la temporada 1986-1987, su mejor temporada anotadora fue la siguiente, 1987-1988, con 28,3 puntos por noche. Tras su retiro, su promedio quedó en 22,1 puntos por partido, con 11,7 rebotes y 3,9 asistencias. Titular con Phoenix Suns en las Finales de la NBA de 1993 en las que cayeron 4-2 contra los Chicago Bulls de Michael Jordan, fue miembro indiscutible del *Dream Team*. Su dorsal 34 fue retirado tanto por los Philadelphia 76ers como por los Phoenix Suns. Miembro del NBA 50th Anniversary All-Time Team, desde al año 2000 hace fortuna como co-mentarista estrella nacional de TNT gracias a su eterna, tradicional y fina inteligencia verbal.

Pívots

Patrick Ewing | New York Knicks (1985-2000), Seattle SuperSonics (2000-2001), Orlando Magic (2001-2002). Diestro irredento, con una mecánica de tiro en la que la zurda apenas servía para equilibrar el cuerpo, sus martilleos del aro recorrieron el mundo. Siempre serio y tremendamente contundente bajo los aros, suyo es el mate en el último segundo que elimina a los Utah Jazz en las finales de conferencia de 1994 y pone a los Knicks en las finales de la NBA, que acabarán perdiendo 4-3 contra los Houston Rockets. Once veces convocado para un NBA All-Star Game (1986, 1988-1997), es el líder absoluto en anotación de los New York Knicks (23.665), promediando 28,6 puntos por noche en su mejor temporada (1989-1990). Miembro del *Dream Team*, volvió a llegar a unas Finales de la NBA en 1999, cayendo 4-1 contra San Antonio, figura en la selección del NBA 50th Anniversary All-Time Team. Su mítico dorsal 33 fue retirado por los New York Knicks. Tras varios años como entrenador asistente en Washington (2002-2003), Houston (2003-2006) y Orlando (2007-2012), ocupa desde 2013 la posición de entrenador jefe asociado en el equipo de su amigo Michael Jordan, los Charlotte Hornets.

Walt Bellamy | Chicago Packers (1961-1963), Baltimore Bullets (1963-1965), New York Knicks (1965-1968), Detroit Pistons (1968-1970), Atlanta Hawks (1970-1974), New Orleans Jazz (1974). Grácil y modesto, este hombre de 2,11 m, dejó una estela de emoción por todo el Este. Miembro de equipos fundamentales de la historia de la NBA, resulta sorprendente que su memoria se encuentre algo borrosa: está entre los cuatro jugadores de la historia de la NBA que han logrado al menos 20.000 puntos, 14.000 rebotes y 2.500 asistencias en toda su carrera, siendo los otros tres nada menos que Karl Malone, Wilt Chamberlain y Kareem Abdul-Jabbar. En su primer año en la NBA, promedió 31,6 puntos por noche, subiéndose al podio de los mejores *rookies* de la historia junto con Wilt Chamberlain y Bill Russell, siendo además el mejor jugador de la NBA en aquella temporada 1961-1962 en porcentaje de acierto con un 51%. Al retirarse dejó un promedio de 20,1 puntos por noche, 13,7 rebotes y 2,4 asistencias. Es el único jugador de la NBA que ha jugado 88 partidos en una temporada regular, marca propiciada por un destiempo de calendario de la que fue objeto en el traspaso desde Knicks a Detroit en la temporada 1968-1969. Cuatro veces convocado al NBA All-Star Game (1962-1965), no hay duda que su carrera, impresionante, corrió a la sombra de Wilt Chamberlain y Bill Russell, de su misma posición y en franquicias de más éxito. Tras su retiro, sirvió a distintas causas comunitarias. Resulta triste que ninguna de las franquicias para las que jugó haya decidido retirar su eterno dorsal 8. Murió el 2 de noviembre de 2013.

Efectivamente. Resulta muy chocante que todos estos hombres, dadas sus condiciones, sus aportaciones particulares a la historia de la liga, su juego, su técnica y su fuerza, acabasen retirándose de la NBA sin anillos, sin ganar campeonatos. Sirva para dar relieve a la dureza de la travesía por la que cada equipo que ha ganado alguna vez un campeonato de la NBA ha tenido que pasar, la combinación fenomenal de factores que entran en juego detrás de cada anillo, la enorme complejidad a la que se enfrentan temporada tras temporada, los entrenadores victoriosos. Es cierto, y sin intención de hacer saña, que también podría hacerse una pequeña convocatoria con los peores jugadores, registro en mano, de toda la historia de la NBA que han ganado campeonatos. No necesariamente sin merecerlo, pero francamente con una incidencia extraordinariamente poco relevante en su consecución. Solo por recordarlos, mencionaremos a algunos, adjuntando sus promedios de carrera, y téngase en cuenta que algunos (no todos) eran personas especialmente queridas en sus banquillos:

Luke Walton (4,7 puntos por noche, 2,8 rebotes) | Los Angeles Lakers 2009, 2010.
D. J. Mbenga (1,8 puntos, 1,5 rebotes) | Los Angeles Lakers 2009, 2010.
Mark Madsen (2,2 puntos, 2,6 rebotes) | Los Angeles Lakers 2001, 2002.
Brian Scalabrine (3,1 puntos, 2,0 rebotes) | Boston Celtics 2008.
Jacque Vaughn (4,5 puntos, 1,3 rebotes) | San Antonio Spurs 2007.
Jack Haley (3,5 puntos, 2,7 rebotes) | Chicago Bulls 1996.
Scott Hastings (2,8 puntos, 2,2 rebotes) | Detroit Pistons 1990.

Es decir, no siempre caen los anillos exactamente donde uno espera y a la vez no siempre lo visto en la cancha es todo lo que se necesita para ganar un anillo. Con al menos diez temporadas NBA a sus espaldas, y en activo en la temporada 2015-2016, se encuentran camino de engrosar esta lista de hombres perfectamente dotados para el baloncesto, con características y aportaciones específicas nunca vistas antes, un puñado de jugadores: **Carmelo Anthony** (New York Knicks), **Vince Carter** (Memphis Grizzlies) o **Chris Paul** (Los Angeles Clippers) están hoy con su casillero de anillos a cero y en algunos casos resulta flagrante, casi inexplicable que no lo hayan logrado todavía, encontrándose todos ellos en franquicias bien compuestas y organizadas. Nunca está todo dicho en baloncesto. Además, solo por su mera presencia en las plantillas en las que se encuentran, estos hombres son aspirantes a un campeonato. Tendremos que esperar.

23. UN MATRIMONIO INDISOLUBLE

El periodismo estaba presente, representado en la figura de **Max Kase**, en la fundación misma de la NBA. Max Kase, en la época jefe de deportes del *New York Journal-American*, es indudablemente el máximo precursor, el hombre que más se movió para la creación de la liga profesional de baloncesto que hoy en día todos conocemos y disfrutamos. Fue él, avalado por su amigo Walter Brown (propietario del Boston Garden y posterior fundador de los Boston Celtics), el que empujó y reunió a todos los empresarios que fundarían la BAA (hoy en día NBA) el 6 de junio de 1946. Entre sus argumentaciones siempre destacó la necesidad de hacer del baloncesto un deporte que entrase regularmente en las páginas deportivas de los diarios. Hoy en día el grupo de comunicación para el que él trabajaba (la Hearst Corporation) es copropietario (20%) de, entre otros transatlánticos, la ESPN.

No hay duda de que la NBA es indisociable del periodismo ni de que el periodismo hace mucho dinero negociando derechos de retransmisión del producto NBA o vendiendo información sobre ella. El periodismo asociado a la NBA tiene presencia en todos los soportes mediáticos: televisión y radio, prensa escrita, blogs y podcasts. El 9 de junio de 2014, la NBA anunció que percibiría **24.000 millones de dólares** de la **ESPN** y **TNT** en concepto de derechos para las retransmisiones televisivas de los siguientes nueve años. Es una cantidad desorbitante que casi triplica el convenio anterior, en ejercicio desde 2007. Desde la **temporada 2014-2015**, la NBA percibe 2.600 millones de dólares anuales en conceptos de retransmisión nacional. Son muchos los que intuyen el impacto que dicho contrato tendrá en las franquicias y sus renovadas capacidades de contratación y explotación. Sin duda, donde tendrá un efecto fundamental es en la retransmisión a escala nacional de partidos, que llegan desde entonces a 164 partidos retransmitidos para toda América del Norte durante la temporada regular, lo que permite probablemente atraer a nuevos seguidores.

El primer contrato televisivo nacional de la NBA llegó a un acuerdo con **DuMont**, un grupo de comunicación fundado en 1946 (extinguido en 1956) para la **temporada 1953-1954**. El contrato, concedido por 39.000 dólares, se mantuvo únicamente durante aquella temporada y comprendía veinte retransmisiones de los partidos de los sábados. Los propietarios intentaron que se retransmitieran los partidos de menor interés porque temían que el servicio de buen baloncesto en las casas afectaría a su recaudación por taquilla, en aquel momento su máxima fuente de ingresos. No lograron que eso se aplicase, pero sí consiguieron que la señal se bloquease en las ciudades anfitrionas del encuentro de manera que la gente tuviera que ir igualmente al pabellón. La primera retransmisión se realizó el 12 de diciembre de 1953, Baltimore en Boston, saliendo Boston ganador por 75-106. La última retransmisión sería el sábado 10 de abril de 1954, ofreciendo el quinto partido de las **Finales de la NBA de 1954**, entre los Minneapolis Lakers y los Syracuse Nationals, que ganaron los Lakers a domicilio 84-73, poniendo el 3-2 en las finales a su favor. Los Lakers se acabarían llevando el campeonato por 4-3 en el séptimo partido, pero no habría cobertura televisiva, al no ser sábado. **Marty Glickman**, pionero de la retransmisión radiofónica con los encuentros de los New York Knicks, fue el locutor de DuMont en aquellos encuentros.

En el lapso **1954-1962** los derechos de retransmisión de la NBA serían explotados por la **NBC**. Su preparación era muy superior a la capacidad de DuMont y aquel primer acuerdo con la NBA supuso el inicio de una relación que resultaría siempre fructífera para ambas partes. Es crucial la intervención de la NBC en la expansión de la NBA a escala nacional. Aunque la liga no vivía sus mejores años, sí serían aquellas unas temporadas esenciales en lo que a oferta deportiva respecta. Y allí estuvo la NBC para dar testimonio de ello. Durante aquellos años la NBC llevaría a las casas de América del Norte auténticas leyendas de la NBA como Bob Pettit, Bob Cousy, Bill Sharman, Bill Russell... Estaban allí para retransmitir la irrupción descomunal de Wilt Chamberlain en el baloncesto mundial. Retransmitieron los campeonatos de Syracuse (1955), Philadelphia Warriors (1956), Saint Louis Hawks (1958)... Una parte muy sustancial de la ráfaga victoriosa de Boston Celtics (1959-1962) así como su primer anillo (1957), llegaría también en la señal de la NBC a los hogares norteamericanos. La NBC volvería a la NBA para la **temporada 1990-1991** y se quedaría hasta la finalización de la **temporada 2001-2002**, con un contrato combinado en dos tramos de 1.350 millones de dólares en total para la NBA. Toda la era Bulls de Michael Jordan (1991-1993, 1996-1998), los Houston Rockets de Olajuwon (1994-1995), el primer anillo de San Antonio (1999) y los tres campeonatos del *three-peat* de Los Angeles Lakers (2000-2002) son vistos bajo el emblema de la NBC, con las voces de **Mav Albert** y **Bob Costas** iluminando toda aquella épica y **Bill Walton** dando color.

Concluido el primer acuerdo de la NBC, entró en escena la **SNI** (Sports Network Incorporated), nacida en 1955 con la aspiración de especializarse en la retransmisión deportiva. Con la NBA solo tendría negocio una vez concluido el acuerdo con la NBC y antes de que se cerrase el gran acuerdo con la ABC, por lo que estuvo en servicio durante el período **1962-1964**. Lo cierto es que esta sociedad es tal vez la menos interesante de todas las producidas entre los medios y la liga. En la primera temporada la SNI solo retransmitió dos encuentros: el **NBA All-Star Game de 1963** (Bob Cousy, Oscar Robertson, Bill Russell en el Este; Walt Bellamy, Bob Pettit, Wilt Chamberlain, Jerry West, Elgin Baylor en el Oeste), saldado con victoria del Este 115-108; y el sexto partido de las **Finales de la NBA de 1963**, que dio el séptimo título consecutivo a los Boston Celtics al imponerse con gran épica 112-109 sobre Los Angeles Lakers, a domicilio. Para la temporada 1963-1964 no iniciaron retransmisiones hasta el 2 de enero de 1964, apostando por una retransmisión semanal, los martes. Dieron también el **NBA All-Star Game de 1964** y en las **Finales de la NBA de 1964** llegaron a retransmitir hasta el cuarto encuentro de unas finales que acabarían resolviéndose en el quinto partido con Boston imponiéndose a los San Francisco Warriors 99-105 para ganar su octavo anillo consecutivo. Fuese por medios o por falta de profesionalidad, no le dio la SNI el mejor trato a la competición en aquellas dos temporadas de contrato, pero sí introdujo unas figuras que formarían ya parte para siempre de las retransmisiones deportivas de la NBA. En primer lugar, dieron entrada al negocio de la locución deportiva televisiva a un joven **Chick Hearn** que acabaría siendo un mito absoluto del sector, primer periodista miembro del Salón de la Fama (2003), gracias a su extensa terminología y sus vívidas retransmisiones de los partidos de Los Angeles Lakers. Además, la SNI innovó incluyendo en las retransmisiones, acompañando a los periodistas especializados, a un jugador de la NBA retirado o a un entrenador sin actividad, como comentarista de color. La SNI apostó para ello por **Ed Mccauley** y posteriormente por **Alex Hannum**, figuras de indudable interés en la NBA de la época.

Para el período **1964-1973** la **ABC** se hizo por primera vez con los derechos de retransmisión. Originalmente retuvieron derechos para retransmitir nacionalmente los partidos del domingo noche, incluidos los que se jugasen en post-temporada, pero quedando fuera partidos decisivos de finales si estos eran jugados en otro día. En 1967, la ABC introdujo la tradición de la retransmisión del partido del día de Navidad, estrenándose con los Lakers visitando a los San Diego Rockets, saliendo los angelinos derrotados 101-103. Finalmente, y por primera vez en la historia de la NBA, las **Finales de la NBA de 1970** serían retransmitidas completas y en directo para todo el país. Una elección fantástica pues aquellas series serían verdaderamente emocionantes, empujadas hasta el séptimo partido, con unos contendientes que en ambos casos tenían cuentas pendientes con su propia historia y aficiones. Todo el mundo vio a los New York Knicks (Willis Reed, Bill Bradley, Dave DeBusschere, Walt Frazier) llevarse su primer anillo por 4-3 contra Los Angeles Lakers (Elgin Baylor, Wilt Chamberlain, Jerry West). Desde entonces retransmitirían todas las finales de forma íntegra ofreciendo la eclosión espectacular de Lew Alcindor (posteriormente Kareem Abdul-Jabbar) en las **Finales de la NBA de 1971** que se llevan los Bucks 4-0 contra los Baltimore Bullets, y el primer anillo de los Lakers, 4-1 contra los Knicks, en las **Finales de la NBA de 1972**, y finalmente el segundo (y hasta la fecha último) anillo de los New York Knicks en las **Finales de la NBA de 1973**, 1-4 contra los Lakers. Tras esta etapa, la ABC desaparecería de las retransmisiones televisivas hasta su vuelta en la **temporada 2002-2003** completamente resuelta a quedarse por mucho tiempo. De forma continuada, tras la renovación anunciada en junio de 2014, a través de su canal deportivo **ESPN**, la ABC se convierte en el máximo aliado televisivo de la NBA en toda su historia, asegurando sus retransmisiones al menos hasta la **temporada 2024-2025**. La ABC ha hecho muy familiares las voces y locuciones de **Mike Breen** (2006), **Mike Tirico** (1991), **Lisa Salters** (2000), **Doris Burke** (2010) o **Heather Cox** (1995). Han reforzado también sus retransmisiones con uno de los mejores analistas de la actualidad, **Jeff Van Gundy** (2007).

Para cierta generación más madurita no hay duda de que la asociación televisiva de la NBA siempre estuvo representada en los colores, melodías y logos de la **CBS**. Desde la **temporada 1973-1974** hasta l**a 1989-1990**, la CBS se desplegó por todos los hogares de América. Suya será además, también, la señal televisiva de la NBA que, sobre todo en diferido, desembarcará más allá de las fronteras nacionales merced al impulso de internacionalización que vivirá la liga tras la llegada del comisionado David Stern en 1984. Una de las particularidades de la CBS desde su llegada fue la oferta en diferido. Se propusieron desde el inicio ampliar contenidos con retransmisiones en diferido, intentando durante cierto tiempo que los periodistas deportivos de otros medios no dieran los resultados de los partidos. Inviable. El experimento de la retransmisión en diferido acabó resultando un fracaso bastante importante durante los primeros años, llevando los índices de audiencia a un mínimo que probablemente la liga no merecía. Continuaron con su política de baloncesto en diferido y encontraron una buena franja de audiencia iniciando los partidos a las 11:30 de la noche. Ese sería exactamente el criterio de difusión, exactamente el mismo horario en el que se viviría la NBA en España cuando finalmente desembarcase con su partido semanal. Naturalmente, los mejores años que viviría la CBS coincidirían con los mejores años de la década de los ochenta de la NBA, las **temporadas 1984-1985** a **1987-1988**. Habiendo tenido en sus manos una de las mejores décadas del baloncesto visto en las canchas de la NBA, y habiendo retransmitido un buen número de finales absolutamente históricas, parece increíble que la CBS no supiera aprovechar ni explotar al máximo el producto que tenía entre manos, sobre todo en relación a la cobertura nacional durante la temporada regular. Las voces de la CBS siempre fueron las de **Brent Musburger** y **Dick Stockton**, acompañadas habitualmente de **Oscar Robertson**, **Jerry West**, **Pete Maravich** o **Elgin Baylor** como figuras deportivas más destacadas. Desde 2012, la CBS es la televisión oficial de la D-League, la liga de desarrollo de la NBA, y centra sus negocios televisivos baloncestísticos especialmente en las retransmisiones de la NCAA, segmento de enormes audiencias en América. No hay duda que a la CBS le debemos todos hoy en día el concepto de la retransmisión en diferido y el esfuerzo espectacular por poblar las noches de contenidos NBA, un programa que ver con palomitas como favorito de la semana.

En la **temporada 1989-1990** entró en escena la que es hoy en día la cadena más vinculada a la NBA y más apreciada en la mentalidad colectiva: la **TNT**. Desde 2002 son ellos los que llenan las semanas de la temporada regular con varios partidos retransmitidos a escala nacional, siendo la noche de los jueves su día más fuerte, con la retransmisión de dos encuentros seguidos. Desde su llegada a la NBA son también los que retransmiten los NBA All-Star Game, los primeros encuentros de apertura de temporada y siempre al menos una ronda entera de las finales de conferencia (del Este o el Oeste). Su popularidad se debe en gran medida al impacto que ha logrado su programa de estudio asociado a la actualidad de la NBA, el mundialmente famoso *Inside The NBA,* que entra semanalmente en todas las casas como programa de post-partido y que trasciende el mero análisis deportivo en pro del puro espectáculo gracias a la química generada por el presentador **Ernie Johnson** y los dos pesos pesados más divertidos, inteligentes e irreverentes de la NBA: **Charles Barkley** y **Shaquille O'Neal**. Por la red son difundidas semanalmente sus más contundentes aportaciones y gamberradas, generalmente inspiradas por cierta inclinación hacia la polémica y el reto, buscando el cuerpo a cuerpo dialéctico con jugadores NBA en activo. Otro importante periodista en plantilla de TNT es **David Aldridge**, cuyas entrevistas de tercer cuarto con Gregg Popovich a pie de pista alcanzan ya unas cotas de espectáculo televisivo en sí mismas dada la fenomenal química de «sequedad» (humorística) que se da entre ellos. Y por supuesto, el mito viviente, el hombre de las corbatas y los trajes más distinguidos y atrevidos, periodista deportivo en activo desde 1972: el gran **Craig Sager**, micrófono en mano desde finales de los noventa de forma continuada en las canchas de la NBA. Otros colaboradores habituales de TNT son **Reggie Miller** y **Chris Webber** como analistas y comentaristas deportivos, y **Grant Hill** que actualmente, reciclado a presentador en la NBA TV para TNT, conduce las coberturas de la NCAA.

La **TNT** representa tal vez mejor que ninguna otra de las cadenas ese deseo de la NBA de explotar las diversas químicas de la prensa especializada con su liga en beneficio mutuo, en

Chick Hearn durante la retransmisión de un partido de
Los Angeles Lakers contra los New Jersey Nets en 1984.

audiencias y en rendimiento económico para todas las partes involucradas. Los periodistas y colaboradores de la TNT, más que cualquier otro grupo profesional asociado a la prensa NBA, han alcanzado un estatus de estrella que se iguala al de las estrellas del baloncesto cuyas actuaciones comentan semanalmente.

Debe tenerse en cuenta que los mencionados hasta ahora son los contratos que la NBA ha establecido para las retransmisiones a escala nacional. Son múltiples, muy numerosos los contratos que la NBA mantiene, por vía de filiales de grandes corporaciones de ámbito nacional, y en su mayoría encajadas en los paquetes diversos de televisión por cable, re-transmisiones de partidos a escala estatal, cubriendo únicamente los partidos de la o las franquicias locales. En sociedad con la **TBS** (compañía matriz de la TNT) y parte del grupo de comunicación **Time Warner**, en 1999 nació la **NBA TV**, la primera televisión enteramente controlada por una liga deportiva. Opera por cable y satélite llegando al 49,1% de todos los hogares de EE.UU. con 57 millones de contratos solo en suelo estadounidense. Es además responsable de las difusiones en directo ofrecidas a través de su plataforma **NBA League-Pass**, plataforma de suscripción *online* que ofrece el 100% de los partidos jugados en las canchas de la NBA. Operativa a pleno rendimiento desde la **temporada 1995-1996** en suelo estadounidense puede recibirse a través de diversos operadores de cable y satélite y su alcance fuera de suelo americano es completo, en *streaming*, a través de Internet, compatible con las principales plataformas y soportes. Por 200 dólares anuales, hoy en día, cualquier seguidor de la NBA puede tener acceso a absolutamente todas las retransmisiones de la NBA, suponiendo en muchas ocasiones la mejor y más sencilla solución imaginable.

Por supuesto, al principio fue la radio. Mucho antes que llegasen las cámaras a los pabellones, como en general pasa siempre en el mundo de la información, la radio ya estaba ahí. La radio y la prensa escrita han estado siempre ahí. Dado que, por naturaleza, radio y prensa no son medios que transmitan imagen, la gestión de derechos y los contratos asociados no entraron en vigor hasta que acabaron emergiendo como parte colateral en los grandes negociados televisivos. Desde el inicio y hasta los años setenta, las radios cubrían de acuerdo a sus intereses informativos, generalmente siendo las estaciones locales las que entraban en los pabellones, con sus medios de difusión local. Durante la década de los setenta comenzaron a emerger emisoras locales de Los Angeles Lakers (KABC, KFI) con **Chick Hearn**, o los New York Knicks (WHN, WNBC) con **Marv Albert**. A finales de la década se extendieron las sociedades radiofónicas para equipos que entraban en contención y ganaban anillos como Washington (WTOP) con **Frank Herzog**, o Seattle (KOMO) con **Bob Blackburn**. La primera empresa que negoció retransmisiones de ámbito nacional fue **Mutual**, una de las mayores, y más tradicionales, emisoras nacionales de EE.UU., en activo desde 1934. El equipo deportivo de Mutual retransmitiría partidos de la NBA ininterrumpidamente desde 1970 hasta 1984, siendo sucedida por el brazo radiofónico de la **ABC** entre 1985 y 1990, con **Dick Vitale** como comentarista y analista principal de partidos, cuyos méritos al micrófono le granjearían la inclusión en el Salón de la Fama en 2008, convirtiéndose así en el segundo (y hasta la fecha último) periodista premiado con semejante distinción.

Entre 1991 y 1995 la **NBA** se hará cargo de las retransmisiones radiofónicas, preparándose para su desembarco mediático, cediendo el testigo en 1996 a la **ESPN Radio** que desde entonces sigue brindando excelentes contenidos y retransmisiones de la NBA a sus millones de oyentes por todo el planeta.

Con independencia del medio empleado (blogs, diarios, podcasts) y representando el periodismo escrito, o al menos aquel que corre por fuera de las locuciones televisivas o radiofónicas tradicionales de los partidos en sí, la fauna periodística de la NBA puede estructurarse en cuatro grandes familias, de acuerdo al método elegido: los ***newsbreakers*** (aquellos que desvelan la noticia antes de que suceda), los **analistas** (aquellos que tienen una mente enciclopédica y muchas horas de vuelo y lo saben todo sobre el estilo de un jugador, un equipo, una táctica), los **estadísticos** (periodistas completamente dedicados a la lectura numérica del juego) y los **condensadores** (aquellos con fenomenal capacidad para resumir todos los partidos de una noche, de 150 minutos cada uno, en breves píldoras informativas de 5 a 10 minutos). Todos ellos basarán sus opiniones en su método elegido y particular forma de concebir el periodismo NBA, a menudo combinando distintos principios, y de todos ellos el aficionado puede nutrirse para obtener una visión 360º de la competición.

Con 1,15 millones de seguidores en Twitter, **Adrian Wojnarowski** (Yahoo Sports) es sin duda el máximo referente en la categoría de rompedores de la noticia, en particular por su conocimiento previo, en el entorno del *draft* de la NBA, de los jugadores en los que los equipos van a utilizar sus elecciones. Es muy conocido también por dar noticias sobre traspasos de jugadores en activo bastante antes de que estas sean confirmadas. No exento de críticas, dada su total oscuridad en lo que a fuentes se refiere y su sesgo en favor de ciertos jugadores, tiene una importante y tumultuosa panda alrededor que en general se ríe de él, con ese clásico ácido humor inteligente de la gente del baloncesto… Basta con revisar las respuestas a cualquiera de sus tweets para comprobarlo. Es bastante menos activo en la red social que el resto y sin embargo sus *Wojbombs* suelen ser las de mayor alcance.

Otro nombre de indudable referencia en esta categoría de portadores de noticias es, sin duda, **Marc Stein** (ESPN). Conocido por avanzar noticias de fichajes, es en general, para mi gusto, un informador más completo que la mayoría. A la información anticipada se añade en su oferta informativa una capacidad para encontrar datos donde nadie los ve; Stein señalará aspectos en los que otros no han caído antes, utilizando también el humor. Es muy activo en las redes, inmerso todo el día en la actualidad NBA.

Con ese aire de espíritu libre, humorístico y agudo, **Howard Beck** (Bleacher Report) se eleva como lo mejor de dos mundos. Analista, opinador, también trae noticias antes que otros sin ser especialista exactamente en esa materia. Probablemente representa las máximas cotas del periodismo independiente en su formulación NBA. Beck no se debe a nada ni a nadie y escribe juiciosamente lo que verdaderamente quiere, sin compromisos. Muy activo en las redes sociales, vale la pena leer sus opiniones y seguir sus informaciones, que se extenderán por un arco verdaderamente amplio del mundo NBA.

Esta lista jamás estaría completa sin mencionar a **Ramona Shelburne** (ESPN), en mi opinión y la de millones, la Primera Dama del periodismo NBA, colaborando a menudo en diversos soportes audiovisuales, su trabajo fundamental reside en la información a pie de cancha, a pie de hotel, a pie de sede, siempre rondando la acción y reportando diariamente noticias de alcance junto con noticias de detalle. Gran profesional, con un fenomenal sentido del humor, excelente oradora, y gran escritora, es sin duda una de las joyas de la corona del periodismo NBA.

Por último, no comprometido exactamente en la plantilla de ningún grupo de comunicación sino más bien adoptando la forma de colaborador externo, debe ser destacado también **Zach Lowe** (Grantland, ESPN). En la línea de Howard Beck, por el que parecería sentirse inspirado, resulta un informador completo e interesante, combinando estadística, análisis y opinión. Recientemente ha iniciado su propio podcast, amparado por la ESPN, llamado *The Lowe Post* (juego de palabras con su apellido para el poste bajo).

Otro podcast, amparado por las matrices, que desde luego debería ser destacado es *NBA Lockdown* (ESPN), conducido históricamente por **Jorge Sedano**, **Amin Elhassan** e **Israel Gutierrez**. Altamente profesional y especialmente inclinado a la opinión, tiene de dos a tres emisiones semanales, siempre comentando aspectos de la actualidad más inmediata, con un abanico muy amplio de temas dentro de la geografía de la NBA. Parte de NBA TV, y con un show diario de treinta minutos, **The Starters** (NBA TV) amplían su oferta los viernes de cada semana con su edición especial en podcast, de una hora de duración, llamada *The Drop*. El proyecto nació de manera independiente allá por 2005, en la mente, teclas y voz de su creador **J. E. Skeets** en forma de blog, originalmente llamado *The Basketball Jones*. Desde 2012, existen organizadamente como parte de los contenidos de la NBA TV. Su estilo humorístico, incisivo, travieso, y su amplio espectro temático, su originalidad y su vitalidad logran hacer de *The Drop* (y en general de cualquier producto de los Starters [formados por Melas, Skeets, Leigh, Kerby, Doyle y Osten] dentro o fuera de la NBA TV) uno de los podcasts más fervientes y divertidos del panorama actual, y absolutamente transversal.

Por último, es indispensable, mencionar **Sports Reference**. Fundada en el año 2000 por su presidente **Sean Forman**, profesor universitario de matemáticas en la Saint Joseph's University, Sports Reference inauguró en el 2004, de la mano de **Justin Kubatko**, su brazo baloncestístico: **Basketball-Reference**. De aspecto tosco y poco atractiva visualmente, el objeto de esta web es la concentración estructurada de todas las estadísticas imaginables producidas en las canchas de la NBA. Con unos motores no precisamente ágiles, el uso de este sitio evoca la investigación de archivo. Absolutamente impersonal, sin firmas de ningún tipo en ningún lado, aquel usuario que desee leer datos, llegar vía pensamiento analítico a conclusiones deportivas extraídas directamente de las cifras, no puede prescindir de esta página.

El periodismo NBA ha visto emerger y consolidar iniciativas informativas independientes, páginas web, blogs que han alcanzado cotas de enorme influencia. Entre ellas destaca sin duda **Bleacher Report** (originalmente fundada en San Francisco, por un grupo de amigos, entre los que **David Finocchio** sería la cabeza pensante). **B/R** nació en 2007 con la idea de llegar a todos nosotros única y exclusivamente a través de la red, combinando artículos escritos con informaciones visuales. Adoptaron desde el inicio una imagen corporativa muy trabajada, desarrollando pequeñas píldoras audiovisuales que sin dejar de ser un vídeo-blog tomaban un aspecto altamente profesional. Su ascenso fue tan meteórico y el tráfico generado tan descomunal que en 2012, cinco años después de la fundación, aceptaron una oferta de la TBS (Time Warner) de 200 millones de dólares por su plataforma. Siguen creciendo a gran velocidad.

La otra iniciativa de origen privado, nació de otro grupo de amigos con experiencia periodística, en este caso españoles (**Jorge Sierra** es su precursor y líder fundacional), que se reunieron en 2002 para crear **HoopsHype** con la intención de hacer algo de dinero con ello. Desde el principio decidieron que el idioma empleado sería el inglés para abrir mercado dentro de las fronteras originales de la NBA. Hoy en día son parte del brazo deportivo *online* del *USA TODAY*, recibiendo en torno a las cien mil visitas diarias, con colaboradores repartidos por todo el planeta. Una de las materias de trabajo principales es la difusión de rumores. No es que los creen, obviamente: concentran todos los rumores que rondan el mapa NBA y los entregan. Resulta un activo de consumo muy interesante; y una especialidad que desde luego nadie hará nunca con el mismo tino y conocimiento.

En el mercado español, todos los seguidores NBA nacidos en España durante los años setenta reconoceremos la influencia que tuvo en nosotros el desembarco de la NBA en nuestro país de manos de *Cerca de las Estrellas*. Los viernes por la noche, en diferido y en **TVE-2**, se iniciaron las emisiones en febrero de 1988 a mitad de la **temporada 1987-1988** y supuso un cambio en el paradigma. El baloncesto NBA entró a todos los hogares y generó una base de seguidores españoles que desde entonces ha seguido aumentando sin parar. James Worthy, Magic Johnson, Michael Jordan, Larry Bird, Dominique Wilkins, Charles Barkley llegaron a las casas de España en la voz y estilo inconfundible de **Ramón Trecet**, del que sin duda han quedado en la mentalidad colectiva algunos modismos y recursos, en particular el mítico «¡ding-dong!» que aullaba en las anotaciones de los triples, haciéndonos a todos levantarnos de los sofás y por supuesto repetirlo sin parar en el patio del colegio durante la semana. *Cerca de las Estrellas* se comentaba, siempre, durante la semana en el cole. La cadena pública TVE retuvo los derechos de retransmisiones de la NBA hasta que el grupo Sogecable por vía de su canal de televisión de suscripción **Canal+** se hiciera con ellos, ampliando así su oferta deportiva, hasta entonces concentrada en el fútbol. Llegaba con Canal+ al panorama deportivo audiovisual nacional uno de los combinados periodísticos más queridos y recordados hasta la fecha: **Andrés Montes** (1955-2009) y **Antoni Daimiel** combinaban la fiereza y recursos verbales del primero, su estilo de locución acelerada, muy activa, repleta de referencias, motes de todo tipo, y pasión, con la serenidad y sabiduría de un Antoni Daimiel que se convirtió en el primer analista NBA moderno en el periodismo español. Su química en pantalla era fantástica. Muchos de los términos que acuñó Montes todavía pueblan la jerga baloncestística popular y posiblemente permanecerán para siempre. Acompañados eventualmente por **Santiago Segurola**, lograron ampliar la base de seguidores de la NBA en España.

Hoy en día las retransmisiones de la NBA en castellano siguen realizándose en el entorno de plataformas televisivas de pago como su producto estrella. Antoni Daimiel se ha constituido con justicia desde su debut como la máxima autoridad NBA en la mentalidad colectiva en castellano; con su colaboración principal, los partidos siguen llegando a los hogares de España de la mano de **David Carnicero**, con **Nikola Loncar** como comentarista de color, y las aportaciones de hombres como **Ramón Fernández** o **Jose Ajero**, analistas de bandera del canal, junto a Daimiel.

España ha producido también iniciativas particulares y privadas que deben ser mencionadas. En formato web en lengua castellana, destaca el excelente trabajo del equipo de *Basket4Us*, uno de los proyectos del grupo **La Estrategia de Chapman**, empresa especializada en el *marketing online* y la generación de contenidos con sedes en las principales capitales culturales del mundo. Su web de NBA en castellano arranca en 2009 y reporta diariamente todas las noticias posibles, desde todos los ángulos. Iniciativa de amplio espectro informativo, ha ido consolidándose con los años, realizando fichajes de firmas y depurando de forma impecable su oferta. Absolutamente profesionales, son una de las iniciativas privadas de mayor éxito en España, y cuentan hoy en día con clientes de importante magnitud deportiva en el territorio nacional. Sin todavía disfrutar del tránsito al mundo corporativo, el blog *Ultimate*

NBA, fundado por **Sergio Calvo** en 2001, destaca como la página de referencia de información NBA en español más veterana. Sin los medios ni recursos de una corporación, aporta noticias, estadísticas e informaciones con una actualización diaria que la convierte en una web de referencia en castellano. En lo que respecta a la producción podcast en castellano de cuño español, sin duda el esfuerzo de *Ración de NBA* debe ser destacado como el más profesional. Puntualmente, **Javier** (residente en la Costa Este) y **Chechu** (en la Península) entregan cada domingo su ración semanal de información NBA en un programa radiofónico de corte clásico y profesional, con múltiples secciones y especial atención a los jugadores españoles que compiten en las canchas NBA.

Desde los miles de pequeños blogs a las grandes corporaciones millonarias, no hay duda de que todos aquellos que nos acercamos a teclear, comentar, grabar, compilar o consumir cualquier contenido relacionado con la NBA estamos unidos por una misma pasión. No importa lo gruesa o flaca que sea nuestra cuenta corriente, somos los tíos que cuando pasamos conduciendo cerca de una cancha callejera miramos qué andan haciendo por ahí, somos los que podríamos liarnos a hablar sobre cuánto y qué específicamente ha perdido Brooklyn al deshacerse de Deron Williams hasta las cuatro de la mañana un día cualquiera entre semana; somos esa clase de gente que sin problemas nos pondremos a argumentar por qué Byron Scott no es o sí es el entrenador más indicado para Los Angeles Lakers cuando nos encontramos en una comida profesional en un marco que nada tenga que ver con el baloncesto; somos los que si se tercia podemos reproducir y recordar con el taxista, el banquero o el tío de al lado en el metro, todas las filigranas de Chocolate Blanco y eso es quizá lo más bonito de este intenso vínculo invisible entre NBA y periodismo, de algún modo entre todos, seguidores, periodistas, propietarios, jugadores y organización, una especie de matrimonio colosal en el que no siempre nos miramos enamorados a los ojos, pero desde luego sí miramos todos juntos en la misma dirección y avanzamos sin parar.

24. MALICE AT THE PALACE

El Palace de Auburn Hills es una de las canchas con más épica de la NBA. Hogar de los **Detroit Pistons**, debutó como cancha de la franquicia de la Ciudad del Motor en 1988, coronándose al final de aquella temporada como sede de la victoria del primer anillo de los Detroit Pistons (1989) y convirtiéndose inmediatamente en el centro de mayor mística deportiva de la ciudad. Aquel que quiera acercarse en peregrinación por allá deberá poner en el GPS la indicación «6, Championship Drive», y será bueno ir con un GPS actualizado porque la dirección va cambiando según el número de títulos que los equipos de la ciudad van ganando. Los seis campeonatos hoy en día corresponden a los tres de Detroit Pistons (1989, 1990, 2004) y los tres de las Detroit Shock de la WNBA (2003, 2006, 2008). Y, francamente, alguien debería poner un pequeño lema por algún sitio, nombrar uno de los caminos pavimentados que llevan al pabellón «Avenida Bill Laimbeer», porque este muchachote de Massachusetts tiene incidencia directa en cinco de los seis títulos que el nombre de la calle conmemora. Hoy el Palace descansa en lo alto de la colina, una especie de fuerza ancestral dormida, latente. Todos sabemos las cosas que han contemplado sus ojos de pupilas milenarias. El **19 de noviembre de 2004**, recién iniciada la **temporada 2004-2005**, el Palace de Auburn Hills se convirtió en el paladar que deglutiría la batalla campal más atroz que jamás haya visto la NBA, el «Malice at the Palace», considerada la pelea más infame y abominable de la historia de la NBA, tanto por la prensa como por los propios órganos de gobierno. Analizada la batalla bajo el ángulo del tiempo y vistos los diversos caminos por los que tras ella discurrieron sus participantes, se hace innegable que aquella bulla cambió la liga en múltiples aspectos que van más allá de las multas puntuales y medidas extradeportivas que se tomaron. Por primera vez veríamos quebrarse los fundamentos, el contrato social que une a jugadores y público asistente en un partido de la NBA. Recopilando las razones, qué elementos pudieron llevar a todos esos hombres a tejer aquel dantesco hito de la historia de la NBA, debemos retroceder a la post-temporada precedente, las finales del Este de 2004...

Con el mejor registro de la NBA, los **Indiana Pacers** (61-21) de **Rick Carlisle** eran el equipo con mejores perspectivas para llevarse aquel campeonato. En el Oeste, los Minnesota Timberwolves (58-24) de Flip Saunders habían completado su temporada coronándose como mejor equipo de su conferencia y no parecían un rival especialmente complejo de batir, si el enfrentamiento en finales llegaba a darse. Primero había que cruzar los playoffs del Este y aquellos Indiana Pacers, serenos, muy profesionales, confiando en sí mismos y repletos de jugadores muy bien considerados por la nación NBA, se pusieron a la tarea con tesón y contundencia. Barren 4-0 a Boston Celtics con márgenes abultados en cada encuentro en primera ronda, y tumban 4-2 en semifinales de conferencia a unos Miami Heat que, de la mano de Stan Van Gundy, están iniciando el proceso colectivo que les llevará a ganar el campeonato de 2006.

Por el otro lado del cuadro de conferencia, los **Detroit Pistons** con una temporada regular de 54-28 (tercer mejor registro del Este), dirigidos por **Larry Brown**, han dejado a los Milwaukee Bucks atrás 4-1 en primera ronda y vienen de una intensa batalla a siete partidos en las semifinales de conferencia contra los New Jersey Nets de Jason Kidd y Richard Jefferson, contendientes en las finales de la NBA en las dos temporadas precedentes, cayendo 4-0 contra Lakers (2002) y 4-2 contra San Antonio (2003).

Las **Finales del Este de 2004** contenían múltiples elementos de interés. Por un lado, el entrenador de los Indiana Pacers, **Rick Carlisle,** se enfrentaba a sus antiguos muchachos, a sus hijos deportivos. Hasta la temporada precedente, y durante dos temporadas (2001-2003), Rick Carlisle había formado a aquellos tíos en mecánica y baloncesto profesional. Ahora volvería a aquellos parquets de Auburn Hills que conocía tan bien contra esos chicos con el único objetivo de derribarlos. **Larry Brown**, que se estrenaba en el cargo como entrenador jefe de Detroit, vivía una situación similar a la de Rick Carlisle, habiendo sido entrenador de los Indiana Pacers por cuatro temporadas hasta su cese (1993-1997), con unos resultados más débiles y un recuerdo algo más amargo que el dejado por Carlisle en Detroit. Sea como sea, también conocía a algunos de los muchachos, en particular al californiano **Reggie Miller**, jugador franquicia de Indiana y modelo total de conducta.

Al seguidor de la NBA, la competición le estaba sirviendo, aquellas últimas semanas del mes de mayo de 2004, dos finales de conferencia de alto voltaje: en el Oeste, descartados los San Antonio Spurs en la ronda anterior, los Lakers, dominadores de la década con su *three-peat*

(2000-2002) debían acabar con el equipo revelación, los Timberwolves, para hacer posible su entrada a las finales en el camino hacia un épico cuarto campeonato. A su vez, si los Wolves eran capaces de acabar con los todopoderosos Lakers, entrarían por primera vez en unas finales de la NBA, siendo viable, posible, verles ganar su primer anillo. La misma situación sería para los Indiana Pacers si acababan entrando. Es decir, todos anticipábamos unas finales de la NBA de tremenda competencia aquel año, con muchas cosas en juego para cualquiera de los contendientes. Y de algún modo todos pensábamos que el Este lo iba a ganar Indiana. Jugaban mejor, eran más clínicos, y la mayoría de nosotros teníamos la sensación de que lo merecían más. Eran todo impresiones de orden más emocional que estadístico. Detroit era, junto con San Antonio, el equipo que menos anotación en contra concedía por partido (84,3 puntos por noche) en toda la NBA y eran el cuarto equipo más fuerte de la temporada de acuerdo al ránking SRS.[1] Se llevaron la serie por 4-2, dando un recital defensivo tremendo, logrando mantener a los Pacers por debajo de los 70 puntos en los cuatro encuentros que necesitaron ganarles para llevarse las finales del Este. La unidad titular de aquellas finales del Este de 2004 con la que Indiana Pacers había comparecido en la cancha sería la última verdaderamente ganadora de la franquicia por muchos años desde entonces:

1. Jamaal Tinsley
2. Reggie Miller
3. Ron Artest
4. Jermaine O'Neal
5. Jeff Foster

Nunca aquellos hombres volverían a combinarse con la belleza y eficacia que lo habían hecho hasta entonces. Era imposible predecir, naturalmente en aquel momento, la debacle que supondría para la gran mayoría la bronca que acontecería unos meses más tarde. En las **Finales de la NBA de 2004**, los Detroit Pistons de Larry Brown, cargados de energía y confianza, con Ben Wallace dominando los tableros y Chaucey Billups siendo nombrado MVP, arrasaron 4-1 a Los Angeles Lakers, permitiéndoles superar los 90 puntos en el único encuentro de la serie que la franquicia californiana logró anotarse a su favor. La unidad titular de los Lakers era:

---

[1]   «Simple Rating System»: originalmente inventado para el fútbol pero aplicado al baloncesto, se trata de un método que establece la potencia de un equipo de acuerdo al margen promediado de puntos con los que gana a sus oponentes. En la NBA es especialmente útil para conocer la consistencia de un equipo en una temporada, dado que no todos los equipos se enfrentan entre sí el mismo número de veces.

1. Gary Payton
2. Kobe Bryant
3. Devean George
4. Karl Malone
5. Shaquille O'Neal

En una liga cada vez más absorta en las estrellas, con más y más seguidores llegando a la NBA atraídos por jugadores más que por equipos, ganó precisamente el espíritu de equipo, por encima de los nombres de alto voltaje con los que en aquella ocasión los Lakers concurrían a aquellas finales. Aquellos Pistons eran de muchos, muchos octanos:

1. Chauncey Billups
2. Richard Hamilton
3. Tayshaun Prince
4. Rasheed Wallace
5. Ben Wallace

Lo más cercano a los *Bad Boys* originales que jamás ha logrado reproducir Detroit desde entonces en una cancha. Fue el primer equipo desde aquel anillo de las **Finales de la NBA de 1979** que ganase Seattle y que lograba el campeonato sin un solo candidato al Salón de la Fama en la plantilla triunfal. Los Pistons lo usaron todo, usaron más de lo que nadie pensó que tenían, con una energía competitiva y un juego que literalmente pasó por encima a un equipo que parecía diseñado y con todos los elementos en danza para coronarse campeón. Con contundencia, a base de defensa férrea y mates, con un baloncesto veloz y tosco, congelaron a unos Lakers que parecían no saber de dónde les llegaban los martillazos. Fue el triunfo del trabajo sobre la arrogancia. El triunfo del equipo sobre los nombres. El mundo, sorprendido, aplaudía a los Pistons. Y a la sombra fruncían el ceño los Pacers. Esperando una revancha que no tardaría en llegar.

Indiana aterriza por el Auburn Hills aquel **19 de noviembre de 2004**, con muy buen registro en el arranque de la **temporada 2004-2005** habiendo encadenado cuatro victorias seguidas desde el salto inicial de temporada, dos derrotas (una empujando a la prórroga) y dos victorias seguidas más. Con 6-2 y un juego excelente, están en racha. Sin embargo, en su unidad titular no cuentan con exactamente todas las piezas campeonas, siendo especialmente destacables las bajas por lesión de Reggie Miller y Jeff Foster. En baloncesto, sin embargo, hay pocos signos de fortaleza competitiva mayor que la profundidad de banquillo. Esta es la unidad de Rick Carlisle para aquel encuentro, claramente señalado en el calendario de sus muchachos:

1. Jamaal Tinsley
2. Stephen Jackson
3. Ron Artest
4. Austin Croshere
5. Jermaine O'Neal

Detroit, vigente campeón, ha arrancado la temporada en su estilo habitual de aquellos tiempos, errático, contundente y peleón, con un registro de 4-3 y en pista el equipo titular que les hizo ganar el anillo. Con la clásica fuerza y agresividad que solo dan las cuentas pendientes, los Pacers inician el partido poniéndose 20 puntos por delante, con 17 puntos de Ron Artest en el primer cuarto. El partido está establecido en unas defensas contundentes, que los Pacers logran compensar con excelente selección de tiro, cerrando el encuentro con un 41% de acierto en lanzamientos en juego. Ben y Rasheed Wallace se irán del partido con sendos doble-dobles y como de costumbre Hamilton liderará la anotación de Detroit. Lograrán los Pistons recortar el déficit al inicio del tercero, pero Indiana está bordando la noche. Jermaine O'Neal asciende a un doble-doble (20 puntos, 13 rebotes) y un tremendo Jamaal Tinsley logra su mejor registro histórico en robos de balón (8), con 8 asistencias y 13 puntos, rozando el triple-doble. A falta de un minuto, la diferencia 97-82 es finalmente suficiente para dar el encuentro por perdido en Detroit, pero ambos entrenadores mantienen a sus mejores hombres en la cancha, conscientes del aspecto emocional del partido.

Cincuenta segundos para el final del partido. Billups sube el balón con su agilidad habitual, decantándose hacia la izquierda, lado claro del ataque, su lado débil de bote. Ben Wallace desde el poste alto inicia un corte hacia el poste bajo en lado débil mientras Billups recorta hacia la zona central buscando jugada. Sube Hamilton al triple en lado débil de bote de Billups desde la zona a recibir. Ben Wallace corrige desde la cepa del poste a recibir. Hamilton asiste a Ben Wallace y este arranca su jugada ofensiva, cortando por fuera para atacar un aro pasado. Elevándose hacia canasta recibe una dura, y tal vez flagrante (aún está por llegar el día que el arbitraje de la NBA aclare con concisión las graduaciones de las flagrantes), falta de Ron Artest, golpeando a Ben Wallace en el lateral del cuello desde atrás mientras salta. Wallace emite un gruñido por el golpe y pierde el balón. El árbitro pita. Wallace ha caído de pie tras el salto más allá de la línea de fondo. Artest le mira, encarándolo. Wallace vuelve a entrar a la pista y lo primero que hace es empujar con las dos manos en plena cara a Ron Artest con mucha violencia, lanzándolo unos cuantos pasos hacia atrás. Es la clase de gesto que solo anticipa, o que fuera de una cancha sin duda anticipa, bulla de las fuertes. La cosa se lía. Hamilton, naturalmente, se acerca a la melé que empieza a formarse con los dos hombres encarándose en dirección a la mesa de arbitraje, cada vez más rodeados de jugadores. Todos los Pacers en pista acuden a ayudar a su compañero, entrando sobre todo en la refriega Stephen Jackson contra Ben Wallace. Rasheed ronda por ahí. A Jackson le vemos unos gestos muy callejeros, incitando a los puñetazos. De entre los Pistons, el único que se queda mirando el forcejeo es Billups, desde fuera, con bastante parsimonia, con lenguaje corporal que más que otra cosa indica desinterés. El hombre de Indiana que realmente está calentando la situación es Stephen Jackson, gritando por todas partes, encarándose aquí y allí. Haciendo gala de una teatralidad que ya nunca más se quitaría en su carrera, Ron Artest se ha tumbado en la mesa de arbitraje, con el brazo sobre la cara, respirando, como dolido. En realidad, según será declarado posteriormente, estaba intentando aplicar una técnica de relajación para situaciones de tensión. Todos los Pistons intentan calmar a Ben Wallace e ir repeliendo los insultos y provocaciones de Stephen Jackson. Mientras la tele repite la jugada, alguien de entre el público (un hombre llamado John Green) lanza un vaso de plástico a Ron Artest que está reposando sobre la mesa de arbitraje con sus ejercicios de respiración. Impactado por el vaso, su mente se inflama. Se pone en pie y se dirige hacia un chaval llamado Michael Ryan que estaba en la grada más cercana, de pie, mirando la pelea, le da un puñetazo y le tira al suelo. A esta bronca abierta con el público se suma sin dudarlo Stephen Jackson que empieza a repartir puñetazos. Completamente ido, tiene que ser retenido por sus compañeros, que también entran a las gradas para sacar de ahí a Ron Artest. En estas aparece por ahí Jermaine O'Neal y le da un salvaje empujón a uno de los asistentes de cancha de Detroit lanzándolo sobre la mesa de arbitraje y repartiendo algunos puñetazos aquí y allí. Reducido y llevado de vuelta a la cancha, Artest es abrazado por detrás, con la camiseta oficial hecha jirones, por uno de sus compañeros, su mirada está perdida. Se les ordena abandonar el pabellón escoltados por la policía que en ningún caso estaba preparada para manejar una situación de jugadores de la NBA subiendo por las gradas a repartir puñetazos.

En todo esto, el hielo, el auténtico hielo es Tayshaun Prince que no se levantará ni un instante de su asiento en el banquillo. Los Pacers relatarán su vivencia como una batalla campal, rodeados de fans del equipo rival que querían pegarles, pero en general, el observador casual más bien vio a jugadores profesionales de la NBA soltando puñetazos a fans. Fue realmente dantesco.

El 21 de noviembre de 2004, la NBA anunció las sanciones, siendo algunas las más duras de la historia, como no podía ser de otra manera. En total 146 partidos perdidos entre todos los jugadores sancionados y 11 millones de dólares en multas. Los jugadores más severamente sancionados fueron los de Indiana Pacers:

Contienda entre los jugadores de Indiana y Detroit, con fans involucrados, durante el partido jugado en el Auburn Hills de Detroit (19 de noviembre de 2004).

Ron Artest | 86 partidos, 4.995.000 dólares.
Stephen Jackson | 30 partidos, 1.700.000 dólares.
Jermaine O'Neal | 25 partidos, 4.111.000 dólares.
Ben Wallace | 6 partidos, 400.000 dólares.
Anthony Johnson | 5 partidos, 122.000 dólares.
Reggie Miller | 1 partido, 61.111 dólares.
Chauncey Billups | 1 partido, 60.611 dólares.
Derrick Coleman | 1 partido, 50.000 dólares.
Elden Campbell | 1 partido, 48.888 dólares.

Artest, Jackson, O'Neal y Johnson tuvieron además que enfrentarse a cargos legales ante los tribunales, siendo condenados a un año de libertad vigilada, 250 dólares de multa, servicios comunitarios y terapia para el control de la ira. No era la primera sanción de Ron Artest, que ya había sido multado y suspendido por destrozar una cámara de televisión en 2003 y por un altercado con Pat Riley cuando era entrenador de los Miami Heat. La NBA, representada por el comisionado David Stern, anunciaría en febrero de 2005 medidas que afectarían a todos los pabellones de la NBA con ejecución inmediata: el servicio de alcohol quedaba limitado a una medida máxima de 710 ml, y un máximo de dos medidas por persona y partido. Además, el servicio de alcohol terminaría al concluir el tercer cuarto. También quedó determinado que desde entonces siempre habría al menos tres agentes de seguridad entre la cancha y la grada en todos los partidos de la NBA.

Otras consecuencias menos evidentes pero de incluso mayor calado entraron en escena. Desde entonces y hasta la fecha, Ron Artest quedaría para siempre señalado. Los propios seguidores de Indiana desaprobaron la actuación de los participantes, a los que tildaron de «matones» de forma general. Para muchos de aquellos seguidores de Indiana y para los observadores de la NBA, Ron Artest era el responsable principal de la debacle: no solo había roto el código invisible no escrito entre jugadores y audiencia, sino que había destruido la imagen de una franquicia que podía haber ganado su primer anillo en aquella temporada. En realidad, los Pacers desde entonces no participarían en otras finales de la Conferencia Este hasta la llegada de **Frank Vogel** en la **temporada 2011-2012**. Ron Artest pasaría diez días en la cárcel por un altercado de violencia doméstica en 2007 y acabaría cambiando su nombre legalmente por el de **Metta World Peace**, el 16 de septiembre de 2011, en lo que muchos vimos como una absurdidad más de un jugador que nunca resultó especialmente querido. Legalmente hoy en día su nombre es Metta (un término budista que significa «amor y amistad universal» y su apellido legal es World Peace («paz mundial»), es decir, se llama Amor y Amistad Universal Paz Mundial. En septiembre de 2015 firmó un contrato, cómo no, con Los Angeles Lakers, volviendo así a la franquicia con la que ganó su único anillo en 2010, añadiendo un punto más de absurdidad a unos Lakers que han decidido dejarse llevar hacia tierras ignotas. Incapaz de levantar unos destruidos Indiana Pacers, Rick Carlisle dejó la franquicia para tomar las riendas de los Dallas Mavericks con los que ganaría su primer anillo, y primero de la franquicia, en las **Finales de la NBA de 2011**. El 19 de mayo de 2005, en el Fieldhouse de Indianapolis y precisamente tras caer en el sexto partido de la serie contra Detroit Pistons en las semifinales de conferencia, Reggie Miller, tras dieciocho temporadas al servicio de aquel equipo, recibió una cerrada ovación poniendo fin a su carrera.

Poco antes de iniciar la siguiente temporada, el 17 de octubre de 2005, la NBA anunció un código de vestimenta, imponiendo una solución de tremendo calado sociológico. Del mismo modo que los empleados de miles de compañías del planeta deben atenerse a cierta etiqueta, David Stern argumentó que los jugadores, como empleados de la organización, debían respetar ciertos principios de indumentaria. Harto y preocupado por la imagen de la liga que se había generado tras el incidente en Detroit, prohibió fundamentalmente el estilo generalmente asociado con la indumentaria hip-hop. Ningún jugador en ningún evento relacionado con la liga o en servicio para la NBA podía vestir de ese modo y se debía desde entonces a un código de indumentaria. La medida no debía verse como una imposición especialmente severa, dado que ya se aplicaba en algunas franquicias y en otras ligas profesionales. Quedaban prohibidas las bandanas, gorras, cadenas y anillos de oro de fuerte ostentación, los tejanos anchos caídos, las camisetas deportivas y las botas tipo Panamá Jack. Los jugadores no convocados para un partido, pero presentes en el banquillo, debían acudir siempre vestidos de un modo que su entrenador aprobase, no necesariamente con corbata, pero sin duda de acuerdo a una etiqueta suficiente. Con el tiempo, la medida ha tenido un efecto absolutamente positivo para la NBA. Desde entonces la mayoría de los jugadores se han mostrado progresivamente interesados por la moda, el diseño y el estilo, llegando algunos de ellos a convertirse en auténticos creadores de tendencias, temporada tras temporada. Desde entonces, hombres como Dwayne Wade, LeBron James, Kobe Bryant, Amar'e Stoudemire, Tyson Chandler, Russell Westbrook y James Harden encabezan la lista de los hombres mejor vestidos de América.

Phil Jackson marca el famoso triángulo a sus jugadores durante el séptimo partido de las finales de la Conferencia Oeste del 2000 contra los Portland Trail Blazers, en el Staples Center (4 de junio de 2000).

25. UN TRIÁNGULO SOBREVUELA LA NBA

El 13 de marzo de 1997 a las 18:55 (hora del Pacífico) sobre Henderson, Nevada, una pequeña localidad al sur de Las Vegas, un hombre vio un gigantesco objeto cortando los cielos con lenta majestuosidad. Dijo que era del tamaño de un Boeing 747 y que emitía un sonido similar al del viento huracanado, un ulular. Indicó que presentaba cinco luces en su panza. Hasta las 22:30 (hora de la Montaña), esto es, durante tres horas, y a lo largo de cuatrocientos ochenta kilómetros y cruzando sobre los cielos de hasta cinco ciudades de tamaño medio del estado de Arizona, los avistamientos se sucedieron por centenares. Se trataba de un objeto triangular, en forma de V, de unos seis kilómetros de longitud, con luces blancas de alta magnitud en sus vértices, avanzando en silencio en la cálida noche preprimaveral desértica. Tras el último avistamiento del objeto en movimiento silencioso siguiendo el curso del río Giles, varios miles de personas pudieron fotografiar unas luces situadas en formación triangular vertical que permanecieron así durante casi dos horas ante los ojos del planeta, sin que nadie pudiera explicar de qué se trataba. Era el **triángulo ofensivo** de Phil Jackson.

A lo largo de veintiuna temporadas, en el período 1989-2010, como entrenador jefe de los Chicago Bulls primero (1989-1998) y de Los Angeles Lakers después (1999-2004, 2005-2011), **Phil Jackson** ganó once campeonatos utilizando en cancha el **triángulo ofensivo**. Originalmente desarrollada por el entrenador **Sam Barry** durante sus años en la USC, Universidad del Sur de California (1929-1941, 1945-1950), esta estrategia de ataque ha demostrado ser el recurso más cercano a una fórmula ganadora absoluta visto hasta la fecha en una cancha de baloncesto. A lo largo de su carrera como entrenador universitario, Sam Barry tuvo a sus órdenes a diferentes hombres que después harían grandes carreras[1] en la NBA, en la cancha y desde los banquillos, entre los que destacan **Alex Hannum** (1958, 1967), **Bill Sharman** (1972) y *Tex* **Winter**. Y este último, Morice Frederick *Tex* Winter, es la pieza fundamental con la que engranará Phil Jackson para coronarse como mejor entrenador de todos los tiempos. Nacido el 25 de febrero de 1922 en Wellington, Texas (estado del que derivaría su mote una vez se trasladase con su familia a California), *Tex* Winter inició su carrera como entrenador de baloncesto en el mismo año de su graduación en la USC, donde había aprendido y se había empapado de la estrategia de Sam Barry del triángulo ofensivo durante el año que cursó estudios allí a la vuelta de la guerra. Entró como entrenador asistente de otro hombre de Sam Barry, **Jack Gardner**, que ostentaba el cargo de entrenador jefe en la Universidad de Kansas State. Desde su llegada a los banquillos, *Tex* Winter ejercería la profesión durante sesenta y un años consecutivos. En la **temporada 1971-1972**, Winter entraría en la NBA como entrenador jefe de los **Houston Rockets**, sustituyendo precisamente a otro hombre de Sam Barry, Alex Hannum, que salía entonces en dirección a la ABA para tomar los mandos de los otros Rockets, entonces del panorama baloncestístico nacional, los de Denver (que no serían Nuggets hasta 1974). *Tex* Winter tendría enormes disputas con la estrella del equipo y líder de anotación en las temporadas precedentes, el poderoso pívot **Elvin Hayes**, del que Winter llegaría a decir: «Es el jugador con peores fundamentos baloncestísticos que he visto en mi vida». Las desavenencias llevarían a Hayes hacia los Baltimore Bullets con los que, ya resituados en Washington, ganaría el anillo en 1978. A la conclusión de la siguiente temporada, *Tex* Winter dejaría los Rockets con un registro de 51-78 tras sus dos temporadas y ya no volvería a ser entrenador jefe de ningún equipo de la NBA. En 1985, cuando ya pensaba en la jubilación, fue contratado por su amigo de los tiempos de Kansas State, **Jerry Krause**, que, estrenando cargo como director general de los Chicago Bulls, acabaría siendo el arquitecto fundamental de uno de los proyectos baloncestísticos más triunfadores de todos los tiempos.

Así, en 1985, *Tex* **Winter** comenzaría a explicar la estrategia del triángulo ofensivo a **Michael Jordan**. Por aquel entonces el entrenador titular de los Chicago Bulls, fogueado en la ABA, recién llegado bajo el paraguas de Jerry Krause y con tres años de experiencia NBA en San Antonio (1980-1983) y dos en New Jersey (1983-1985), era **Stan Albeck**. Pese a no tener mal registro en la NBA, el fracaso en post-temporada (barridos los Bulls 3-0 en primera ronda de 1986 contra unos Boston Celtics que avanzarían hasta conseguir el campeonato de aquel año) dio al traste con su trabajo previo y a la conclusión de la temporada fue sustituido por **Doug Collins**. Para la siguiente temporada, en septiembre de

---

1. Alex Hannum, entrenador jefe campeón de la NBA con Saint Louis Hawks (1958) y Philadelphia 76ers (1967); Bill Sharman, entrenador campeón con Cleveland Pipers (ABL, 1962), Utah Stars (ABA, 1971) y Los Angeles Lakers (1972).

1987, llegaría a engrosar la nómina de técnicos auxiliares aquel hombre, alto y estiloso, algo callado, muy zen, **Phil Jackson**, que con 42 años recién cumplidos ya sumaba casi diez años de experiencia en banquillos como asistente y principal. Pronto se interesaría por la estrategia del **triángulo ofensivo** de su veterano compañero *Tex* Winter y de la que acabaría extrayendo tantísimo rendimiento. *Tex* Winter expondría la teoría, Phil Jackson la impondría en la mente de sus jugadores. Apuntalado Phil Jackson como entrenador jefe de los Chicago Bulls para la **temporada 1989-1990**, ambos hombres iniciarían juntos una carrera de éxito sin parangón. *Tex* Winter tenía entonces 67 años.

Phil Jackson, tras tomarse un año sabático en su rancho de la bella Montana en el que todo lo interesante que hizo fue lanzar una puya contra Gregg Popovich y el primer anillo de los San Antonio Spurs (1999), conseguido en aquella temporada acortada por el cierre patronal («Ha sido una temporada muy corta, debería haber algún tipo de asterisco junto a este campeonato de los Spurs en los registros»), volvió a los banquillos. Los seis anillos obtenidos con Chicago Bulls (dos *three-peats*) lo tenían por supuesto como el mejor entrenador en activo, pero todavía a tres campeonatos de Red Auerbach. Y qué mejor franquicia en la que aterrizar que **Los Angeles Lakers** para destronar a la mayor leyenda céltica de todos los tiempos. Se llevó consigo a *Tex* Winter y juntos desplegarían el triángulo ofensivo que, para todos nosotros, seguía siendo una especie de mito inextricable, imposible de entender. Una fórmula trigonométrica que nadie entendía. El primer día que Phil Jackson llega a Los Ángeles para la **temporada 1999-2000**, los Lakers han ganado once campeonatos en toda su historia, son considerados uno de los mejores equipos de la historia de la NBA y tienen probablemente el mercado más amplio y mundialmente ramificado de todas las franquicias NBA existentes. Es el equipo que más veces ha llegado a unas finales de la NBA (veinticuatro) y también, y de largo, el que más finales ha perdido (trece); su última final fue en 1991, saldada con derrota en el que fue precisamente el primer campeonato de los Chicago Bulls y Phil Jackson. El eterno rival, los Boston Celtics, brillan todavía en la distancia de las glorias con dieciséis anillos, y solo tres derrotas en unas finales. Todos estos componentes gravitan míticamente en el caluroso aire de El Segundo. Y la magia se produce. Desde esa misma temporada, en sus dos rondas como entrenador jefe de Los Angeles Lakers, Phil Jackson conseguiría **cinco campeonatos** (2000-2002, 2009, 2010) para la franquicia y metería al equipo en dos ocasiones más (2004, 2008) en unas finales de la NBA que se saldarían sin victoria. Bajo la fría y nítida luz de la estadística, en once temporadas con los Lakers, Phil Jackson consigue un 45,45% de los títulos en número absoluto que el equipo había logrado en las cincuenta y tres temporadas previas, y de los dieciséis del cómputo absoluto que totalizan los Lakers en la temporada 2015-2016, un descomunal 31,5% han sido logrados con él como entrenador jefe. Repasemos esos campeonatos:

Campeonato de la NBA de 2000 | Los Angeles Lakers 4-2 Indiana Pacers. Aquellos eran unos Pacers que, entrenados por la estrella céltica **Larry Bird**, llegaban a unas finales de la NBA por primera vez en su historia desde la fusión de la ABA, con la pretensión de lograr su cuarto anillo absoluto y primero en NBA. Era también la primera versión y más talentosa de unos Indiana Pacers que todavía tendrían mucho que decir durante la década que empezaba. Los Lakers habían dejado trazos de épica y mucha contundencia remontando un partido que tenían prácticamente perdido (y con ello, la serie) en el séptimo encuentro de las finales del Oeste contra Portland Trail Blazers. Con un parcial de 29-9 en el último cuarto, entraron en las finales con mucha confianza y seguridad. Durante las finales, resultará crucial el cuarto partido, llevado a la prórroga entre Shaquille O'Neal por un lado y Reggie Miller por el otro y resuelto por Kobe Bryant en los últimos compases, poniendo el 3-1 en la serie. Estos fueron los titulares de los Lakers en cancha, y sus promedios en las finales:

1. Ron Harper | 10,8 puntos, 4,8 asistencias, 1,3 robos.
2. Kobe Bryant | 15,6 puntos, 4,6 rebotes, 1,7 asistencias, 1 robo.
3. Glen Rice | 11,5 puntos, 2,5 rebotes, 1,7 asistencias.
4. A.C. Green | 5 puntos, 3,3 rebotes.
5. Shaquille O'Neal | 38 puntos, 16,7 rebotes, 2,3 asistencias, 1 robo.

Shaquille, una imparable fuerza de la naturaleza. La gente de nuestra generación pudo ver y sentir en él el abismo poderoso que otras generaciones sintieron viendo a hombres de pintura como George Mikan o Wilt Chamberlain. Desde el banco entraban el indispensable Robert Horry (sumando minutos como un titular), Rick Fox, Derek Fisher y Brian Shaw. Estos dos últimos en particular excelentemente instruidos en todos los matices necesarios para la aplicación del triángulo ofensivo. Fue el primer anillo de los Lakers desde 1988 y el primero en el Staples Center, justo en el año en que lo estrenaban. Tras aquellas finales, Larry Bird dejó los banquillos para siempre para subir a los despachos.

Campeonato de la NBA de 2001 | Los Angeles Lakers 4-1 Philadelphia 76ers. Las finales se abren con una espectacular actuación de Allen Iverson, que llegará a los 48 puntos estirando el encuentro a la prórroga. Para aquella temporada, Phil Jackson se ha hecho con los servicios del que fue uno de sus hombres de confianza durante el primer *three-peat* con los Bulls para el puesto de ala-pívot: Horace Grant. Ha apuntalado a Derek Fisher en la posición de base y sustituido a Glen Rice por Rick Fox en el ala. Son unos Lakers tremendamente sólidos. En el segundo partido de la serie, Shaquille O'Neal flirtea con el cuádruple-doble con 28 puntos, 20 rebotes, 9 asistencias y 8 tapones, mientras Kobe Bryant se consolida en cancha liderando por primera vez en unas finales la anotación de su equipo con 31 puntos. Hito que repetirá en el siguiente encuentro, anotando 32. Sin más contratiempos, los Lakers ganan su segundo anillo consecutivo de la década, la épica del púrpura y oro recorre el mundo entero. La figura de Phil Jackson entra en cotas semidivinas.

Campeonato de la NBA de 2002 | Los Angeles Lakers 4 – New Jersey Nets 0. Robert Horry, héroe en el séptimo partido de las finales del Oeste contra Sacramento con su triple vencedor de la serie en los últimos segundos, ampliando sus galones de especialista de últimos tiros con los que acabaría su carrera, salía de titular en la posición de 4 por Horace Grant, que se había ido dirección a Orlando. Los demás seguían siendo los tipos que cualquier seguidor de la época podría recitar de memoria: Fisher, Kobe, Fox y Shaquille. Los Nets, entrenados por un entonces prometedor Byron Scott (antiguo mito de los Lakers), son barridos sin remisión. Los Lakers logran el *three-peat*. La leyenda de Phil Jackson, el Maestro Zen, trasciende lo imaginable. El desnivel de calidad entre el Este y el Oeste empieza a ser preocupante, un debate que se asienta en el foro colectivo de la NBA.

Descabalgados 2-4 por los San Antonio Spurs de Gregg Popovich en las semifinales del Oeste en 2003, la **temporada 2003-2004** llegaría tensa desde el inicio para Los Angeles Lakers con la detención de **Kobe Bryant** acusado de **violación** por una empleada del The Lodge and Spa at Cordillera, un hotel en Edwards, Colorado. El caso no llega ante el juez, poniéndose las partes de acuerdo antes. Él siempre admitió que el escarceo amoroso efectivamente se había producido, pero de mutuo consentimiento. Con los fichajes de dos veteranos legendarios como Gary Payton para la posición de base y Karl Malone en el ala-pívot, todos señalábamos que la temporada traería nuevamente altas cotas de éxito para la franquicia de Los Ángeles. Era el primer equipo más rebosante de «cromos» que jamás tuvieron los Lakers. Algo lastrados por las lesiones, los Lakers pasan la temporada con una sensación extraña. Avanzarán hasta las **Finales de la NBA de 2004**, teniendo Derek Fisher ocasión de dejar un momento épico en su carrera al anotar una canasta ganadora a 0,4 segundos del final del quinto encuentro, lo que puso las series de semifinales del Oeste en disputa contra los San Antonio Spurs 3-2 a favor de los Lakers. Un momento antes, Tim Duncan había anotado otra canasta épica, muy plástica, desde la zona frontal de la pintura que daba la victoria a su equipo a 1,6 segundos del final del encuentro. Tras encestar, Derek Fisher abandona el campo corriendo en dirección a los vestuarios, intentando evitar el rearbitraje de la jugada. Parece físicamente imposible recibir un balón y lanzarlo en 0,4 segundos. Sea como sea, allá quedó para la historia. Con el equipo de nombres más contundentes que se recuerda, Los Angeles Lakers caerán derrotados 4-1 bastante contra pronóstico por los Detroit Pistons durante las Finales de la NBA de 2004, marcando para todo el mundo el fin de una era. Las evidentes y públicas tensiones entre Kobe Bryant y Shaquille O'Neal y la brecha abierta también entre Kobe Bryant y Phil Jackson («Si Bryant vuelve, yo me voy»), llevan a la organización de Los Angeles Lakers a posicionarse durante el verano de 2004. Y se posicionan, igual que el resto de la nación lakeriana, en favor de Kobe Bryant. El pulso estilo «Kobe-o-Yo» de Phil Jackson le envía al retiro temporal.

Hay que entender que el Maestro Zen siempre ha utilizado el lenguaje y la comunicación como una herramienta creadora. En muchas ocasiones expresa ideas para generar una reacción en su entorno, su equipo o sus rivales, generar marcos mentales, realidades no preexistentes. En esta ocasión, su posición fue considerada con literalidad. Siempre dispuestos en Los Ángeles a añadir un poco de picante, Phil Jackson, que había llegado a los Lakers saliendo de su segundo divorcio, mantiene desde 1999 una relación amorosa con **Jeanie Buss**, hija del propietario de la franquicia, **Dr. Jerry Buss** (1933-2013), así que más o menos todo el mundo tiene claro que de un modo u otro su vínculo con la franquicia, y más vistos los éxitos obtenidos, continuará.

Durante el tiempo que Jackson pasará alejado del equipo aprovechará para publicar, al inicio de la **temporada 2004-2005**, *La última temporada*, un libro algo dramático en el que da su versión sobre los conflictos acontecidos en el vestuario y en el que no deja lugar a dudas de sus fricciones con Kobe Bryant. Los Lakers, entrenados primero por **Rudy Tomjanovich** (24-19) y luego interinamente por **Frank Hamblen** (10-29), hacen una temporada desastrosa debido a las bajas por lesión de Kobe Bryant y **Lamar Odom**, llegado desde Miami aquel mismo año en un acuerdo que ha enviado precisamente a Shaquille O'Neal en dirección a los Heat. No es atribuible a nadie en particular el mal año de los Lakers que por quinta vez en casi cincuenta años de historia no se clasificarán para post-temporada. Tomjanovich hubo de abandonar el equipo por razones médicas y Hamblen, entrenador asistente de larga experiencia, intachable profesional, tomó las riendas en interinaje y sin demasiada suerte. No hay mal que por bien no venga: los Lakers ejecutan sus opciones en el *draft* de 2005 para hacerse con los servicios de **Andrew Bynum**, de 17 años, rompiendo entonces el récord de jugador más joven en entrar en la NBA. La llegada de Bynum fue positiva en primera instancia por una razón: la leyenda eterna **Kareem Abdul-Jabbar** pasaba a ingresar en la plantilla del cuerpo técnico específicamente para enseñarle al muchacho a jugar a eso llamado baloncesto.

En junio de 2005, **Phil Jackson** vuelve a ser contratado para la **temporada 2005-2006**. Las aguas vuelven a su cauce, Kobe se muestra completamente conforme y feliz con la vuelta del Maestro Zen. Aunque los Lakers caerán 3-4 en primera ronda de la post-temporada contra los mejores Phoenix Suns de Mike D'Antoni, los *inputs* son positivos: el equipo vuelve a funcionar de acuerdo a los principios fundamentales del **triángulo ofensivo**. La temporada deja además uno de los mayores hitos de anotación de la historia de la NBA. En la noche del **22 de enero de 2006**, en una visita de los Toronto Raptors al Staples Center, Kobe Bryant anota 81 puntos, convirtiéndose en el segundo jugador de todos los tiempos en lograr semejante marca personal. Es la única de las cinco primeras mejores anotaciones máximas de la historia realizada por alguien que no sea Wilt Chamberlain, y la única de esas cinco de las que se tiene constancia audiovisual. Es un repertorio impresionante, con canastas de todo tipo y desde todas las distancias. En 42 minutos en cancha, Kobe Bryant anotó 7 de 13 en triples, 18 de 20 tiros libres y 28 de 46 en tiros de campo. Llegando al final de la temporada, anunciaría que a partir de la siguiente cambiaría su dorsal número 8 por el número 24, siendo múltiples las explicaciones y ninguna exactamente oficial. Es obvio que el 24 es una cifra que supera en un punto a los dorsales de Michael Jordan y LeBron James. También son todas las horas del día. También es el dorsal que utilizó de crío en su etapa de formación en Lower Merion HS, en Philadelphia.

Para la **temporada 2006-2007** veríamos a Kobe aparecer con su nuevo dorsal y en la mente de todos y sin duda en la mente de él, aquello implicaba dejar atrás un Kobe, el Kobe del 8 (y sus polémicas, sus disputas, su vida personal) y abrazar un nuevo Kobe, más maduro, hombre de familia, de espíritu aún más ganador y ética de trabajo que irá más allá de la obsesión: una auténtica **Mamba Negra** dentro y fuera de la cancha. En la post-temporada, los Lakers caerán nuevamente en primera ronda contra los Phoenix Suns de Mike D'Antoni (que a su vez volverán a quedar varados en las finales del Oeste). Durante la temporada, el **7 de enero de 2007**, Phil Jackson logra su victoria número 900, siendo el entrenador que más rápido lo había logrado en su carrera (con 1.264 partidos), superando en ello a Pat Riley, hasta entonces el primero (con 1.278 partidos). Ese mismo año, además, será incluido como miembro del Salón de la Fama.

La **temporada 2007-2008** se inicia con importantes novedades deportivas que acabarán demostrándose cruciales: la vuelta de **Derek Fisher** (Utah Jazz) y el fichaje de **Pau Gasol** (Memphis Grizzlies) reforzarán a los Lakers en dos posiciones esenciales en la cancha y en una que vas más allá: la mentalidad. La suma de entereza mental y profesionalidad. Los Lakers se disparan a un registro campeón de 57-25 y llegan a las **Finales de la NBA de 2008** impartiendo lecciones de un baloncesto colectivo y de velocidad asombrosas. Todo converge para la épica: desde el Este, entrenados por Doc Rivers y sorprendiendo a todo el mundo sacándose de la chistera la tercera mejor temporada histórica de la franquicia (66-16), los Boston Celtics se plantan como equipo «revelación», por primera vez en unas finales de la NBA desde que cayeran 2-4 contra los Lakers del *showtime* en las finales de la NBA de 1987 con un James Worthy estratosférico. Son los mejores y más completos Boston Celtics desde los tiempos de Larry Bird: Rajon Rondo, Ray Allen, Paul Pierce, Kevin Garnett y Kendrick Perkins; dotados de buena profundidad de banquillo y un excelente entrenador. La serie se solventará 2-4, con los Lakers siendo humillados en el Boston Garden en el sexto partido, con una victoria céltica 92-131: un margen de 39 puntos que rompe todos los registros establecidos hasta la fecha en un séptimo partido de unas finales de la NBA. Boston consigue su anillo número 17.

Campeonato de la NBA de 2009 | Tras dos meses de competición, el equipo está en lo alto con un registro 25-5. Acabando con un asombroso y contundente 65-17, Los Angeles Lakers llegan a las finales dispuestos a arrasar a los Orlando Magic, que desde su fundación en 1989 vienen de completar, con Stan Van Gundy en los banquillos, la mejor temporada de su historia (59-23). Si su primera vez en unas finales, Orlando fue barrida 4-0 por Houston, la segunda no les va mucho mejor y son enviados a casa 4-1 por unos Lakers que ganan su anillo número quince, con una conexión sensacional en cancha entre Kobe Bryant y Pau Gasol.

1. Derek Fisher (11 puntos, 1,8 asistencias, 1,2 robos).
2. Kobe Bryant (32,4 puntos, 5,6 rebotes, 7,4 asistencias, 1,4 robos, 1,4 tapones).
3. Trevor Ariza (11 puntos, 1,6 asistencias, 1,8 robos).
4. Pau Gasol (18,6 puntos, 9,2 rebotes, 2,2 asistencias, 1,8 tapones).
5. Andrew Bynum (6 puntos, 4,2 rebotes).

Desde el banquillo, los suplentes tendrían tanta importancia como la mayoría de titulares, en particular Lamar Odom (13,4 puntos, 7,8 rebotes), uno de los hombres más queridos del vestuario, versátil para jugar de 3 y de 4, que saliendo habitualmente por Andrew Bynum desplazaba a Gasol a la posición de 5 donde este rendía de forma excelsa. Jordan Farmar, Luke Walton y Shannon Brown completaban los recursos más importantes del banquillo.

Campeonato de la NBA de 2010 | El baloncesto en general y la NBA en particular siempre da segundas oportunidades. Los Angeles Lakers (57-25), tras apear en las finales del Oeste a los Phoenix Suns de Alvin Gentry por 4-2, entran en las finales de la NBA por tercer año consecutivo para batirse con su máximo rival. Los Celtics de Doc Rivers no han hecho la mejor de las temporadas (50-32) pero llegan rebosantes de confianza. El registro particular en los enfrentamientos en temporada regular entre ambos equipos era de 1-1, en ambos casos con diferencia de 1 punto. Es decir, todo indicaba unas finales largas, igualadas y muy reñidas. Durante la temporada regular, Kobe Bryant había superado a Jerry West como máximo anotador de la franquicia, Trevor Ariza había partido rumbo a Houston y Phil Jackson había dado entrada al controvertido Ron Artest en su lugar en la unidad titular. Las finales se irán hasta los siete partidos.

1. Derek Fisher (8,6 puntos, 3 rebotes).
2. Kobe Bryant (28,6 puntos, 8 rebotes, 3,9 asistencias, 2,1 robos).
3. Ron Artest (10,6 puntos, 4,6 rebotes, 1,3 asistencias, 1,4 robos).
4. Pau Gasol (18,6 puntos, 11,6 rebotes, 3,7 asistencias, 2,6 tapones).
5. Andrew Bynum (7,6 puntos, 5,1 rebotes, 1,3 tapones).

Entrando desde el banquillo, Lamar Odom promediará más minutos en cancha que Andrew Bynum al que sustituye, para permutar posición con Gasol, dando 7,6 puntos por noche, 6,6 rebotes y 1,3 asistencias. Jordan Farmar y Shannon Brown se consolidan como suplentes indispensables, igual que Sasha Vujacic, que resultará el mayor productor desde el banquillo en el sexto partido (con 9 puntos) y crucial en el séptimo partido desde la línea de tiros libres, engrosando la diferencia final al 79-83 definitivo, a 11,7 segundos del final. Tras un rebote defensivo fundamental de Pau Gasol a tiro a la desesperada de Rondo, abre pase a Odom, que lanza la bola a la cancha contraria en una parábola elevadísima propia de un *quarterback*..., antes de que la bola caiga al suelo, sonará la bocina de final del encuentro dando a Los Angeles Lakers su anillo número dieciséis, contra el eterno rival, en el Staples Center. Yo todavía tengo enredado en el pelo confeti púrpura y oro que cayó aquella noche desde el techo del pabellón y aún no he recuperado del todo la voz de tanto gritar. El universo era propiedad de Los Angeles Lakers.

De todo se despierta, muy a nuestro pesar, y cuando los Dallas Mavericks apean a Los Angeles Lakers en las semifinales del Oeste en 2011, dando una imagen muy penosa en la cancha, la cara de Phil Jackson nos lo indicaba todo. Se retiraba. Y yéndose él al retiro, enviaría a los Lakers a una oscura noche en la que todavía durante la temporada 2015-2016 se encuentran nadando, completamente desmantelados y con **Kobe Bryant** como último superviviente de las glorias del pasado convertido en una figura mitológica, elevándose como una escultura heroica entre la bruma y las ruinas humeantes. **Pau Gasol** disfruta desde la **temporada 2014-2015** como eje central de un proyecto muy potente que lleva unos años gestándose en el Este bajo el emblema del toro de Chicago. **Andrew Bynum** se encuentra en paradero deportivo desconocido, como si nunca hubiera sido realmente parte de nada de todo esto, mientras **Lamar Odom** entra y sale de clínicas de desintoxicación y páginas de *TMZ* y demás prensa rosa americana, orbitando el planeta Kardashian, o siendo orbitado por el planeta Kardashian, nadie tiene del todo claras las reglas gravitacionales en ese cosmos de celebridades. Con un contrato de 60 millones de dólares, **Phil Jackson** ejerce como presidente de los New York Knicks desde el 18 de marzo del 2014 (proyecto para el que eligió a **Derek Fisher** como entrenador jefe tras su retiro de las canchas en junio de 2014) con la única intención de aplicar su mítico **triángulo ofensivo** por tercera vez, y cerrar así su ciclo deportivo en la franquicia que le dio en 1967 entrada como jugador a la NBA.

Muy bien. Hasta aquí el relato crónico de los hechos, pero ¿en qué consiste ese mítico, mitológico, **triángulo ofensivo** que tanta incidencia positiva tuvo en todos estos éxitos? Recojamos primero testimonios de algunos de los hombres que bajo su luz actuaron… Aquí tenemos a **Dennis Rodman**, tres veces campeón con el triángulo (1996-1998), dos veces campeón *contra* el triángulo (1989-1990): «Lo aprendí en 15 minutos. A ver. No es tan difícil. Es un triángulo». Bien, parecer fácil de aprender. Veamos qué tiene que decir **Shaquille O'Neal**, tres veces campeón (2000-2002) como vértice fundamental del triángulo: «Nuestro ataque es como el teorema pitagórico: ¡no hay respuesta!». Vaya. Igual no es tan fácil como parece, aunque el Teorema de Pitágoras precisamente si de algo está dotado es de una resolución permanente y universal. A ver, a ver si hallamos más luz en las palabras de **Bill Cartwright**, tres veces campeón (1991-1993), en los primeros años de vuelo, en el amanecer del triángulo, un hombre verdaderamente serio y de los más circunspectos de este negocio: «El triángulo es la fundación del ataque». Ecos bastante míticos en una aseveración que no deberíamos pasar por alto. El triángulo conforma la base del ataque. De acuerdo. Triángulo ofensivo se llama. A ver qué nos dice nuestro querido **Pau Gasol**, dos veces campeón (2009-2010) con ese sistema: «Me puso en mi posición natural, en el poste. Podía anotar y pasar. Me encajaba a la perfección». Muy bien. Un hombre que tan pronto juega excelso en posición de 4 como ocupando la posición de 5 se sentía perfectamente integrado en el ataque, ocupando exactamente su sitio natural. El triángulo explota por tanto la mejor posición y capacidades de sus integrantes, optimizándolas. Bueno. Cinco anillos

(2000-2002, 2009, 2010) contemplan a **Kobe Bryant**, ejecutando los principios del triángulo en cancha. Los mismos campeonatos que avalan a **Derek Fisher**, base de aquel equipo y que llega en la **temporada 2014-2015** como entrenador jefe de los New York Knicks con el único objeto de implantar el triángulo en esa franquicia... aunque su ejercicio acabó con el peor registro de la franquicia en sus sesenta y nueve años de historia, con un lamentable 17-65. Pero debemos suponer que ambos hombres tienen que saber de qué va el triángulo, habiendo ganado cinco anillos con él. El **5 de noviembre de 2015**, en la visita de Los Angeles Lakers al Madison Square Garden, interpelado por el eterno fan a pie de cancha de los Knicks, el director de cine Spike Lee, **Kobe Bryant** declaró: «Esto no es un puto triángulo, es un cuadrado, macho». Verdades como puños. Eso es lo que cabe esperar de Kobe Bryant. No hay declaraciones de Derek Fisher en relación a esta estrategia misteriosa del triángulo cuadrado, pero sí podremos colegir que el **triángulo ofensivo** es una fuerza tan potente que manejada con incompetencia, como todas las armas de largo alcance, te puede estallar en la cara y enviarte a la luna del ridículo, como le pasó a él cuando intentó implantarlo en los Knicks.

Vamos al origen, al saltamontes que recogió de la mente creadora la valiosa información, el grial estratégico, la fórmula alquímica original: *Tex* Winter. El auténtico padre del triángulo ofensivo, el que lo innovó haciéndolo ganador y lo legó a Phil Jackson. En una entrevista concedida a *SLAM* en 1998 encontramos a este hombre magnífico hablando de su estrategia: «Todo el tema se basa en unos principios muy sencillos... El balón, que un jugador se mueva con un propósito, ocupar buenas posiciones de rebote ofensivo, espaciar la pista y penetración. La estrategia no tiene sentido a no ser que se pueda penetrar». Tenía 77 años entonces, en plena forma, saludable y con barriguita de buen vivir. Un hombre honesto: «Es tan simple que donde más lo verás aplicarse es en la canchas de críos, los entrenadores de chavales lo usan porque es perfecto para ellos: aprenden a operar los fundamentos a partir del espaciamiento de la pista». Por fin empezamos a tener las cosas claras. Así que nada mejor que oír de sus propias palabras qué papel exactamente juega **Phil Jackson** en todo esto: «Phil y yo trabajamos juntos [siendo ambos entrenadores asistentes de los Chicago Bulls] en las ligas de verano; fue entonces cuando le expliqué el triángulo. Cuando le asignaron como entrenador jefe, iba en busca de un tipo de ataque basado en los principios fundamentales que relacionan balón y movimiento del jugador, posiblemente porque había sido jugador de los New York Knicks que jugaban de maravilla en equipo. El triángulo le daba a Phil algo en lo que colgar su sombrero y, gran vendedor como es, convenció a Michael Jordan para que lo aceptase, lo que no era originalmente fácil dado que el triángulo exige ciertos sacrificios individuales. Pero Jackson le convenció de que si iba a ganar campeonatos, sería formando parte de un esquema». Y aquí tenemos la clave. Se trata de un esquema.

El **triángulo ofensivo** es un esquema. No es una jugada, ni un libro de jugadas. Es un estilo, una filosofía que conjunta los fundamentos baloncestísticos esenciales, y es ahí donde reside su más notable característica: no se trata de una jugada que haya que ensayar, no hay rutas que seguir ni patrones establecidos. Se trata de una forma de concebir el baloncesto, una estrategia permanente con la que los jugadores deberán leer y reaccionar a lo que en pista esté sucediendo, sin deslavazarse de su fundamento esencial. El ataque es un cúmulo de opciones dado por las posiciones y cada pase abre un nuevo cúmulo de opciones. Por ello, el triángulo ofensivo requiere de gran conocimiento e inteligencia, lectura rápida y mucha atención. Cuanto más sepan de baloncesto sus integrantes, mejor funcionará y mejor aprovechamiento de sus talentos particulares podrá extraerse. Sí mantiene un punto en común con las jugadas tradicionales: los jugadores deben ocupar unas posiciones determinadas. Siempre. Veamos el único esquema que realmente necesitamos conocer:

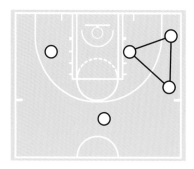

Así dispuestos en la cancha, todos los jugadores procurarán siempre mantener una distancia de 4-6 metros entre sí. Es la forma en la que mejor, de acuerdo a la estrategia, puede espaciarse el ámbito del ataque. El triángulo original del que todo parte (unido por líneas en la imagen)[1] está colocado en un lado de la cancha, típicamente compuesto por:

2. Escolta (llamado **hombre clave**). Kobe Bryant.
3. Alero (hombre en la **esquina**). Ron Artest.
5. Pívot (hombre en el **poste**). Pau Gasol.

Los otros dos jugadores, a la expectativa, miembros de otros triángulos, son:

4. Ala-pívot (llamado **ala débil**). Lamar Odom.
1. Base (llamado **balance defensivo**). Derek Fisher.

---

1.   Nótese que sobre la cancha existen en realidad tres triángulos posibles.

Es muy importante mencionar que en ningún caso las posiciones del triángulo ofensivo deben ser ocupadas de acuerdo a las funciones típicas (1-5) de los hombres en cancha en el formato tradicional. Todos los hombres en el triángulo deberán ser capaces de ocupar cualquiera de las posiciones de acuerdo al desarrollo del ataque. Precisamente, una de las grandes virtudes del triángulo es su versatilidad, su capacidad omnímoda que, en último extremo, acaba llevando a la disolución de algunas posiciones, en particular la de base. El sistema empieza su aplicación ofensiva cuando el **hombre clave** recibe el balón. El pase que elija (de ahí el nombre de **hombre clave** que se asigna a ese puesto) realizar determinará una generación de opciones ofensivas u otra. Naturalmente, sus opciones de pase son cuatro. Por él pasa la lectura de juego en ese momento, y elegirá la opción que mejor se ajuste a una prioridad preestablecida:

> Opción 1: pase al poste.
> Opción 2: pase al balance defensivo.
> Opción 3: pase al ala-pívot, que sube a recibir a la botella.
> Opción 4: pase a la esquina.

Una norma aplicada como criterio permanente a la hora de dar un pase, no importa desde qué vértice: siempre deberá aplicarse el criterio de «menor resistencia» defensiva. Otra norma indispensable consistirá en mantener las posiciones del triángulo ofensivo siempre ocupadas. Esta norma procurará al jugador una guía permanente en la cancha que orientará sus movimientos de acuerdo al principio de «movimiento con un propósito». Es evidente a estas alturas que a los jugadores en el triángulo ofensivo se les exige pensar por sí mismos, en todo momento, mucho más que en las jugadas preconfiguradas. De ahí que los fundamentos cobren mayor relevancia que en ningún otro sistema que puede ejecutarse más o menos mecánicamente y es sin duda ahí donde reside su dificultad de aplicación. Hay una serie de principios, una suerte de decálogo, que todos los jugadores del triángulo deberán mantener en mente durante los ataques: 1) la penetración será la mejor manera de desestabilizar la defensa rival, sea atacándola con balón o cortando hacia la zona abierta; siempre que se encuentre línea directa con la canasta habrá que seguirla; 2) mantener la distancia entre posiciones generará en cada penetración al menos un hombre atacante libre de marca, dadas las ayudas que la defensa rival realizará para defender la penetración; 3) todo jugador debe moverse con un propósito, siempre vinculado al mantenimiento del triángulo: el error no existe en el triángulo si el jugador con balón abre pase al hombre abierto o corta por la zona abierta; 4) el jugador con balón deberá siempre poder pasar la bola a cualquiera de sus cuatro compañeros, implicando con ello que los jugadores susceptibles de recibir pase deberán colocarse en situación si no lo están: cualquier jugador en el triángulo forma parte del ataque; 5) manteniendo las posiciones del triángulo todos los jugadores atacantes tendrán opción de rebote ofensivo y estarán colocados para organizar un rápido balance defensivo en caso de pérdida de posesión, para lo que será indispensable el mantenimiento de la posición del **balance defensivo** cuya función primordial en esta estrategia ofensiva siempre será el servicio de defensa y el corte de contraataque rival; 6) la versatilidad es indispensable, todos los jugadores ocuparán cualquiera de los cinco vértices de acuerdo a las necesidades determinadas por el desarrollo del ataque; 7) una vez en funcionamiento, el triángulo extraerá los mejores talentos individuales de cada jugador, sean estos los que sean, optimizando así las características personales por el bien común.

Once anillos han sido logrados con el **triángulo ofensivo** en la **NBA** hasta la temporada 2015-2016, todos dirigidos por Phil Jackson y mecanizados por *Tex* Winter; y diez campeonatos de la **NCAA** femenina han sido obtenidos también en base a los mismos principios. Aplicado por el entrenador **Geno Auriemma**, el triángulo ofensivo ha hecho campeonas de la NCAA femenina a varias generaciones de jugadoras de la Universidad de Connecticut y granjeado a su entrenador jefe la inclusión en el Salón de la Fama (2006), manteniendo en la temporada 2015-2016 uno de los registros de victorias-derrotas más impresionantes de todos los tiempos: 918-134 (87,3%). Si revivimos aquella dinámica de ataque con la que vimos a los **Chicago Bulls** de Michael Jordan ganar sus anillos, o a **Los Angeles Lakers** de Kobe Bryant ganar los suyos, o revisamos los campeonatos NCAA de las **Huskies**, efectivamente lo que estamos viendo va más allá de una secuencia de jugadas en rotación. Estamos viendo una estrategia basada en decálogos, principios y fundamentos que reparte la responsabilidad entre todos los jugadores y requiere de ellos unos conocimientos muy profundos de este deporte. Dificilísima de jugar. Bellísima de ver.

26. MARK CUBAN

Nacido en Pittsburg, Pensilvania, el 31 de julio de 1955. Padre tapizador, madre sin ocupación fija. Pura clase media y mostrando iniciativas propias del espíritu del negociante desde la adolescencia (se compró sus primeras zapatillas de baloncesto con 12 años, vendiendo bolsas de basura), en 1981 obtiene la licenciatura en Administración de Empresas por la Kelly School of Economics, escuela dependiente de la Universidad de Indiana e institución de la red pública universitaria. Licenciado y sin obligaciones familiares, en **1982**, Mark Cuban llega a **Dallas, Texas**.

Texas es el segundo estado en población de los Estados Unidos, y el primero, junto con California, en número de franquicias NBA, con tres. Pero Cuban no cae en la ciudad precisamente más baloncestística de todas. Lo grande en Dallas siempre ha sido la NFL, con los Dallas Cowboys presentes por todas partes, y en baloncesto el recuerdo ABA de los Dallas Chaparrals (1967-1970) está más que diluido en las antiguas brumas del tecnicolor (y reconvertidos en San Antonio Spurs desde 1973, de camino a convertirse en archirrivales estatales). La **NBA** acaba de aterrizar para la **temporada 1980-1981** con una pequeña franquicia llamada **Dallas Mavericks**. Iniciativa de **Don Carter**, hombre de negocios local, y **Norm Sonju**, el que fuera presidente y director general de los Buffalo Braves hasta su traslado a San Diego en 1978, los Mavericks han hecho los clásicos registros de las franquicias de expansión: lamentables; aunque lentamente el equipo empieza a calar gracias al despertar de la que por entonces será su única estrella, un chaval que jamás se pensó que lo sería: el base **Brad Davis**. Además, se han reforzado con los fichajes de **Mark Aguirre** y **Rolando Blackman**, todavía diamantes en bruto. Todo está arrancando. Cuban obtiene un empleo como vendedor de software en Your Business Software, la única tienda de ordenadores y componentes por aquel entonces de Dallas. En 1984 forma su propia empresa, MicroSolutions, con la intención de abrir brecha en el mercado de su empleador. Soplan vientos favorables en la ciudad. Los Mavericks entran en una dinámica positiva que les acaba coronando como equipo de gran interés en el Oeste, llevando a los todopoderosos Lakers a una serie de siete partidos en las **finales del Oeste de 1988**, la mejor actuación de los Dallas Mavericks de la década..., y posiblemente el origen de esa rabia personal, tan pública, de Cuban por la franquicia más glamurosa de California. Sea como sea, los vientos favorables elevan a nuestro hombre hacia la gloria personal y en **1990** le vemos vendiendo sus microsoluciones por **6 millones de dólares**. La magia de los negocios se ha corporizado en él. Convertido en hombre de negocios de éxito, Mark Cuban sigue atento a todo lo que el sector tecnológico, su mina de oro, puede ofrecer. Los Mavericks caen en un oscuro valle deportivo, pero él sigue adelante con tesón. En 1995, con un amigo de la universidad, funda Audionet (que convertirán en Broadcast.com en 1998) con la intención de conectar su pasión por los Hoosiers con las opciones que el alba de la tecnología en línea parece ofrecer. En 1999, Yahoo, enloquecido como el resto del parque tecnológico occidental, comprará Broadcast.com por **5.700 millones de dólares**. Sí. Con semejante dineral, Cuban, siempre un inteligente hombre de negocios, opta por la diversificación de inversiones, para evitar los daños que intuye acontecerán cuando la burbuja de las punto com reviente. Acierta. Obviamente. Desde esa atalaya de la potencia financiera, y bajo la luz de la diversificación (que le llevará entre otras cosas a convertirse en propietario de la productora cinematográfica Magnolia Pictures) decide que ha llegado la hora de dar el auténtico paso que en su corazoncito deportivo llevaba tantos años gestándose: el **4 de enero de 2000** se convierte, previo pago de **285 millones de dólares**, en accionista mayoritario de los **Dallas Mavericks**.

Tradicionalmente, con algunas excepciones históricas al estilo **Eddie Gotlieb** que, siendo ya propietario de los Philadelphia Warriors en 1952, repartía cuartillas en plena calle anunciando los partidos, actuando como un eufórico seguidor desde el inicio, bajando de los despachos a los vestuarios en cada encuentro, hiperactivo, siempre en cientos de reuniones de todo tipo, los propietarios de franquicias de la NBA suelen mantener perfiles públicos bajos. Cuando ocasionalmente acuden a sus canchas ocupan localidades de palco privado, elevadas, y solo bajarán al parquet con motivo de conmemoraciones, ceremonias o celebraciones oficiales. No es el caso de **Mark Cuban**. Desde su llegada a los Mavericks, Cuban ha hecho de pivote en dos importantes elementos: su franquicia, resultados en mano, se ha convertido en un aspirante importante del Oeste, y la figura fría y gris de los propietarios de franquicia NBA ya nunca serán lo mismo: ahora existe una «escuela» Cuban de hacer las cosas, entre cuyos principales «pupilos» podríamos destacar a Roger Pera (propietario de los Memphis Grizzlies) y Steve Ballmer (propietario de Los Angeles Clippers). Cuban jamás va a un palco y jamás se pierde un partido. Siempre está a pie de pista, normalmente en segunda fila, mezclado con el público común porque él se siente público común. Y como tal se comporta. Discute las decisiones arbitrales, se levanta, celebra, salta, se horroriza. Hace lo que cualquier seguidor de corazón hace. Su problema en una NBA completamente profesionalizada es que en un evento de ámbito NBA, Mark Cuban jamás podrá ser considerado un mero seguidor: lleva **1,65 millones de dólares** pagados en multas a la NBA, hasta julio de 2015. Por su lenguaraz viveza y su carácter socarrón y combativo, es más que habitual su presencia en los medios de comunicación, opinando siempre libremente como hace cualquier otro seguidor. Prácticamente todas sus multas proceden de sus críticas sangrantes a los árbitros, producidas la mayor parte de las veces de forma verbal, pero también con encaramientos ocasionales, alguna entrada completamente inapropiada en la cancha con el partido en juego para reclamar una falta, e insultos directos a un jugador (J.R. Smith que, cómo no, acababa de soltar un codazo a uno de los jugadores de Dallas). Para acallar la crítica que incluso algunos jugadores de la franquicia como Dirk Nowitzki han llegado a hacerle dada su absoluta incontinencia verbal, Mark Cuban entrega exactamente la misma cantidad que le cuesta cada multa a iniciativas sociales y de caridad. Naturalmente, con ello, se está convirtiendo en un auténtico filántropo. Aunque no acarrearon sanciones de ningún tipo, son famosas sus declaraciones contra Los Angeles Lakers («Espero que los Lakers den asco para toda la vida», noviembre 2014) o los Houston Rockets («James Harden tiene que ser el MVP, a ver, no es precisamente un buen equipo el suyo», abril 2015), equipos que tiene claramente entre sus más queridos... Hiperactivo en la era de la tecnología y la comunicación, la popularidad de Mark Cuban trasciende, y con mucho, las fronteras de la NBA. Tenido justamente como gurú de la emprendeduría y las inversiones, presentado en la televisión nacional como «billonario emprendedor» es a menudo citado *à la façon* Steve Jobs, en busca de inspiración, por su forma determinada de hacer y su defensa de la obsesión comprometida: «No inicies un negocio a no ser que estés obsesionado. Una estrategia no es una obsesión», «Trabaja como si hubiera alguien 24 horas al día dedicado a quitártelo todo». Protagonista de una serie de televisión (*Shark Tank*), Mark Cuban es un ente público en sí mismo, con su impacto propio. Su cuenta de Twitter, por ejemplo, es seguida por 3,96 millones de personas mientras la cuenta de Dallas Mavericks se queda en los 700 mil seguidores. En su foto de perfil, eso sí, posa en el interior de su jet privado (con el que vuela a todos los encuentros del equipo en la carretera), fumando un puro junto al áureo trofeo de la NBA en el asiento de al lado. Con una camiseta de lo más simple y tejanos, su indumentaria habitual. Casado en 2002 y padre de tres niños, vive en una mansión en uno de los barrios residenciales más bellos en la zona de Dallas.

Desde que tomó la franquicia a pleno rendimiento y plenos poderes en la **temporada 2000-2001**, Mark Cuban ha sido, igual que en los negocios, como una especie de varita mágica para el equipo. De forma continuada (a excepción de la extraña temporada 2012-2013), los Mavericks han estado presentes en todas las post-temporadas de la NBA. Contando en el arranque de su singladura con **Dirk Nowitzki** en progresión, un indispensable anotador **Michael Finley** y un muy relevante, genio, **Steve Nash**, el equipo, pilotado desde el banquillo por **Don Nelson**, cinco veces campeón como jugador con los Celtics (1966, 1968, 1969, 1974, 1976) y uno de los entrenadores con mejor olfato para el fichaje de jugadores de todos los tiempos, toma rápida consistencia. Para el NBA All Star Game de 2002, Don Nelson es elegido como entrenador del Oeste gracias a su excelente trabajo con la franquicia de Dallas, en la que lleva trabajando desde 1997. A Nelson, objetivamente uno de los mejores entrenadores de la historia de la NBA, hay que reconocerle el haber hecho de los Mavericks un equipo muy contundente en ataque, haber ideado y aplicado un sistema que elevaba las características de todos sus jugadores, eminentemente anotadoras, lo que dio como resultado un equipo en el que cualquiera podía anotar en cualquier momento: martilleo y velocidad, los Mavericks encadenan la mejor racha de resultados en temporada regular de su historia, superando las cincuenta victorias durante cinco temporadas seguidas. Su asignatura pendiente es la defensa, sobre todo por la débil capacidad de sus interiores (Raef LaFrentz, Dirk Nowitzki) para esa tarea; para contrarrestar, sin embargo, Don Nelson inventará y legará para las futuras generaciones la controvertida estrategia del *Hack-a-Shaq*: cuando tus hombres sean madres en defensa, que se carguen de faltas y envíen al rival más torpe desde la línea a la línea, trabando el juego hasta el límite y esperando remontar en las posesiones que te correspondan.

El 22 de marzo de 2005, poco antes de acabar la temporada 2004-2005, con Dallas ya clasificado para los playoffs, Don Nelson reúne a todos sus jugadores en la cancha tras la ronda de tiro y les anuncia que se va. Bueno, que sube de vuelta a los despachos. Al principio ninguno da crédito, no se lo creen. No hay motivo. Todo va bien. Don Nelson tiene entonces 64 años y es el segundo mejor entrenador de la historia de la NBA en número de victorias. Por aquel entonces lleva ya unos meses **Avery Johnson** ejerciendo como segundo entrenador y Nelson lo designa en ese instante como su sucesor, completamente avalado ante los jugadores sobre los que Nelson tenía absoluta proyección. Más tarde explicará escuetamente a los medios sus razones para la renuncia: los jugadores empezaban a entenderse mejor con Avery Johnson que con él. Una vez más, Don Nelson dejó muestras de su gran olfato, interpretando al milímetro las condiciones personales que le rodeaban. Dejó en Dallas el mejor registro obtenido jamás por ningún entrenador precedente (339-251) y en su faceta como director deportivo (iniciada en 1997) queda claro que fue él el arquitecto de la franquicia de éxito que ahora legaba a su pupilo. Una vez hecha pública la noticia, **Mark Cuban** declara: «Yo creí en Nellie, y él me recompensó ampliamente por ello. Estoy con él y le apoyo en cualquier decisión que tome». Y una vez más, el criterio de Don Nelson entregó la mejor decisión... En la siguiente

Dirk Nowitzki aguanta una defensa de Chris Bosh durante el sexto partido de las Finales de la NBA de 2011 en el American Airlines Center de Miami.

temporada, la primera dirigida enteramente por **Avery Johnson**, los Dallas Mavericks, tras una excelente temporada regular (60-22), se clasifican para las **Finales de la NBA de 2006**.

Las **Finales de la NBA de 2006** tienen una connotación especial, histórica. Por primera vez, desde las Finales de la NBA de 1971 (Milwaukee Bucks 4–0 Baltimore Bullets), volvían a encontrarse dos equipos sin experiencia previa en finales, debutando a la vez en semejante evento. Era imposible superar el quiebro, descalabro estadístico, que en 1971 había supuesto el barrido de los Bucks, llevados por la gran fuerza de Lew Alcindor, sobre los Bullets, pero todos estábamos muy atentos a qué podría pasar en estas. En general la gente recibía mejores sensaciones de juego desde el lado tejano, pero el atractivo y la potencia de la plantilla de Miami Heat eran incuestionables. Iban a ser unas finales muy igualadas, nadie predecía barridos. Ambos equipos además traían trayectorias similares. Los **Miami Heat**, retomado el control del banquillo en aquella temporada 2005-2006 por **Pat Riley**, equipo de expansión de la **temporada 1989-1990**, tenían menos recorrido en la NBA, pero llevaban al menos diez temporadas encadenando los banquillos de Pat Riley (1995-2003) y Stan Van Gundy (2003-2005), asomando por post-temporada y dejando muy buena impresión. Con un joven **Dwayne Wade** (NBA *draft* 2003) y los fichajes de **Shaquille O'Neal** (2004) desde Los Angeles Lakers y el mago inimitable **Jason Williams** (2005) desde Memphis Grizzlies, Miami era sin duda el equipo más Oeste de la Conferencia Este, muy veloz y rompedor, entrando en posiciones elevadas entre los equipos más anotadores de la NBA.

1. Jason Williams
2. Dwyane Wade
3. Antoine Walker
4. Udonis Haslem
5. Shaquille O'Neal

Con entradas indispensables desde el banquillo de hombres de gran experiencia como Gary Payton o Alonzo Mourning, y un James Posey que había llegado junto con Jason Williams en el negociado desde Memphis, Miami Heat se lleva su primer anillo contra los Dallas Mavericks por 4-2, tras haberse impuesto Dallas en el arranque con un severo 2-0 aprovechando la ventaja de campo. La reacción de Miami sería histórica, pues solo los Celtics de 1969 y los Portland Trail Blazers de 1977 habían logrado anteriormente ganar unas finales remontando un 0-2 en contra en la serie final. Al estilo Portland 77, los Heat ganan los cuatro siguientes encuentros, sin siquiera necesitar la serie a siete partidos. De esa remontada, el artífice fundamental en cancha, poniéndose realmente el equipo a la espalda y sobresaliendo en anotación, fue **Dwyane Wade** que cerrará la serie promediando 34,7 puntos por noche, con

7,8 rebotes, 3,8 asistencias, 2,7 robos y 1 tapón. Una de las actuaciones más completas de la historia de la NBA en unas finales.

Tan paralelas eran sus trayectorias, que similar fue su recorrido posterior. Ambas franquicias cayeron en los años siguientes en sus propias oscuridades deportivas, mutaciones y cambios, de los que salieron rehechas, cómo no, a la par. Las **Finales de la NBA de 2011** reeditarían la edición del 2006.

Mismos contendientes. Distintos banquillos. Mismas piezas estructurales en cancha. Y la balanza alterada porque en esta ocasión **Miami Heat** llegaba como claro (incluso clarísimo) contendiente. Los Heat habían ocupado plenamente el marco mental de la NBA con el estreno de su *Big Three* en forma de superproducción. El corazón de Miami era Dwyane Wade, pero la llegada de **LeBron James** tras «la decisión», junto con **Chris Bosh**, puso a Miami Heat en el ojo mediático y, dadas las palabras de LeBron en la presentación («No uno, ni dos, ni tres, ni cuatro, ni cinco, ni seis, ni siete...»), estaban sometidos a unas expectativas y autoexigencias rara vez vistas en la NBA.

Dallas era una incógnita. Dallas era una esperanza. Incluso un deseo. Los románticos querían ver a **Dirk Nowitzki** ganar su anillo. Al retornado y crepuscular **Jason Kidd** lograr el suyo. Al mejor penetrador de tráfico en la pintura de 1,83 m en activo, **José Juan Barea**, lograr el suyo. El frío tirador, **Peja Stojakovic**, merecía el suyo también. Incluso el cara-roja, vena-marcada, desgañitado en la grada **Mark Cuban** merecía lograr su anillo de una vez. Había posiblemente y de forma general mucho más corazón puesto en Dallas Mavericks que en Miami Heat para el espectador neutral que, dados los equipos en contienda y sus mercados entonces, éramos la inmensa mayoría. **Rick Carlisle** había tomado las riendas del equipo durante la larga noche y llegaba muy reforzado, un entrenador al que prestar atención. Carlisle es sin duda un excelente lector de juego y tempo, hombre de pizarra hasta extremos incluso recalcitrantes. Con partidos claramente perdidos, no bajará el pistón. Pedirá tiempo muerto y ejecutará jugada aún a falta de segundos y con la gente abandonando el pabellón. Tal vez el frente en el que jamás ha logrado destacar es en el gobierno de ciertos perfiles de jugador: talentosas estrellas de corte pasota e indisciplinado son claramente su asignatura pendiente. No era el caso en la plantilla de aquellos Mavericks, uno de los quintetos titulares en unas finales menos «estelares» que se han visto:

1. Jason Kidd
2. José Juan Barea
3. Shawn Marion

4. Dirk Nowitzki

5. Tyson Chandler

Con Jason Terry y DeShawn Stevenson entrando desde el banquillo, con rendimientos clave en sus especialidades. Carlisle hizo un trabajo de orfebrería absoluto en el manejo y gestión de los minutos de sus hombres fundamentales, leyendo siempre las necesidades del equipo en el largo recorrido, sin perder conciencia en ningún momento de la batalla que se lidiaba. Las finales de la NBA de aquella temporada eran una especie de enfrentamiento conceptual entre «la gente corriente» y la «superproducción» brillante y luminosa. Yo particularmente no tenía ningún problema ganase quien ganase. Los Mavs causaron un primer impacto en el segundo partido al poner las finales 1-1 en la American Airlines Arena, con un partido muy compacto en lo colectivo. Miami recuperó su factor cancha ganando el tercero en Dallas, pero las alarmas se dispararon en torno a la figura de LeBron, que estaba claramente actuando por debajo de las expectativas. Sus desapariciones en los últimos cuartos empezaban a ser el elefante en la habitación. Y en la NBA, los elefantes en la habitación, sobre todo cuando atañen a grandes estrellas, siempre son comentados sonoramente. Los partidos cuarto y quinto en Dallas son claves para las finales, con Dallas imponiéndose muy severamente a Miami que, pese a un Dwyane Wade magistral, no logran encontrarse en la cancha. El entrenador de Miami, **Erik Spoelstra**, empieza a ser cuestionado; había muy poca ciencia en sus decisiones, las tomaba más bien llevado por los impulsos puntuales que el partido exigía y sin apostar claramente por nada. Ni estaba preparado tampoco para las variantes defensivas que el artesano Carlisle iba planteando a su ataque. En el sexto, Miami, desgastados mentalmente, y Dallas sin ceder un milímetro a la presión de la cercanía del campeonato. Nada indicaba que Miami tuviera capacidad estratégica para romper la tendencia. Y así fue. Dallas gana su anillo en el sexto partido, en Miami, con una diferencia de 10 puntos, LeBron bajando lamentablemente los brazos en las últimas defensas. Fue un anillo sorprendente. Miami quedaba en una situación poco confortable. El 1 de julio de 2011, la NBA entraría nuevamente en un cierre patronal que resultaría, más que histérico, agónico en esta ocasión. Una vez aclarado y superado el cierre patronal, los caminos que seguirían en esta ocasión los contendientes de las Finales de la NBA de 2011 serían muy diferentes. Miami Heat, arrancando en el inmediato primer minuto tras la derrota en las finales, se convertiría en el campeón que estaba destinado a ser, mientras **Mark Cuban**, todavía por razones no muy claras, inició un desmantelamiento del equipo que lo llevaría a los años pre-anillo.

27. PAU GASOL, EL PRIMER ANILLO ESPAÑOL

Al final me quedé en unos inviables 1,86 m para el baloncesto profesional, pero de niño crecí mucho al principio y mis padres decidieron que el baloncesto, junto con los estudios de los que jamás me dejarían librarme, podía ser una buena alternativa (y lo era: estadísticamente, los seres humanos que superan los 2,13 m, conforman la población mundial con más multimillonarios entre sus filas), así que me apuntaron al **C.D. Layetano de Baloncesto** (hoy Laietà Basket Club) que estaba al lado de casa y era el **primer club de baloncesto de España**, fundado en 1922. De crío, la perspectiva histórica que uno tiene sobre las cosas es algo más limitada y a nosotros que el C.E. Laietà hubiese ganado dos **Copas de España** (1942, 1944) contra el **F.C. Barcelona** y el **Real Madrid**, respectivamente, nos sonaba la mar de normal. No sabíamos gran cosa del padre **Eusebio Millán** que había traído el baloncesto a España por vía de las Escuelas Pías de Barcelona en 1921, ni de cómo su iniciativa había dado origen por parte de sus alumnos a la fundación del club ajardinado y tan cómodo en el que nuestros padres nos habían inscrito. Todos nuestros entrenadores fueron los mejores, y los árbitros, y los rivales. Todos, pero tuvimos en particular un entrenador, con título superior, que hizo de nosotros un equipo de categoría preferente. La verdad es que **Joaquim Castelló** nos instruyó en los fundamentos del baloncesto, en todos los movimientos, en el sentimiento de equipo, en el colectivo, el esfuerzo, el respeto por el rival, la administración psicológica del triunfo. Ejecutábamos jugadas, entendíamos las líneas de pase, el contraataque, la belleza del juego en equipo. Yo jugaba de 4.

Un día Joaquín me dijo que quería hablar con mi padre. El F.C. Barcelona quería ficharme. Yo tenía 14 años. De un niño poco coordinado y torpón, aquel hombre había hecho un chaval que interesaba al FCB que, por cierto, también estaba al lado de casa. Mi padre me dijo: «Tendrás que seguir en el cole, por supuesto, y hacer los deberes después de los entrenamientos». Medité y decidí que mejor seguía en el Layetano. Con la altura en la que

Pau Gasol se abraza a su compañero Kobe Bryant tras ganar EE.UU. la Final Olímpica de los JJOO de Londres 2012.

finalmente me he quedado quién sabe qué habría sido de mí por el mundo del baloncesto profesional en cancha, reconvirtiéndome a toda velocidad de interior a base; mi hombre siempre había sido **James Worthy**, y a mí me gusta ser un 4 abierto, incluso hoy en día en la liga de veteranos del Barcelonés Norte en la que andamos los Red Court, con los que debería jugar de 5, pero siempre acabo abierto y no haciendo nada de nada salvo pasarlo en grande. Bueno. El FCB era un equipo contra el que el Layetano competíamos en nuestra categoría preferente, como lo era el Joventut de Badalona. Al Joventut aún les ganábamos de vez en cuando, pero los partidos contra el FCB fueron siempre la derrota fija del año. Eran los jugadores más especiales de todos. Increíblemente metidos mentalmente, poco pasionales, bastante robóticos. Aprovechando el parón escolar de Navidad, el FCB siempre organizaba un torneo al que invitaba a los equipos más potentes de la categoría y que tenía como máximo premio disputar la final en el Palau Blaugrana, jugándose el resto de eliminatorias en el Picadero. En cierta ocasión llegamos a aquellas finales y caímos contra el Sant Josep. Lo cierto es que la belleza de un pabellón de baloncesto desde el parquet, con los marcadores un kilómetro por encima de la cabeza, tiene algo de increíblemente adictivo. Total. El caso es que en uno de aquellos torneos navideños, en semifinales contra el FCB, yo jugué contra Pau Gasol.

Él entonces jugaba la temporada regular en el C.B. Cornellà, que ejercía entonces como club cantera del FCB. Imagino que para aquel torneo de Navidad le pidieron venirse a jugar con el equipo de la categoría superior que por edad (13 o 14 años debía de tener él entonces) le correspondía, algo muy común en los clubs profesionales. Él era un crío rubio, de piel blanca, con algo de acné, que un adulto consideraría enclenque, pero háganme caso, no era para nada enclenque en la pista para la gente de nuestra edad. Muy alto y con esa musculatura alargada, ya ocupaba la posición con una maestría profesional: tenía un estilo sencillo, inteligente, de ocupar la pintura, con cierta gracilidad, sin utilizar mucho la fuerza, solo el cuerpo, pero cuando ibas al cuerpo a cuerpo contra él con fuerza, resultaba mucho más fuerte de lo que parecía a simple vista, anguloso y cabrón. Era de los pocos tíos contra los que uno sentía que directamente no tenía nada que hacer. Además, como era habitual en aquellos quintetos del FCB, jugaba muy contenido verbalmente, casi sin decir nada, completamente concentrado y ejecutando lo suyo. Como es normal y natural, su carrera fue progresando y pronto lo encontramos ya en los periódicos.

Tras destacar en su segundo año profesional en ACB con el Barcelona, Pau Gasol (Barcelona, 6 de julio de 1980) se declaró elegible para el *draft* de la NBA de 2001. Ejecutando su opción, **Atlanta Hawks** lo elige en tercera posición de primera ronda, convirtiéndolo en el primer internacional elegido tan arriba en un *draft* hasta aquel momento y descorchando las posibilidades para que otras franquicias en años sucesivos eligiesen internacionales en números aún más altos. Era, tras el malogrado Fernando Martín,[1] el primer español que llegaba a la NBA. Los Hawks, que claramente no pasaban su mejor etapa ni tenían entonces el mejor olfato de la liga precisamente, lo envían directamente a los **Memphis Grizzlies** que estrenan denominación aquella **temporada 2001-2002**, recién llegada la franquicia desde Vancouver donde sin duda hay osos grizzlies, como los hay en Montana. En un mercado en plena expansión, Pau hará una temporada de *rookie* extraordinaria, ganándose los corazones de todos los seguidores a ambos lados del Atlántico. En España estaba día tras día en los periódicos. En América se le miraba con progresiva curiosidad e interés. Tras la buena imagen dejada en cancha durante su debut con 4 puntos, 4 rebotes, 1 asistencia, 1 tapón, el **1 de noviembre de 2001,** en el Pyramid Arena de Memphis, Tennessee, Pau Gasol realizará una serie de actuaciones impresionantes durante toda la temporada. Contra los Phoenix Suns, el 6 de noviembre de 2001, en su primer partido en la unidad titular, se sube a los 27 puntos, con 5 rebotes, 4 asistencias, 1 robo y 3 tapones. Otros partidos de similar y mayor contundencia se sucederán: 26 puntos y 17 rebotes, con 3 tapones y 3 asistencias (contra Orlando Magic, 19 de enero de 2002), 32 puntos y 14 rebotes, con 4 asistencias y 2 tapones (contra Houston Rockets, 5 de abril de 2002); e incluso rozará el triple-doble con 18 puntos, 11 rebotes, 8 asistencias y 1 robo contra Houston Rockets (14 de abril de 2002). Nuestro español en la NBA se había ganado rápidamente un puesto fijo en su equipo, entrenado entonces por **Sidney Lowe**, haciendo desde muy pronto unos números impresionantes, realmente de torbellino, y mucho más allá de las expectativas. Fue además el único de toda la plantilla que tuvo presencia en cancha en cada uno de los ochenta y dos partidos de la temporada regular.

Aquellos Grizzlies eran un equipo muy joven, sostenido sobre un novato especialista como **Shane Battier** en el ala y el director más afroamericano que la raza blanca produjo jamás, **Jason Williams**, en posición de base. Escoltados ambos por un veterano, durísimo, **Nick Anderson**. La veteranía en la pintura, codo con codo con **Pau Gasol**, la ponía en aquella primera temporada **Grant Long**.

Aquella primera temporada dejó también un evento de puro orgullo que nos hizo a todos levantarnos del sofá. Era el **6 de diciembre de 2001**, jueves. Los Minnesota Timberwolves visitaban Memphis. Todos sabíamos que Pau Gasol tenía a Kevin Garnett como uno de sus jugadores favoritos de la NBA. Y todo sabemos cómo era y es y siempre será (y yo al menos

---

1. Portland Trail Blazers (1986-1987). Jugó veinticuatro partidos en total, con un promedio de carrera NBA de 0,9 puntos, 1,2 rebotes, 0,4 asistencias, 0,3 robos por partido.

lo amo con locura por ello) **Kevin Garnett**: un corazón enorme fuera de la cancha y un *trash-talker* de primera fila en ella. Ahí estamos. Emparejados por posición y decisiones de banquillo, comienzan Gasol y Garnett un baile de provocaciones, liderado íntegramente por Garnett en primera instancia. Le provoca, le pica, encarándolo, bordeando la agresión sin balón tras una conversión de Minnesota. Es nuestro Kevin. Es así. Gasol respira. Es *rookie*. No lo olvidemos: es *rookie*. En el ataque siguiente recibe el balón, se abre como buen 4 y le es generado un 1-para-1 desde la esquina derecha. Le da la espalda a Garnett que empieza a cargar. En España retransmiten Montes y Daimiel en Canal Plus. Todo es perfecto y la vida es maravillosa. Gasol cuerpea, y en un movimiento de poste bajo salta al aro y clava un mate animal, quedándose colgado del aro y mirando desafiante a Garnett según vuelve al suelo. Garnett comprende. Garnett es un tío de gran honestidad y entiende que el *rookie* al que estaba pinchando le ha dado la respuesta correcta. La grada prorrumpe en aplausos, Gasol se lleva la mano al oído, triunfal. Garnett asiente. Y ahí se inicia una era de rivalidad uno-a-uno que acompañará a ambos hombres por más de quince temporadas en múltiples y diversas ediciones. Esa noche, puente de la Constitución en España, el orgullo de Pau Gasol se convierte en el nuestro. Nuestro hombre cierra su primera temporada con un espectacular promedio de 17,6 puntos, 8,9 rebotes, 2,7 asistencias y 2 tapones por noche, líder de todos los *rookies* en puntos, rebotes, tapones y porcentaje de acierto en tiro de campo, y líder de anotación de su equipo en treinta y siete partidos, con treinta encuentros sobrepasando los 20 puntos. Le es concedido por unanimidad el premio *Rookie* del Año de la temporada 2001-2002, haciéndonos a todos sentir que su éxito era también un poco nuestro, por ser compatriota y por lo mucho que nos alegrábamos por él.

Con Gasol establecido de forma indiscutible en la plantilla y **Hubie Brown** a los mandos desde el banquillo, en la **temporada 2003-2004** los Grizzlies acaban 50-32 y entran por primera vez desde la fundación de la franquicia (expansión de 1995) en post-temporada. **Jerry West**, la leyenda de los Lakers, había aceptado a principios de 2002 el puesto de director general de los Memphis Grizzlies con la intención de construir una franquicia ganadora desde los fundamentos. Su mano en las operaciones, su presencia y su última palabra en la toma de decisiones tendrían también bastante que ver con las mejoras que el equipo poco a poco iría experimentando. Son barridos 4-0 por los San Antonio Spurs en primera ronda del Oeste de 2004, pero el buen trabajo y la imagen dada en la cancha hacen a Hubie Brown receptor del galardón de Entrenador del año, y a Jerry West su segundo título de Ejecutivo del año de la NBA. Los Grizzlies se clasificarán para playoffs en las siguientes dos temporadas, cayendo de nuevo por 4-0 en primera ronda de 2005 (contra Phoenix) y en primera ronda de 2006 (contra Dallas).

A estas alturas, ya habíamos visto pasar por la NBA a otro compatriota, **Raúl Lopez**, compitiendo en las filas de unos **Utah Jazz** (2003-2005) que buscan la reconstrucción tras sus años de grandeza. Seleccionado en el mismo año que Gasol, en sus dos temporadas completas en la NBA Raúl Lopez promediará 6,5 puntos por noche, con 4 asistencias, compartiendo cancha con Raja Bell, Andrei Kirilenko, Carlos Boozer, Carlos Arroyo o Kris Humphries.

Con Pau en el imaginario colectivo y Raúl Lopez dejando ese verano la NBA, veríamos entrar a **Jose Manuel Calderón**, fichando por los **Toronto Raptors** para la **temporada 2005-2006**, la primera de la larga y sobria carrera del pacense en la NBA. En la 2015-2016, Calderón lleva once temporadas jugando al máximo nivel en la NBA, habiendo sido base fundamental de Toronto hasta 2013 y, tras hacer un muy buen año en Dallas (2013-2014), fichar por los New York Knicks a la llegada de Phil Jackson a la franquicia como parte de su proyecto de refundación. Tras ganar el primer oro para España[1] en el **Mundial de Baloncesto de Japón 2006**, la vuelta del curso baloncestístico en la NBA para la temporada 2006-2007 abrirá la puerta a más compatriotas:

2006-2008 | **Jorge Garbajosa**. Toronto Raptors (2006-2008). Coincidiendo con José Manuel Calderón, realiza un excelente primer año, siendo indiscutible en la unidad titular. Lastrado por una lesión en el segundo, deberá abandonar las exigencias competitivas de la NBA y regresar al baloncesto europeo. Promedio NBA: 8 puntos, 4,7 rebotes, 1,7 asistencias.

2006-2010 | **Sergio Rodríguez**. Portland Trail Blazers (2006-2009), Sacramento Kings (2009-2010), New York Knicks (2010). Siempre interesante en el reparto de balón y la visión de juego, encajaba muy bien en todas las franquicias que pisó. Su mejor rendimiento se dio en Sacramento. Promedio NBA: 4,3 puntos, 1,3 rebotes, 2,9 asistencias.

2007-2008 | **Juan Carlos Navarro**. Memphis Grizzlies (2007-2008). Coincidió con Pau Gasol los dos primeros tercios de la temporada. Excelente baluarte para el juego de Memphis, líder en porcentaje de anotación desde la línea de triple, decidió volver al Barcelona al concluir la temporada. Promedio NBA: 10,9 puntos, 2,6 rebotes, 2,2 asistencias.

---

1. Seleccionados: Pau Gasol, Juan Carlos Navarro, José Manuel Calderón, Jorge Garbajosa, Rudy Fernández, Carlos Jiménez, Felipe Reyes, Carlos Cabezas, Berni Rodríguez, Marc Gasol, Álex Mumbrú y Sergio Rodríguez. Entrenador: Pepu Hernández.

2008-2012 | **Rudy Fernández**. Portland Trail Blazers (2008-2011), Denver Nuggets (2011-2012). Coincide con Sergio Rodríguez y enlaza buenas actuaciones, destacando por su agilidad en la penetración y su muñeca desde el triple. De constitución algo frágil para una NBA muy dura en los parquets, una lesión de espalda le hace volver a España, fichando por el Real Madrid. Promedio NBA: 9,1 puntos, 2,4 rebotes, 2,2 asistencias, 1 robo.

2012-2015 | **Víctor Claver**. Portland Trail Blazers (2012-2015). En una plantilla muy bien dotada y compacta, le resultó difícil demostrar todas sus cualidades en las oportunidades que se le dieron. Tras no solidificar su traspaso en 2015 a los Denver Nuggets, dejará la NBA en dirección al baloncesto ruso. Promedio NBA: 3,2 puntos, 2,2 rebotes.

Y será el año del inicio del cambio para Pau Gasol. Los Memphis Grizzlies de la **temporada 2006-2007** se le quedan pequeños. Con el oro colgando del cuello, y convertido en uno de los jugadores más interesantes de la NBA, en aquel otoño empieza a aumentar el ruido sobre qué pasos debería dar Pau, con una importante pléyade de directores de operaciones de la NBA interesados en hacerse con sus servicios. Se habla de un fuerte interés de los Chicago Bulls, también los Knicks, los Boston Celtics... Finalmente nada cuaja en aquella temporada y todos odiamos bastante a Jerry West en ese momento por las condiciones que está imponiendo, pero en la franja de mercado libre a mitad de la **temporada 2007-2008** nos despertamos (1 de febrero de 2008) con la gran noticia: **Pau Gasol** ficha por **Los Angeles Lakers**.

Tras el glorioso triunfo en la Eurocopa de la Selección española de fútbol en verano, el fichaje de Gasol por los Lakers es, sin duda, la segunda noticia deportiva más importante de aquel año para nosotros. Y de hecho, en términos NBA, el efecto de aquel traspaso irá más allá de lo que a simple vista parecía: Memphis Grizzlies se hacía con los derechos de **Marc Gasol**, que había sido *drafteado* en el puesto 48 de segunda ronda por Los Angeles Lakers en el *draft* de 2007, siendo quizás el jugador más potente de la historia de la NBA, junto con Manu Ginobili (puesto 57) y Tony Parker (puesto 29) *drafteado* de manera tan modesta.

El **5 de febrero de 2008**, Pau Gasol debuta con su nuevo equipo y para muchos está debutando por segunda vez en la NBA, abriendo un gran capítulo dos: esa noche, contra los New Jersey Nets, Gasol impacta al mundo con 24 puntos, 12 rebotes, 4 asistencias y 1 robo; y una valoración de +20 en cancha. **Phil Jackson** se siente feliz, todos los demás estamos convencidos de que este ilustre samboyano ha nacido para ser un Laker. **Kobe Bryant**, que no ha tenido una gran noche, cae prendido de su nuevo compañero: «Pau Gasol es alucinante», declara a la conclusión del partido. Ambos hombres iniciarán entonces una de las mejores sinergias deportivas que se han visto en color púrpura y oro; con grandes momentos y una combinativa en cancha que rendirá no solo con alta eficiencia sino que acabará destilando, directamente, amor fraternal. Los Lakers entran en post-temporada para destrozar 4-0 a Denver en primera ronda, acabar 4-2 con Utah en semifinales y 4-1 contra San Antonio en las finales del Oeste. En las **Finales de la NBA de 2008**, primeras con presencia española, los Lakers son superados en seis encuentros por los Boston Celtics. Pau Gasol promedia un **doble-doble** en unas finales de la NBA, con 14,7 puntos, 10,2 rebotes y 3,3 asistencias por noche. Con un ímpetu del que solo eran capaces en los tiempos recientes aquellos Lakers de Phil Jackson, el equipo accede de nuevo a las **Finales de la NBA de 2009**, llevándose el campeonato 4-1 contra los Orlando Magic. El **14 de junio de 2009**, en el Amway Arena de Orlando, Florida, todos ganamos nuestro primer anillo de la NBA, vestidos en púrpura y oro. Pau Gasol promedia en aquellas finales 18,6 puntos, 9,2 rebotes, 2,2 asistencias. Los Angeles Lakers repiten nuevamente anillo, tomándose la revancha contra el eterno rival en las **Finales de la NBA de 2010**, ganando a Boston a siete partidos con Pau Gasol haciendo su mejor actuación en unas finales de la NBA, promediando nuevamente un **doble-doble** con 18,6 puntos, 11,6 rebotes, 3,7 asistencias, 2,6 tapones. Aquella será la cúspide de Los Angeles Lakers de Phil Jackson. En los años siguientes, tras el retiro del Maestro Zen, las malas decisiones deportivas y una conducta bastante errática en la política de fichajes y traspasos, tanto en cancha como en el banquillo (Mike Brown, Mike D'Antoni, Byron Scott), acaban desmantelando a un equipo campeón y abriendo la espita de la frustración a varios de sus jugadores y a millones de seguidores que no entienden del todo qué está pasando.

A la conclusión de la **temporada 2013-2014**, Pau Gasol abandona la franquicia angelina tras un sentido homenaje en el Staples Center, el **13 de abril de 2014**, contra los Memphis Grizzlies de su hermano Marc Gasol. Kobe Bryant, que hasta la fecha se había posicionado completamente en contra de la política de la organización en relación a su compañero, no le queda más que desearle lo mejor y encarar su propia situación en una franquicia que se desmorona a su alrededor. Gasol deja los Lakers habiéndose convertido en el sexto jugador de la historia de la NBA en conseguir 16.500 puntos, 8.500 rebotes, 3.000 asistencias y 1.500 tapones en el momento de su despedida, pasando a engrosar un grupo compuesto por Kareem Abdul-Jabbar, Tim Duncan, Kevin Garnett, Hakeem Olajuwon y Shaquille O'Neal, esto es: los mejores y más completos de todos los tiempos bajo los tableros.

Para la **temporada 2014-2015** inició Pau Gasol su tercera etapa en la NBA, respirando con la mirada de la veteranía hacia una tercera juventud con los **Chicago Bulls** que tiene

Marc Gasol ataca el aro local durante un partido contra los Charlotte Hornets en el FedEx Forum de Memphis (12 de diciembre de 2014).

eco en sus resultados, promediando un **doble-doble** su primera temporada: 18,5 puntos, 11,8 rebotes, 2,7 asistencias, 1,9 tapones; recuperan así unos números propios de sus primeros años con Lakers y de su enorme capacidad. Con la camiseta de los Bulls, contra Milwaukee Bucks en el United Center, el 10 de enero de 2015, Pau cierra la que será su mejor actuación individual anotadora con 46 puntos, 18 rebotes y 3 asistencias.

No hay duda que su corrección, su educación, su honestidad en la cancha y ante la prensa, su compromiso, hacen de Pau Gasol uno de los deportistas y personalidades públicas más queridas de España. Su figura en nuestro país trasciende la prensa deportiva, por el cúmulo de valores que representa. Ejemplar en la victoria y en la derrota, con una cabeza muy bien amueblada, siempre correcto y siempre inteligente, sería difícil encontrar a alguien que tuviera algo que reprocharle en lo que a su modélica vertiente pública respecta. Celoso de su intimidad, se ha mantenido perfectamente al margen del mundo rosa y amarillo que rodea a todas las estrellas de la NBA. Pieza central de la espectacular selección de baloncesto de España,[1] tal vez nos encontramos ante el mejor deportista español de todos los tiempos. Abrió el mercado NBA al resto de jugadores. En la **temporada 2015-2016** los españoles tenemos en la NBA en activo, aparte de Pau Gasol, y el mencionado más arriba Jose Calderón, a **Ricky Rubio** (2011), jugando para Minnesota Timberwolves; **Marc Gasol** (2008), jugando para Memphis Grizzlies; y los nacionalizados **Serge Ibaka** (2009), jugando para Oklahoma City Thunder, y **Nikola Mirotic** (2014) jugando en Chicago Bulls, con Pau Gasol. Ojalá en España volvamos a celebrar anillos como si fueran nuestros, ya sea con Pau o con Ibaka, Mirotic, Marc, Ricky o Calderón. Aunque nunca ninguno, por mucho que nos enorgullezcan, será tan grande y tan querido como nuestro inquebrantable, unificador y sentido Pau Gasol. Y ninguno jamás sonará en la voz de los locutores de la NBA como suena él: «Pow, Pow, Pow, Pow!». Te queremos, hermano.

---

1. Baloncesto: 2006 Oro (Mundial), 2007 Plata (Europeo), 2008 Plata (JJ.OO.), 2009 Oro (Europeo), 2011 Oro (Europeo), 2012 Plata (JJ.OO.), 2013 Bronce (Europeo), 2015 Oro (Europeo).

28. EL ARBITRAJE EN LA NBA

Primero articulemos un discurso en torno a lo complejo que resulta arbitrar un encuentro deportivo. El error humano existe, por supuesto que sí. La tecnología puede asistirnos y llegar allí donde el ojo humano no llega o la inteligencia intuitiva, en ocasiones retráctil, yerra o duda. El baloncesto es un deporte muy veloz, con mucha gente en movimiento, las faltas sucederán. A paladas. Con esa previsión en mente, James Naismith ya estableció en sus primeras cláusulas que las reglas del baloncesto en juego debían ser oficiadas por un árbitro principal y un árbitro asistente, con obligaciones complementarias y totalmente diferentes. Tres árbitros de campo tienen los encuentros en la NBA, atentos a todo lo que en cancha sucede. Con el paso de los años, la NBA ha ido introduciendo mejoras tecnológicas con el único propósito de ayudar en la tarea arbitral y con ello mejorar el juego y su experiencia para todos. En el año 2002 se añadió la iluminación automática de los márgenes del tablero que, conectada con el cronómetro de campo, indica el final del tiempo reglamentario del cuarto. También la **temporada 2002-2003**, vio debutar el uso de la **repetición de jugada**. Originalmente empleada para determinar si un lanzamiento había sido ejecutado o no dentro del tiempo reglamentario, a partir de la **temporada 2007-2008** se utiliza también para determinar la existencia o, en su caso, la intensidad de una falta cometida, así como para dirimir si un lanzamiento se ha realizado sobre o más allá de la línea de tres, sea para anotar correctamente la conversión de la canasta o el número de tiros libres que deberán ser concedidos. Con todas estas ayudas, y tres árbitros en cancha, naturalmente el error humano aún puede suceder. Consciente de ello y con la intención de proteger a un colectivo al que considera en franca minoría en lo que a apoyo popular y profesional respecta, la NBA no se anda con contemplaciones y lleva muchos años imponiendo cuantiosas **sanciones económicas** a todo aquel que se atreva a comentar algo negativo en relación a alguna decisión arbitral, sea en cancha o ante la prensa después. Es decir, el comentario divergente en relación a una decisión arbitral es tratado en términos de sanción económica como una falta flagrante. Durante la post-temporada de 2010, el comisionado David Stern llegó a amenazar en rueda de prensa a toda la población NBA con **suspensiones** como medida disciplinaria contra cualquier comentario crítico con la tarea arbitral mientras lamentaba no haber sacado la mano dura años atrás en relación a ese tipo de comentarios que, a su juicio, resultan perjudiciales para todos. Lo cierto es que la percepción general del arbitraje en la NBA no es precisamente buena. En general son considerados los peores árbitros de las cuatro grandes ligas profesionales americanas, pero en su descargo habrá que decir, sin duda, y sin quitar méritos a los demás, que su trabajo es también bastante más complejo por la naturaleza misma del juego que deben administrar. Además (y esto se aplica a cualquier árbitro en cualquier deporte) el estatus de un árbitro en un buen día y sin ningún problema ni error, haciendo perfecto su trabajo, apenas sobrepasará la calificación de «mal necesario» en la mentalidad colectiva. Es posible que aquellos seguidores que hayan jugado con regularidad a algún deporte reglamentado tengan más empatía con los árbitros que los que no lo hayan hecho. En cualquier caso, la crítica al oficio arbitral forma parte del paisaje de la NBA como en cualquier otra liga, y como en cualquier otra liga, naturalmente, son múltiples las ocasiones en que la crítica, con independencia del formato y modo en que se produzca, tiene toda la razón.

Son legendarias, naturalmente, las sanciones y amonestaciones de las que ha sido objeto **Mark Cuban** (Dallas Mavericks) por su sempiterno carácter, siendo el propietario más sancionado por esta razón, aunque no el único. Entre los entrenadores, **Phil Jackson** también ha sido a menudo multado por su comentarios en la misma línea dura contra los árbitros, sanciones extensivas, en ocasiones, a la organización entera y al equipo representado por el entrenador. Entrenadores como Rick Carlisle (Dallas), Dwayne Casey (Toronto), Doc Rivers (Boston, Clippers), George Karl (Sacramento, Denver), Larry Brown (Indiana), o ejecutivos como Danny Ferry (Atlanta) también han sido sancionados en al menos una ocasión. La lista de jugadores sancionados por comentarios contra los árbitros sería demasiado larga. Bastará con indicar que tradicionalmente durante la post-temporada las sanciones de este tipo se disparan, pudiendo llegar a varias amonestaciones a la semana. En ocasiones las declaraciones hacen referencia a la intención del árbitro o su personalidad, en ocasiones apuntan a unos intereses velados, en otras son descalificaciones de tipo profesional.

Lo cierto es que la NBA y su cuerpo arbitral no está exento de escándalos arbitrales, con entrada en tromba del FBI incluida y resolución judicial. Sucedió en 2007 y se llevaría por delante al que hasta entonces había sido un árbitro que gozaba de cierta popularidad, **Tim Donaghy**, desde entonces apartado del ejercicio, dejándonos a todos cierta sensación de que la cosa podría haber tenido ramificaciones mucho más indiscretas. Donaghy había llegado a la NBA en 1994. Su primer gran evento se dio en los pasillos del Rose Garden de Portland donde en 2003 tuvo un altercado verbal con el siempre atento **Rasheed Wallace** (entonces jugando en Portland), al que había expulsado por técnica tras considerar que había lanzado el balón con excesiva brutalidad contra uno de los árbitros asistentes. Rasheed había querido compartir sus impresiones con el árbitro y naturalmente el encontronazo acabó con una suspensión de siete partidos, la más larga jamás ejecutada por motivos verbales (es decir, sin contar las de consumo de drogas o violencia física).

El mayor hito en la carrera profesional de Donaghy, de todas formas, se produce como árbitro principal del encuentro Indiana-Detroit que da lugar a la batalla del Palace de Auburn Hills en noviembre de 2004. Pero no será hasta el verano de 2007, cuando realmente su nombre suba a la estrellas. El **20 de julio** se disparan todas las alarmas tras una publicación del *New York Post* en la que se informa de la investigación de la que está siendo objeto el árbitro por parte del FBI bajo sospecha de haber amañado diversos partidos de baloncesto desde la temporada 2005-2006. En el artículo se habla claramente de «miles de dólares» en una red de apuestas manejada por el crimen organizado con el que el investigado tendría contactos. Las noticias se fueron sucediendo, con David Stern calificando la situación de «la peor y más grave circunstancia que me he visto forzado a enfrentar en mi vida», asegurando que la NBA no escatimaría en recursos para llevar al culpable frente a la justicia, aclarar toda la cuestión y evitar tajantemente que nada así se repitiese de nuevo. El caso es que la NBA, como es natural, había sido contactada por el FBI mucho antes de que la noticia se hiciese pública y ya tenía conocimiento de la investigación, lo que había motivado la renuncia de Tim Donaghy como árbitro profesional el 9 de julio de 2007, mucho antes de que la noticia saltase a la prensa.

El 15 de agosto de 2007, Donaghy se presentó voluntariamente en un tribunal federal de Brooklyn y se declaró culpable de dos cargos de fraude. La prensa hablaba de penas que podían llegar a los veinticinco años de prisión pero, finalmente, el 29 de julio de 2008, fue condenado a quince meses en una prisión federal de mínima seguridad en Pensacola, magnífica ciudad del soleado estado de Florida. Durante su estancia en prisión empezó a escribir un libro de fantástico título, *Blowing The Whistle: The Culture of Fraud in the NBA*,[1] que no llegó a ver la luz, donde tenía previsto revelar todas las cloacas de los amaños de partidos en la NBA. La editorial, VTi-Group, temiéndose un diluvio de denuncias

---

1.   Algo así como «Sonó el silbato: la cultura del fraude en la NBA».

y tal vez problemas de orden superior..., decidió que cancelaba la publicación. Llevados a juicio, en 2012, acabaron pagando 1,3 millones de dólares al autor.

Tras ser objeto de algunas palizas en la cárcel, Timmy salió de prisión en noviembre de 2009. En abril de 2014 apareció en público para denunciar que la NBA estaba aleccionando al colectivo arbitral, presionándoles para que facilitasen en la medida de lo posible el pase a semifinales del Este a los Brooklyn Nets, que iniciaban su serie contra los Toronto Raptors, con la intención de alcanzar mejores *ratings* de audiencia televisiva. Lo cierto es que aquellas series se van a siete partidos, ganando Brooklyn por 1 punto en el último encuentro y accediendo así a semifinales del Este contra Miami Heat.

El escándalo de los amaños arbitrales sacó a relucir tres cosas de fundamento a ojos de los seguidores: 1) **es mucho más fácil de lo que parece amañar un partido de la NBA**, no se necesita estar conchabado con nadie, basta con utilizar de manera sibilina el recurso de las faltas y llevar a la línea tanto como sea posible al equipo que uno quiera hacer ganar, cargando cuanto antes de faltas al rival, de manera que pueda entrarse en bonus; 2) **más de la mitad de los árbitros de la NBA tenían hábitos vinculados con el juego**; pese a la prohibición expresa por estatuto laboral, pisaban casinos y ruletas, aunque ninguno, según lo declarado, iba a casas de apuestas; 3) **se habían efectivamente amañado un buen número de partidos**, a tenor de lo investigado por el experto en juego, profundo conocedor de la estadística aplicada a las apuestas deportivas, R.J. Bell, que ofreció una lista de más de diez partidos arbitrados por Tim Donaghy durante el período de marras que mostraba movimientos de muchos miles de dólares, algo inexplicable de acuerdo al patrón estadístico en todos los años precedentes.

Cerrado el tema, será bueno mencionar grandes fiascos y errores del arbitraje en la historia de la NBA. Un Top 3 de errores arbitrales sobre el que más o menos todos estaremos de acuerdo:

Sexto partido de las finales del Oeste de 2002 | Las series están 3-2 para Sacramento, para la mejor versión de Sacramento que hemos visto en una cancha NBA. 31 de mayo de 2002. Lakers presentan múltiples argumentos también y van en ruta a por su tercer anillo consecutivo: por el Este llegan los New Jersey Nets. En el último cuarto los árbitros envían a los Lakers a lanzar 27 tiros libres. Sacramento lanza únicamente 9. Dos equipos compitiendo al máximo nivel, Sacramento con la posibilidad de entrar a finales y probablemente ganar su primer anillo... Mucha gente observó un arbitraje especialmente favorable a Los Angeles Lakers. De hecho, mucha gente habló de conspiración. Si a ello añadimos que este es el único partido al que hizo referencia Tim Donaghy en sus alegaciones contra la NBA, señalando el peso que la propia organización tendría en la toma de ciertas decisiones u orientaciones arbitrales de acuerdo a sus intereses televisivos, no hay duda de que existen elementos sospechosos, al menos en este caso.

Sexto partido de las Finales de la NBA de 1988 | Lakers contra Pistons. 19 de junio de 1988. A falta de 27 segundos para el final del encuentro, los Pistons ganan por 1 punto en una serie que está 3-2 para ellos. Tras tiempo muerto de Pat Riley, es momento de sacar de banda para Lakers, que buscan a Kareem en el poste. Por supuesto todo Detroit, que está a segundos de lograr su primer título, es muy cauteloso precisamente con el contacto físico, evitando toda falta. Kareem hace uno de sus célebres ganchos y según se eleva ya suena el silbato. Se pita falta sobre Kareem por parte de Bill Laimbeer, que con ello acumula su sexta y debe abandonar la cancha con una cara de incredulidad francamente comprensible. Porque claramente, claramente es un error. No hay contacto de Laimbeer sobre Kareem que pueda considerarse falta. De ahí que a esta falta se la conozca en la mitología de la NBA como «La falta fantasma», nombre con la que después se han bautizado otras. Kareem desde la línea anota los tiros y los Lakers se llevan la serie de vuelta a Los Ángeles para el séptimo, coronándose campeones de 1988.

Finales de la NBA de 2006 | Las primeras que gana Miami, con Dwyane Wade saliendo de ellas convertido en la siguiente gran estrella de la NBA. Contra Dallas. Dallas se ha impuesto claramente en los dos primeros encuentros, tiene la serie 2-0. Pero del tercero al sexto, Miami se impone hasta el 4-2 consiguiendo el anillo. Todos recordamos a Wade como el gran campeón, el corazón de aquellas finales, con un extraordinario promedio de 34,5 puntos por noche, 7,8 rebotes, 3,8 asistencias, 2,7 robos. En absoluto se duda de su grandeza, ni se pretende demostrar que Wade no merece el reconocimiento que sí, sin duda, merece por su gesta. Pero excavando un poco más en su estadística, un dato llama fuertemente la atención: ¿cuántas veces lanzó desde la línea de tiros libres en el conjunto de los seis partidos de aquellas finales? Nowitzki lanzó 55 veces y convirtió 49 puntos. Dwyane Wade realizó 97 lanzamientos de tiros libres en seis partidos. De sus 209 puntos conseguidos, 75 se convierten desde la línea, dando una media de 12,5 puntos por noche desde esa distancia. Es francamente llamativo. Los dos partidos que gana Dallas lo hace por diferencias de 10 (90-80) y 14 (85-99) puntos. A excepción del cuarto partido (74-98), tres de los cuatro partidos que gana Miami se los lleva por 2 (96-98), 1 (100-101) y 3 (95-92) puntos. Con márgenes tan ajustados, no hay duda que un uso tan abultado de los tiros libres cobra una naturaleza decisiva, consustancial al triunfo. Y a diferencia de cualquier otra acción de juego, que un jugador vaya a la línea de tiros libres depende única y exclusivamente de los árbitros.

La asociación de árbitros, la NBRA (National Basketball Referees Association), cursa internamente sanciones a sus propios miembros, siendo tal vez la más sonada la suspensión de tres partidos de la que fue objeto **Michael Henderson** tras un a todas luces erróneo arbitraje a escasos segundos del final del encuentro de Lakers en Denver (25 de febrero de 2004). Dio la posesión por concluida para Denver pese a que su lanzamiento había golpeado el aro. Para enmendar el error, aun habiendo capturado Denver el rebote ofensivo, Henderson determinó un salto a dos para aclarar a quién debía volver la posesión, llevándosela Lakers y anotando desde la línea de triple, con lo que ganaron el partido por 1 punto cuando antes del estropicio Denver iba 2 puntos arriba en el marcador. Los árbitros consideraron la sanción de su compañero excesivamente punitiva y salieron a la cancha con sus camisetas al reverso y el dorsal #62 de Henderson visible en mensaje de apoyo completo.

Tras treinta y nueve temporadas, el 19 de agosto de 2014, **Dick Bavetta** anunció su retiro de las canchas de la NBA. Tenía 73 años. En ejercicio en la NBA desde 1975, no era entonces únicamente el árbitro más veterano de la liga sino, naturalmente, el más longevo. Atleta envidiable, el secreto de su longevidad y forma física parece atribuirse a sus quince kilómetros de jogging diarios y al hábito de llevar al menos cuatro pares de calcetines para oficiar los partidos, recurso que, según él mismo, habría mantenido sus pies en perfecto estado de revista todo este tiempo. Con su inconfundible aspecto, de aire afable, justo y recto, era posiblemente el árbitro más querido. Sobre él pende una sombra y es haber sido uno de los árbitros que ofició el sospechoso sexto partido de las finales del Oeste de 2002. Pronto figurará como miembro del Salón de la Fama, junto a **Earl Storm** (1995) y **Mendy Rudolph** (2007), los otros dos árbitros de carrera NBA incluidos hasta la fecha.

En la temporada 2015-2016 tenemos en cancha a otros árbitros de gran popularidad, entre los que por supuesto destaca el más veterano de todos ellos, con treinta y nueve temporadas a sus espaldas, nacido en 1951, **Joey Crawford**. Calvito y de aspecto simpático, tuvo problemas por fraude al IRS (Agencia Tributaria de EE.UU.) en 1998 por el uso inapropiado de billetes de avión costeados por la NBA entre 1991 y 1993 para una devolución de impuestos que no correspondía. En abril de 2007 fue suspendido para el resto de la temporada por un altercado producido en plena cancha con el jugador Tim Duncan, en un partido de San Antonio contra Dallas. Es el árbitro con más apariciones en finales de la NBA de la historia: cincuenta.

Con treinta y una temporadas, **Dan Crawford** es otro de los grandes y más reconocibles árbitros veteranos de la liga. Nacido en 1953, oficia en la NBA desde la **temporada 1984-1985**. Amigable y conversador, jamás ha estado involucrado en ninguna polémica.

Con treinta temporadas en la NBA, nacido en 1955, **Ken Mauer** merece también ser mencionado. Hombre culto y educado, procede de una familia de atletas, enteramente dedicados al arbitraje. Involucrado en el mismo caso IRS que Joey Crawford, fue enviado cinco meses a prisión durante el verano de 2001. A la salida del juicio condenatorio declaró: «Estoy orgulloso de cómo ha ido. Cumpliré mi sentencia. Este es el primer día decente que he tenido en el último año y medio. En la cárcel aprovecharé para ayudar a los chavales y ponerme en forma». Dicho y hecho. Su estilo frío y elegante en la cancha no ha dejado lugar a polémicas arbitrales de ningún tipo a lo largo de toda su carrera salvo una, bastante chocante, en la que pareció concentrarlo todo en una ráfaga: el martes 11 de enero de 2011, en un encuentro entre Minnesota y San Antonio en el Target Center, Mauer pita cinco faltas técnicas contra los Wolves en 10 segundos expulsando de la cancha a Darko Milicic por el modo en que se queja de la falta que le pita, a Corey Brewer por quejarse por haber expulsado a Milicic, al entonces entrenador de los Timberwolves, Kurt Rambis, por quejarse del modo en que ha echado a Milicic y Brewer (con doble técnica en este caso y expulsión del pabellón), y a Kevin Love por quejarse 5 segundos más tarde por una nueva falta que le pita en la pugna del siguiente rebote. Estuvo enorme Ken.

La barrera de género en el arbitraje de la NBA se rompió con la inclusión de **Violet Palmer** y **Dee Kantner** en las listas de árbitros para la **temporada 1997-1998**. Tras la expulsión (o no renovación) de Dee Kantner el 15 de julio de 2002, Violet Palmer destaca como la árbitro de más trayectoria en la NBA y en cualquier liga mayor de América, con diecinueve temporadas. Fue la primera mujer en oficiar un NBA All Star Game (16 de febrero de 2014), convirtiéndose también en la primera mujer que arbitraba un evento All-Star de cualquiera de las ligas profesionales de EE.UU.

La NBA establece en un mínimo de 25.000 dólares la sanción por acusar a los árbitros de tendenciosos con el único propósito de protegerlos a ellos, y sobre todo protegerse a sí misma y su imagen. Llevamos muchos años oyendo sobre conspiraciones en post-temporada para facilitar enfrentamientos de mejor *rating* televisivo, de mayor contundencia e interés, o para facilitar el triunfo de algunos jugadores sobre otros, por esa necesidad permanente de tener estrellas. Por mucho que las piezas encajen, yo coincido plenamente con la NBA y los periodistas especializados: todos estos rumores dañan seriamente la imagen de la liga. Afortunadamente hoy es una cosa del pasado; y esto no es un *desideratum*, es una realidad. Los árbitros por supuesto son seres humanos, y los hay de todas clases. Con unos salarios sensiblemente más bajos que los del resto de individuos que componen el mapa competitivo de la NBA, estos setenta y siete oficiales que administran el juego en las canchas figuran, a su vez, entre los profesionales del arbitraje mejor pagados de EE.UU., con unos sueldos que oscilan entre los 100.000 y los 550.000 dólares anuales. Recientemente y con el objeto de ayudar a los árbitros en cancha, y a la vez (aunque no fue así publicitado) para tener sobre ellos un órgano de control, la NBA instauró para la **temporada 2014-2015** el llamado **Replay Center**. Situado en Secaucus, Nueva Jersey (allí donde también se guarda la famosa máquina de la lotería del *draft*), tiene toda la pinta de una torre de control de aviones y es en sí un estudio con todos los partidos en directo y diversas máquinas de edición y análisis. Durante la temporada de su implantación el Replay Center actuó como mero órgano consultivo, ofreciendo las repeticiones que se le solicitaron. A partir de la **temporada 2015-2016**, el Replay Center, tras votación de todos los propietarios de franquicias que componen la mesa de gobierno de la NBA, se ha convertido en un árbitro a distancia. Los oficiales en el Replay Center pueden ahora arbitrar complementariamente a lo que el equipo de árbitros en cancha determine u olvide. La NBA da un paso enorme hacia el futuro, colocándose como la primera liga profesional del mundo con capacidad de arbitrar partidos de forma centralizada desde una fría y robótica distancia. En una segunda lectura descubrimos que el comisionado **Adam Silver** está, con esta iniciativa, cogiendo realmente el toro por los cuernos porque instaurar un órgano de control en directo del arbitraje significa también, de acuerdo al viejo discurso de la conspiración del *rating* televisivo, ponérselo a la propia NBA (si alguna vez fue su intención alterar el devenir de un partido) muy, muy difícil.

29. DINASTÍAS EFÍMERAS

El concepto de dinastía en la NBA es un debate no arbitrado. Ni por la NBA ni por el Salón de la Fama. Ni por nadie. No hay institución, medio de comunicación o sindicato alguno que establezca una norma teórica que defina qué es una dinastía en la NBA. Y precisamente ahí reside su grandeza. Son los seguidores, jugadores, entrenadores, escritores deportivos, pensadores de todo orden baloncestístico los que aportando sus ideas al respecto conforman un cuerpo teórico abierto que, construido en base a la pura argumentación deportiva, logrará un consenso mayoritario en relación a la actuación de un equipo. Y es ese consenso mayoritario lo que define una dinastía en la NBA. La gran mayoría estaremos de acuerdo con la siguiente lista:

> Los Celtics de Auerbach y Russell | 1957, 1959-1969 (11 títulos).
> Los Celtics de Larry Bird | 1981, 1984, 1986 (3 títulos).
> Los Lakers de George Mikan | 1949, 1950, 1952-1954 (5 títulos).
> Los Lakers de Magic Johnson | 1980, 1982, 1985, 1987, 1988 (5 títulos).
> Los Lakers de Phil Jackson | 2000-2002, 2009, 2010 (5 títulos).
> Los Bulls de Jordan | 1991-1993, 1996-1998 (6 títulos).
> Los Spurs de Popovich | 1999, 2003, 2005, 2007, 2014 (5 títulos).

El consenso no ha absorbido la regulación que intentó hacer calar Phil Jackson en el marco mental NBA cuando determinó que las dinastías solo existían si el equipo lograba títulos en años consecutivos. Formalmente la idea tiene fuerza, porque define la potencia y supremacía de un equipo de forma contundente y sostenida sobre el resto, pero en su aplicación resulta casi contradictoria, por las ausencias inconcebibles que deja. Tenemos dos equipos con títulos consecutivos que entrarían en categoría dinástica aplicando la norma de Phil Jackson, pero que no gozan de consenso para ello:

| Los Pistons de los *Bad Boys* | 1989, 1990 (2 títulos).
Los Rockets de Hakeem Olajuwon | 1994, 1995 (2 títulos).

Aplicando la norma de la consecutividad se incluirían efectivamente el modelo de los *Bad Boys* y el de los Rockets de Olajuwon en la categoría dinástica, pero quedarían en ese instante desterrados los Lakers de Magic Johnson, los Celtics de Larry Bird y los San Antonio Spurs de Popovich. Tres pérdidas imposibles de asumir: con la aplicación de semejante parámetro, el baloncesto en su conjunto y la historia de la NBA perderían entidad.

Debemos en todo caso preguntarnos, y esa es la cuestión, por qué los modelos de Detroit Pistons y Houston Rockets nunca han sido realmente considerados dinastías por el consenso general. No cabe duda de que conforman eras, pero no dinastías. Es posible que la apuesta colectiva de los *Bad Boys* tenga cierto peso al ser difícil identificar una estrella responsable de su éxito. Ello podría ser una razón más o menos discutible, la necesidad de individualizar, aunque creo que la mayoría coincidiremos en que hay algo más profundo: su juego. El juego de los Pistons, a diferencia de los baloncestos dinásticos, carecía de atractivo en cancha, y sobre todo no parecía conformar un baloncesto *renovador*. Sin duda eran reconocibles por su juego duro y es cierto que aportaron una llamada a la potencia colectiva sobre el talento individual. Suponían en cancha una especie de vuelta carnal a las raíces, una reivindicación de todos los equipos que sin estrellas jamás habían logrado éxitos. No renovaban, actualizaban una corriente profunda ya existente. No ofrecían en sí mismos una propuesta novedosa. Y no supieron mantenerse. El corazón del equipo aguantará hasta 1994, pero tras ser barridos 4-0 por los Bulls en las finales del Este de 1991 irán en caída libre. Ahí cedieron la magia que les podría haber convertido en dinastía.

Algo muy parecido sucede con los Houston Rockets de Olajuwon. Cuentan con una estrella, pero tampoco son capaces de aportar renovación alguna al juego. Olajuwon, sin duda, es una leyenda. Es el hombre que coloca a los Rockets en tres finales (1986, 1994, 1995) y les ayuda a ganar dos. Pero no hay renovación de juego. No hay aportación colectiva, y un equipo dinástico debe hacer aportaciones novedosas al baloncesto, tanto a partir de las características de sus estrellas individuales como por las aportaciones del equipo entero al juego colectivo.

Entonces, si la consecutividad en los títulos no es un factor indispensable, pero sí lo es la presencia de estrellas en plantilla y las aportaciones al juego colectivo y combinatorio, es posible que a lo largo de la historia de la NBA encontremos otros candidatos a ser considerados dinastías:

LeBron James y los Miami
Heat durante el himno
nacional antes del inicio
del quinto partido de las
Finales de la NBA de 2014
contra los
San Antonio Spurs.

Los Saint Louis Hawks de Bob Pettit | 1958 (1 anillo).
Los Knicks de Frazier y Reed | 1970, 1973 (2 anillos).
Los Lakers de Jerry West | 1972 (1 anillo).
Los Washington Bullets de Unseld y Hayes | 1978 (1 anillo).
Los Philadelphia Sixers de Erving y Malone | 1983 (1 anillo).

No cabe duda de que todos estos equipos tuvieron cualidades dinásticas. Por renovación del juego, por la presencia de grandes estrellas de la época en sus plantillas dando nombre a sus eras. Dominan la liga en sus años de pujanza a lo largo de períodos sostenidos en el tiempo, tal y como reflejan sus presencias en finales:[1] Saint Louis Hawks (1957, 1958, 1960, 1961), New York Knicks (1970, 1972, 1973), Los Angeles Lakers (1962, 1963, 1965, 1966, 1968, 1969, 1970, 1972, 1973), Washington Bullets (1978, 1979), Philadelphia 76ers (1980, 1982, 1983). Todos, sin lugar a dudas, juegan el baloncesto más poderoso del momento. De algún modo casi resulta un espacio en blanco en la memoria del baloncesto que esos equipos no sean dinastías de la NBA, pero no lo son. Quedaron a las puertas. Entendemos en primer lugar que un anillo no asegura en ningún caso la condición dinástica, por mucho que se haya pugnado seriamente durante la era para la obtención de varios más. Tampoco dos anillos parecen ser suficientes. Las auténticas dinastías, por tanto, empiezan a computar en tres. Y aquí es donde entra Miami Heat.

Los Heat de Wade | 2006 (1 anillo).
Los Heat del *Big Three* | 2012-2013 (2 anillos).

Miami Heat es uno de los modelos más recientes de intento dinástico, y tal vez el primero construido en base a la exigencia de la inmediatez. Tienen mucho talento individual y aportan al juego colectivo una excelente distribución de roles y especialistas en cancha, y ganan más de dos anillos. ¿Qué les falta entonces? Es evidente. No hay continuidad: no son una era unificada. El anillo de 2006 es ganado con Pat Riley en el banquillo y Dwyane Wade como jugador fundamental. Los anillos y presencias en finales de la NBA del período 2011-2014 tienen como piloto a Erik Spoelstra en el banquillo y un cambio total de paradigma en cancha. La presencia de LeBron James y Chris Bosh cambia completamente el juego de la franquicia. El único elemento de continuidad es Dwayne Wade, pero su entidad, peso específico y participación en los logros del *Big Three* no le convierten en condición *sine qua non* de aquella era. Son en sí dos eras distintas y las mecánicas de sus gestas no están

---

1.   Datos referentes a las eras, no al cómputo total de presencias en finales de la NBA de la franquicia.

conectadas de forma suficientemente intensa para absorberlas todas bajo un único epítome. Por tanto, el principio regulador fundamental será el de la era.

De este modo, y recapitulando, parece que hemos podido aislar las condiciones que convierten a un equipo en la mentalidad colectiva de la NBA en dinastía: 1) conformar en sí mismo una era, esto es que sea reconocible durante un período temporal unitario que estará definido por la aportación continuada y peso específico de sus integrantes en el equipo, el juego colectivo y los logros obtenidos; 2) ganar al menos tres anillos en la misma era, consecutivos o no; 3) contar con estrellas indiscutibles en su período y aportar al baloncesto colectivo propuestas de renovación.

Bajo esta óptica, aún podemos aislar unos cuantos equipos que jamás llegaron a ganar ni siquiera un anillo, incluso algunos que jamás lograron entrar en unas finales de la NBA y que sin embargo, cumpliendo los parámetros 1 y 3 a la perfección, sí presentaban condiciones dinásticas y dejaron a mucha gente con la miel en los labios:

Los Blazers de Drexler | Finales de 1990 y 1992.
Los Suns de Barkley | Finales de 1993.
Los Utah Jazz de Stockton y Malone | Finales de 1997 y 1998.
Los Sacramento Kings del Run TMC | Sin finales.
Los Sacramento Kings de Webber, Divac, Williams | Sin finales.
Los Suns de Mike D'Antoni | Sin finales.

Todos aquellos equipos que teniendo completas condiciones dinásticas no lograron las cotas necesarias para permanecer definitivamente en la mentalidad colectiva pueden ser considerados **dinastías efímeras**. Fieros, veloces, desplegados con gran vistosidad –a veces tocando el aro del vaso, a veces desbordándolo– y siempre, indefectiblemente, diluidos.

Vista exterior del Naismith
Hall of Fame en Springfield, MA,
13 de octubre de 2013.

30. UN PASEO POR
EL NAISMITH HALL OF FAME

El Naismith Memorial Basketball Hall of Fame no tiene vínculo alguno con la NBA, ni con la NCAA, ni la FIBA. Pero las engloba a todas y aún más allá. De los salones de la fama deportivos, el del baloncesto es el de más amplio espectro y más internacional. Creado en 1959 por el director de actividades deportivas del Colby College (Waterville, Maine), Leon Palmer *Lee* Williams, devoto absoluto de este deporte, el Salón de la Fama del Baloncesto fue en su origen poco más que un concepto. Una carpeta en un despacho. Inició sus conmemoraciones aquel mismo 1959 con la primera lista de seleccionados, un total de diecisiete, entre los que destacaban James Naismith, Harold G. Olsen (precursor del Torneo NCAA), George Mikan, los Original Celtics y el Primer Equipo. Consciente de la necesidad de tener una sede permanente, un edificio en el que dejar constancia física y visual de las conmemoraciones, Palmer pasó la siguiente década recaudando fondos. El 17 de febrero de 1968, en Springfield (Massachusetts), la ciudad en la que se inventó este deporte, se inauguró la primera sede en el Springfield College. Las visitas aumentaron en consonancia con la penetración social del deporte, y la sede se movería hasta dos veces más, aumentando cada vez en tamaño y espectacularidad arquitectónica. Desde 2002 se ubica en el 1000 Hall of Fame Avenue, aún en Springfield, un lugar prominente junto al río. La gran afluencia de visitas está volviendo de nuevo las instalaciones obsoletas. No hay duda de que el baloncesto es un deporte de alcance mundial y cientos de miles de personas tienen interés en navegar por su historia.

El Salón distingue cinco categorías posibles: entrenadores, contribuyentes, jugadores, árbitros y equipos. Basta con llevar cuatro años retirado del ejercicio competitivo para ser elegible; en el caso de los entrenadores y los árbitros también serán elegibles aquellos que lleven al menos veinticinco años de ejercicio continuado a plena dedicación. La organización del Salón de la Fama establece cuatro comités con opción de voto que seleccionan a los candidatos del año: Comité norteamericano, Comité femenino, Comité internacional y Comité de veteranos. Cada comité cuenta con siete miembros, a excepción del norteamericano que cuenta con nueve. El Comité de veteranos específicamente busca posibles candidatos cuyas carreras acabasen hace treinta y cinco años o más, haciendo las veces de rastreador histórico. Los demás se ciñen a términos más contemporáneos, de acuerdo a los parámetros de elegibilidad. El Comité norteamericano puede proponer hasta diez candidatos, los demás un máximo de dos. Una vez obtenido el número de candidatos del año, se conforma el llamado Comité honorífico, compuesto por doce especialistas que determinarán los elegidos del año.

La controversia fundamental radica en la ausencia total de disposiciones técnicas, científicas o estadísticas. Las votaciones son anónimas y los criterios de selección resultan, a ojos del observador general, absolutamente discrecionales. Fue hábil Lee Williams creando el órgano de conmemoración, pero hoy en día, con la dimensión que el baloncesto tiene mundialmente, lo tremendamente orientado a la estadística que está, el proceso de selección resulta demasiado opaco. No es fácil explicar por qué hombres como Maurice Lucas, Michael Cooper, Maurice Cheeks, Larry Nance, Shawn Kemp o Chris Webber no han sido incluidos, sobre todo considerando que sí lo han sido jugadores como Gail Goodrich, Bill Walton, Frank Ramsey, Dennis Rodman, Arvydas Sabonis o Bill Bradley, estadísticamente similares o inferiores a varios de los excluidos.

Generalmente celebrada unas semanas antes del inicio de la temporada NBA, la fiesta del Salón de la Fama tiene una enorme repercusión mediática y supone una excelente ocasión para oír y recordar a talentos importantes del baloncesto en uno de los momentos de mayor gloria de sus carreras, un viaje sin retorno a la última cancha de su vida: el recuerdo. Toda la ceremonia tiene un aire de baile de graduación combinado con un funeral. Si se tiene la ocasión y uno anda rodando por el noreste, sin duda valdrá la pena acercarse al Salón de la Fama, una hora y media desde Boston, un par desde NYC, y visitar el Museo y las instalaciones. Con un diseño muy moderno, excelentemente estructurado, extenso, muy interesante, supone un viaje muy vistoso y colorido al pasado de nuestro deporte. Es un chute de historia del baloncesto realmente reconstituyente que dejará al visitante muy orgulloso de formar parte de un mundo tan especial.

LA NBA HOY

Epílogo

A punto de pasar página hacia el inicio del setenta aniversario en la temporada 2016-2017, la NBA está viviendo una renovación evidente. Las grandes estrellas y franquicias que nos han acompañado desde el cincuenta aniversario se diluyen, sus estrellas ascienden a la constelación de la leyenda, las gestas de aquellos equipos entran en los libros, los dorsales suben a los techos de los pabellones. En los últimos años y meses hemos visto emerger los rasgos que conformarán la futura NBA con bastante claridad, tanto en entidades, como en personalidades y jugadores. El 1 de febrero de 2014, inició su mandato **Adam Silver** como comisionado de la NBA. Los comisionados de la NBA siempre han tenido una importancia decisiva y una influencia esencial en el desarrollo general de la competición. Cumpliendo sus primeros cien días de mandato y con todo el mundo pendiente de las Finales de la NBA de 2014 entre Miami y San Antonio, Adam Silver tuvo que afrontar un tipo de conflicto nunca visto antes. Las declaraciones contundentemente racistas («no quiero que me traigas negros a mis partidos») de **Donald Sterling**, entonces propietario de **Los Angeles Clippers** y hasta entonces el propietario de franquicia más veterano de la NBA, filtradas por la prensa amarilla (TMZ) suponían un ataque a la moral y ética de la organización. No es solo la NBA una liga predominantemente negra, es que un comentario racista de estas características no podía ser consentido en ningún caso. Adam Silver mostró su mano dura. Prohibió de por vida a Donald Sterling mantener asociación alguna con la NBA, reduciendo así las opciones legales de Sterling a dos: vender los Clippers o registrarse en una liga menor. El entonces CEO de Microsoft, **Steve Ballmer**, hizo la mejor oferta, quedándose con el equipo dentro de la NBA e iniciando su camino como propietario bastante *à la façon*, Mark Cuban.

El nuevo negociado de los límites salariales y el convenio colectivo, retocar nociones en la edad de elegibilidad para el *draft* o una futura Copa de la NBA son los grandes temas que

La retirada de Kobe Bryant pasará
el testigo a una nueva generación
de estrellas, pero su sonrisa
y su magia serán inolvidables.

Adam Silver tiene sobre la mesa. En relación a futuras expansiones ha sido claro desde el inicio: la NBA no prevé entrada de nuevas franquicias en el corto ni medio plazo. Por el momento en su haber está la gestión del más ingente contrato televisivo jamás firmado por la liga (un 180% superior al vigente desde 2007), hecho oficial en octubre de 2014: nada menos que 24.000 millones de dólares por nueve temporadas; el acuerdo entrará en vigor en la temporada 2016-2017.

Apenas pasadas tres semanas del último partido de las **Finales de la NBA de 2014** que se llevó San Antonio Spurs 4-1 contra Miami, **LeBron James** anunció por carta, publicada en la web de *Sports Illustrated*, su vuelta a casa, los Cleveland Cavaliers. Era el 11 de julio de 2014. Es una carta que no pasará a los anales de la literatura deportiva por su redacción. Una carta emotiva para justificar su regreso a casa, pero que se ventila de un plumazo la etapa en Miami Heat con un tono totalmente autocomplaciente, en plan «misión cumplida», que obvia por completo la autoexigencia que se impuso cuando prometió nada menos que ocho anillos. A mí la carta me gustó, porque es un texto y una mentalidad muy propias de LeBron, siempre adelante y a seguir ganando, pero entiendo que levantase ampollas en algunos. Sin duda, LeBron consideraba, sin poderlo confesar abiertamente, que su equipo le había fallado en su empeño por crear una auténtica dinastía, rodearle de auténticos campeones; y quizás esa es la única objeción que podría ponerse a su carrera. LeBron jamás logra hacer mejores a los que le rodean, y le cuesta combinarse con ellos. Naturalmente su abandono exterminó en aquel momento y para siempre el proyecto dinástico de Miami.

En cualquier caso, ni por juego ni por estadísticas se le puede pedir más a LeBron James, pues ha llevado a todos sus equipos a finales de la NBA. Lo hizo en las **Finales de la NBA de 2007**, en su primera etapa en Cavaliers, con solo 22 años. San Antonio arrasó en aquellas finales por 4-0. Volvió a hacerlo con Miami en las **Finales de la NBA de 2011** (cayendo 4-2 contra Dallas) y desde entonces ha estado en todas. Los Heat trabajan desde el día siguiente de la derrota de 2011 y acaban entrando en las **Finales de la NBA de 2012**, en las que conseguirán su primer anillo, 4-1 contra Oklahoma. Repiten en la temporada siguiente, llevados en esas alas de apariencia dinástica para las **Finales de la NBA de 2013**, siendo la mejor actuación individual de LeBron y de las mejores finales de la década, logrando Miami su segundo título consecutivo, 4-3 contra San Antonio. En la reedición de esas finales, acontecida durante las **Finales de la NBA de 2014**, tanto Miami como LeBron tenían en la punta de los dedos la posibilidad de coronarse como dinastía incuestionable. Pero fallaron. Los de Popovich pasaron por encima llevándose el título 4-1. LeBron vuelve a Cleveland y sin solución de continuidad, vuelve a colocar a su equipo en las finales.

Las Finales de la NBA de 2015 enfrentan a los Cavaliers contra Golden State Warriors y dejarán al LeBron estadísticamente más potente nunca visto, con un registro histórico nunca acontecido desde la formación de la NBA. LeBron promedia los mejores valores por noche (35,8 puntos, 8,8 asistencias y 13,5 rebotes) para **ambos equipos** en contienda. Los Warriors se llevan el título 4-2, consiguiendo así su cuarto anillo desde la fundación.

LeBron se ganó su plaza en la constelación de las leyendas, pero justamente durante estas finales vimos los primeros movimientos de entrega del testigo en lo que a categoría de estrella total de la NBA respecta. Dotado de una extraordinaria capacidad para el manejo del balón, el quiebro y el cambio de ritmo, y uno de los jugadores más efectivos en lanzamiento absoluto de la NBA, **Steph Curry** es hoy sin duda la estrella más rutilante de la NBA, y una futura leyenda. Domina todas las distancias de tiro. Por delante, tanto él como su equipo, los **Golden State Warriors**, tienen la oportunidad de hacer historia y romper todos los moldes. Entre las promesas por consolidar para los próximos años, sin duda el hombre que más talentos reúne y de forma más completa es **Anthony Davis**, un jugador dotado para desempeñar múltiples roles en la cancha. Desde los banquillos, es más que posible que los próximos años nos reserven la incorporación final, oficial y plena de una mujer como entrenadora jefe de una franquicia de la NBA. **Becky Hammon**, actualmente asistente de Gregg Popovich, es la mejor posicionada , con mucha diferencia, para dar ese salto. Tiene ya un lugar asegurado en el Hall of Fame.

Y representándonos a todos como primer español instalado en esta constelación el gran **Pau Gasol**. Nadie a ningún lado del Atlántico alberga duda al respecto.

Y por último, el primero: **Kobe Bryant**. Ese será, en términos emocionales, de juego y de mercado, el gran hueco, la gran ausencia a la que deberá enfrentarse la NBA que nos viene. ¿Se alinearán de nuevo las divisiones de la NBA? ¿Volverá el Este a ser una conferencia tan dura como el Oeste? ¿Se reconstruirán Los Angeles Lakers? ¿Se retirarán **Carmelo Anthony**, **Chris Paul** y **Kevin Durant** sin anillos en sus dedos? ¿Veremos entrar en los marcadores la anotación de cuatro puntos desde la propia cancha? Pase lo que pase, estaremos todos aquí. Reunidos, saltando en sofás con jerseys que nos llegan por las rodillas, tecleando en nuestros artilugios, viendo, comentando, jugando, leyendo, grabando, profesando, retransmitiendo y haciendo de la NBA el deporte más grande, bonito, entretenido y querido del mundo. Por delante, a nosotros siempre nos espera algo aún mejor.

GLOSARIO

Alley-oop: jugada ofensiva en la que un jugador lanza el balón a la altura del aro para que un compañero lo recoja en vuelo y enceste, normalmente en mate.

Air ball: lanzamiento que, sin oposición defensiva, no llega a tocar aro ni tablero.

And one: tiro libre extra concedido cuando el atacante ha recibido falta durante un lanzamiento a canasta que ha sido convertido.

Back-court: jugadores de un quinteto en tareas de perímetro; el base, el escolta y el alero.

Back-to-back: el lapso del calendario en el que dos equipos juegan el uno contra el otro en dos días consecutivos, sea en una o en ambas canchas.

Big-Three: trío de jugadores de un mismo equipo que concentran en cancha y en prensa el potencial diferenciador de la franquicia.

Clutch-player: jugador experimentado en convertir lanzamientos ganadores de último segundo o con capacidad para manejar la tensión de las últimas posesiones.

Clutch-time: los compases finales de un partido en el que el marcador está ajustado. También conocido como **crunch-time**.

Crossover: finta producida mediante el cambio de mano del balón en bote con cambio de dirección. Los mejores son capaces de dejar a su defensor (literalmente) sentado.

Salary cap: cantidad máxima de dinero que una franquicia NBA puede dedicar a los sueldos de sus jugadores. Se calcula de temporada en temporada según los beneficios.

Screen: bloqueo. Un jugador se queda quieto en la trayectoria del defensor de un compañero. También llamado **pick**.

Splash: lanzamiento **swish** que deja la red revertida por encima del aro.

Stopper: jugador especialmente dotado para el trabajo defensivo, de físico poderoso, capaz de anular las intenciones ofensivas de su rival.

Sophomore: jugador o estudiante de segundo año.

Swingman: jugador de altura media, capaz de jugar con buen rendimiento en más de una posición.

Swish: lanzamiento desde cualquier distancia que entrará sin tocar el aro y sólo a través de la red. Nombre derivado de la onomatopeya.

Tanking: práctica desleal llevada a cabo por un equipo NBA con la intención de configurar la peor plantilla posible, realizar una mala temporada y así aspirar a una buena elección en el *draft* del siguiente año.

Three-peat: término acuñado originalmente por el entrenador Pat Riley. Define la consecución de tres campeonatos seguidos.

Tip-off: salto inicial que da arranque a un partido de baloncesto. Se utiliza también en sentido figurado para referirse al partido de apertura de una temporada.

Trailer: en un contraataque, el jugador ofensivo que se incorpora en última posición, a menudo muy eficiente para la anotación si no ha podido distribuirse aún el balón.

Triple-double: obtener tras un encuentro figuras de dos dígitos en tres conceptos estadísticos positivos (puntos, rebotes, asistencias, tapones).

Windmill: tipo de mate en el que el jugador se lleva el balón a la cintura para elevarlo después por encima de su cabeza en un movimiento circular (como un molino) para machacar.

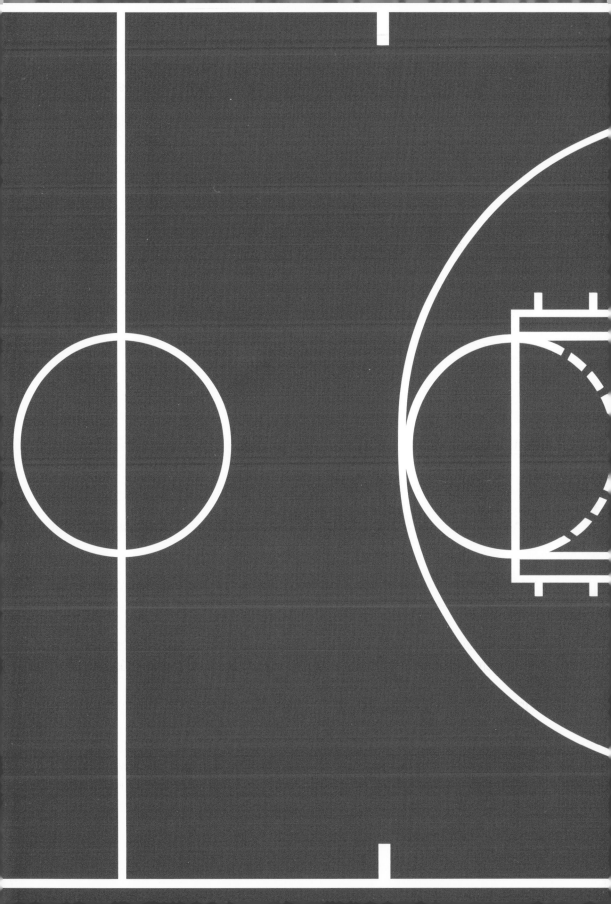

Otros títulos que te gustarán

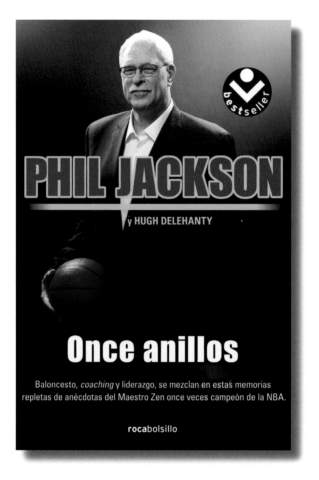

ONCE ANILLOS
de Phil Jackson y Hugh Delehanty

Durante su exitosa carrera como entrenador de los Chicago Bulls y de Los Angeles Lakers, Phil Jackson conquistó más campeonatos que ningún otro entrenador en la historia. Jackson rápidamente fue bautizado como el «Maestro Zen», pero ese apodo lo único que hizo fue mostrar una verdad absoluta: la de un entrenador que inspiraba pero no provocaba, y que lideraba a través de despertar retos continuamente en todos y cada uno de sus jugadores.

EL SUEÑO DE MI DESVELO

de Antoni Daimiel

El sueño de mi desvelo es una mirada muy personal y nocturna de una competición fantástica como la NBA. Hace más de quince años, al autor le llegó la oportunidad televisiva de contar un mundo extraordinario teniendo que sacrificar para ello sus patrones fisiológicos y relaciones sociales. Junto al recordado Andrés Montes, Antoni Daimiel cambió de rutina y buscó refugio en la madrugada.

6ª edición

Buenas noches y saludos cordiales

JOSÉ MARÍA GARCÍA
HISTORIA DE UN PERIODISTA IRREPETIBLE

Vicente Ferrer Molina
Prólogo de Pedro J. Ramírez

BUENAS NOCHES Y SALUDOS CORDIALES

de Vicente Ferrer Molina

————————

El periodismo deportivo fue considerado durante años una especialidad de segunda. Hoy, acapara la franja nocturna de las emisoras de radio y tiene un peso destacado en la programación. García fue el responsable de ese cambio. Cuando la radio decaía por el empuje de la televisión, él reunió a millones de oyentes para escuchar deporte desde la cama. Lo logró con un estilo único, personal y comprometido.

————————

Este libro utiliza el tipo Aldus, que toma su nombre
del vanguardista impresor del Renacimiento
italiano, Aldus Manutius. Hermann Zapf
diseñó el tipo Aldus para la imprenta
Stempel en 1954, como una réplica
más ligera y elegante del
popular tipo
Palatino

NBA lovers se acabó de imprimir
un día de primavera de 2016,
en los talleres gráficos de Liberdúplex, s.l.
Crta. BV 2241, km 7,4, Polígono Torrentfondo
08791 Sant Llorenç d'Hortons
(Barcelona)